DELIUS KLASING

Erwin Angermayr

Das Praxiswissen für den Skipper

Delius Klasing Verlag

Die Verantwortung für die Sicherheit des Schiffes und seiner Crew sowie alle Maßnahmen und Entscheidungen, die am Schiff getroffen werden, liegen ausschließlich beim Skipper. Autor und Verlag übernehmen keinerlei Haftung für Schäden, die aus der Anwendung des Buchinhaltes oder eines Teiles entstehen bzw. begünstigt werden. Schadenersatzansprüche sind generell ausgeschlossen.

Bibliografische Information der Deutschen Nationalbibliothek

Die Deutsche Nationalbibliothek verzeichnet diese Publikation in der Deutschen Nationalbibliografie; detaillierte bibliografische Daten sind im Internet über http://dnb.d-nb.de abrufbar.

5., überarbeitete Auflage
ISBN 978-3-7688-1598-7

Umschlaggestaltung: Gabriele Engel
Druck: Himmer AG, Augsburg
Printed in Germany 2010

Delius Klasing Verlag, Siekerwall 21, D-33602 Bielefeld
Tel.: 0521/559-0, Fax: 0521/559-115
E-Mail: info@delius-klasing.de
www.delius-klasing.de

Das Praxiswissen für den Skipper wurde erstmals zur Boot Düsseldorf im Februar 2001 präsentiert und liegt nun bereits in der 5. Auflage vor. In jeder Neuauflage wurden Detailverbesserungen, z.T. auf Anregung interessierter Leser hin, realisiert, am Konzept des Buches wurde nichts verändert. Die ursprüngliche Zielsetzung, ein praktisches Nachschlagewerk für den Bordgebrauch zu schaffen, wurde beibehalten. Nach Meinung vieler Leserzuschriften konnte dieses Vorhaben auch umgesetzt werden.

In der 5. Auflage wurden wieder zahlreiche Details verbessert bzw. ergänzt. Den aktuellen Entwicklungen im Segelsport wurde Rechnung getragen und der elektronischen Navigation mit GPS und Radar (einschließlich Radarplott-Verfahren) wesentlich mehr Platz eingeräumt. Auf die Astronavigation wurde verzichtet, da ich zu der Überzeugung gelangt bin, dass dieses Thema für eine sinnvolle, praktische Anwendung sehr viel genauer aufgearbeitet werden muss, als es in diesem Buch möglich ist. Die Navigation mittels GPS gehört inzwischen zum seglerischen Alltag, und für den Notfall ist meist auch ein zweiter GPS-Empfänger an Bord.

Der Leitgedanke des Buches, dem Skipper sachliche Hilfe in komprimierter Form anzubieten, wurde beibehalten. Die Themenbereiche von der Törnvorbereitung über Bootsbau, Segeltechnik, An- und Ablegemanöver unter Maschine, sicheres Ankern, Wetterkunde, Navigation, Ausweichregeln und Lichterführung usw. finden sich daher auch in der aktuellen Auflage. Muster-Funkgespräche und zahlreiche Tabellen sollen den Skipper bei seiner verantwortungsvollen Aufgabe unterstützen. Neben aktuellen Seekarten, einem Leuchtfeuerverzeichnis, Gezeitenunterlagen und Funkverzeichnis sowie Hafen- oder Törnführer sollte *Das Praxiswissen für den Skipper* an Bord immer griffbereit sein.

Die im Buch angesprochenen Formblätter sind auf meiner Website www.skipper.co.at als Download erhältlich. Dort findet sich auch die Skriptenreihe Seefahrtsausbildung für alle Fahrtbereiche einschließlich Fahrtbereich 4 mit einer umfangreichen Aufarbeitung der Astronavigation und zahlreichen Übungsbeispielen. Tipps und Anregungen erreichen mich unter segeln@skipper.co.at.

In diesem Sinne wünsche ich allen Seglerkollegen

Mast- und Schotbruch und immer eine Handbreit Wasser unter dem Kiel!

Skipper Erwin

1 TÖRNVORBEREITUNG

1.1 PERSÖNLICHE CHECKLISTE

Die nachstehende Checkliste ist als Leitfaden für Crew und Skipper zu verstehen. Persönliche Erfordernisse/Bedürfnisse sind abzustimmen. Auf Einfuhrbestimmungen ist zu achten. Als Skipper sollte man seiner Crew einen zarten Hinweis darauf geben, dass der Platz an Bord beschränkt ist. Koffer sind schlecht zu stauen, es sollte daher alles in Taschen verpackt werden.

PERSÖNLICHE CHECKLISTE		
Dokumente, Geld	***Segelausrüstung***	***Verschiedenes***
gültiger Reisepass/ Personalausweis, ...	Ölzeug, Segelstiefel, Südwester	Fotoapparat, Filmausrüstung, ausreichend Filme
Charterpass/Bordpass	Bordschuhe, Badeschuhe	Reisewecker
Chartervertrag	Sandalen, Sportschuhe	Sonnenbrillen, optische Brille
Segelführerschein	Seglerhandschuhe	Ersatzbrillen, Sicherheitsband
Crewliste, Funkerzeugnis	Seglermesser	persönliche Medikamente (Pille, für Kreislauf, Seekrankheit, Verdauung, Schmerzen)
Kfz-Führerschein, -Papiere	Werkzeug, Bändsel, Schäkel	
Flugtickets, Bahnkarte	Reservebatterien	
Transfervoucher	Taschenlampe, Stirnlampe	Insektenschutz, Sonnenschutz
internationaler Krankenschein	wasserdichte Uhr *(beleuchtet)*	Aftersun-Lotion
Ärzteflugambulanz	persönliche Seekarten	Schnorchel-Ausrüstung
Reiseversicherung	eigenes GPS *(mit Rechnung)*	Nähzeug
Geld, Devisen	Schreibutensilien	Schlafsack, Bettwäsche
Travellerschecks, Kreditkarten	persönliches Logbuch	Abfallbeutel
Revierinfo, Reiseführer	Hafenführer, Hafenhandbuch	Rucksack, Einkaufstasche
Wörterbuch	persönl. Navigationsbesteck	Kaffeefilter
Adressbuch, wichtige Tel.-Nr.		Frischhaltefolie
		Literatur, Spiele
		Ersatzbatterien
Toilettenartikel	***Kleidung***	***für's leibliche Wohl***
Waschzeug, Rasierzeug	Unterwäsche	magere Stangenhartwurst
Duschgel, Shampoo	Socken, Strümpfe	Filterkaffee
Meerwassershampoo	T-Shirts, Hemden, Blusen	Schinkenspeck
Mundpflege	Hosen, Shorts, Jeans	Manöverschluck, Sundowner
Taschentücher	Badebekleidung	Crackers
Toilettenpapier *(auch feucht)*	Jacke, Anorak	
Flüssigwaschmittel	Sonnenhut, Schirmkappe	
Geschirrtücher	Kopf-, Halstuch	
Handtücher, Badetücher	Trainingsanzug, Jogger	
	Schlafanzug	
Sonstiges		

1.2 CHARTERTÖRN-VEREINBARUNG

Ein Chartervertrag regelt das Rechtsverhältnis zwischen Skipper (oder Mieter) und dem Charterunternehmen. Die nachfolgende Vereinbarung ist ein Beispiel für die Regelung der rechtlichen Beziehung zwischen Skipper und Crew und sollte in jedem Fall vor Beginn jedes Törns abgeschlossen werden.

§ 1 Chartervertrag

Grundlage dieser Vereinbarung zwischen Skipper und Crew ist der zwischen dem Charterer .... und der Charterfirma .... abgeschlossene Chartervertrag vom .... Jedem Mitglied der Crew steht eine Kopie dieses Vertrages zu.

§ 2 Skipper/Schiffsführer

Der Skipper trägt aufgrund seiner Funktion nach außen hin die Verantwortung für das Schiff und die Besatzung. Er ist deshalb gegenüber den übrigen Crewmitgliedern weisungsberechtigt. Als Stellvertreter des Skippers wird .... benannt.

§ 3 Kosten des Törns

Sämtliche anfallenden Kosten des Törns samt Chartermiete und Hafengebühren sowie Treibstoff-, Proviant-, Wasser- und Transportkosten sind von allen Crewmitgliedern anteilig zu tragen. Die Vertragspartner verpflichten sich, den vor Törnbeginn auf sie entfallenden Anteil der vor dem Törn feststehenden Kosten in bar gegen Zahlungsbestätigung oder auf das dafür errichtete Konto .... der .... so rechtzeitig einzuzahlen, dass die vor allem hinsichtlich des Chartervertrages vereinbarten Zahlungen termingerecht erfolgen können.

§ 4 Rücktrittsrecht

Bei Rücktritt eines(r) Teilnehmers(in) vor Törnbeginn, ist diese(r) grundsätzlich verpflichtet, den auf ihn/sie entfallenden Anteil an den Charterkosten und Reisekosten zu leisten. Eine diese Kosten übernehmende Ersatzperson kann im Einverständnis aller übrigen Crewmitglieder benannt werden. Wird eine Ersatzperson akzeptiert, hat sich ausschließlich der zurücktretende Vertragspartner mit der Ersatzperson finanziell zu einigen. Der Abschluss einer Stornoversicherung wird empfohlen, liegt jedoch im Ermessen des Einzelnen. Beendet ein Crewmitglied den Törn vorzeitig, muss es sämtliche anteiligen Kosten weiter bestreiten.

§ 5 Gegenseitige Haftung

Soweit Schäden oder Verletzungen nicht vorsätzlich verursacht wurden, verzichtet die Crew auf jegliche Schadenersatzansprüche untereinander und speziell dem Skipper gegenüber. Ersatzansprüche an das Charterunternehmen sind im Chartervertrag geregelt. Die Kautionssumme, die von den Crewmitgliedern gemeinschaftlich zu hinterlegen ist, wird im Fall der Einlösung durch den Vercharterer wie die Kosten des Törns (§ 3) anteilig von der gesamten Crew getragen. Kommt während des Törns eine außenstehende, nicht der Crew angehörige Person zu Schaden oder wird fremdes Eigentum beschädigt, ist die Chartercrew grundsätzlich Gesamtschuldner. Im Fall von vorsätzlichem oder grob fahrlässigem Handeln trägt der Verursacher die Verantwortung und damit eventuell anfallende Kosten im Innenverhältnis zu den restlichen Crewmitgliedern allein, zur ungeteilten Hand.

.... am ....

1.3 SKIPPERS VERANTWORTUNG

Als Skipper trägt man eine große Verantwortung, der man sich immer bewusst sein sollte. Um dieser Verantwortung gerecht werden zu können, ist ein fundiertes Wissen um die Seemannschaft ganz allgemein erforderlich, eine entsprechende Erfahrung unersetzlich und die nötige Sorgfalt im Umgang mit der Mannschaft und mit dem anvertrauten Schiff Voraussetzung. Keine Versicherung und kein Vertrag können diese Verantwortung des Skippers verringern oder gar ersetzen.

Die **Verantwortung** für die Sicherheit des Schiffes und seiner Crew sowie für alle Maßnahmen und Entscheidungen, die am Schiff getroffen werden, liegt ausschließlich und bedingungslos beim Schiffsführer. Der Skipper ist auch verantwortlich für das Vorhandensein und die ordnungsgemäße Funktion der Sicherheitseinrichtungen an Bord sowie dafür, dass die Crew über die Bedienung dieser Sicherheitseinrichtungen und deren Aufbewahrungsort informiert ist (Sicherheitseinweisung). Der Skipper hat alles zu unternehmen, damit das Schiff seetüchtig ist und bleibt und die Crew körperlich und geistig in der Lage ist, auch in schwerem Wetter zu bestehen.

Der Skipper ist verpflichtet, allen Personen in **Seenot** jederzeit beizustehen und Hilfe zu leisten, soweit er dazu in der Lage ist, ohne seine Crew und sein Schiff dadurch einer erheblichen Gefahr auszusetzen. Ist er jedoch nicht in der Lage, selbst Hilfe zu leisten, so ist unverzüglich Hilfe herbeizurufen; es sind also andere Schiffe oder Küstenstationen über den Seenotfall zu informieren. Dem in Seenot Befindlichen ist in jedem Fall zu erkennen zu geben, dass seine Lage erkannt und Maßnahmen zur Rettung eingeleitet wurden.

Die Verpflichtung zur gegenseitigen Hilfeleistung betrifft auch eine **Kollision** auf See, unabhängig von der Verschuldensfrage. Erst wenn sich der Skipper überzeugt hat, dass keine weitere Hilfe erforderlich ist, darf weitergefahren werden. Die Namen der beteiligten Schiffe, deren Heimathafen, Ausgangshafen und Bestimmungshafen sind im Logbuch festzuhalten. Ebenso der Unfallhergang und die getroffenen Maßnahmen.

1.4 SCHIFFSÜBERNAHME

Die Schiffsübernahme erfolgt anhand der Checkliste der Charterfirma. Die Übernahme darf sich aber nicht auf das Abhaken der Liste beschränken. In freudiger Erwartung des bevorstehenden Abenteuers wird die Übernahme oft nur als lästige Verpflichtung empfunden.

Ein gründlicher **Übernahmecheck** und die **technische Einweisung** sind für die Schiffssicherheit unerlässlich. Sie werden vom Personal des Vercharterers mehr oder weniger gründlich durchgeführt. Das Risiko für nicht vorhandene oder nicht funktionierende Ausrüstung liegt allein beim Skipper – die Charterfirma ist durch die Versicherung und den hinterlegten Selbstbehalt abgedeckt. Der Übergabecheck am Ende des Törns wird dann sehr viel gründlicher ausfallen.

Die nachstehende Checkliste ist auf die Erfordernisse des Skippers und der Crew sowie die Sicherheit auf See ausgerichtet – nicht so sehr auf das verständliche Bedürfnis der Charterfirma, einen Nachweis über eventuell zum Ende des Törns fehlende Ausrüstungsgegenstände in Händen zu haben.

ÜBERPRÜFUNGSPUNKTE	***Ursache und Möglichkeiten der Behebung allfälliger Defekte***	✔ ✖
A. Stehendes Gut, Decksausrüstung		
Ist die Wantenspannung gleichmäßig?	Spannung mittels Wantenspanner korrigieren (Hiscocks Regeln).	
Sind die Wantenspanner gesichert?	Mit Splint oder Draht sichern.	
Sind Bolzen und Schrauben mit Klebeband oder Schutzhülse gesichert?	Mit Isolierband umwickeln.	
Sind Mastprofil und Baum gerade?	Jedenfalls vermerken; eine Mastbiegung nach achtern ist sehr bedenklich.	
Sind Segel, Fallen und Schoten in Ordnung (Segel aufziehen, Nähte und Stagreiter, Kopf-, Hals- und Schothornbefestigung überprüfen)? Sind Segellatten vorhanden? Funktionieren die Reffeinrichtungen?	Nähte eventuell nachnähen, Risse mit Tape kleben, Stagreiter und Reffbändsel ergänzen, klemmende Fallen klarieren, durchgescheuerte Schoten wechseln, Reffeinrichtung reparieren.	
Ist das Ankergeschirr ausreichend (mind. 50 m Trosse mit Kettenvorlauf)?	Je nach Schiffsgröße, allenfalls ergänzen.	
Sind Ketten- oder Trossenende gesichert?	Mit Schäkel oder Spleiß sichern.	
Funktioniert die Ankerwinsch (Elektrik, Bremse, Handhebel)?	Reparieren.	
Ist ein Reserveanker mit Geschirr vorhanden?	Nachrüsten.	
Lange Schleppleine, Landleine (mind. 40 m) vorhanden?	Nachrüsten.	
Ausreichend Festmacherleinen vorhanden?	Nachrüsten.	
Relingstützen fest, Durchzüge in Ordnung?	Reparieren bzw. vermerken.	
Ausreichend Fender vorhanden und i. O.?	Nachrüsten.	
Welche Klemmen gehören zu welcher Leine?	Eventuell markieren.	
Einfüllstutzen Diesel und Wasser?	Eventuell markieren.	
Winschen in Ordnung? Winschkurbeln vorhanden?	Funktion prüfen, eventuell nachrüsten.	
Badeleiter?	Funktion prüfen.	
Inhalt der Backskiste?	Ösfass, Reservekanister Öl und Diesel, Einfülltrichter, Bootshaken, Pütz, Feudel, Bootsmannsstuhl, Sonnensegel.	
Beiboot vorhanden und dicht? Riemen und Blasebalg vorhanden?	Nachrüsten, Flickzeug.	

B. Motor, allgemein		
Ölstand auf richtiger Markierung?	Öl nachfüllen oder absaugen. Ursache?	
Ölfilter dicht und sauber?	Auswechseln. Reserve an Bord?	
Wasser im Wasserabscheider	Wasser ablassen. Ursache?	
Ausreichend Treibstoff vorhanden?	Nachfüllen.	
Seewasserfilter sauber?	Reinigen.	
Genügend Kühlflüssigkeit (Wasser) im inneren Kühlkreislauf?	Nachfüllen.	
Keilriemenspannung in Ordnung?	Nachspannen gemäß Betriebsanleitung.	
C. Funktionsprüfung Motor, Motorstart *(Motor warmlaufen lassen)*		
Farbe der Abgase?	Blau – zu viel Öl im Abgas. Weiß – Wasserdampf im Abgas. Schwarz – Gemisch zu fett.	
Kaltstartverhalten in Ordnung?	Motor sollte sofort und rund laufen (650 – 800 U/min). Bei Startproblemen Kollektor am Anlasser prüfen (starker Funkenschlag deutet auf abgenützten Kollektor oder Kohlebürsten hin).	
Betriebstemperatur im grünen Bereich?	Falls zu hoch – Motor sofort abstellen, Reparatur durch Fachmann.	
Wasserausstoß im Auspuff ausreichend?	Evtl. geschlossenes Seeventil öffnen. Auspuff oder Kühlkreislauf verstopft, Keilriemen defekt, Motor aus, Reparatur durch Fachmann.	
Erlischt die Öldruckkontrollleuchte?	Kein oder zu wenig Öldruck – Ölstand prüfen.	
Erlischt die Ladekontrollleuchte?	Keine Batterieladung – Lichtmaschine, Regler oder Keilriemen defekt.	
Ausschlag bei Amperemeter?	Kein Ladestrom – siehe oben.	
D. Getriebe		
Wird Motorkraft auf Welle übertragen?	Vor- und Rückwärtsgang einlegen, Schraubendrehzahl zu Motordrehzahl zu gering – Reparatur durch Fachmann.	
Gängigkeit der Schraube?	Rechts- oder linksgängig?	
Leerlauf leichtgängig einzulegen? Dreht Schraube dabei wirklich nicht?	Eventuell schmieren. An der Welle prüfen – Reparatur durch Fachmann.	
Geräuschentwicklung in Ordnung?	Rumpeln oder Vibrationen nachgehen.	
Anzeige des Drehzahlmessers vorhanden?	Wenn nicht – Reparatur durch Fachmann.	
Abdichtung Wellenlager dicht?	Nachdichten mit Fettpresse, Stopfbuchse nachziehen – eventuell Reparatur durch Fachmann.	
Schalthebel leichtgängig?	Gängig machen mit Ölspray, eventuell Bowdenzug wechseln; Rückholfeder überprüfen.	
E. Ruderanlage		
Funktioniert die Rad- bzw. Pinnensteuerung?	Durch vollen Einschlag nach beiden Seiten die Kraftübertragung überprüfen – Reparatur durch Fachmann (ggf. Übernahme verweigern).	

Spannung der Steuerseile in Ordnung?	Eventuell nachziehen.	
Ruderspiel in Ordnung?	Prüfen, eventuell Geradeaus-Markierung anbringen.	
Notpinne vorhanden – und kann diese auch eingesetzt werden?	Nachrüsten, korrektes Einsetzen ausprobieren.	
Genügend Fett am Ruderkoker?	Eventuell Fett nachfüllen, Fettschraube nachziehen.	
F. Bordelektrik		
Pole sauber und eingefettet?	Reinigen und nachfetten.	
Ladezustand der Batterie(n) korrekt?	Mit Säureheber prüfen – eventuell Batterie(n) nachladen. Batteriespannung: 11,6 V leer / 12,7 V voll.	
Genügend Batterieflüssigkeit vorhanden?	Mit destilliertem Wasser nachfüllen.	
Batterieanlage verstanden?	Funktionen des Batteriehauptschalters erklären lassen.	
Landstromanschluss vorhanden?	Genügende Kabellänge prüfen, Anschlüsse überprüfen (alternative Stecker!). Ladevorgang erklären lassen.	
Brennen alle Innen- und Außenbeleuchtungen (auch gleichzeitig)?	Überprüfen, Leuchtmittel oder Sicherungen wechseln (falls keine Reserve vorhanden? – Ergänzen). Defekte Schalter – Reparatur durch Fachmann.	
Kompasslicht?	Wie oben.	
Brennen die Navigationslichter?	Wie oben; kein Auslaufen ohne Navigationslichter.	
Funktion der sonstigen Stromverbraucher?	Reparatur durch Fachmann.	
G. Unter Deck		
Bilge sauber und trocken?	Öl in der Bilge – mangelnde Wartung. Ursache für Wasser in der Bilge suchen – reparieren.	
Funktioniert die Bilgepumpe?	Eventuell Ansaugsieb reinigen. Impeller defekt, Motor defekt, Sicherung defekt – reparieren. Schwimmerschalter prüfen.	
Funktionieren die Pantrypumpe und die Pumpen der Waschbecken?	Wie oben.	
Seeventile dicht?	Lage aller Seeventile einprägen, Dichtheit überprüfen.	
Funktioniert die Toilette samt Seeventilen?	Ventilfunktionen überprüfen, Flatterventil der Handpumpe (Hebel vorhanden?) überprüfen. Ansaugung verstopft – Reparatur durch Fachmann.	
Funktioniert die Druckwasseranlage?	Wasservorrat, Wasserfilter, Druckschalter, Pumpenmotor bzw. -membrane, Sicherung, Dichtheit der Leitungen überprüfen, Umschaltventile bei mehreren Tanks.	
Funktioniert der Bordherd (anzünden und regulieren)?	Gaszufuhr, Magnetventilsicherung, Brennerverschmutzung, Zündsicherung überprüfen.	

Flüssiggasanlage in Ordnung?	Unterbringung der Gasflaschen prüfen – ggf. Übernahme ablehnen. Defekte Schläuche und Anschlüsse jedenfalls reparieren.	
Funktion der Gaswarnanlage?	Mit Feuerzeugbenzin Sensoren prüfen.	
Werkzeug vorhanden?	Eventuell ergänzen.	
Taschenlampe(n) und Handscheinwerfer vorhanden und funktionsfähig?	Ggf. ergänzen, eventuell aus eigenem Bestand (Ersatzbatterien!).	
H. Navigation		
Schiffspapiere vollständig?	Versicherungspolice, Charterlizenz, Permit, ggf. Berechtigung für Funkanlage.	
Kompass kompensiert? Deviationstabelle vorhanden?	Deviation überprüfen – Tabelle allenfalls selbst erstellen *(siehe 8.4.1/8.4.2)*.	
Funktioniert die Kompassbeleuchtung?	Wie unter F., jedenfalls reparieren.	
Handpeilkompass, Navigationswerkzeug, Fernglas, Seekarten (ausreichend, Maßstäbe), Hafenhandbuch, Leuchtfeuerverzeichnis, Gezeitentafel (falls erforderlich) vorhanden?	Unbedingt ergänzen, eventuell aus eigenen Beständen.	
Funktioniert das Log?	Durch Relingslog *(siehe 8.5.1)* überprüfen.	
Handlot, Schlepplog vorhanden?	Eventuell ergänzen.	
Funktioniert Echolot? Wie ist es eingestellt?	Behelf durch Handlot.	
Barometer oder Barograf vorhanden?	Für Wetterprognose erforderlich.	
Kurzwellenempfänger, nautischer Funkdienst vorhanden?	Unbedingt ergänzen, eventuell aus eigenem Bestand.	
GPS, Plotter vorhanden? Funktion?	Evtl. durch eigenes Handgerät ergänzen.	
Funkanlage vorhanden? Funktion?	Funktion erklären lassen; Kanäle der Häfen, Marinas, Charterfirma notieren.	
I. Sicherheitsausrüstung		
Rettungswesten und Lifebelts für jedes Crewmitglied vorhanden?	Unbedingt an Bord nehmen, ansonsten kein Auslaufen.	
Verfallsdatum der Seenotmittel?	Überprüfen, ggf. austauschen.	
Prüfdatum Rettungsinsel?	Ggf. neue Rettungsinsel anfordern.	
Feuerlöscher vorhanden (Brandklassen, letzte Überprüfung)?	An Bord nehmen oder austauschen.	
Rettungskörper vorhanden?	An Bord nehmen.	
Radarreflektor, Tagzeichen, Signalflaggen, Gastlandflaggen vorhanden?	Zur eigenen Sicherheit ergänzen.	
Sicherheitsleuchte vorhanden?	An Bord nehmen, ggf. Batterien oder Leuchtmittel wechseln.	
Check durchgeführt am ***von***	***Loggestand sm*** ***Betriebsstunden Motor h***	

1.5 CREWEINWEISUNG

Für einen möglichst reibungslosen Ablauf während des Törns ist vor Törnantritt eine **Einweisung der Crew** unerlässlich. Diese Schiffs- und Sicherheitsunterweisung sollte auch unbedingt im Logbuch festgehalten werden.

- Bedienung der **Maschine** – Motorstart, Motorstopp, ein- und auskuppeln.
- **Seeventile** – Lage und Funktion erklären.
- **Feuerlöscher** – Lage und Funktion erklären.
- **Seenotsignale** – Aufbewahrungsort, Gebrauch erläutern.
- UKW (KW) – **Funkgerät** erklären (für Notfall).
- **Rettungsinsel** – Gebrauch erklären.
- **Ankergeschirr**, **Notruderpinne**, **Lenzpumpen** – erklären.
- **Flüssiggasanlage** – Handhabung erklären.
- **Bord-WC** – Handhabung erklären.
- **Elektrische Anlage** – Batteriesystem erklären.
- **Rettungswesten**, **Lifebelts** – Gebrauch erklären und anpassen; kennzeichnen oder verteilen.
- Sicheres **Anleinen** an fest montierten Beschlägen oder an Strecktauen zeigen.
- Gebrauch von **Rettungsring** und **Rettungslicht** (Blitzboje) erklären.
- **Manöver** üben – Reffen, Beidrehen, An- und Ablegen, Ankern so bald als möglich üben.
- **Ersatz des Schiffsführers**, wenn dieser ausfällt.
- **MOB-Manöver** muss unbedingt geübt werden *(siehe 10.2)*.

2 DAS SCHIFF

Der Themenbereich Bootsbau, Konstruktion, Ausrüstung, Bootspflege usw. betrifft den Skipper nicht unmittelbar. In diesem Kapitel wird daher nur ein grober Überblick dargestellt. Der Motor als Sicherheitsausrüstung wird detailliert behandelt.

2.1 DER RUMPF

Die klassische Fahrtenyacht weist für gute Amwind-Eigenschaften eine schlanke **Rumpfform** auf. Yachten, die (auch) für den Charterbetrieb konzipiert worden sind, haben aus Gründen des Platzangebotes zumeist dickere Rumpfformen. Nach der Form des Rumpfes unterscheidet man Rundspant oder Knickspant in verschiedenen Modifikationen.

Als **Baumaterial** kommen Vollholz und Sperrholz infrage (sehr teuer und pflegeintensiv, aber klassisch), Stahl (robust und pflegeintensiv), Aluminium (sehr teuer, ansonsten aber ideal) und glasfaserverstärkter Kunststoff (GFK; heute üblich).

An **Kielformen** werden grundsätzlich das Kielboot und das Schwertboot unterschieden. Das Kielboot erhält seine Stabilität vor allem durch den Ballast im Kiel – Gewichtsstabilität –, das Schwertboot hauptsächlich durch die flache Form des Rumpfes – Formstabilität. Seegehende Yachten sind Kielboote. An Kielformen unterscheidet man Schwertkiel und Hubkiel – beide erfordern eine aufwendige Mechanik und sind daher nicht sehr verbreitet, weisen aber den Vorteil eines geringen Tiefgangs auf. Kimmkiel (flacher Ballastkiel in der Schiffslängsachse und daneben zwei Flossen) und Doppelkiel (zwei seitlich angeordnete flache Kiele mit Ballastanteil) sind speziell für Tidengewässer geeignet (trockenfallen). Die Kielform moderner Charteryachten ist der Langkiel oder der gemäßigte Langkiel, beide mit einem geschützten und geführten Ruderblatt. Neben dem klassischen Segelboot mit einem Rumpf – **Monohull** – werden, vor allem durch das großzügige Raumangebot auf solchen Schiffen, verstärkt Katamarane – **Multihull** – im Charterbetrieb eingesetzt.

Der Bug (**Vordersteven**) einer modernen Yacht ist zumeist als eine gerade, schräg nach achtern verlaufende Linie konstruiert, ähnlich dem herkömmlichen Löffelbug. Daneben gibt es noch den geraden Steven – senkrecht abfallend – und den weit ausladenden Klippersteven. Die übliche Heckkonstruktion (**Achtersteven**) einer Charteryacht weist einen einfallenden Spiegel auf.

Das Ruder ist entweder ein frei stehendes Spatenruder oder Balanceruder (ein Teil des Ruderblattes befindet sich vor der Ruderachse). Das Ruderblatt ist entweder ungeschützt oder durch die Kielkonstruktion (Langkieler) oder eine Ruderleitflosse (Skeg) vor Grundberührung geschützt. Die Steuerung ist entweder als Pinnensteuerung, bei kleineren Schiffen oder als Radsteuerung ausgeführt. Der Vorteil der Pinnensteuerung liegt in der direkten Übertragung der Schiffsbewegung auf die Pinne, was aber auch den Nachteil von hohen Steuerkräften für den Rudergänger bedeutet.

2.2 AN DECK

Der Mast, **stehendes Gut** (Wanten, Stage, Backstagen) und **laufendes Gut** (sämtliches Tauwerk zur Segelbedienung) werden zusammen als **Rigg** bezeichnet. Die **Takelage** besteht aus dem Rigg und den Segeln. Der Lümmelbeschlag verbindet Mast und Baum. Die Abstützungen des Mastes in Schiffslängsrichtung werden als **Stage** bezeichnet. Das Vorstag trägt das Vorsegel, dahinter findet man (relativ selten) ein Babystag oder Trimmstag und achtern das Achterstag. Die Abspannungen des Mastes in der Schiffsquerrichtung heißen **Wanten** – Toppwanten, Oberwanten, Mittelwanten und Unterwanten. Ein auf Fahrtenyachten seltenes Want ist das Backstag, das jeweils auf der Seite, auf der der Baum gefahren wird, losgeworfen werden muss. Ein Verbindungsstag zwischen den Toppen zweier Masten nennt man Genickstag. Zur Lastverteilung sind die Topp- oder Oberwanten im oberen Bereich durch **Salinge** zum Mast hin abgestützt.

Das heute übliche Segel ist das **Hochsegel** oder **Bermudasegel**. Als Materialien werden Dacron®, Mylar® und Kevlar® verwendet.

Das Großsegel wird mit nur einer Schot gefahren. Der Angriffspunkt der Großschot wird durch den sogenannten **Traveller** – eine quer zur Schiffslängsachse angebrachte Schiene, in der ein Umlenkblock gleitet – verstellt.

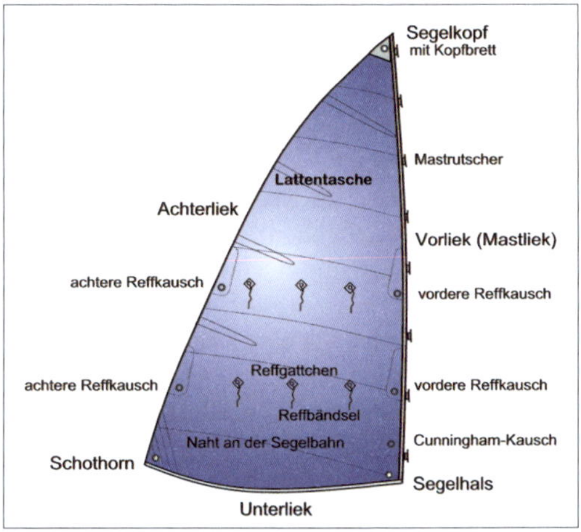

Das Vorsegel wird mit zwei Schoten gefahren. Die Umlenkung erfolgt über Blöcke seitlich an Deck, sogenannte **Holepunkte**, die meist auf Schienen in Schiffslängsrichtung verstellbar sind.

Ein als **Kat** getakeltes Boot hat nur ein Segel, das Großsegel. Die **Slup** kennzeichnet ein Mast mit Großsegel und ein Vorsegel (Fock), beide als Hauptsegel. Die Fock kann bis zum Masttopp reichen (toppgetakelt) oder nur bis unter den Masttopp (z. B. 7/8-Takelung). Der **Kutter** fährt zwei Vorsegel: die Fock und davor den Klüver mit schräg nach oben verlaufendem Unterliek. Das Kutterstag (auch Babystag) setzt auf etwa 3/4 der Mastlänge an.

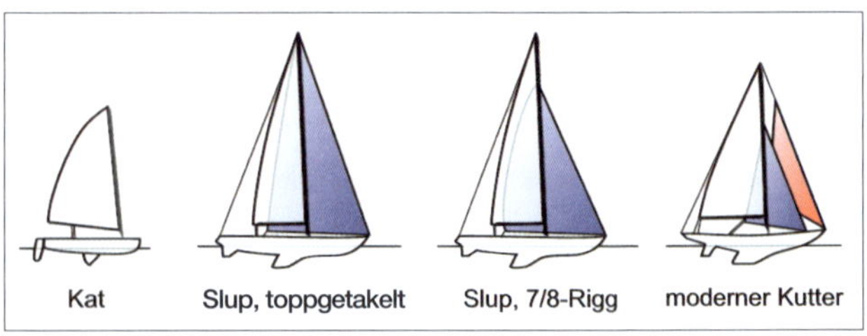

Der Besanmast einer **Ketsch** ist niedriger als der Großmast und steht achtern, innerhalb der Wasserlinie; Hauptsegel sind: Vorsegel, Großsegel und Besansegel. Bei der **Yawl** steht der kleine Besanmast (Treiber) außerhalb der Wasserlinie; Hauptsegel sind: Vorsegel, Großsegel und Treiber. Beim **Schoner** steht vor dem Großmast ein gleich hoher oder etwas kürzerer Schonermast; Hauptsegel sind: Stagfock, Schonersegel und Großsegel.

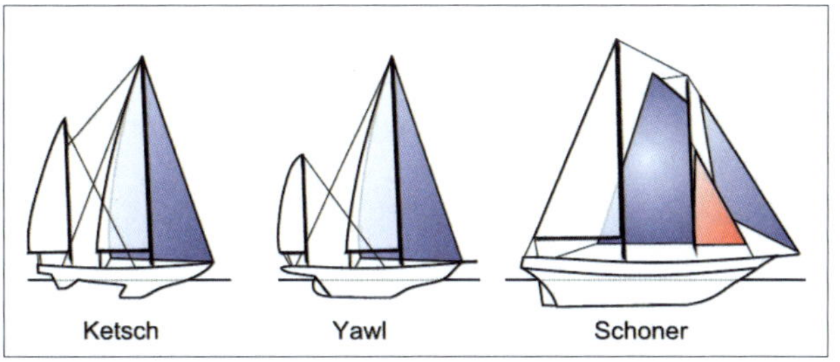

Eine mehrfache Unterteilung der Segelflächen bringt kleinere Segelflächen, die eine Handhabung mit geringerem Kraftaufwand ermöglichen.

Das auf Charteryachten überwiegend eingesetzte Vorsegel ist die Genua, eine übergroße Fock aus leichtem Tuch. Als Reffeinrichtungen sind beim Groß sowohl das Bindereff als auch Rollreffanlagen anzutreffen, beim Vorsegel hat sich, jedenfalls bei der Charteryacht, die Rollreffeinrichtung durchgesetzt, da die Segelbedienung dabei kein Arbeiten auf dem Vorschiff erfordert. Spinnakerformen und Systeme sowie deren Handhabung werden später ausführlich beschrieben (*siehe 4.5*).

2.3 MINDESTAUSRÜSTUNG

Die vorgeschriebene Mindestausrüstung von Yachten ist in nationalen Bestimmungen geregelt und unterscheidet sich je nach Fahrtbereich, für den das Schiff zugelassen ist.

Mindestanforderungen an seegehende Yachten		
Anker mit Kette oder Leine *Mindestgewicht*	Reserveanker	Festmacherleinen *ausreichende Anzahl*
Fender und Bootshaken	geprüfte Flüssiggasanlage	Handfeuerlöscher *mindestens zwei*
Rettungswesten *je Person an Bord*	Lifebelts *je Person an Deck*	Rettungsring *mit Signalpfeife, Lampe und Leine*
Wurfleine *schwimmfähig*	Bordapotheke	Steuerkompass *fest montiert*
Peilkompass	Navigationswerkzeug, Seekarten, Handbücher	Rundfunkgerät *Wetternachrichten*
Handlot/Echolot	Fernglas	Borduhr
Barometer, Thermometer	Log/Speedometer	Signallampe
Signalhorn	Notsignale	Radarreflektor
Werkzeug	Ersatzteile	Rettungsinsel

2.4 DER MOTOR

Als Schiffsmotor hat sich der 4-Takt-Dieselmotor wegen seiner Zuverlässigkeit und Robustheit durchgesetzt. Der Dieselmotor ist ein sogenannter Selbstzünder und benötigt daher keine Zündanlage.

2.4.1 Funktionsprinzip

Im ersten Takt bewegt sich der **Kolben** nach unten, wodurch bei geöffnetem **Ansaugventil** Luft angesaugt wird. Beim zweiten Takt steigt der Kolben und verdichtet dabei die Luft (Ventile geschlossen), die sich dadurch auf 500–700 °C erhitzt. Kurz bevor der Kolben den oberen Wendepunkt (Totpunkt) erreicht, wird der Kraftstoff über die **Einspritzdüsen** fein zerstäubt eingespritzt. Im dritten Takt, dem Arbeitstakt, kommt es zur Entzündung des Kraftstoff-Luft-Gemisches, welche den Kolben nach unten treibt. Der Kolben stößt durch seine Aufwärtsbewegung im vierten Takt die Abgase durch das geöffnete **Auslassventil** in die Auspuffanlage. Das gesamte Arbeitsspiel besteht also aus vier Hüben, die zwei Umdrehungen an der Kurbelwelle bewirken. Die Kraftübertragung auf die Kurbelwelle erfolgt über die **Pleuelstangen**.

Das Kompressionsverhältnis bei Dieselmotoren beträgt üblicherweise 16:1 oder 25:1.

Die drei Nicht-Arbeitstakte werden durch den Schwung des **Schwungrades** überbrückt. Die Zusatzaggregate wie die **Einspritzpumpe**, die **Nockenwelle** zur Ventilsteuerung, die **Wasserpumpe**(n), die **Kraftstoffpumpe** und die **Lichtmaschine** werden direkt oder indirekt von der Kurbelwelle angetrieben.

2.4.2 Kraftstoffsystem

Das Kraftstoffsystem wird in einen Niederdruckteil, Kraftstofftank bis Feinfilter (Kraftstofffilter), und einen Hochdruckteil, Einspritzpumpe und Einspritzdüsen samt Leitungen, unterteilt.

Der **Kraftstofftank** sollte über dem Niveau des Motors liegen, dann herrscht in den Leitungen jedenfalls ein gewisser Überdruck, und durch Undichtheiten im System kann keinesfalls Luft eindringen. Die **Kraftstoffleitungen** sind mit flexiblen Verbindungen verbunden, um Leitungsbruch durch Motorvibrationen zu verhindern. Dichtungen sollten immer aus Metall sein und nicht zu fest angezogen werden. Der **Absperrhahn** sollte in der Nähe des Tanks liegen, nicht im Motorraum, um bei einem Brand bedient werden zu können. Das im Kraftstoff enthaltene Wasser (Kondensat) muss bei laufender Kontrolle über die **Ablassschraube 2** am **Wasserabscheider 1** abgelassen werden. Sind wiederholt feste Rückstände im Schauglas sichtbar, ist der Tank zu reinigen. Die Reinigung des **Kraftstofffilters 1** erfolgt meist durch Austauschen des Filtereinsatzes (Wegwerffilter). Die **Kraftstoffförderpumpe 3** wird über die Nockenwelle angetrieben und versorgt die Einspritzpumpe ständig mit Kraftstoff. Über eine Rücklaufleitung gelangt überschüssiger Kraftstoff zum Tank zurück. Manche Förderpumpen, meistens Membranpumpen, haben einen engmaschigen Vorfilter, der zusammen mit dem Feinfilter gewechselt werden muss. Ein Handhebel ermöglicht die manuelle Bedienung der Pumpe. Beim Füllen oder Entlüften des Systems ist ggf. der Anlasser zu betätigen, wenn der Antriebsfinger keine Bewegung der Pumpe zulässt. Der **Feinfilter 4** vor der Einspritzpumpe ist meist auch ein Wegwerffilter.

Ein Filterwechsel erfolgt mittels Bandschlüssel, der neue Filter wird von Hand angezogen. Anschließend müssen die Leitungen entlüftet werden. Üblicherweise ist der Feinfilter der höchste Punkt des Systems. Die Entlüftungsschraube **(E)** des Feinfilters (oder die am höchsten gelegene) wird gelöst und mit dem Handhebel der Förderpumpe wird so lange gepumpt, bis der Kraftstoff blasenfrei austritt. Eine allenfalls erforderliche Entlüftung **(E)** an der Einspritzpumpe **(5)** sollte nur nach Betriebsanleitung erfolgen, damit nicht irrtümlich eine Einstellschraube verdreht wird. Weist der Dieselmotor eine Kaltstarteinrichtung (mit Kraftstoffeinspritzung) auf, ist diese durch Lösen der Leitung an den Düsen ebenfalls zu entlüften.

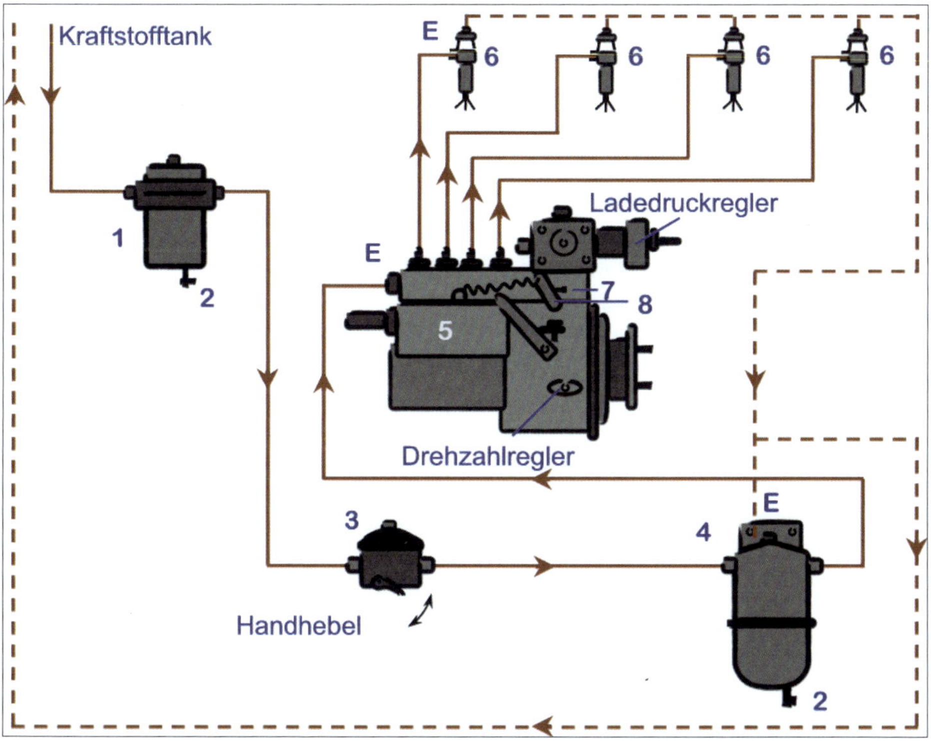

Der erste Bauteil des Hochdruckteils, die **Einspritzpumpe 5,** erzeugt einen Druck bis zu 1000 bar. Die Einspritzung des Kraftstoffs erfolgt unmittelbar vor Erreichen des oberen Totpunkts. Entweder hat jede Einspritzdüse eine eigene Einspritzpumpe oder eine Verteiler-Einspritzpumpe versorgt über ein Verteilventil alle Einspritzdüsen. Die eingespritzte Kraftstoffmenge bestimmt die Motordrehzahl. Ein Drehzahlregler ist in den meisten Einspritzpumpen eingebaut. Dieser bestimmt die maximale Drehzahl und sorgt für eine konstante Drehzahl bei wechselnder Belastung. Einstellarbeiten an der

Einspritzpumpe sollte nur der Fachmann vornehmen. Wird die Einspritzpumpe über einen Zahnriemen angetrieben, ist dieser entsprechend der Betriebsanleitung zu wechseln. Die **Einspritzdüsen 6** bedürfen je nach Bauart einer Wartung gemäß Anleitung des Herstellers oder sind auszutauschen (vor allem bei Verschmutzung). Die Lebensdauer beträgt bis zu 1000 Betriebsstunden.

Nahezu alle Dieselmotoren haben eine Einrichtung zur **Kaltstarthilfe 7**. Entweder wird zusätzlicher Kraftstoff eingespritzt oder durch eine Bypassleitung den Düsen ein Übermaß an Kraftstoff zugeführt. Im Verbrennungsraum vieler Dieselmotoren sind Glühkerzen zur Aufheizung und schließlich Entzündung des Kraftstoff-Luft-Gemisches angebracht. Ein anderes Kaltstartsystem besteht aus Heizplatten im Ansaugkrümmer. Die Verbrennungsluft wird dabei erwärmt. Zusätzlich kann Kraftstoff in den Ansaugkrümmer zugeführt werden, der dort verbrennt und dadurch den Motor erwärmt. Kleinere Motoren haben einen Dekompressionshebel, der bei manuellem Start zu öffnen ist (die Auslassventile werden dadurch geöffnet). Der Motor wird von Hand gedreht, das aufgebaute Drehmoment dreht den Motor nach Schließung des Dekompressionshebels weiter, und das normale Arbeitsspiel wird in Gang gesetzt.

Der Dieselmotor als Selbstzünder benötigt eine eigene **Stoppeinrichtung 8**, die auf verschiedene Art und Weise die Kraftstoffzufuhr unterbricht. Erst nach Stillstand des Motors, der durch ein akustisches und/oder optisches Signal bestätigt wird, ist der Motorschlüssel zu betätigen. Neuere Ausführungen ermöglichen das Abstellen des Motors direkt über den Motorschlüssel, wie beim Pkw.

2.4.3 Luftzufuhr

Die zur Verbrennung des Kraftstoffs erforderliche Luftzufuhr erfolgt über einen Luftfilter. Der Filtereinsatz ist entweder ein Papierfilter als Wegwerffilter oder ein regelmäßig zu reinigendes Drahtgeflecht. Turbolader werden vom Abgas angetrieben und verbessern die Motorleistung durch Verdichtung der Ansaugluft. Ein Zwischenkühler sorgt bei manchen Motoren für eine Kühlung der aufgeladenen Zuluft, die dadurch mit mehr Kraftstoff angereichert werden kann.

2.4.4 Kühlsysteme

Es werden drei Arten von Kühlsystemen unterschieden: **Luftgekühlte Motoren** sind sehr laut und benötigen viel Raum; das System hat aber den Vorteil, dass die Motorenteile nicht mit Wasser beaufschlagt sind und daher nicht korrodieren.

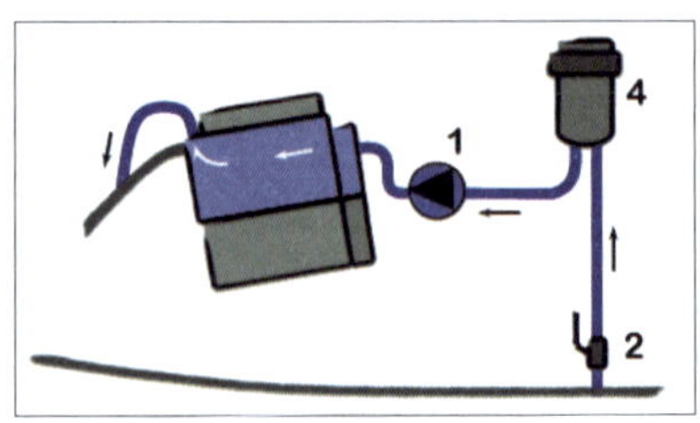

Bei der (direkten) **Seewasserkühlung** wird das Seewasser in Kanälen über den Motorblock in den Auspuff gepumpt. Dieses System wird eher bei kleinen Motoren angewendet. Die Gefahr des Einfrierens ist etwas geringer als bei der Zweikreiskühlung. Der Nachteil besteht darin, dass Salzablagerungen den Motor korrodieren und zusammen mit Verunreinigungen des Seewassers den Durchfluss verhindern.

Die **Zweikreiskühlung** hat einen inneren, geschlossenen Kühlkreis, gefüllt mit Kühlflüssigkeit, und den Seewasserkreislauf, in dem direkt bei der Durchführung durch die Schiffshaut ein **Seewasserventil 2** sitzt (auch bei der Einkreiskühlung). Die Wärmeübertragung vom inneren auf den äußeren Kreislauf erfolgt über einen **Wärmetauscher 3**. Die Temperatur des inneren Kreislaufs wird über einen Thermostat auf rund 80 °C geregelt, bei der Seewasserkühlung auf etwa 50 °C. Ein defekter **Thermostat** muss erneuert werden. Vorteile der Zweikreiskühlung sind die exakte Temperaturregelung und keine Verunreinigungen bzw. Ab-lagerungen im inneren Kühlkreislauf.

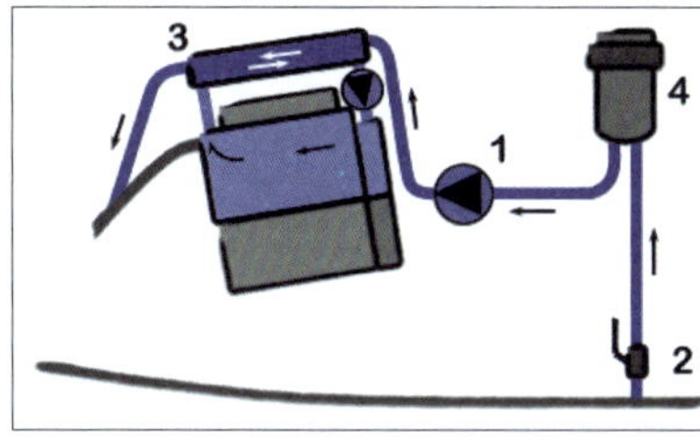

Der bei wassergekühlten Motoren verwendete **Seewasserfilter 4** muss mindestens 20 cm über der Wasserlinie liegen (kommunizierende Gefäße). Die **Kühlwasserleitungen** sind am Motorblock mit flexiblen Verbindungen (Schläuchen) angeschlossen, um einen Bruch durch Motorvibrationen zu verhindern. **Kühlwasserpumpen 1** sind zumeist Impellerpumpen mit einem Impeller aus Gummi (Neopren). Ersatzimpeller und Dichtungen sollten immer mitgeführt werden.

Der Kühlwasserstand im Ausgleichsbehälter ist regelmäßig zu kontrollieren und ggf. nachzufüllen. Wird der Motor zu heiß, ist der ungehinderte Austritt des Kühlwassers aus dem Auspuff zu überprüfen (Seewasserventil voll geöffnet? Auspuffanlage frei?). Eine undichte Stelle im Wärmetauscher ist an einem Wasseraustritt am Überlaufrohr (bei laufendem Motor) zu erkennen. Bei Motoren mit Seewasserkühlung ist die Zinkanode einmal jährlich zu überprüfen und bei einem Verbrauch über die Hälfte zu erneuern.

2.4.5 Auspuffsystem

An den Auspuffkrümmer am Motorblock ist ein flexibler, verstärkter Gummischlauch angeschlossen, der an der Durchführung durch den Spiegel endet. Zur Kühlung der Abgase wird das Kühlwasser in den Auspuff geleitet. Um zu verhindern, dass Wasser in den Motor gelangt, ist hinter dem Motor am tiefsten Punkt des Systems ein **Wassersammler 1** angebracht, der das in der Auspuffanlage verbleibende Wasser sammelt und mit einer Entleerungsschraube versehen ist. Vor der Durchführung durch den Spiegel führt der Auspuffschlauch über einen **Schwanenhals 2**, der das Eindringen von Seewasser verhindert. Zur Geräuschminderung ist ein **Schalldämpfer 3** angebracht. Befindet sich die Einführung des Kühlwassers nicht mindestens 20 cm über dem Wasserspiegel, ist

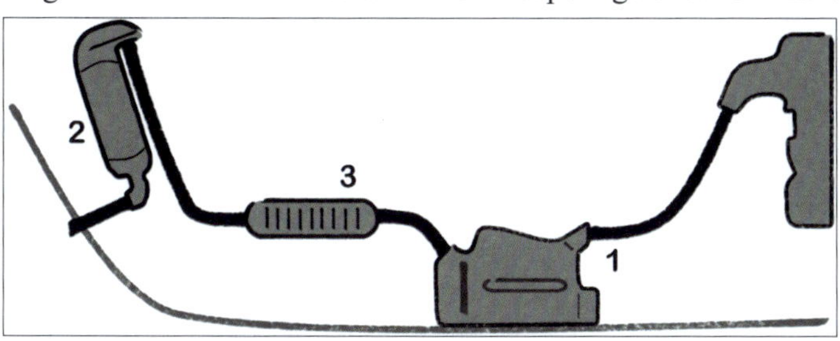

eine **Belüftung** durch ein Ventil oder eine Luftleitung ins Freie angebracht. So gelangt beim Abschalten des Motors kein Wasser durch Unterdruck in den Motor.

2.4.6 Schmierung

Bei manchen langsam laufenden Motoren findet man eine **Schleuderschmierung** vor, bei der das Motoröl durch die bewegten Teile des Motors verteilt wird. Normalerweise aber wird das Motoröl über eine Pumpe im Motor verteilt. Die **Ölförderpumpe** ist zumeist eine von der Nockenwelle angetriebene Zahnradpumpe. Das Motoröl wird über einen **Saugkorb** in der Ölwanne angesaugt und zu den Lagern verteilt. Die obere Begrenzung des Öldrucks wird durch ein **Überdruckventil** gewährleistet. Das Motoröl transportiert den Abrieb an den Maschinenteilen in den **Ölfilter**, meist einen Wegwerffilter. Der Filterwechsel erfolgt bei Betriebstemperatur, daher Vorsicht! Die neue Filterkartusche sollte mit Öl gefüllt sein. Nach dem Filterwechsel wird der Motor zur Verteilung des Öls einige Male von Hand durchgedreht (Kraftstoffpumpe abgesperrt)! Das zu verwendende **Motoröl** ist aus der Betriebsanweisung ersichtlich. Der intervallmäßig vorgeschriebene Ölwechsel ist Angelegenheit des Eigners und wird kaum vom Skipper durchzuführen sein.

2.4.7 Motorelektrik

Der Dieselmotor benötigt ebenso wie Benzinmotoren ein elektrisches System, um gestartet werden zu können (nicht jedoch während er läuft). Zwischen **Batterie 1** und **Anlasser 2** sitzt das selbstständig arbeitende **Startrelais 3**, da die Batterieströme für das Motorschloss zu groß wären.

Der Motorschlüssel betätigt den **Vorglühschalter 7**, dieser wirkt auf das Startrelais, welches den Hauptstromkreis schließt. Manche Motoren haben noch eine **Starthilfe 6** eingebaut. Zwischen **Lichtmaschine 4** und Batterie befindet sich das **Amperemeter 8**, zwischen den Polen des Reglers ein **Voltmeter 9**. Lichtmaschine und Vorglühschalter sind mit **Sicherungen S** abgesichert. Wird der Motorschlüssel betätigt, leuchtet die **Warnlampe 10** auf, bis der Motor läuft.

Die Starterkabel zwischen Batterie und Anlasser müssen ausreichend dimensioniert sein, damit kein unnötiger Verlust entsteht. Aus demselben Grund sind die Plus- und Minuspole an der Batterie und am Anlasser sauber zu halten, die Befestigungen sind gegen Loslösen durch Vibrationen gesichert. Die **Lichtmaschine 4** wird vom Keilriemen angetrieben und erzeugt Wechselstrom, der über den eingebauten Gleichrichter in Gleichstrom umgewandelt wird und mit dem in erster Linie die Batterien geladen werden. Die Spannung des Keilriemens sollte an seiner längsten Stelle eine Daumenbreite Spiel zulassen. Eine zu geringe Spannung lässt den Keilriemen durchrutschen, die Lichtmaschine erreicht nicht die erforderliche Drehzahl. Eine zu hohe Spannung verkürzt die Lebensdauer der Lichtmaschine. Die Keilriemenspannung wird durch Verstellen des Tragarms, auf dem die Lichtmaschine sitzt, geändert. Der – meist in der Lichtmaschine eingebaute – **Regler 5** regelt die Spannungsabgabe. Bei normalerweise 14,4 A regelt der Regler die Spannung herunter und gibt nur noch Strom zur Spannungserhaltung ab.

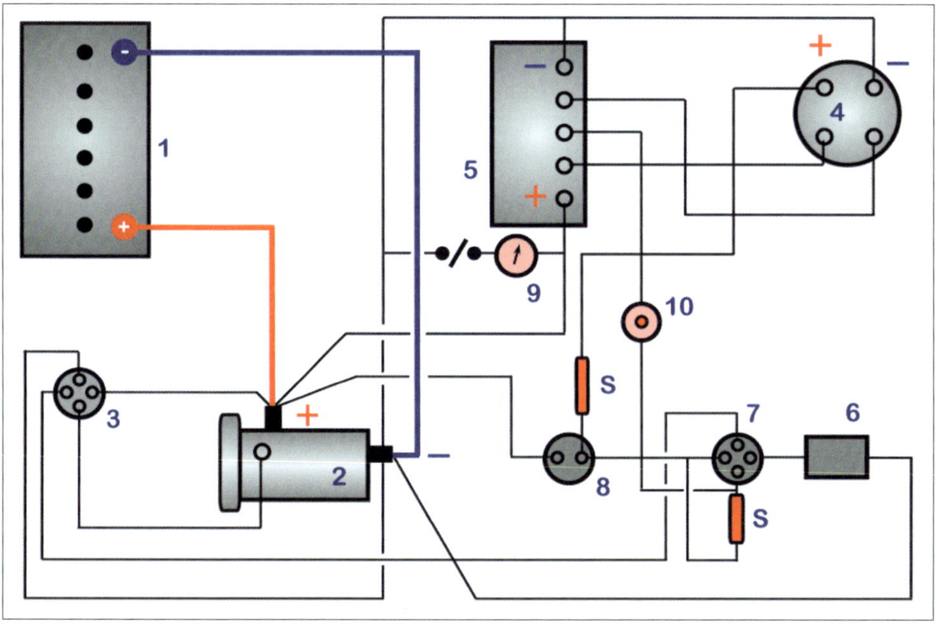

Die üblichen Starterbatterien sind Säurebatterien, die zwar den hohen Anlasserstrom zum Starten liefern, aber nicht zu viele Ladezyklen vertragen (für das normale Bordnetz sind wartungsfreie oder Gelbatterien besser geeignet). Die Batterie ist gegen Erschütterung zu sichern, und der Batterieraum muss nach außen belüftet sein (Säureaustritt). Blei-Säure-Batterien sind mit einem Elektrolyt (Schwefelsäure) gefüllt. Nachgefüllt werden sollte mit destilliertem Wasser (der Füllstand muss über dem Oberrand der Bleiplatten liegen). Der Ladezustand kann mit einem Säureheber geprüft werden oder mit einem exakten Strommessgerät. Die Spannung einer voll aufgeladenen Batterie beträgt 12,7 V. Über einen manchmal eingebauten Batteriehauptschalter kann man die Starter- und Bordnetzbatterien einzeln zu- oder abschalten oder das gesamte Stromnetz ausschalten. Beim Umschalten einer Batterie auf eine andere muss sichergestellt sein, dass die erste Batterie erst dann vom Netz getrennt wird, wenn die zweite Batterie bereits zugeschaltet ist, da sonst der Diodenschalter des Generators zerstört wird. Deshalb darf auch kein Batteriekabel abgeklemmt werden, während der Motor läuft.

In der **Instrumententafel** ist das Motorschloss mit den vier Positionen Stopp – Ein – Vorglühen – Start untergebracht. Die Ausstattung der Instrumententafeln ist sehr unterschiedlich. Es können vorhanden sein: Betriebsstundenzähler, Drehzahlmesser, Temperaturanzeige, Öldruckanzeige sowie Kontroll- und Warnleuchten.

2.4.8 Dieselverbrauch

Der Kraftstoffverbrauch eines Schiffs-Dieselmotors beträgt bei höchster Drehzahl etwa 0,2 Liter je Stunde und PS (entspricht 0,27 Liter je Stunde und kW). Bei 80 % der Höchstdrehzahl beträgt der Verbrauch nur mehr 50 %. Die Fahrt durchs Wasser steigt bei Erhöhung der Drehzahl von 80 % auf 100 % aber nur unwesentlich.

Die effektivste Drehzahl für normale Fahrt liegt daher bei 75 bis 80 % der maximalen Drehzahl des Motors. Die Motordrehzahl für normale Fahrt liegt bei Dieselmotoren also zwischen 2000 und 2500 U/min.

2.4.9 Motorkontrollen

Obwohl heutige Bootsmotoren recht zuverlässig sind, ist der Motor laufend zu überprüfen. Der Bootsmotor ist ein wichtiger Teil der Sicherheitsausrüstung, und daher muss seine Einsatzbereitschaft auch auf Segelyachten jederzeit gewährleistet sein.

Folgende Überprüfungen sollten daher alle zwei bis drei Tage, mindestens aber einmal wöchentlich durchgeführt werden.

Kontrollen bei stillstehendem Motor		
01	***Leckage im Kühlsystem***	Schlauchverbindungen nachspannen, Risse in Schläuchen mit Tape umwickeln und mit Schlauchschelle sichern, gebrochene Schläuche ersetzen, Wasserstand überprüfen.
02	***Füllstand im Kühlwasserkreis***	Nur während des Motorstillstands kontrollieren, Kühlwasser bis zum unteren Rand des Deckels auffüllen, der Deckel ist auch Überdruckventil.
03	***Leckage der Stopfbuchse***	Ein paar Tropfen je Stunde sind normal, sonst Stopfbuchse nachziehen (nicht zu viel, da sonst die Welle beschädigt wird) oder Fett einpressen.
04	***Stand Motoröl, Ölqualität***	Öl bis zur Markierung am Ölmessstab nachfüllen, Ölfarbe Grau bis Weiß bedeutet Wasser im Öl, was einen Ölwechsel erforderlich macht und eine anschließende Motorüberholung.
05	***Kraftstoffleckage***	Anschlüsse gefühlvoll nachziehen, eventuell metallische Dichtungen wechseln.
06	***Keilriemenspannung***	Der Keilriemen sollte sich an seiner längsten Stelle etwa 12 mm eindrücken lassen, Nachspannung über Verstellung der Lichtmaschine.
07	***Schmutz im Vorfilter***	Filter austauschen (oder reinigen), System entlüften.
08	***Motoraufhängungen***	Lose Muttern samt Kontermuttern nachziehen.
09	***Auspuffverbindungen***	Lose Verbindungen nachspannen, Risse mit geeignetem Tape umwickeln.
10	***Elektrokabel***	Vor allem die Anschlüsse an der Batterie und dem Anlasser müssen kontrolliert werden.

Kontrollen bei laufendem Motor		
11	***Leckage im Kühlsystem***	Bei laufendem Motor sind Leckagen zwischen innerem und äußerem Kühlkreislauf (meist am Wärmetauscher) leicht am Überlauf des Kühlwasserdeckels zu erkennen. Reparatur (an den Anschlüssen) nur bei stillstehendem Motor.
12	***Kraftstoffleckage***	Sorgfältige Kontrolle während der Motor läuft, da austretender Diesel viele Materialien schädigen kann.
13	***Motorölleckage***	Ölstand auf Minimum absenken (absaugen), Dichtungen und Dichtflächen sorgfältig reinigen, Dichtungen ggf. austauschen.
14	***Vibrationen***	Außergewöhnliche Vibrationen können viele Ursachen haben (Lagerschaden, Wellenunwucht, Zylinderausfall). Reparaturen nur in Werkstätte.

2.4.10 Motordefekte und deren Behebung

Motorprobleme: Ursachen, Behebung		
01	***Der Anlasser dreht nicht durch!***	Batteriekontakte, Kontakte am Anlasser und am Batteriehauptschalter überprüfen – Kontakte reinigen und nachziehen.
		Batteriespannung mit Messgerät überprüfen (volle Batterie 12,7 V), besonders wenn der Anlasser zwar dreht, aber nicht auf Drehzahl kommt – ist die Batterie leer, auf andere Batterie umschalten oder Motor mit Handkurbel (Dekompressionshebel umlegen) starten.
		Kabel am Startschalter oder Zündschloss überprüfen – Kontakte reinigen (Korrosion) und befestigen.
		Wenn der Anlasser klemmt, ist er eventuell durch Drehen des Motors mit der Handkurbel wieder in Gang zu setzen.
02	***Der Anlasser dreht, aber der Motor springt nicht an!***	Überprüfen, ob genug Treibstoff im Tank ist und ob der Absperrhahn geöffnet ist – Kraftstoff nachfüllen bzw. Absperrhahn öffnen.
		Batteriespannung mit Messgerät überprüfen (volle Batterie 12,7 V) – ist die Batterie leer, auf andere Batterie umschalten oder Motor mit Handkurbel (Dekompressionshebel umlegen) starten.
		Kabel am Startschalter oder Zündschloss überprüfen – Kontakte reinigen (Korrosion) und befestigen.
		Stellung des Dekompressionshebels überprüfen, in die richtige Stellung bringen (auch Magnetschalter können klemmen) – oder die Rückholfeder ist abgebrochen.
		Kabelanschluss des Drehzahlbegrenzers überprüfen – ggf. wieder anschließen.
		An der Entlüftungsschraube des Feinfilters prüfen, ob Kraftstoff in die Niederdruckleitung gelangt – durch Betätigung des Handhebels an der Förderpumpe.
		Verbindung Gashebel zum Regelhebel am Motor prüfen – ggf. wiederherstellen.

02	***Der Anlasser dreht, aber der Motor springt nicht an!*** *– Fortsetzung*	Hochdruckleitung zwischen Einspritzpumpe und Einspritzdüsen auf Risse überprüfen – ggf. wechseln.
		Verschmutzung des Vorfilters überprüfen – Filter wechseln, System entlüften. Falls kein Vorfilter vorhanden (nur ein Wasserabscheider), ist der Feinfilter zu überprüfen (an der Entlüftungsschraube, durch Betätigen des Handhebels der Förderpumpe).
		Verschmutzung des Feinfilters überprüfen – Filter wechseln, System entlüften.
		Niederdruckleitung auf Lecks überprüfen (speziell dann, wenn der Tank tiefer als der Motor liegt) – undichte Stellen abdichten.
		Eine Hauptursache ist Luft im Kraftstoffsystem – nachdem alle Verbindungen auf der Saugseite der Pumpe überprüft wurden, wird das System entlüftet: Entlüftungsschraube am höchsten Punkt des Systems (meist der Feinfilter, evtl. die Einspritzpumpe) lösen und mit dem Handhebel der Förderpumpe pumpen, bis nur noch Kraftstoff austritt. Beim Entlüften an der Einspritzpumpe auf die richtige Schraube (Betriebsanleitung) achten, damit keine Einstellungen verstellt werden. Ist eine Kaltstarteinrichtung mit Kraftstoffeinspritzung vorhanden, auch diese entlüften. (Lösen der Einspritzleitung am Düsenstock und manuell pumpen).
		Wasser im Motor (über den Auspuff bei schwerer See) ist an der grauen oder weißen Farbe des Motoröls zu erkennen – Kühlwasserventil schließen, die Einspritzdüsen abschrauben und den Motor drehen, damit so viel Wasser als möglich austreten kann. Das von Wasser durchsetzte Öl muss gewechselt werden. Zum Starten Seewasserventil wieder öffnen!
03	***Motorüberhitzung!*** *– Erkennbar an erhöhter Temperaturanzeige, quälendem Geräusch des Motors, Qualm aus dem Auspuff (brennender Auspuff und/oder Wassersammler), keinen Kühlwasseraustritt aus dem Auspuff oder der Motor hat sich festgefressen.*	Ist die Seewasseransaugung verstopft – Motor stoppen und Verstopfung beseitigen.
		Wenn das Seewasserventil geschlossen ist, dieses öffnen. Das Seewasserventil kann auch verlegt sein – dann reinigen.
		Der Impeller der Kühlwasserpumpe ist gebrochen oder beschädigt – Seewasserventil schließen, defekten Impeller und abgebrochene Reste entfernen und neuen Impeller eingefettet einsetzen.
		Scheint der Thermostat defekt zu sein – Seewasserventil schließen, Thermostat ausbauen, in Gefäß mit Wasser geben, erhitzen und Funktion überprüfen. Ist der Thermostat defekt, können kurze Strecken bei geringer Belastung weitergefahren werden, dann austauschen.
		Sind die Kühlwasserkanäle im Motor verlegt, ist ein Ausbau des Motors erforderlich.

04	***Schwarzer Rauch aus dem Auspuff!*** *– Entsteht bei Überlastung des Motors.*	Hat sich im Propeller eine Leine o. Ä. verfangen – durch mehrmaliges Einlegen des Vor- und Rückwärtsganges versuchen, den Propeller zu befreien, sonst tauchen.
		Ist der Auspuffquerschnitt zu klein – reinigen oder verengende Teile entfernen.
		Bekommt der Motor zu wenig Frischluft – Luftfilter reinigen (wechseln), Motorraumbelüftung prüfen.
05	***Der Motor läuft, aber der Propeller erzeugt keinen Schub!***	Der Propeller ist abgefallen – in den nächsten Hafen segeln.
		Der Scherstift bzw. Längskeil ist abgebrochen oder herausgefallen – in den nächsten Hafen segeln.
		Das Getriebe ist defekt – meist nur durch Fachmann zu beheben.
		Der Bowdenzug zum Getriebe hat sich gelöst – neu befestigen oder evtl. von Hand direkt am Getriebe schalten.
06	***Der Motor setzt manchmal aus!***	Ist der Luftfilter verstopft – Filter reinigen (wechseln).
		Ist die Motorraumbelüftung verlegt – Teile entfernen.
		Tankentlüftung blockiert – reparieren.
07	***Blauer oder weißer Rauch am Auspuff!*** *– Meist schlecht eingestellter Motor.*	Abgenutzte Kolbenringe, schlecht sitzende Ventile oder undichte Zylinderkopfdichtung – Reparatur nur in Werkstätte.
08	***Außergewöhnliche Vibrationen oder Geräusche!***	Ist ein Fremdkörper im Propeller (oder Bewuchs) – diesen entfernen, Propeller reinigen.
		Die Muttern der Motorlagerung sind lose – nachziehen.
		Ist das Motorlager gebrochen oder lose, werden meist die Stopfbuchse und der Wellenbock zerstört, Wasser dringt in das Schiff ein – höchste Gefahr!
		Ein gebrochener oder loser Wellenbock kann mit Bordmitteln kaum repariert werden.
		Eventuell kündigt sich ein Motorschaden durch eingedrungenes Wasser oder zu wenig Öl im Motor an – Möglichkeiten siehe oben.
		Ist die Wellenkupplung lose – nachziehen.

2.5 STROM AN BORD

Die Hauptbausteine des elektrischen Systems an Bord sind: **Batterie**, **Schalttafel**, **Verbraucher**, **Generator** (Lichtmaschine), **Ladegerät** und **Landanschlusssteckdose**, die über das **Kabelnetz** verbunden sind. Das heute übliche Bordnetz wird mit 12 V betrieben; 24 V wären wegen der kleineren Leitungsquerschnitte bzw. geringerer Verluste technisch gesehen günstiger, es haben sich aber 12-V-Anlagen aus wirtschaftlichen Überlegungen durchgesetzt. Vor allem deshalb, weil so auch alle elektrischen Geräte, die für Kraftfahrzeuge entwickelt wurden, eingesetzt werden können und diese zumeist wesentlich günstiger sind als dieselben Geräte, die im maritimen Fachhandel angeboten werden.

Üblicherweise ist an Bord moderner Yachten das Startsystem für den Motor als eigenes Stromnetz *(siehe 2.4.7)* ausgeführt. Eine eigene Starterbatterie, mit entsprechender Charakteristik, versorgt den Starter des Motors. Der Generator (Lichtmaschine) oder das Ladegerät (über den Landstrom) lädt beide Batterien über einen Diodenverteiler. Die beiden Batterien sind über einen Batteriehauptschalter ein- und auszuschalten.

2.5.1 Die Batterie

Nach wie vor sind Bleiakkumulatoren die meistverwendeten. An der Dichte des Elektrolyts (Wasser und Schwefelsäure im Verhältnis 3:1) kann der Ladezustand einer Batterie gemessen werden. Die Akkusäure einer vollgeladenen Batterie weist eine Dichte von 1,29 kg/l auf, eine Dichte von 1,12 bis 1,14 kg/l lässt auf eine leere Batterie schließen. Gemessen wird die Dichte mit einem Säureheber *(Aräometer)*. Die Nennspannung einer Bleizelle beträgt ohne Stromentnahme 2,0 V. Während der Aufladung der Batterie steigt diese Spannung schnell auf 2,4 V und dann langsamer auf 2,7 V. Moderne Ladegeräte bzw. Lichtmaschinen sorgen mittels eingebauter Regler dafür, dass beim Ladevorgang die kritische Spannung von 2,4 V je Zelle nicht überschritten wird. Bei defektem Regler oder ungeregelter Batterieladung wird mit hoher Spannung weitergeladen. Die Batterie erwärmt sich, fängt an zu kochen und die Batteriesäure wird aggressiver. Schließlich bildet sich das hochexplosive Knallgas und die Batterie wird zerstört. Da eine Batterieladung nur mit dosiertem Strom erfolgen kann (siehe oben), dauert ein Ladevorgang immer 8 bis 12 Stunden, eine Vollladung sogar 24 Stunden.

Der Batterieraum muss nach außen belüftet sein (Säureaustritt). Blei-Säure-Batterien sind mit einem Elektrolyt (Schwefelsäure) gefüllt. Nachgefüllt werden sollte mit destilliertem Wasser (Füllstand über dem Oberrand der Bleiplatten).

Über einen Batteriehauptschalter kann man die Starter- und Bordnetzbatterien einzeln zu- bzw. abschalten oder das gesamte Stromnetz ausschalten. Beim Umschalten einer Batterie auf eine andere muss sichergestellt sein, dass die erste Batterie erst dann vom Netz getrennt wird, wenn die zweite Batterie bereits zugeschaltet ist, da sonst der Diodenschalter des Generators zerstört wird. Deshalb darf auch kein Batteriekabel abgeklemmt werden, während der Motor läuft.

Entladeschlussspannung 10,5 V: Die geringste Spannung – 1,75 V je Zelle –, bis zu der eine Batterie entladen werden darf, ohne Schaden zu nehmen.

Ruhespannung 11,6 – 12,7 V: Jene Spannung, die unmittelbar an der Batterie nach der Ladung bzw. Entladung gemessen wird. 11,6 V bedeuten eine leere Batterie, bei 12,7 V ist die Batterie vollgeladen.

Ladespannung 13,8 – 14,1 V: Die Spannung, mit der eine Batterie geladen wird.

Gasungsspannung 14,4 V: Maximale Spannung (2,4 V je Zelle), mit der eine Batterie geladen werden darf. Darüber beginnt verstärkt die Ausgasung und Erwärmung; es kommt zur Bildung von hochexplosivem Knallgas.

Batteriekapazität:

Die Kapazität einer Batterie wird in Amperestunden (Ah) angegeben. Zur Erhöhung der Kapazität werden mehrere Batterien zu einem Batterieblock zusammengeschaltet, hauptsächlich für das Bordnetz. Bei der **Serienschaltung** von Batterien addiert sich deren Spannung V: Zwei 12-V-Batterien in Serie geschaltet liefern eine Spannung von 24 V.

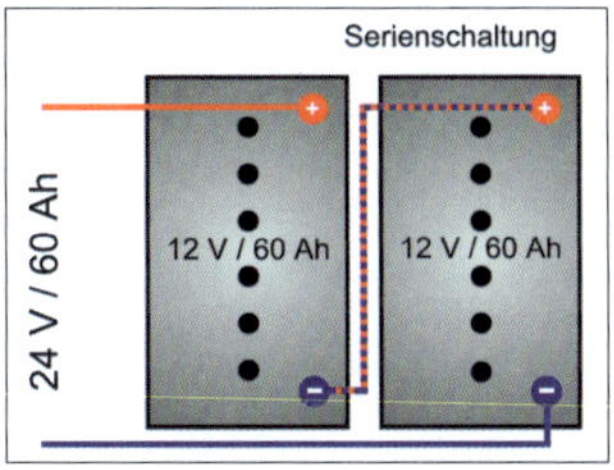

Bei der **Parallelschaltung** von Batterien addiert sich deren Stromstärke (A) und damit die Kapazität des Batterieblocks, bei gleicher Spannung. Die tatsächlich zur Verfügung stehende Strommenge einer 120-Ah-Batterie beträgt aber nur etwa 72 Ah, das sind 60 %. 20 % ist der Ladefaktor einer Bleibatterie und 20 % ist die Entladereserve, ohne sie zu beschädigen.

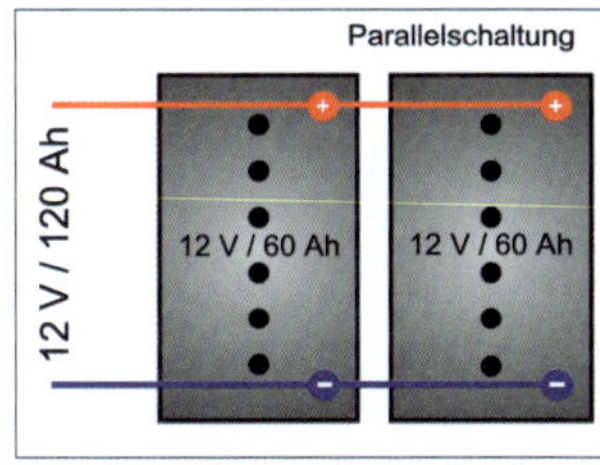

2.5.2 Ladegerät, Lichtmaschine

Der Landstrom (220 V/50 Hz) wird am zumeist eingebauten Ladegerät, über die Landanschlusssteckdose, angeschlossen. Geregelte Ladegeräte laden die Batterie mit dem optimalen Ladestrom, dem jeweiligen Zustand der Batterie entsprechend. Die gleichzeitige Ladung von zwei Batterien (Starterbatterie, Bordnetzbatterie) gleicher Zellenanzahl ist möglich, auch wenn der Entladezustand oder die Kapazität der Batterien unterschiedlich ist.

Die Lichtmaschine (Generator) versorgt bei laufendem Motor das Bordnetz bzw. lädt die Batterien auf. Der eingebaute Regler regelt die Spannungsabgabe ans Netz. Die Lichtmaschine erzeugt zunächst Wechselstrom, der in Gleichstrom umgewandelt wird. Für eine ordentliche Funktion der Lichtmaschine ist die richtige Keilriemenspannung (etwa 12 mm Spiel) ausschlaggebend.

2.5.3 Schalttafel

Die Schalttafel ist die zentrale Verteilerstelle im Bordnetz. Die **Sicherungsautomaten** sind gleichzeitig Schalter. Daneben sind auch noch verschiedene Anzeigegeräte und Kontrollleuchten (z. B. für die Positionslichter) eingebaut. Die **Ladekontrolllampe** leuchtet auf, wenn trotz laufendem Motor keine Ladung erfolgt.

Die Anzeige am **Voltmeter** lässt nur eine vage Beurteilung des Batteriezustandes zu, da die angezeigten Werte von der momentanen Belastung der Batterie abhängen.

Am **Amperemeter** wird der Strom von der Batterie bzw. zur Batterie angezeigt. Das Instrument hat eine Nullanzeige in der Mitte. Ein Zeigerausschlag nach links (–) zeigt die Entladung der Batterie an, nach rechts (+) das Laden der Batterie. Bei laufendem Motor müsste die Anzeige im Plusbereich stehen (Ladung).

2.5.4 Kabelnetz, Verbraucher

Neben Fehlern an der Batterie sind die meisten Defekte auf Korrosionsprobleme an Kontakten und elektrischen Übergängen zurückzuführen. Elektrische Defekte an den Verbrauchern selbst sind mit Bordmitteln meist nicht zu beheben, es sei denn, es ist ein entsprechender Ersatz vorhanden.

Besondere Beachtung sollte man automatisch einschaltenden Geräten – Bilgepumpe, Kühlschrank usw. – widmen, da sich diese unkontrolliert einschalten und die Batterie entladen. Grundsätzlich muss mit der elektrischen Energie sparsam umgegangen werden, vor allem wenn der Strom aus der Batterie entnommen wird. Die elektrische Ankerwinsch darf ohnehin nur bei laufendem Motor betrieben werden.

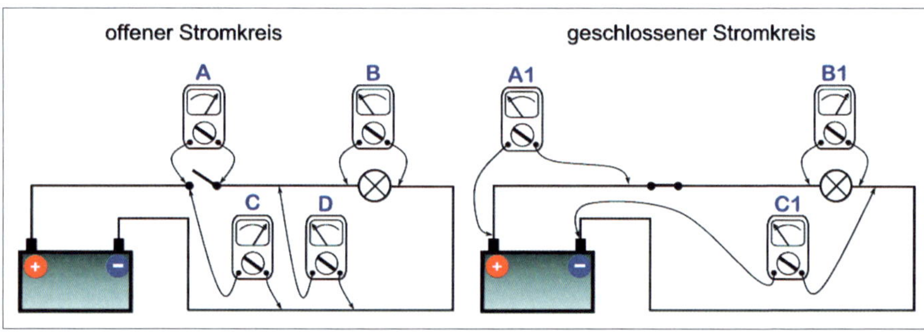

In obigem Schema ist die Messanordnung zum Aufspüren von Spannungsverlusten dargestellt. Bei einem offenen Stromkreis sollte das Messgerät in **A** und **C** die volle Spannung anzeigen, in **B** und **D** aber null. Beim geschlossenen Stromkreis sollte an **B1** die volle Spannung anliegen, **A1** und **C1** zeigen null.

3.1 KOLLISIONSVERHÜTUNGSREGELN (KVR)

Die **Kollisionsverhütungsregeln (KVR)**, englisch ***Con****vention on the International* ***Reg****ulations for Preventing Collisions at Sea, 1972* (*COLREGs*) sind die internationalen Regeln zur Verhütung von Kollisionen auf See. Sie umfassen insgesamt fünf Teile: Teil A – Allgemeines mit den Begriffsbestimmungen, Teil B – Ausweich- und Fahrregeln, Teil C – Lichter und Signalkörper, Teil D – Schall- und Lichtsignale einschließlich Seenotsignale und Teil E – Befreiungen. Der Gültigkeitsbereich der KVR erstreckt sich auf die Hohe See und damit zusammenhängende Gewässer (also auch Flüsse), sofern sie von Seeschiffen befahren werden. In Hoheitsgewässern gilt die KVR nur dann, wenn es keine spezifischeren Bestimmungen des jeweiligen Staates gibt.

Ergänzend dazu gelten auf deutschen Seeschifffahrtsstraßen (diese entsprechen dem Küstengewässer zwischen der Küstenlinie bei mittlerem Hochwasser oder dem seewärtigen Ende von Binnenwasserstraßen und bis zu 3 sm seewärts der Niedrigwasserlinie; außerhalb dieses Bereiches auch durch laterale Zeichen begrenzte Fahrwasser; zusätzlich auch einige angrenzende Binnenwasserstraßen) die **Seeschifffahrtsstraßen-Ordnung (SeeSchStrO)** und die **Schifffahrtsordnung Emsmündung (EmsSchO)**. In manchen Häfen gelten zusätzlich örtliche **Hafenvorschriften**. Die Regelwerke gelten nebeneinander und widersprechen sich grundsätzlich nicht, sondern nehmen lediglich auf örtliche Gegebenheiten Bezug. Sollten sich einige Regelungen dennoch widersprechen, sind ausschließlich die örtlich bezogenen Regeln anzuwenden, also Hafenvorschriften vor der SeeSchStrO/EmsSchO und die SeeSchStrO/EmsSchO vor den KVR.

Verstöße gegen die KVR können, je nach Tatbestand, verwaltungsrechtlich durch Verwarnungen, Geldbußen oder Ordnungsstrafen oder durch den Entzug von Patenten bzw. Führerscheinen geahndet werden sowie strafrechtlich durch Geld- oder Freiheitsstrafen.

3.1.1 Begriffsbestimmungen gemäß KVR

- **Fahrzeug**: alle Wasserfahrzeuge einschließlich nicht wasserverdrängender Fahrzeuge, Bodeneffektfahrzeuge und Wasserflugzeuge, die als Beförderungsmittel auf dem Wasser verwendet werden oder verwendet werden können
- **Maschinenfahrzeug**: ein Fahrzeug mit Maschinenantrieb
- **Segelfahrzeug**: ein Fahrzeug unter Segel, dessen Maschinenantrieb, falls vorhanden, nicht benutzt wird
- **fischendes Fahrzeug**: ein Fahrzeug, das mit Netzen, Leinen, Schleppnetzen oder anderen Fanggeräten fischt, welche die Manövrierfähigkeit einschränken, jedoch nicht ein Fahrzeug, das mit Schleppangeln oder anderen Fanggeräten fischt, welche die Manövrierfähigkeit nicht einschränken

- **manövrierunfähiges Fahrzeug**: ein Fahrzeug, das wegen außergewöhnlicher Umstände nicht so manövrieren kann, wie es diese Regeln vorschreiben, und daher einem anderen Fahrzeug nicht ausweichen kann
- **manövrierbehindertes Fahrzeug**: ein Fahrzeug, das durch die Art seines Einsatzes behindert ist, so zu manövrieren, wie es diese Regeln vorschreiben, und daher einem anderen Fahrzeug nicht ausweichen kann (z. B. Bagger, Fahrzeug, das Unterwasserarbeiten ausführt, Kabelleger, Versorgungsfahrzeug, Flugzeugträger, Minensucher)
- **tiefgangbehindertes Fahrzeug**: ein Maschinenfahrzeug, das durch seinen Tiefgang im Verhältnis zu der vorhandenen Tiefe und Breite des befahrenen Gewässers erheblich behindert ist, von seinem zu verfolgenden Kurs abzuweichen

- **In Fahrt** ist ein Fahrzeug, das weder festgemacht, noch vor Anker liegend, noch auf Grund sitzend, noch sonst wie mit Land oder Grund verbunden ist und keine Fahrt durchs Wasser macht. Es kann aber Fahrt über Grund machen (ein Segler im Flauteloch ist im Sinne der KVR in Fahrt).
- **In Fahrt, mit Fahrt durchs Wasser** ist ein Fahrzeug mit Antrieb; es muss nicht unbedingt Fahrt über Grund machen.
- **In Sicht befindlich** sind Fahrzeuge, die einander optisch wahrnehmen können (nicht akustisch oder über Radar). Die Ausweichpflicht gilt gegenüber in Sicht befindlichen Fahrzeugen.
- **Überholer** ist ein Fahrzeug, das sich bei In-Sicht-Kommen im Sektor des Hecklichts (135°), auf kreuzendem Kurs, einem anderen Fahrzeug nähert.
- **Bei Tag** ist die Zeit zwischen Sonnenauf- und Sonnenuntergang.
- **Bei Nacht** ist die Zeit zwischen Sonnenunter- und Sonnenaufgang.
- **Verminderte Sicht** bezeichnet jeden Zustand, bei dem die Sicht durch Nebel, dickes Wetter, Schneefall, heftige Regengüsse, Sandstürme oder ähnliche Ursachen eingeschränkt ist.

3.1.2 Fahrregeln gemäß KVR

Verhalten von Fahrzeugen bei allen Sichtverhältnissen, Abschnitt 2:

- ***Ausguck** (Regel 5):*

Jedes Fahrzeug muss jederzeit durch Hören und Sehen sowie durch jedes andere verfügbare Mittel *(z. B. Radar)* gehörigen Ausguck halten, der einen vollständigen Überblick über die Lage und die Möglichkeit der Gefahr eines Zusammenstoßes gibt.

- ***Sichere Geschwindigkeit** (Regel 6):*

Jedes Fahrzeug muss jederzeit mit einer sicheren Geschwindigkeit fahren, sodass es geeignete und wirksame Maßnahmen treffen kann, um einen Zusammenstoß zu vermeiden und innerhalb einer Entfernung zum Stehen gebracht werden kann, die den gegebenen Umständen und Bedingungen entspricht. U. a. müssen folgende Umstände berücksichtigt werden: Sichtverhältnisse, Verkehrsdichte, Manövrierfähigkeit unter Berücksichtigung der Stoppstrecke und der Dreheigenschaften, bei Nacht eine Hintergrundhelligkeit, Wind-, Seegangs- und Strömungsverhältnisse sowie der Tiefgang im Verhältnis zur Wassertiefe.

Fahrzeuge mit *(betriebsfähigem)* Radar an Bord müssen die Eigenschaften, die Wirksamkeit und die Leistungsgrenzen der Radaranlage berücksichtigen.

- ***Möglichkeit der Gefahr eines Zusammenstoßes*** *(Regel 7):*

Jedes Fahrzeug muss mit allen verfügbaren Mitteln feststellen, ob die Möglichkeit der Gefahr eines Zusammenstoßes besteht. Eine solche Möglichkeit ist anzunehmen, wenn sich die Kompasspeilung eines sich nähernden Fahrzeugs nicht merklich ändert *(stehende Peilung).*

Eine betriebsfähige Radaranlage muss gehörig gebraucht werden, einschließlich der Anwendung der großen Entfernungsbereiche, des Plottens oder eines gleichwertigen systematischen Verfahrens zur Überwachung georteter Objekte.

- ***Manöver zur Vermeidung von Zusammenstößen*** *(Regel 8):*

Jedes Manöver zur Vermeidung eines Zusammenstoßes muss, wenn es die Umstände zulassen, entschlossen, rechtzeitig und so ausgeführt werden, wie es eine gute Seemannschaft erfordert. Jede Kursänderung und/oder Änderung der Geschwindigkeit muss so groß sein, dass sie ein anderes Fahrzeug optisch oder durch Radar rasch erkennen kann. Das Manöver muss zu einem sicheren Passierabstand führen, und die Wirksamkeit muss sorgfältig überprüft werden, bis das andere Fahrzeug endgültig vorbei und klar ist.

- ***Enge Fahrwasser*** *(Regel 9):*

Als *enge Fahrwasser* gelten alle Fahrwasser von Seeschifffahrtsstraßen.

Ein Fahrzeug, das der Richtung eines engen Fahrwassers oder einer Fahrrinne folgt, muss sich so nahe am äußeren Rand seiner Steuerbordseite halten, wie dies ohne Gefahr möglich ist.

Fahrzeuge unter 20 m Länge oder Segelfahrzeuge dürfen die Durchfahrt von auf das Fahrwasser angewiesenen Fahrzeugen nicht behindern.

Fischende Fahrzeuge dürfen die Durchfahrt von anderen Fahrzeugen nicht behindern. Beim Queren eines Fahrwassers darf kein anderes, auf das Fahrwasser angewiesenes Fahrzeug behindert werden.

Kann nur dann sicher überholt werden, wenn das zu überholende Fahrzeug mitwirkt, so muss das überholende Fahrzeug das entsprechende Schallsignal geben.

Das Ankern ist, wenn es die Umstände zulassen, zu vermeiden.

- ***Verkehrstrennungsgebiete*** *(Regel 10):*

Verkehrstrennungsgebiete (VTG) werden in dicht befahrenen Gewässern festgelegt, dabei legt eine Trennlinie oder Trennzone zwei geteilte Schifffahrtswege fest.

Fahrzeuge, die ein VTG benutzen, müssen auf dem entsprechenden Einbahnweg in der allgemeinen Verkehrsrichtung dieses Weges fahren und sich dabei so weit wie möglich von der Trennlinie oder Trennzone klarhalten. Ein- oder Auslaufen in das VTG erfolgt in der Regel an dessen Enden. Erfolgt das Ein- oder Auslaufen von der Seite, dann in einem möglichst kleinen Winkel.

Ein Queren des VTG ist zu vermeiden. Ist ein Fahrzeug zum Queren gezwungen, muss dies möglichst im rechten Winkel zur Trennlinie erfolgen, auch bei Stromversetzung oder Windabdrift *(d. h. rwK im rechten Winkel zur Trennlinie).*

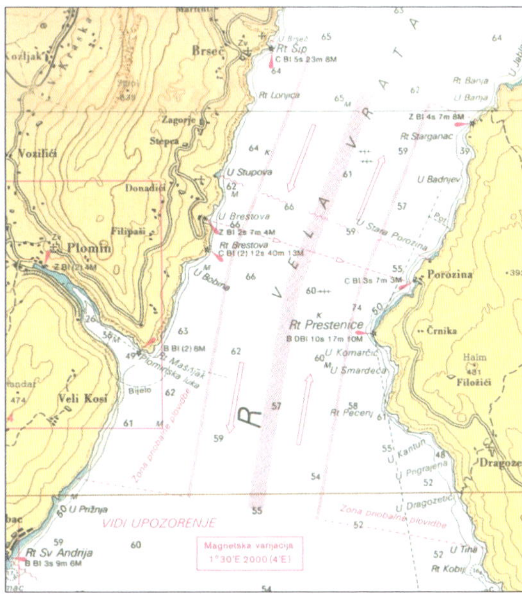

Außer beim Queren des VTG darf ein Fahrzeug in der Regel eine Trennlinie nicht queren oder in eine Trennzone einlaufen. Ausgenommen in einem Notfall zur Abwendung einer unmittelbaren Gefahr oder zum Fischen innerhalb der Trennzone.

Im Bereich des Zu- und Abgangs von VTG muss mit besonderer Vorsicht gefahren werden. Ankern innerhalb eines VTG ist möglichst zu vermeiden. Fahrzeuge, die das VTG nicht benutzen, müssen sich von diesem möglichst weit fernhalten.

Fischende Fahrzeuge dürfen die Durchfahrt auf einem Einbahnweg nicht behindern. Fahrzeuge unter 20 m Länge und Segelfahrzeuge dürfen die sichere Durchfahrt von Maschinenfahrzeugen auf einem Einbahnweg nicht behindern.

Eine ***Küstenverkehrszone*** ist der Küstenstreifen zwischen dem Land und den Einbahnwegen eines Verkehrstrennungsgebietes. Sie darf in der Regel vom Durchgangsverkehr, der den entsprechenden Einbahnweg des angrenzenden VTG sicher befahren kann, nicht benutzt werden. Sie dürfen aber von Fahrzeugen unter 20 m Länge, fischenden Fahrzeugen, Segelfahrzeugen und Fahrzeugen auf dem Weg von oder zu einem Hafen benutzt werden.

3.1.3 Ausweichregeln gemäß KVR

Verantwortlichkeiten der Fahrzeuge untereinander *(Regel 18):*

Sofern in den Regeln 9, 10 und 13 nicht etwas anderes bestimmt ist, gilt Folgendes:

Ein Maschinenfahrzeug in Fahrt muss ausweichen:

- manövrierunfähigen Fahrzeugen
- manövrierbehinderten Fahrzeugen
- fischenden Fahrzeugen *(Trawler und Nichttrawler)*
- Segelfahrzeugen

Segelfahrzeuge haben gegenüber Maschinenfahrzeugen grundsätzlich Vorrang, müssen sich aber von bestimmten Fahrzeugen freihalten:

- erheblich behinderten Schleppverbänden
- fischenden Fahrzeugen
- manövrierbehinderten und manövrierunfähigen Fahrzeugen
- Baggern und Fahrzeugen mit Tauchern unter Wasser
- tiefgangbehinderten Fahrzeugen, Ankerliegern und Grundsitzern
- als Überholer

Ein fischendes Fahrzeug muss ausweichen:

- manövrierunfähigen Fahrzeugen
- manövrierbehinderten Fahrzeugen

Tiefgangbehinderte Fahrzeuge:

Jedes Fahrzeug mit Ausnahme eines manövrierunfähigen oder manövrierbehinderten muss, wenn es die Umstände zulassen, vermeiden, die sichere Durchfahrt eines tiefgangbehinderten Fahrzeugs, welches die entsprechenden Signale zeigt, zu behindern. Ein tiefgangbehindertes Fahrzeug muss unter Berücksichtigung seines besonderen Zustands mit besonderer Vorsicht navigieren.

Verhalten von Fahrzeugen, die einander in Sicht haben, Abschnitt 2:

SEGELFAHRZEUGE *(Regel 12)*

Wenn sich zwei Segelfahrzeuge so einander nähern, dass die Möglichkeit der Gefahr eines Zusammenstoßes besteht, muss das Fahrzeug mit Wind von Backbord ausweichen, wenn die zwei Segelfahrzeuge den Wind nicht von der gleichen Seite haben.

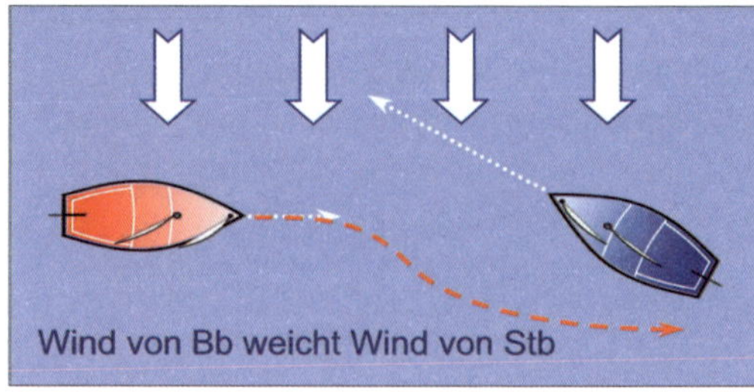

Wind von Backbord weicht Wind von Steuerbord

Nautische Umgangssprache: Backbord(bug)-schoten vor Steuerbord(bug)-schoten!

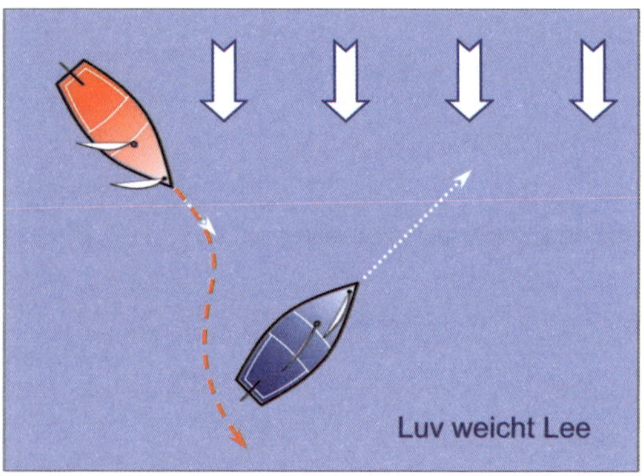

Wenn sich zwei Segelfahrzeuge so einander nähern, dass die Möglichkeit der Gefahr eines Zusammenstoßes besteht, muss das luvseitige Fahrzeug dem leeseitigen ausweichen, wenn die Segelfahrzeuge den Wind von der gleichen Seite haben.

Kann ein Segelfahrzeug, welches den Wind von Backbord hat, nicht mit Sicherheit bestimmen, ob ein sich in Luv näherndes Segelfahrzeug den Wind von Backbord oder von Steuerbord hat *(z. B. in der Nacht, wenn Bb voraus ein grünes Licht sichtbar wird)*, so muss es diesem Fahrzeug ausweichen.

Luv weicht Lee

Nautische Umgangssprache: Lee vor Luv!

Anmerkung: Maßgeblich für die Segelstellung ist die Stellung des Hauptsegels (Großsegel, Baum). Ein Segelfahrzeug, das zusätzlich unter Maschine fährt, gilt im Sinne der KVR als Maschinenfahrzeug!

MASCHINENFAHRZEUGE (Regeln 14 und 15)

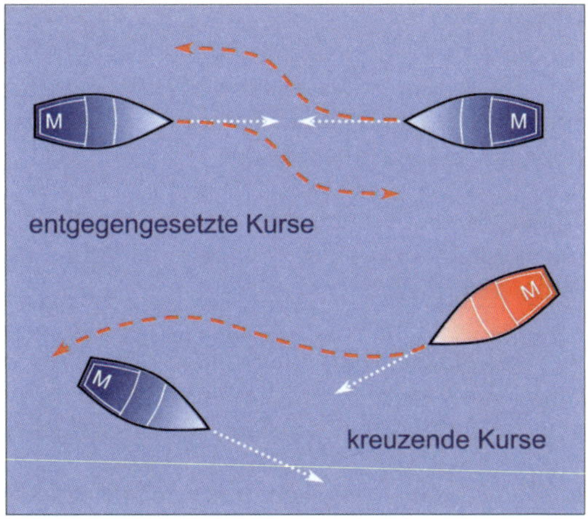

Wenn sich zwei Maschinenfahrzeuge auf entgegengesetzten oder beinahe entgegengesetzten Kursen einander so nähern, dass die Möglichkeit der Gefahr eines Zusammenstoßes besteht, muss jedes Fahrzeug seinen Kurs nach Steuerbord so ändern, dass sie einander an Backbord passieren. Kann ein Fahrzeug nicht sicher erkennen, ob eine solche Lage besteht, so muss es von dieser ausgehen und entsprechend handeln *(Regel 14)*.

Wenn sich die Kurse zweier Maschinenfahrzeuge so kreuzen, dass die Möglichkeit der Gefahr eines Zusammenstoßes besteht, so muss dasjenige ausweichen, welches das andere an seiner Steuerbordseite hat; wenn es die Umstände zulassen, muss es vermeiden, den Bug des anderen Fahrzeugs zu kreuzen *(Regel 15), d. h. Richtung Steuerbord ausweichen (Rechtsregel).*

Einem Segelfahrzeug weicht ein Maschinenfahrzeug am besten in Richtung Luv aus oder weit genug am Heck vorbei.

Entgegengesetze Kurse: Beide Fahrzeuge weichen nach Steuerbord aus

Kreuzende Kurse: Links weicht rechts

ALLE FAHRZEUGE (Regeln 13, 16, 17)

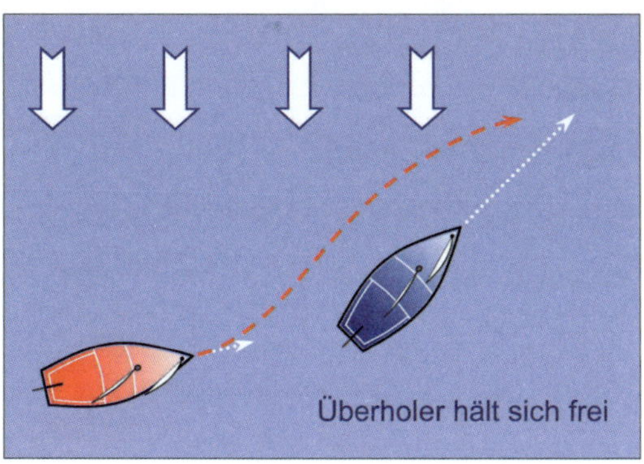

Regel 13: Ungeachtet aller anderen Regeln muss jedes Fahrzeug beim Überholen ausweichen; ein Überholer ist immer ausweichpflichtig.

Als Überholer gilt ein Fahrzeug, wenn es sich in einem Winkel von mehr als 22,5° achterlicher als querab *(dies ist der Bereich des Hecklichts)* einem anderen Fahrzeug nähert.

Kann ein Fahrzeug nicht sicher erkennen, ob es ein anderes überholt, so muss es dies annehmen und entsprechend handeln.

Durch eine spätere Änderung der Peilung wird das überholende Fahrzeug nicht zu einem kreuzenden und muss dem anderen Fahrzeug ausweichen, bis es dieses klar passiert hat.

- ***Maßnahmen des Ausweichpflichtigen*** *(Regel 16):*

Jedes ausweichpflichtige Fahrzeug muss möglichst frühzeitig und durchgreifend handeln, um sich gut klarzuhalten.

In der Praxis bedeutet dies, ein für den anderen eindeutig erkennbares Ausweichmanöver *(Kursänderung 20°)* einleiten und durchführen und dann wieder auf Kurs gehen – ***Ausweichpflicht.***

- ***Maßnahmen des Kurshalters*** *(Regel 17):*

Muss von zwei Fahrzeugen eines ausweichen, so muss das andere Fahrzeug Kurs und Geschwindigkeit beibehalten – ***Kurshaltepflicht***.

Der Kurshalter kann den Ausweichpflichtigen durch fünf kurze Pfeiftöne auf dessen Ausweichpflicht aufmerksam machen.

Ist der Kurshalter dem Ausweichpflichtigen aus irgendeinem Grund so nahe gekommen, dass ein Zusammenstoß nur durch Manöver des Ausweichpflichtigen allein nicht vermieden werden kann, so muss der Kurshalter so manövrieren, wie es zur Vermeidung eines Zusammenstoßes am dienlichsten ist – ***Manöver des letzten Augenblicks***.

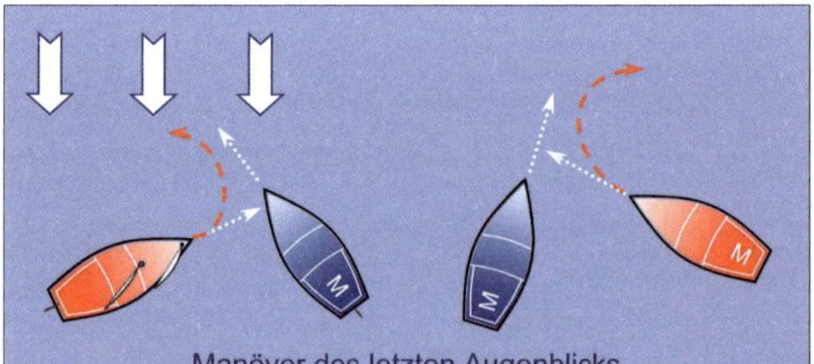

Manöver des letzten Augenblicks

Ist der Kurshalter *(bei kreuzenden Kursen)* ein Maschinenfahrzeug, das den Ausweichpflichtigen an seiner Backbordseite hat, darf er seinen Kurs, sofern es die Umstände zulassen, nicht nach Backbord ändern. In der Praxis heißt dies in Fahrtrichtung des Ausweichpflichtigen abdrehen. Bei Segelfahrzeugen kann auch ein Abdrehen nach Backbord sinnvoll sein.

Diese Regel befreit den Ausweichpflichtigen nicht von seiner Ausweichpflicht.

In Fahrwassern von Seeschifffahrtsstraßen gelten die Ausweich- und Vorfahrtsregeln der **SeeSchStrO/EmsSchO**:

- **Segelfahrzeuge und Maschinenfahrzeuge** sind grundsätzlich gleichgestellt.
- **Fahrzeuge unter 20 m Länge und Segelfahrzeuge** dürfen jedoch die Durchfahrt von Fahrzeugen, die auf die Fahrrinne angewiesen sind, nicht behindern.

- Im Fahrwasser ist äußerst **rechts** zu **fahren**, außerhalb des Fahrwassers so, dass eindeutig erkennbar ist, dass das Fahrwasser nicht benutzt wird. Ein Segelfahrzeug darf beim Aufkreuzen gegen den Wind von dieser Regel abweichen, wenn die durchgehende Schifffahrt dadurch nicht behindert wird.

- Grundsätzlich ist **links** zu **überholen**, unter besonderen Umständen ist Sportschiffen auch ein Überholen rechts erlaubt. Muss dabei das vorausfahrende Fahrzeug am Überholmanöver mitwirken, so sind die entsprechenden Schallsignale nach den KVR abzugeben.

- **Überholverbot** gilt im Nahbereich von in Fahrt befindlichen nicht frei fahrenden Fähren, an Engstellen, in unübersichtlichen Biegungen, vor und in Schleusen, innerhalb der Schleusenvorhäfen und in den Zufahrten des Nord-Ostsee-Kanals (außer schwimmende Geräte im Einsatz) und an allen durch Überholverbotstafeln gekennzeichneten Stellen.

- Beim **Begegnen** in Fahrwassern ist stets nach Steuerbord auszuweichen.

- Im Fahrwasser fahrende Fahrzeuge haben **Vorfahrt** gegenüber das Fahrwasser querenden Fahrzeugen, in das Fahrwasser einlaufenden Fahrzeugen, im Fahrwasser drehenden Fahrzeugen und gegenüber Fahrzeugen, die ihren Liegeplatz oder Ankerplatz verlassen.

3.1.4 Verhalten bei verminderter Sicht gemäß KVR

Im Abschnitt 3 ist das Verhalten von Fahrzeugen bei verminderter Sicht geregelt. Die Regel 19 gilt für Fahrzeuge, die einander nicht in Sicht haben, wenn sie in oder in der Nähe eines Gebiets mit verminderter Sicht fahren.

Jedes Fahrzeug muss mit ***sicherer Geschwindigkeit*** fahren, die den gegebenen Umständen und Bedingungen der verminderten Sicht angepasst ist. Ein Maschinenfahrzeug muss seine Maschinen für ein sofortiges Manöver bereithalten.

Jedes Fahrzeug muss bei der Befolgung der Regeln des Abschnitts 1 die gegebenen Umstände und Bedingungen der verminderten Sicht gehörig berücksichtigen.

Ein Fahrzeug, welches ein anderes Fahrzeug lediglich mit Radar ortet, muss ermitteln, ob sich eine Nahbereichslage entwickelt und/oder die Möglichkeit der Gefahr eines Zusammenstoßes besteht. Ist dies der Fall, muss es frühzeitig Gegenmaßnahmen treffen. Ändert es deshalb seinen Kurs, muss eine Kursänderung nach Backbord gegenüber einem Fahrzeug vorlicher als querab außer beim Überholen nach Möglichkeit vermieden werden. Eine Kursänderung auf ein Fahrzeug querab oder achterlicher als querab ist nach Möglichkeit ebenfalls zu vermeiden.

Jedes Fahrzeug, das anscheinend vorlicher als querab das Nebelsignal eines anderen Fahrzeugs hört oder das eine Nahbereichslage mit einem anderen Fahrzeug vorlicher als querab nicht vermeiden kann, muss seine Fahrt auf das für die Erhaltung der Steuerfähigkeit geringstmögliche Maß verringern. Erforderlichenfalls muss jegliche Fahrt weggenommen werden, bis die Gefahr eines Zusammenstoßes vorüber ist. Die Maßnahmen können nur dann unterbleiben, wenn unter den gegebenen Bedingungen keine Gefahr eines Zusammenstoßes besteht.

Neben dem Fahren mit sicherer Geschwindigkeit, was im Allgemeinen bedeutet, so zu fahren, dass man sein Fahrzeug auf halber Sichtweite zum Stehen bringen kann (*Half Distance Rule*), sind weitere Maßnahmen bei verminderter Sicht zu treffen:

- **Nebelsignale geben**
- **Positionslichter einschalten**
- **Ausguck gehen**
- **Fahrwasser verlassen oder zumindest äußerst rechts fahren**
- **Radarreflektor aufheißen**
- **unter Segel Maschine bereithalten**

3.1.5 Signalkörper gemäß KVR

Bei Tag geben Signalkörper (Tagzeichen) über den besonderen Status eines Schiffes Aufschluss.

Verwendet werden Ball, Kegel, Zylinder, Rhombus (Doppelkegel) und Stundenglas. Die Farbe ist immer Schwarz, der Basisdurchmesser beträgt 60 cm, die Höhe von Ball und Kegel beträgt 60 cm, Zylinder, Rhombus und Stundenglas sind 120 cm hoch. Fahrzeuge unter 20 m Länge dürfen kleinere Signalkörper führen. Die Signalkörper sind als sogenannte Rotationskörper (z. B.: Ball = zwei Kreisscheiben, um 90° versetzt ineinandergesteckt wirken wie ein Ball) erhältlich.

3.1.6 Lichterführung

Bei ***Nacht*** und bei ***verminderter Sicht*** auch tagsüber sind nach KVR die vorgeschriebenen Lichter zu führen.

- **Rundumlicht** strahlt über einen horizontalen Vollkreis von 360° (andere Schiffsaufbauten dürfen diesen Vollkreis in einem Bereich von maximal 6° abdecken).

- **Topplicht** scheint über einen horizontalen Bogen von 225°, und zwar nach jeder Seite von recht voraus bis 22,5° (2 Strich) achterlicher als querab, immer weiß.

- **Seitenlichter** strahlen über einen horizontalen Bogen von jeweils 112,5° nach Steuerbord und Backbord, und zwar von recht voraus bis 22,5° achterlicher als querab (zusammen der Sektor des Topplichts). Das Stb-Seitenlicht ist stets grün, das Bb-Seitenlicht immer rot.

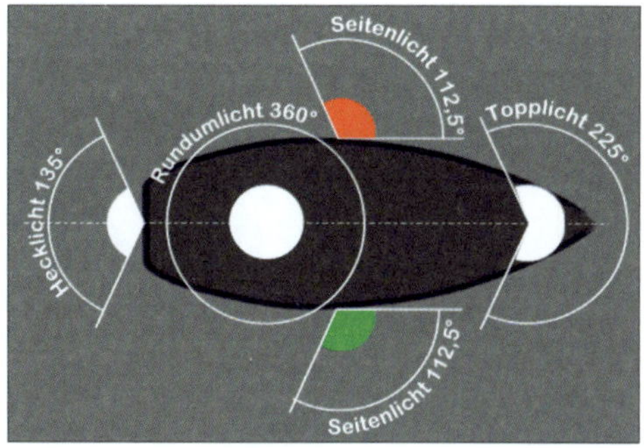

- **Hecklicht** scheint über einen horizontalen Bogen von 135°, und zwar 67,5° nach jeder Seite von recht achteraus, immer weiß (Topplicht und Hecklicht zusammen überstrahlen einen Vollkreis von 360°). Anbringung in der Nähe des Hecks.

- **Schlepplicht** entspricht dem Hecklicht, ist aber immer gelb.

- **Funkellicht** ist ein Licht mit 120 oder mehr Lichterscheinungen pro Minute, über den gesamten Horizontalbogen von 360° sichtbar.

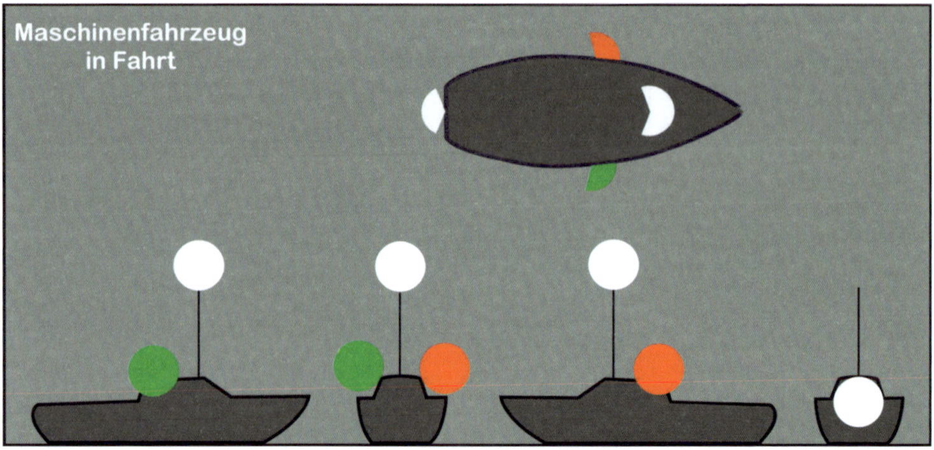

TAGZEICHEN	***SCHALLSIGNAL*** *bei verminderter Sicht*	***ANMERKUNGEN*** *zur Lichterführung*
▼ nur, wenn gleichzeitig Segel gesetzt sind	▬ alle zwei Minuten bei Fahrt durchs Wasser ▬ ▬ alle zwei Minuten ohne Fahrt durchs Wasser Unter 12 m Länge kann stattdessen alle zwei Minuten ein anderes kräftiges Schallsignal gegeben werden.	Maschinenfahrzeuge unter 20 m können die Seitenlichter als Zweifarbenlaterne führen. Zwischen 12 und 20 m Länge muss das Topplicht mind. 2,5 m über dem Schandeckel angebracht sein. Maschinenfahrzeuge unter 12 m Länge können statt Heck- und Topplicht ein weißes Rundumlicht führen. Unter 7 m Länge und mit 7 kn Höchstgeschwindigkeit genügt ein weißes Rundumlicht; es müssen, wenn möglich, Seitenlichter geführt werden. Ein Luftkissenfahrzeug, das im nichtwasserverdrängenden Zustand navigiert, zeigt zusätzlich ein gelbes Rundumlicht als Funkellicht über dem Topplicht, bei Start, Landung und oberflächennahem Flug ein rotes.

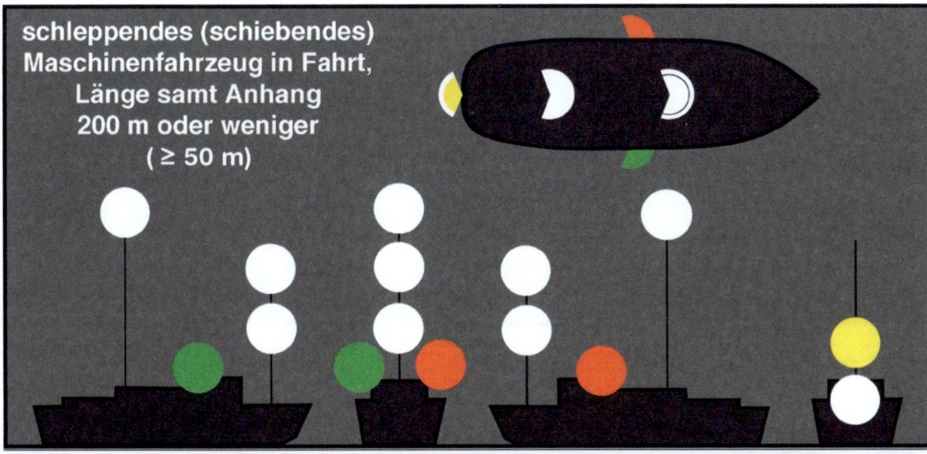

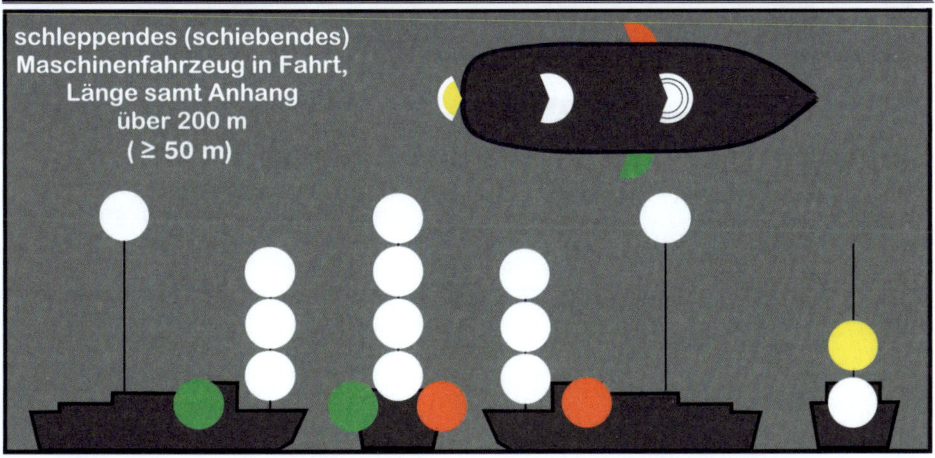

TAGZEICHEN	***SCHALLSIGNAL*** *bei verminderter Sicht*	***ANMERKUNGEN*** *zur Lichterführung*
◆ wenn Schleppzug länger als 200 m ist ● ◆ ● wenn Schleppverband erheblich behindert ist	▬ ● ● alle zwei Minuten Nach dem Signal des Schleppers gibt das letzte bemannte Fahrzeug: ▬ ● ● ● alle zwei Minuten	Das gelbe Schlepplicht (135°) entfällt bei schiebendem oder längsseits schleppendem Schiff. Schleppende oder schiebende Schiffe unter 50 m Länge müssen kein zweites Topplicht führen. Bei starrer Verbindung zwischen schiebendem und geschobenem Schiff gelten diese als EIN Maschinenfahrzeug. Ist der Schleppverband erheblich behindert, werden zusätzlich drei Rundumlichter geführt (Rot über Weiß über Rot).

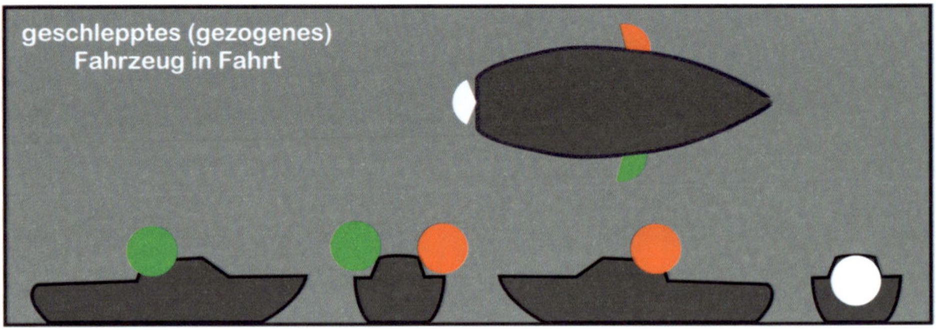

TAGZEICHEN	*SCHALLSIGNAL* *bei verminderter Sicht*	*ANMERKUNGEN* *zur Lichterführung*
◆ wenn der Anhang länger als 200 m ist, sowohl am Schlepper als auch auf jedem geschleppten Schiff	Nach dem Signal des Schleppers gibt das letzte bemannte Fahrzeug: ▬ ● ● ● alle zwei Minuten	Wenn das Fahrzeug geschoben wird, nur Seitenlichter vorn. Seitenlichter vorn und Hecklicht sind auch bei längsseits geschleppten Schiffen zu führen. Bei starrer Verbindung von mehreren geschobenen oder geschleppten Schiffen gelten diese wie EIN Fahrzeug. Können die vorgeschriebenen Lichter nicht geführt werden, ist das Fahrzeug irgendwie zu beleuchten.

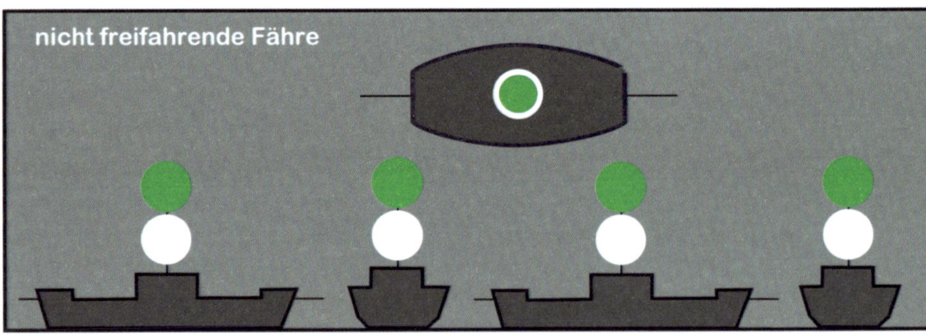

SeeSchStrO/EmsSchO		
TAGZEICHEN	*SCHALLSIGNAL* *bei verminderter Sicht*	*ANMERKUNGEN* *zur Lichterführung*
	nicht frei fahrende Fähren während der ganzen Fahrt: 🔔 🔔 🔔 🔔 🔔 🔔 andauernde Einzelglockenschläge frei fahrende Fähren während der ganzen Fahrt: ● ▬ ▬	Frei fahrende Fähren führen zusätzlich Hecklicht und Seitenlichter.

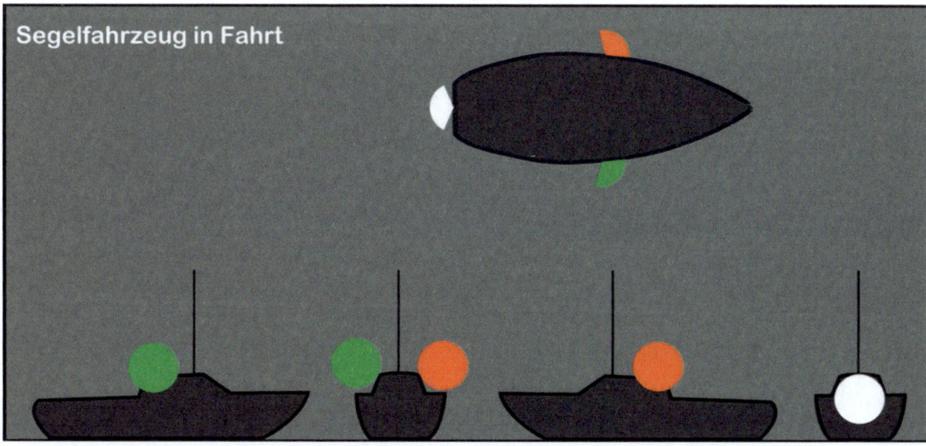

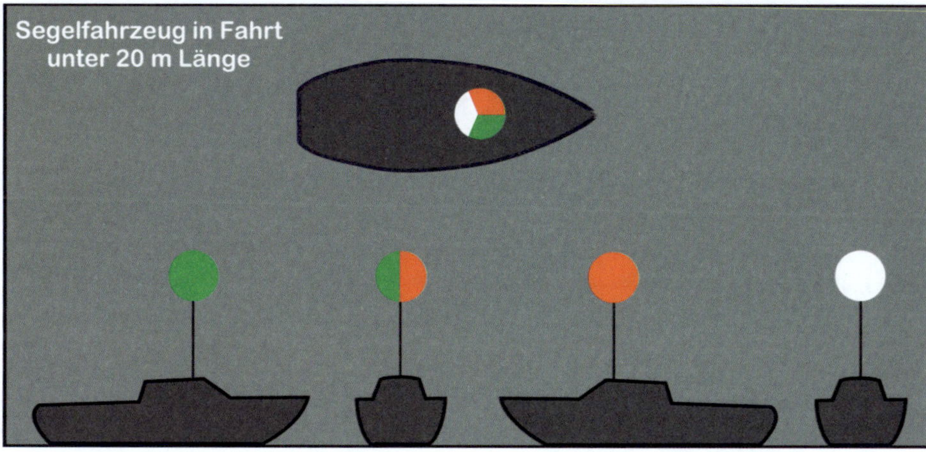

TAGZEICHEN	***SCHALLSIGNAL*** *bei verminderter Sicht*	***ANMERKUNGEN*** *zur Lichterführung*
▼ nur, wenn gleichzeitig unter Motor	▬ ● ● alle zwei Minuten Unter 12 m Länge kann stattdessen alle zwei Minuten ein anderes, kräftiges Schallsignal gegeben werden.	Ein Segelfahrzeug in Fahrt darf zusätzlich an oder nahe der Mastspitze zwei Rundumlichter senkrecht übereinander führen, das obere rot, das untere grün, jedoch nicht zusammen mit einer Dreifarbenlaterne. Das grüne und rote Rundumlicht können zusätzlich geführt werden. Segelfahrzeuge unter 20 m Länge können die Seitenlichter als Zweifarbenlaterne führen oder Seitenlichter und Hecklicht in einer Dreifarbenlaterne am Masttopp, dann aber keine Rundumlichter. Kann ein Segelfahrzeug oder Ruderboot unter 7 m Länge die vorgeschriebenen Lichter nicht führen, muss ein weißes Licht gebrauchsfertig sein und rechtzeitig gezeigt werden. Ein Segelfahrzeug, das gleichzeitig unter Maschine fährt, muss im Vorschiff gut sichtbar einen Kegel – Spitze unten – führen.

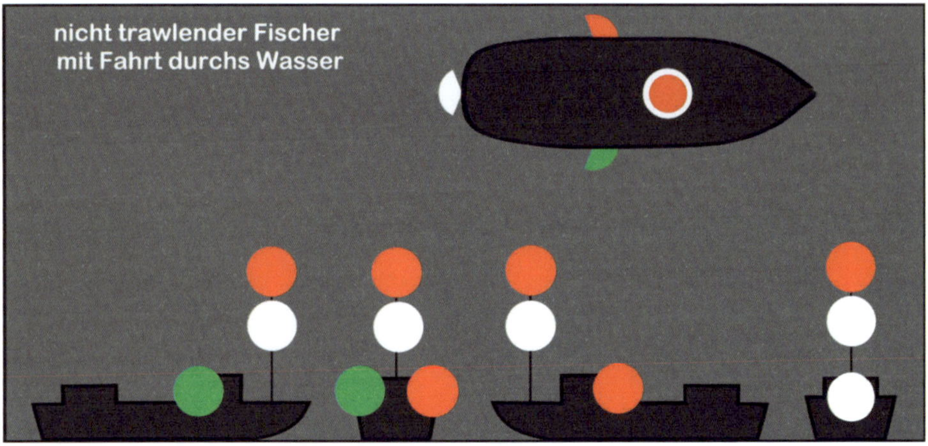

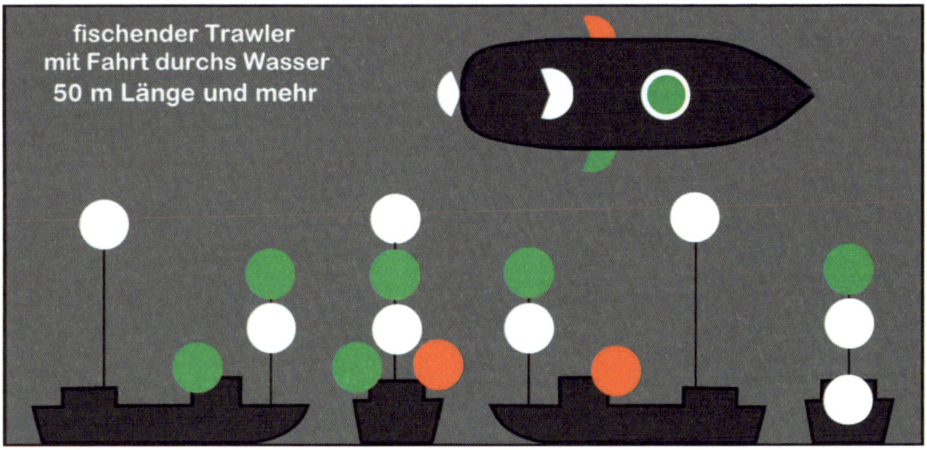

TAGZEICHEN	***SCHALLSIGNAL*** *bei verminderter Sicht*	***ANMERKUNGEN*** *zur Lichterführung*
  zusätzlich für Nichttrawler, wenn das Fanggerät weiter als 150 m waagerecht ausgebracht ist, in Richtung des Fanggerätes	 alle zwei Minuten	Trawler kürzer als 50 m dürfen das achterliche Topplicht führen, müssen aber nicht. Seitenlichter und Hecklicht sind nur bei Fahrt durchs Wasser zu führen (Trawler und Nichttrawler). Ist das Fanggerät des Nichttrawlers weiter als 150 m waagerecht ausgebracht, wird ein weißes Rundumlicht in Richtung des Fanggerätes geführt. Ohne Fahrt durchs Wasser: keine Seitenlichter und kein Hecklicht.

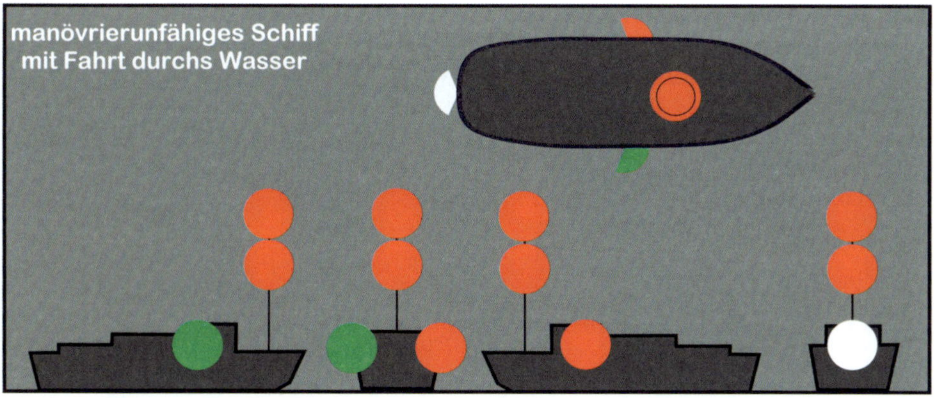

TAGZEICHEN	*SCHALLSIGNAL* *bei verminderter Sicht*	*ANMERKUNGEN* *zur Lichterführung*
 nur für Schiffe länger als 12 m	 alle zwei Minuten	Hecklicht und Seitenlichter nur bei Fahrt durchs Wasser (nicht treibend). Schiffe unter 12 m Länge müssen die Rundumlichter nicht führen.

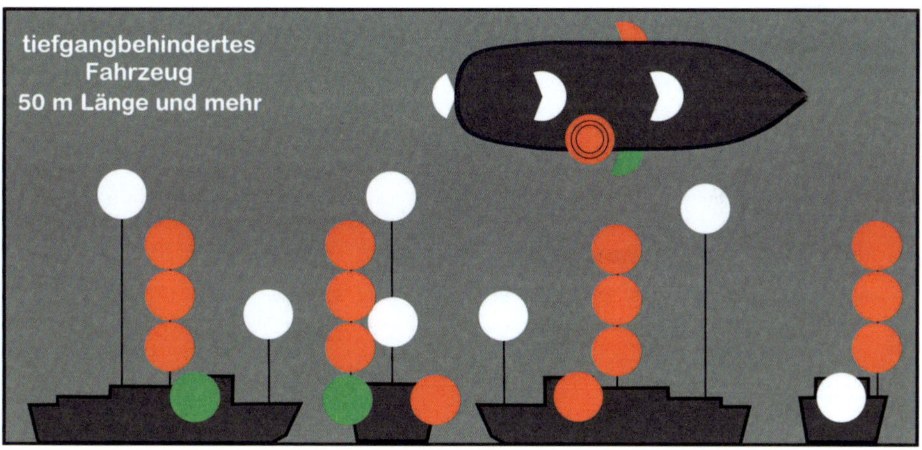

SeeSchStrO/EmsSchO		
TAGZEICHEN	*SCHALLSIGNAL* *bei verminderter Sicht*	*ANMERKUNGEN* *zur Lichterführung*
	 alle zwei Minuten	Fahrzeuge länger als 50 m müssen ein zweites Topplicht achterlicher und höher als das vordere führen.

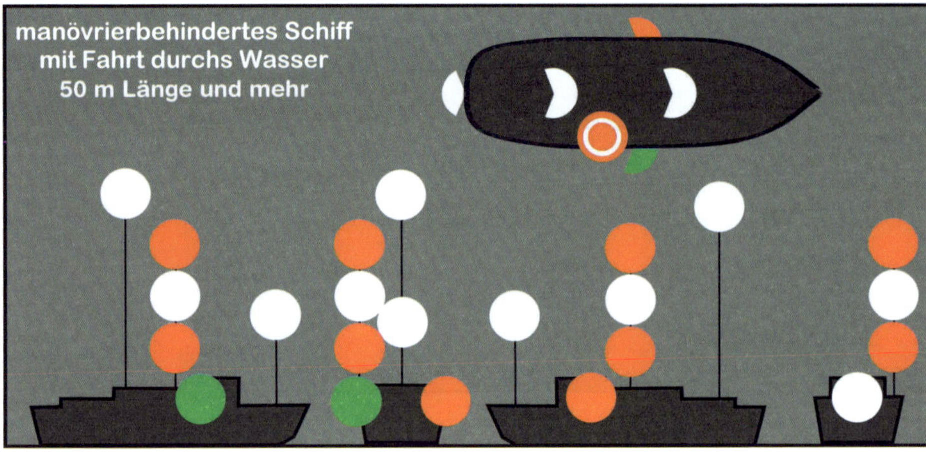

TAGZEICHEN	*SCHALLSIGNAL* *bei verminderter Sicht*	*ANMERKUNGEN* *zur Lichterführung*
 nur bei Fahrt durchs Wasser Wenn das Schiff durch einen Schleppvorgang nur behindert manövrierfähig ist, sind zusätzlich Schleppsignale zu führen. Vor Anker sind zusätzlich Ankerzeichen zu setzen.	▬ ● ● alle zwei Minuten	Topplichter, Seitenlichter und Hecklicht nur bei Fahrt durchs Wasser Unter 50 m Länge ist kein zweites Topplicht erforderlich. Wenn das Schiff durch einen Schleppvorgang manövrierbehindert ist, sind zusätzlich Signale zu führen. Vor Anker ist zusätzlich ein Rundumlicht zu setzen.

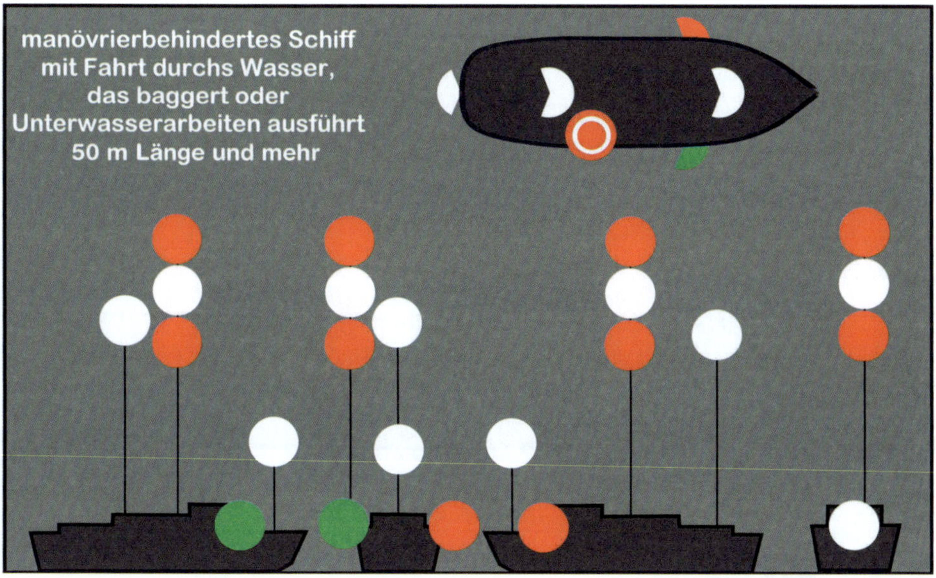

TAGZEICHEN	***SCHALLSIGNAL*** *bei verminderter Sicht*	***ANMERKUNGEN*** *zur Lichterführung*
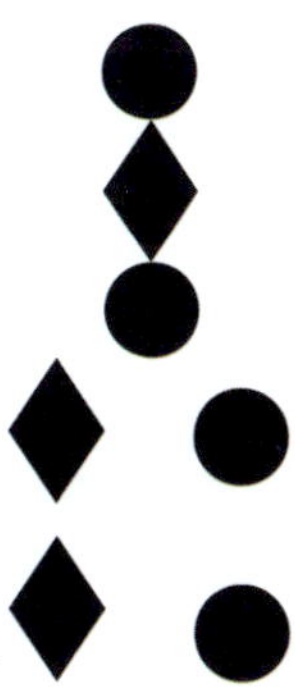 nur bei Bagger- oder Unterwasserarbeiten Vor Anker liegend werden keine zusätzlichen Ankerzeichen gesetzt. Ein kleines Schiff bei Taucharbeiten führt die Flagge „A“ 	 alle zwei Minuten	Unter 50 m Länge ist kein zweites Topplicht erforderlich. Topplichter, Seitenlichter und Hecklicht nur bei Fahrt durchs Wasser Macht die Größe des Schiffes ein Führen aller vorgeschriebenen Lichter unmöglich, muss es drei Rundumlichter Rot über Weiß über Rot führen und zusätzlich die Flagge „A“ des Internationalen Signalbuches, als Tafel von mind. 1 m Höhe mit Rundumsichtbarkeit.

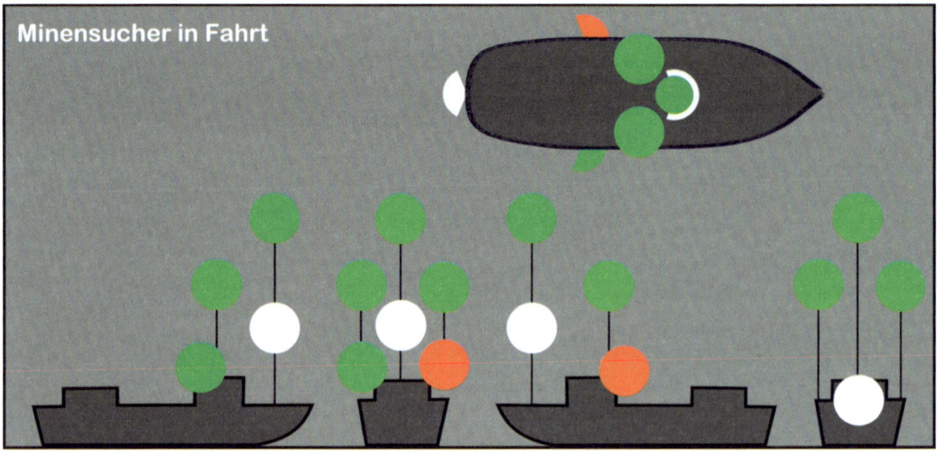

TAGZEICHEN	*SCHALLSIGNAL* *bei verminderter Sicht*	*ANMERKUNGEN* *zur Lichterführung*
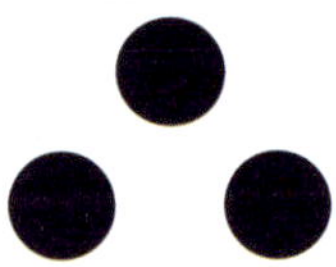 Die Annäherung auf weniger als 1000 m ist gefährlich.	▬ ● ● alle zwei Minuten	Die Annäherung auf weniger als 1000 m ist gefährlich.

TAGZEICHEN	*SCHALLSIGNAL* *bei verminderter Sicht*	*ANMERKUNGEN* *zur Lichterführung*
Vor Anker liegend werden zusätzlich Ankerzeichen gesetzt.	▬ ● ● alle zwei Minuten zusätzlich: ● ● ● ●	Hecklicht und Seitenlichter nur bei Fahrt durchs Wasser

TAGZEICHEN	*SCHALLSIGNAL* *bei verminderter Sicht*	*ANMERKUNGEN* *zur Lichterführung*
● Im vorderen Teil des Schiffes	andauerndes Läuten der Glocken 5 s lang Über 100 m Länge: nach dem Glockenläuten auf dem Vorschiff 5 s lang Gongsignale auf dem Achterschiff Warnsignal bei Annäherung ● ▬ ●	über 100 m Länge zusätzlich Deckslichter (auch erlaubt für kleinere Schiffe) Unter 50 m Länge ist nur ein weißes Rundumlicht zu führen.

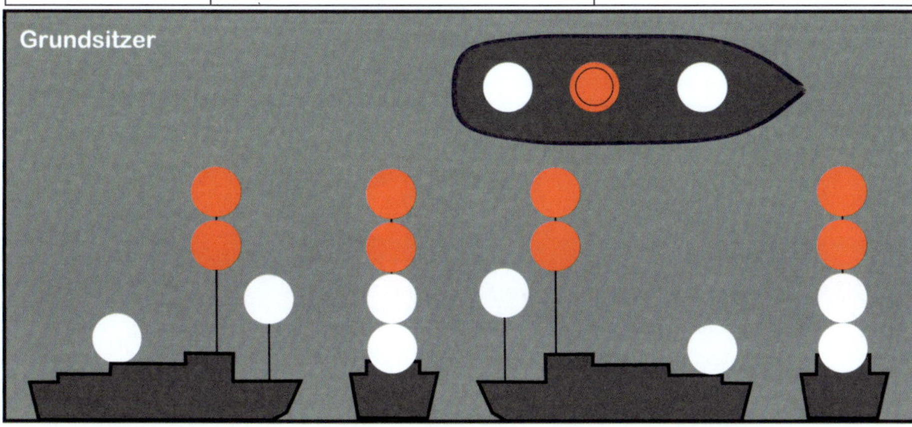

TAGZEICHEN	*SCHALLSIGNAL* *bei verminderter Sicht*	*ANMERKUNGEN* *zur Lichterführung*
● ● ● im vorderen Teil des Schiffes	3 Einzelglockenschläge – andauerndes Glockenläuten 5 s lang – 3 Einzelglockenschläge über 100 m Länge: nach dem Glockenläuten 5 s lang Gongsignale	Unter 50 m Länge ist nur ein weißes Rundumlicht erforderlich. Ein Fahrzeug mit weniger als 12 m Länge braucht keine roten Rundumlichter / Bälle zu führen.

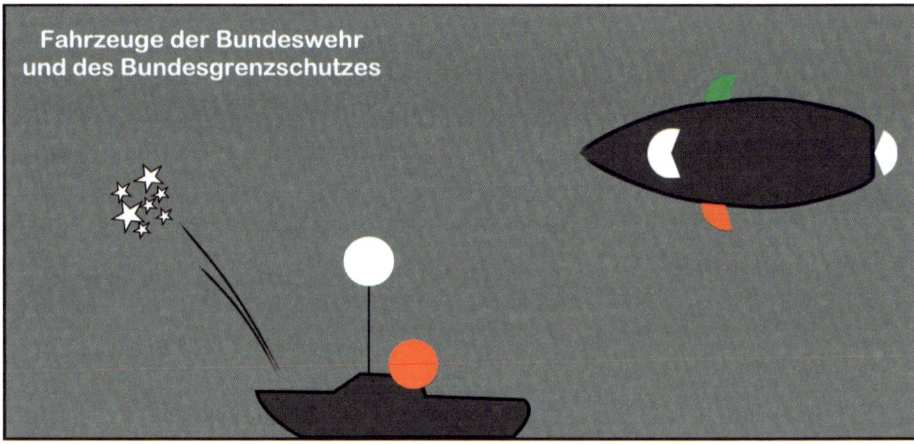

SeeSchStrO/EmsSchO		
TAGZEICHEN	*SCHALLSIGNAL*	*ANMERKUNGEN* *zur Lichterführung*
	▬ Ein Maschinenfahrzeug, das Schießscheiben schleppt und dem sich bei Nacht ein Fahrzeug in Gefahr drohender Weise nähert, gibt als Schallsignal einen langen Ton ab. Ausnahme NOK: ostwärts fahrende Fahrzeuge: zwei lange Töne.	Fahrzeuge der Bundeswehr und der Bundespolizei sowie Maschinenfahrzeuge, die Schießscheiben schleppen, denen sich bei Nacht Fahrzeuge in Gefahr drohender Weise nähern und von denen ein ausreichender Abstand zu halten ist, schießen Leuchtkugeln mit weißen Sternen ab.

SeeSchStrO/EmsSchO		
TAGZEICHEN	*SCHALLSIGNAL* *bei verminderter Sicht*	*ANMERKUNGEN* *zur Lichterführung*
Flagge „B“	Bleib-weg-Signal: ● ▬ (jede Minute mind. 5-mal hintereinander mit je 2 s Pause)	Fahrzeuge unter 50 m Länge führen nur ein Topplicht.

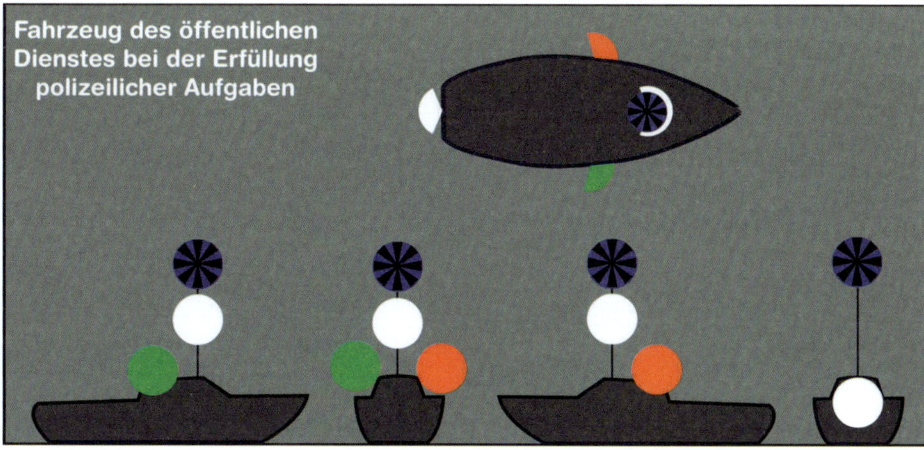

SeeSchStrO/EmsSchO		
TAGZEICHEN	***SCHALLSIGNAL*** *bei verminderter Sicht*	***ANMERKUNGEN*** *zur Lichterführung*
	Aufforderung zum Anhalten: ● ▬ ● ● Achtungssignal: ▬	Das dauernde blaue Funkellicht im Topp wird nur während des Einsatzes, und wenn der Verkehr gefährdet ist, gezeigt.

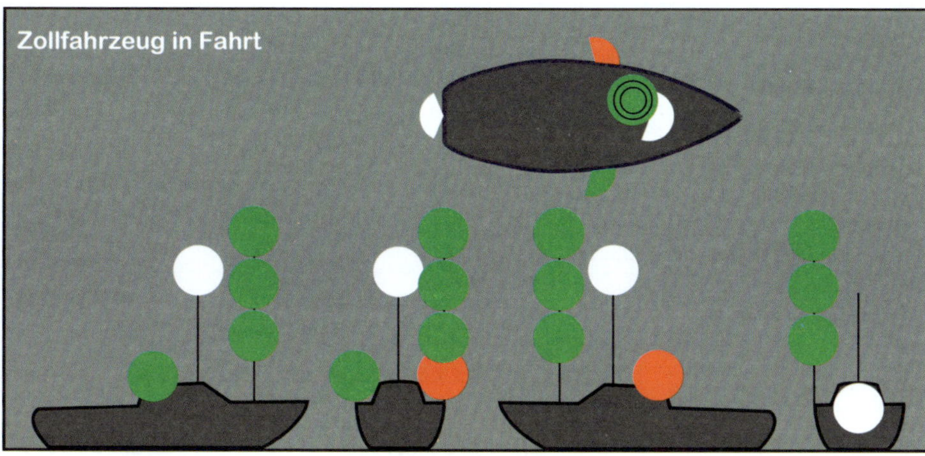

SeeSchStrO/EmsSchO		
TAGZEICHEN	***SCHALLSIGNAL*** *bei verminderter Sicht*	***ANMERKUNGEN*** *zur Lichterführung*
Zollflagge	Aufforderung zum Anhalten: ● ▬ ● ● Achtungssignal: ▬	

Die ***Mindesttragweite*** der vorgeschriebenen Lichter beträgt für Fahrzeuge unter 12 m 2 sm, ausgenommen die der Seitenlichter: Sie beträgt 1 sm. Bei Fahrzeugen zwischen 12 und 20 m Länge muss das Topplicht 3 sm weit tragen, bei Fahrzeugen zwischen 20 und 50 m 5 sm weit, alle anderen Lichter 2 sm. Leuchten und Scheinwerfer dürfen nicht blenden und dadurch die Schifffahrt gefährden oder behindern.

3.1.7 Schallsignale gemäß KVR

Innerhalb oder in der Nähe eines Gebietes mit verminderter Sicht müssen am Tage oder bei Nacht Schallsignale gegeben werden. Schallsignale sind ebenfalls zu geben, wenn zur Befolgung der Ausweichregeln manövriert wird – nicht aber bei navigatorischen Kursänderungen.

Schallsignale werden mit einer Pfeife, einer Glocke oder einem Gong gegeben. Ein langer Ton hat eine Dauer von 4 bis 6 s, ein kurzer Ton dauert 1 s lang. Fahrzeuge unter 12 m Länge dürfen andere kräftige Schallsignale geben.

Man unterscheidet in Schallsignale bei verminderter Sicht und Kursänderungssignale.

Schallsignale nach KVR bzw. SeeSchStrO/EmsSchO	
▬ langer Ton; ● kurzer Ton; ♫ ♫ ♫ ♫ ♫ Gongsignale	🔔 🔔 🔔 Einzelglockenschläge; 🔔🔔🔔🔔🔔 andauerndes Läuten der Glocke
Schallsignale bei verminderter Sicht	***Schallsignale bei Ausweichmanövern***
Maschinenfahrzeug mit Fahrt durchs Wasser ▬ alle zwei Minuten ohne FdW ▬ ▬ alle zwei Minuten	**Ich ändere meinen Kurs nach Stb.** ● **Ich ändere meinen Kurs nach Bb.** ●●
Manövrierbehindertes, -unfähiges und **tiefgangbehindertes, segelndes, fischendes, schiebendes oder schleppendes Fahrzeug** ▬●● alle zwei Minuten	**Ich arbeite rückwärts.** ●●●
Geschlepptes Fahrzeug ▬●●● alle zwei Minuten	**Kurshaltesignal** ●●●●● (auf Ausweichpflicht aufmerksam machen)
Ankerlieger Länge < 100 m 🔔🔔🔔🔔🔔🔔🔔 5 s lang **Ankerlieger** Länge > 100 m 🔔🔔🔔🔔🔔🔔🔔 5 s ♫ ♫ ♫ ♫ ♫ 5 s ●▬● Warnsignal bei Annäherung	**Überholen im engen Fahrwasser:** **Ich beabsichtige, Sie an Stb zu überholen.** ▬▬● **Ich beabsichtige, Sie an Bb zu überholen.** ▬▬●● **Einverstanden!** ▬●▬●

<table>
<tr><td>Grundsitzer < 100 m (jede Minute)
🔔 🔔 🔔 🔔🔔🔔🔔🔔 5 s 🔔 🔔 🔔</td><td rowspan="2">Bleib-weg-Signal ● ▬</td></tr>
<tr><td>Grundsitzer > 100 m (jede Minute)
🔔 🔔 🔔 🔔🔔🔔🔔🔔 5 s 🔔 🔔 🔔
♫ ♫ ♫ ♫ ♫ 5 s</td></tr>
<tr><td>Lotsenfahrzeug
●●●● zusätzlich</td><td>Achtungssignal ▬</td></tr>
<tr><td>Nicht frei fahrende Fähre
(SeeSchStrO/EmsSchO)
🔔 🔔 🔔 🔔 🔔 🔔 🔔 🔔 🔔</td><td rowspan="2">Allgemeines Gefahr- und Warnsignal
(SeeSchStrO/EmsSchO)
▬ ●●●●
▬ ●●●●</td></tr>
<tr><td>Frei fahrende Fähre (SeeSchStrO/EmsSchO)
● ▬ ▬</td></tr>
</table>

3.1.8 Seenotsignale gemäß KVR

Seenotsignale dürfen nur verwendet oder gezeigt werden, wenn Not und die Notwendigkeit der Hilfe vorliegen. Die Verwendung von Signalen, die mit diesen Signalen verwechselt werden können, ist verboten. Ein Seenotsignal darf auch gegeben werden, wenn man einen anderen in Not sieht und dieser nicht in der Lage ist, ein eigenes Notsignal zu geben, oder man nicht oder nur unzureichend Hilfe leisten kann. Es besteht dann aber auch die Verpflichtung, in der Nähe zu bleiben, um Hilfe einzuweisen.

Jeder, der ein Seenotsignal empfängt oder sieht, ist verpflichtet, Hilfe zu leisten.

Der Einsatz von Seenotsignalen ist nur sinnvoll, wenn eine Chance besteht, dass diese auch gehört oder gesehen werden. Es ist daher auf deren Wirksamkeit Rücksicht zu nehmen (z. B. wird das Flaggensignal NC kaum auf weite Distanzen zu sehen sein).

Leuchtkugeln und Handfackeln tragen tagsüber etwa 3 sm weit, nachts 10 sm. Fallschirmraketen tragen bei günstigen Bedingungen bis zu 25 sm.

Außer den Seenotsignalen nach KVR sind im Internationalen Signalbuch noch folgende Seenotsignale definiert: Seewasserfärber (grün), orangenes Segeltuch mit schwarzem Punkt oder Quadrat in der Mitte.

SEENOTSIGNALE nach KVR	
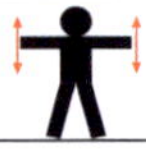	Wiederholtes, langsames Heben und Senken der nach beiden Seiten ausgestreckten Arme
	Notzeichen ***„NC“*** des Internationalen Signalbuchs
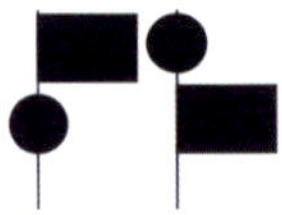	Viereckige Flagge, darunter oder darüber ein Ball o. Ä.
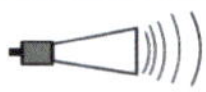	Anhaltender Ton aus einem Nebelsignalgerät
	Kanonenschüsse oder andere Knallsignale in einem Abstand von etwa einer Minute
	Rote Fallschirm-Leuchtrakete oder rote Handfackel
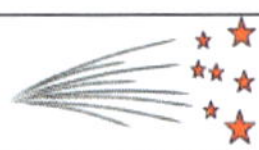	Raketen oder Leuchtkugeln mit roten Sternen einzeln und in kurzen Abständen
	Rauchsignal mit orangefarbenem Rauch
	Flammensignal auf dem Fahrzeug (brennende Öltonne, Teertonne o. Ä.)
	Signale einer Seenotfunkboje ***„EPIRB“***
••• ▬▬ ▬▬ ▬▬ •••	Morsesignal ***„SOS“*** im Telgrafiefunk oder durch eine andere Signalart sowie das zugehörige Alarmzeichen
MAYDAY	Das gesprochene Wort „Mayday“ im Sprechfunk
Sprechfunk-Alarmzeichen	2 Töne abwechselnd, Dauer 30 Sekunden bis eine Minute
Telegrafiefunk-Alarmzeichen	12 Morsestriche von je 4 Sekunden Dauer (Abstand eine Sekunde) innerhalb einer Minute
zugelassene Signale auf Überlebensfahrzeugen	zugelassene Signale, die über Funksysteme einschließlich Radartransponder auf Überlebensfahrzeugen übermittelt werden

3.2 SEEZEICHEN

Seezeichen werden in feste Seezeichen (Leuchttürme, Baken, Stangen, Pricken) und schwimmende Seezeichen (Feuerschiffe, Tonnen) unterschieden. Seezeichen können nach ihrer Form und Farbe sowie Form und Farbe ihrer Toppzeichen unterschieden werden. Befeuerte Tonnen können auch nachts anhand ihrer Kennung identifiziert werden. Auch schwimmende Seezeichen sind für die Navigation geeignet; deren Position muss plausibel kontrolliert werden, da sie auch vertrieben werden können.

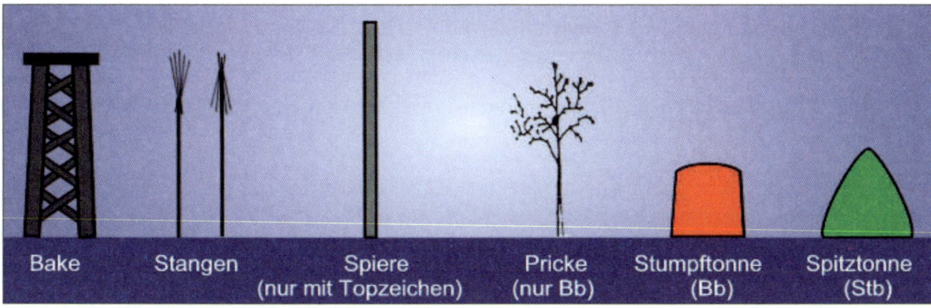

Der Form nach werden im Wesentlichen Groß-, Baken-, Spitz-, Stumpf-, Spieren-, Fass- und Kugeltonnen verwendet. Farbe ist meist Rot oder Grün, Rot-Grün-Rot, Grün-Rot-Grün oder Gelb-Schwarz oder Rot-Schwarz gestreift. Gelbe Tonnen werden zur Begrenzung von Fischereigebieten, Warn- oder Sperrgebieten eingesetzt. Als Toppzeichen werden Zylinder, Kegel, Doppelkegel, Bälle und Kreuze (als Rotationskörper) verwendet. Das Aussehen von Tonnen und deren Toppzeichen entnehmen wir der Karte.

3.2.1 Betonnungssystem „A"

In europäischen Gewässern, Afrika und Teilen Asiens und Australien erfolgt die Kennzeichnung nach dem **IALA** *(**I**nternational **A**ssociation of **L**ighthouse **A**uthorities)* Betonnungssystem „A". Von See kommend – einlaufend – markieren die roten Tonnen die Backbordseite des Fahrwassers, die grünen Tonnen die Steuerbordseite.

Einlaufend – Rot an Backbord, Grün an Steuerbord!

Im Betonnungssystem der IALA wird nach folgenden Zeichen unterschieden:

- Laterale Zeichen
- Mitte-Fahrwasser-Zeichen
- Kardinale Zeichen
- Einzelgefahr-Zeichen
- Sonderzeichen

In Nord-, Mittel- und Südamerika, Japan, Korea und auf den Philippinen gilt das Betonnungssystem „B“ (auslaufend Rot an Bb, Grün an Stb).

3.2.2 Laterale Zeichen

kennzeichnen die Steuerbord- und Backbordseite eines Fahrwassers (Hafeneinfahrten, Durchfahrten, Flussmündungen, Tiefwasserwege): Die Gefahren liegen links und rechts außerhalb der Tonnen.

- Die **Backbordseite** eines Fahrwassers wird markiert durch rote Stumpf-, Leucht- oder Spierentonnen.
- Ist eine **Nummerierung** vorhanden, erfolgt diese von See aus in geraden Ziffern: 2, 4, 6 ...
- **Toppzeichen**, falls vorhanden, ist ein roter Zylinder. Stangen weisen immer Toppzeichen auf.

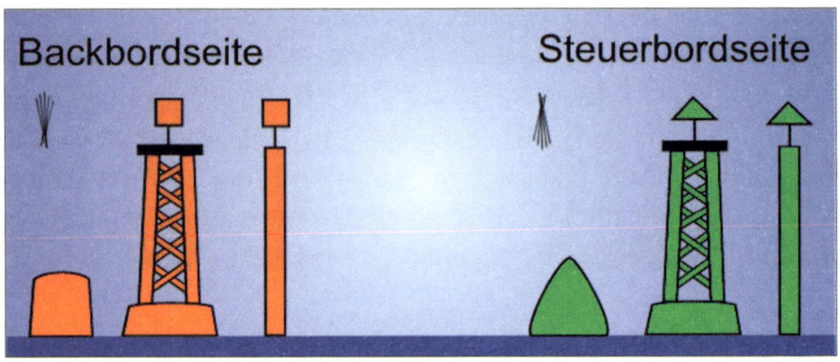

- Die **Steuerbordseite** wird durch grüne Spitz- oder Leuchttonnen markiert, im Watt auch Stangen mit abwärts gerichtetem Besen.
- **Nummerierung** (wenn vorhanden) von See aus in ungeraden Ziffern: 1, 3, 5, 5a ...
- **Toppzeichen** (falls vorhanden) ist ein grüner Kegel (Spitze nach oben).
- Ist eine **Befeuerung** vorhanden, zeigt diese folgende Kennungen: Blz., Blz.(2), Ubr.(2), Ubr.(3), Fkl. oder Fkl.unt., an Backbord in Rot und an Steuerbord in Grün.

3.2.3 Mitte-Fahrwasser-Zeichen

Diese Ansteuerungszeichen kennzeichnen die Mitte von Schifffahrtswegen und auch die Zufahrt von See zu einem Fahrwasser.

- Markierung durch senkrecht rot-weiß gestreifte Kugel-, Baken- oder Spierentonnen oder Stangen.
- Fallweise mit einem roten Ball als **Toppzeichen**.

- **Befeuerung**, wenn vorhanden: Iso/Glt. oder Oc/Ubr., LFl 10s/Blk.10s, Farbe Weiß.
- Ein abzweigendes bzw. einmündendes Fahrwasser wird an der **Backbordseite** des **durchgehenden Fahrwassers** mit einer roten Stumpf-, Leucht- oder Spierentonne oder Stange mit einem grünen, waagrechten Streifen gekennzeichnet, eventuell mit der fortlaufenden Nummerierung des durchgehenden Fahrwassers und durch einen waagerechten Strich getrennt den Namen und die erste/letzte Nummer des abzweigenden/einmündenden Fahrwassers.

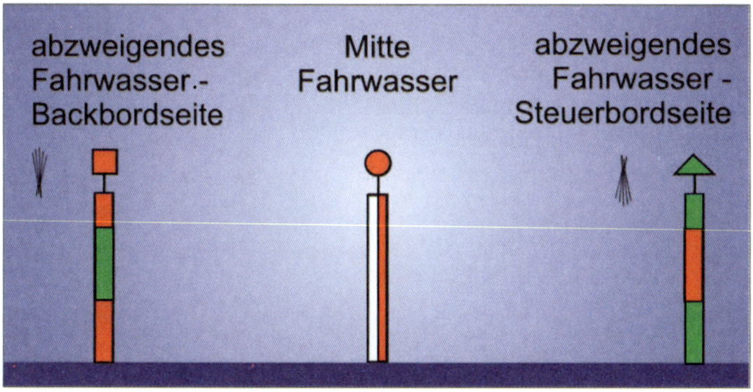

- Ein abzweigendes bzw. einmündendes Fahrwasser wird an der **Steuerbordseite** des **durchgehenden Fahrwassers** mit einer grünen Spitz- oder Leuchttonne oder Stange mit einem roten, waagerechten Streifen gekennzeichnet, eventuell mit der fortlaufenden Nummerierung des durchgehenden Fahrwassers und durch einen waagerechten Strich getrennt den Namen und die erste/letzte Nummer des abzweigenden/einmündenden Fahrwassers.
- Ist eine **Befeuerung** vorhanden, zeigt diese an der Steuerbordseite des durchgehenden Fahrwassers (bzw. an der Backbordseite des abzweigenden/einmündenden Fahrwassers): Blz.(2+1) in Rot.

  An der Backbordseite des durchgehenden Fahrwassers (bzw. an der Steuerbordseite des abzweigenden/einmündenden Fahrwassers): Blz.(2+1) in Grün.

3.2.4 Kardinale Zeichen

bezeichnen allgemeine Gefahrenstellen wie Untiefen, Wracks usw.: Die Tonnen liegen auf oder am Rand der Untiefe. Sie markieren also die Lage und Ausdehnung einer Gefahrenstelle.

Kardinale Zeichen sind Leucht-, Baken- oder Spierentonnen oder Stangen. Sie sind immer waagerecht schwarz-gelb gestreift und tragen als Toppzeichen immer Kegel. Die Bezeichnung erfolgt nach der Himmelsrichtung, an der die Gefahrenstelle passiert werden kann; das Kardinalzeichen im Nordquadranten steht im Norden der Gefahrenstelle.

- **Nordquadrant** – Farbe Schwarz über Gelb; Kegelspitzen weisen nach oben.
- **Ostquadrant** – Farbe Schwarz-Gelb-Schwarz; Kegelspitzen weisen voneinander.
- **Südquadrant** – Farbe Gelb über Schwarz; Kegelspitzen weisen nach unten.
- **Westquadrant** – Farbe Gelb-Schwarz-Gelb; Kegelspitzen weisen zueinander.
- **Kennungen** befeuerter Kardinalzeichen sind immer Funkelfeuer Q./Fkl. oder schnelle Funkelfeuer VQ/SFkl. Die Anzahl der Funkel je Gruppe entspricht den Ziffern einer Uhr des jeweiligen Quadranten – im Ostquadranten 3 Funkel je Gruppe, im Südquadranten 6 Funkel je Gruppe (eventuell ein zusätzlicher Blink von mehr als 2 s), im Westquadranten 9 Funkel je Gruppe und im Nordquadranten durchgehende Funkel.

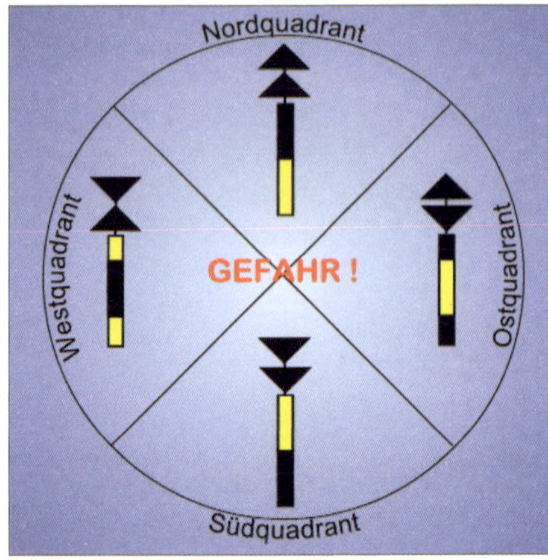

Kardinalzeichen zeigen an, an welcher Seite eine Gefahrenstelle passiert werden kann.

3.2.5 Einzelgefahr-Zeichen

kennzeichnen Gefahren geringer Ausdehnung: Einzelgefahr-Zeichen können mit einem Respektabstand an jeder Seite passiert werden. Zu finden sind Baken-, Spieren-, Leuchttonnen oder Stangen.

- **Farbe:** Schwarz mit einem waagerechten roten Band
- **Toppzeichen:** zwei schwarze Bälle
- Sind Einzelgefahr-Zeichen **befeuert**, dann stets mit Blitzfeuer, zweigruppig, Fl(2)/ Blz.(2).

3.2.6 Sonderzeichen

markieren bestimmte Gebiete oder Punkte: Militärisches Übungsgebiet, Messstationen, Kabel oder Rohrleitungen können mit Sonderzeichen gekennzeichnet werden. Zumeist werden gelbe Spieren-, Fass- oder Leuchttonnen oder Stangen verwendet. Sonderzeichen dienen nicht der Navigation.

- **Farbe:** Gelb
- Eventuell als **Toppzeichen** ein gelbes, liegendes Kreuz
- **Befeuerung** (falls vorhanden) gelb, Kennung: Fl/Blz., Oc(2)/Ubr.(2) oder Oc(3)/ Ubr.(3), gelb.

  Ozeanografische Messstationen sind mit Fl(5)/Blz.(5) befeuert.

3.3 LEUCHTFEUER

Leuchtfeuer sind die wichtigsten Navigationshilfen, vor allem in der Nacht und bei schlechter Sicht. Im Leuchtfeuerverzeichnis finden wir alle nautisch relevanten Informationen über Leuchtfeuer, Feuerschiffe und Großtonnen sowie alle Angaben zu deren eindeutiger Identifizierung. Die Feuerhöhe ist die Höhe der Lichtquelle über dem mittleren Hochwasser bei Gezeitengewässern (sonst über dem mittleren Wasserstand). Sektorengrenzen sind rechtweisend als Peilung von See aus angegeben.

Anmerkung: Der Radius des Kennungskreises bzw. die Schenkellänge der Sektorengrenzen von Leuchtfeuern in der Seekarte sagen nichts über die Tragweite oder Sichtweite aus.

3.3.1 Leuchtfeuerverzeichnis (LFV)

Das vom **BSH** *(Bundesamt für Seeschifffahrt und Hydrographie)* herausgegebene **Leuchtfeuerverzeichnis** besteht aus drei Teilen: Teil I mittlere und östliche sowie nördliche Ostsee (zwei Bände), Teil II westliche Ostsee und Ostseezufahrten, Teil III östliche Nordsee. Für andere Seegebiete gibt es die entsprechenden Ausgaben der britischen ***Admiralty List of Lights and Fog Signals***. In der „List of Lights“ wird die Sichtweite als Geographical Range bezeichnet, die Tragweite wird als Luminous Range bezeichnet und die Tragweite bei einer meteorologischen Sicht von 10 sm (Nenntragweite) wird als Nominal Range bezeichnet.

Leuchtfeuer sind im LFV geografisch aufgelistet. Eine alphabetisch geordnete Übersicht ermöglicht das Auffinden von Leuchtfeuern, wenn nur der Name bekannt ist. Die geografischen Positionsangaben dienen der Unterscheidung bei Namensgleichheit.

Für die Adria und das Ionische Meer wird ein Auszug aus der „List of Lights“ in deutscher Sprache, das Leuchtfeuerverzeichnis Adria/Ionisches Meer, herausgegeben.

Inhalt des Leuchtfeuerverzeichnisses:

- laufende Nummer
- Ortsname, Bezeichnung des Feuers, Beschreibung des Feuerträgers
- Höhe des Feuers über Erdboden
- geografische Position des Feuers auf 1/10' genau
- Kennung und Wiederkehr
- Sektorengrenzen (als Peilung vom Schiff)
- Leucht- und Dunkelzeiten auf 1/10 s genau
- Nenntragweite
- Höhe des Feuers über See (in der Adria Höhe über mittlerem Hochwasser)
- Bemerkungen wie Zusatzfeuer, abweichende Betriebszeiten, Nebelsignale usw.

3.3.2 Kennung und Wiederkehr

Als **Kennung** bezeichnet man die Charakteristik der Lichterscheinungen und deren Farbe. Die **Wiederkehr** ist die Zeitdauer vom Beginn einer Lichterscheinung bis zum Beginn des nächsten Auftretens derselben Lichterscheinung, also die Periode der Lichterscheinungen einschließlich Verdunkelungen.

Festfeuer / Fixed (F./F):
Weißes oder farbiges Licht von gleichbleibender Farbe und Stärke ohne Unterbrechungen. Festfeuer rot: F.r.

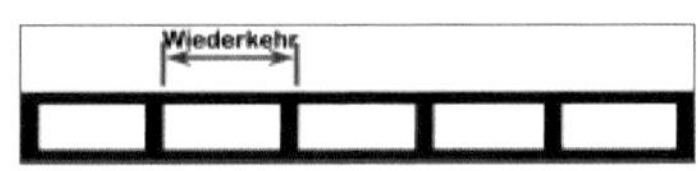

Unterbrochenes Feuer / Single-occulting (Ubr./Oc):
Weiße oder farbige Scheine zwischen Verdunklungen. Die Dauer der Verdunklung ist kürzer als die der Lichterscheinung. Möglich sind Einzelunterbrechungen oder Gruppen mit 2 bis 4 Unterbrechungen.

Unterbrochenes Feuer mit 3 Unterbrechungen: Ubr.(3)

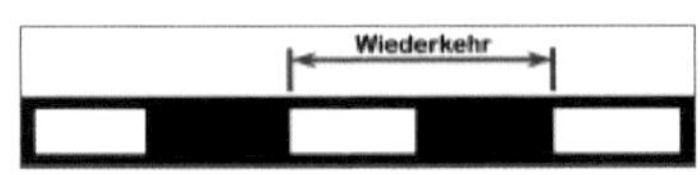

Gleichtaktfeuer / Isophase (Glt./Iso):
Weiße oder farbige Scheine wechseln mit Verdunklungen gleicher Dauer (1,5 bis 4 s) ab.

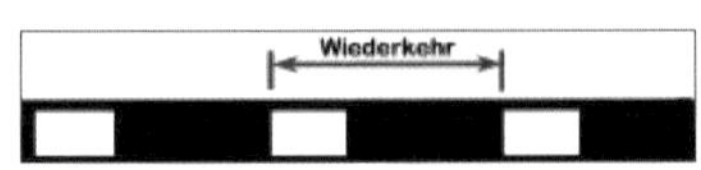

Blinkfeuer / Long-flashing (Blk./LFl):
Weiße oder farbige Blinke (Dauer mindestens 2 s) zwischen langen Verdunklungen (mind. 1 s länger als die Dauer der Blinke). Möglich sind einzelne Blinke (Darstellung) oder Gruppen von 2 bis 4 Blinken.

Blinkfeuer mit Gruppen von 2 Blinken: Blk.(2)

Blitzfeuer mit Einzelblitzen / Single-flashing (Blz./Fl):
Einzelne weiße oder farbige Blitze. Blitzdauer kürzer als 2 s (meist kürzer als 1 s). Dunkelphase mind. 1 s länger als die Blitzdauer.

Blitzfeuer mit Blitzgruppen / Group-flashing (Blz.(3)/Fl(3)):
Weiße oder farbige Blitze in Gruppen von zwei bis vier Blitzen.

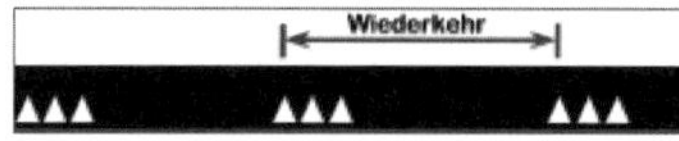

Funkelfeuer / Continous quick (Fkl./Q):
Schnell aufeinanderfolgende weiße oder farbige Lichtblitze (mind. 50, meist 60 oder mehr in der Minute). Auch in Gruppen von mehreren Funkeln möglich.

Funkelfeuer mit Gruppen von 6 Funkeln: Fkl.(6)

Unterbrochenes Funkelfeuer / Interrupted quick (Fkl.unt./IQ):
Schnell aufeinanderfolgende weiße oder farbige Lichtblitze (50 bis 60 je min.) mit Unterbrechungen.

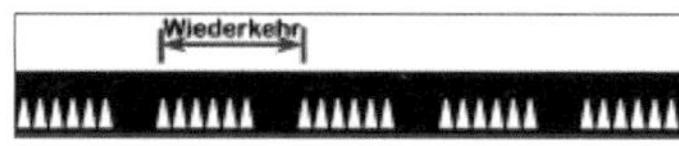

Schnelles Funkelfeuer / Continous very quick (SFkl./VQ):
Sehr schnell aufeinanderfolgende weiße oder farbige Lichtblitze (100 bis 120 je min). Auch in Gruppen von 3, 6 oder 9 schnellen Funkeln mit 1 Blink möglich.

Schnelles Funkelfeuer mit Gruppen von 6 schnellen Funkeln und 1 Blink: SFkl.(6) + Blk.

Mischfeuer (Festfeuer und Blitze) / Fixed and flashing (Mi./FFl):
Festfeuer und Blitze gemischt.

Wechselfeuer / Alternate (Wchs./Al):
Weiße oder farbige Scheine wechseln mit Scheinen anderer Farbe. Möglich sind Wechselfeuer mit einzelnen Wechseln, in Gruppen von 2 bis 4 Wechseln, unterbrochenes Wechselfeuer mit Einzelunterbrechungen oder Gruppen von Unterbrechungen, Blink- oder Blitzwechselfeuer mit Einzelblinken oder Einzelblitzen oder auch in Gruppen. Blitzwechselfeuer mit Gruppen von 2 Blitzen: Wchs.Blz.(2)

3.3.3 Besondere Leuchtfeuer

Morsefeuer Mo:

Die Lichterscheinungen entsprechen den Buchstaben des Morsealphabetes. Morsefeuer kommen sehr selten vor.

Leitfeuer Lt-F. / Dir:

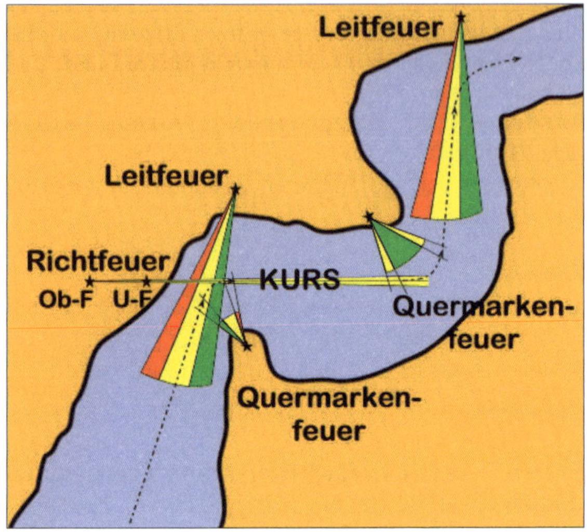

Der Leitsektor wird meist durch ein weißes Festfeuer (F.) gekennzeichnet und dient zur Ansteuerung einer Hafeneinfahrt, eines Fahrwassers oder des freien Seeraumes zwischen Untiefen. Der Leitsektor wird begrenzt von Warnsektoren: entweder durch ein rotes Festfeuer an Bb des einlaufenden Schiffes und ein grünes Festfeuer an Stb oder durch Blitzfeuer in geradzahligen Gruppen (2, 4, 6) an Bb und ungeradzahligen Gruppen (1, 3, 5) an Stb. Wechselt für das einlaufende Schiff die Farbe des Feuers auf Rot, muss der Kurs nach Stb korrigiert werden (Wechsel auf Grün – Kurs nach Bb korrigieren).

Richtfeuer Rcht-F. / Ldg:

Bestehen aus einem Ober- und Unterfeuer. Die oft auch in der Seekarte eingezeichnete Kurslinie ist unbedingt einzuhalten. Der Kurs ist so zu steuern, dass die beiden Feuer in Deckung bleiben. Wandert das Unterfeuer nach rechts aus, ist der Kurs nach Stb zu korrigieren (nach links – Kurs nach Bb korrigieren).

Quermarkenfeuer Qm-F.:

Ein quer zum Kurs verlaufender Sektor (meist ein Festfeuer rot oder grün) zeigt an, dass ab hier einem neuen Leit- oder Richtfeuer gefolgt werden muss. Dieser Kursänderungssektor ist meist durch Ankündigungssektoren (F.W/F.w.) begrenzt.

Signalstellen sind Semaphor- und Signalzeichen-Stationen, die mit Lichtern, Flaggen und Signalkörpern in engen Durchfahrten oder Kanälen den Verkehr regeln und Sturmwarnungen geben.

Torfeuer sind Feuer gleicher Höhe, zu beiden Seiten des Fahrwassers (z. B. Hafeneinfahrten); Lichtstärke und Kennung sind etwa symmetrisch.

3.3.4 Tragweite, Nenntragweite, Sichtweite

Die Definition und Unterscheidung der Begriffe **Tragweite, Nenntragweite** und **Sichtweite** eines Leuchtfeuers ist für die Bestimmung der Entfernung zu einem Leuchtfeuer entscheidend.

- Die **Tragweite** ist der Abstand, in dem ein Leuchtfeuer gerade noch wahrnehmbar ist; abhängig von der Leuchtkraft der Lichtquelle und den atmosphärischen Bedingungen.

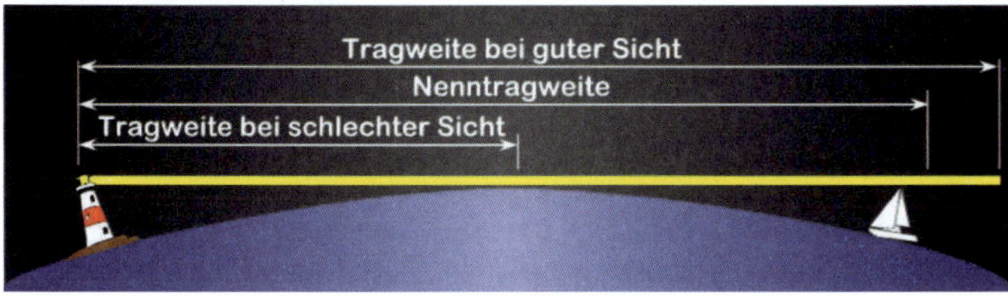

- Die **Nenntragweite** ist die Tragweite bei einem genau definierten Sichtwert von 0,74. Dies entspricht einer meteorologischen Sicht am Tag von 18,5 km (10 sm). Die Nenntragweite ist in der Seekarte und im Leuchtfeuerverzeichnis angegeben.

- Die **Sichtweite** ist der Abstand, in dem ein Leuchtfeuer bei einer bestimmten Augenhöhe frühestens (wenn entsprechende Sichtverhältnisse herrschen) in der Kimm sichtbar wird. Sie hängt also ab von der Höhe des Beobachters und der Höhe der Lichtquelle des Leuchtfeuers über dem Meeresspiegel.

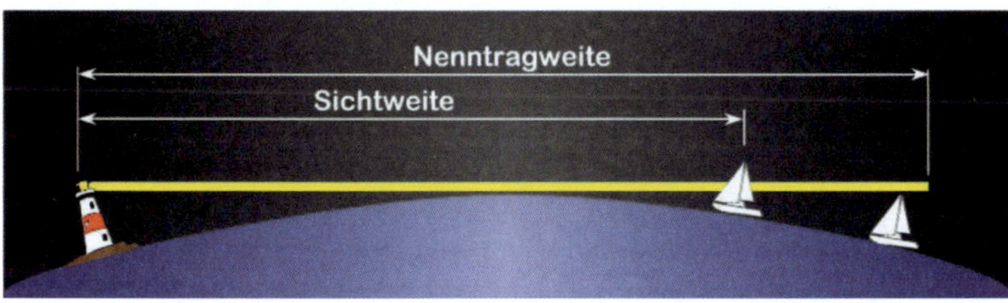

Meist ist die Tragweite eines Leuchtfeuers („wie weit das Feuer leuchtet“), abhängig von den Sichtbedingungen und der Stärke der Lichtquelle, größer als seine Sichtweite. Das Feuer selbst wird sichtbar, wenn unsere Augenhöhe auf Höhe des Lichtstrahls ist. Der Widerschein des Feuers am Himmel ist meist schon früher sichtbar. Ist die Tragweite geringer als die Sichtweite, wird das Feuer frühestens über der Kimm sichtbar.

3.3.5 Entfernung von der Kimm E_K

Die Entfernung von der Kimm, der Abstand des Horizonts, ist abhängig von der Höhe des Beobachters über der Wasseroberfläche, der sogenannten Augeshöhe A_h *(= Höhe der Augen des Beobachters über dem Wasser).*

Kimmentfernung $E_K \text{ (sm)} = 2{,}075 \times \sqrt{A_h \text{ (m)}}$

3.3.6 Feuer in der Kimm

Der Abstand zu einem Leuchtfeuer kann nachts danach bestimmt werden, wann es in der Kimm erscheint. Gemeint ist der Zeitpunkt, zu dem der „Kern“ des Feuers in der Kimm sichtbar wird, nicht wenn der Widerschein erstmals zu sehen ist.

Der Abstand zu einem Leuchtfeuer bei Erscheinen des Feuers in der Kimm errechnet sich nach unten stehender Gleichung. F_h ist dabei die Feuerhöhe (aus dem Leuchtfeuerverzeichnis oder der Seekarte) des Leuchtfeuers, A_h die Augeshöhe. In Gezeitengewässern ist die Höhe der Gezeit zu berücksichtigen.

Abstand bei Feuer in der Kimm $A_{FK}(sm) = 2{,}075 \times \left(\sqrt{A_h(m)} + \sqrt{F_h(m)}\right)$

Der Abstand bei Feuer in der Kimm entspricht der Sichtweite!

In der *„Admiralty List of Lights and Fog Signals“* ist die Sichtweite *(Geographical Range)* in Abhängigkeit der Augeshöhe *(Height of Eye of Observer)* und der Feuerhöhe *(Elevation)* tabellarisch dargestellt.

3.3.7 Eingeschränkte Tragweite

Zur ungefähren Bestimmung der Tragweite bei eingeschränkten meteorologischen Sichtverhältnissen dient das Diagramm auf der nächsten Seite. Die meteorologische Sicht wird in Wetterberichten angegeben und zwar in km *(deshalb auch im Diagramm in km und nicht in sm)*. Die Nenntragweite in sm erhält man aus der Seekarte oder dem Leuchtfeuerverzeichnis.

Anwendung: Von der Nenntragweite am oberen Rand des Diagramms ausgehend erhält man im Schnittpunkt mit den Sichtkurven am linken Rand die eingeschränkte Tragweite bei der entsprechenden Sicht.

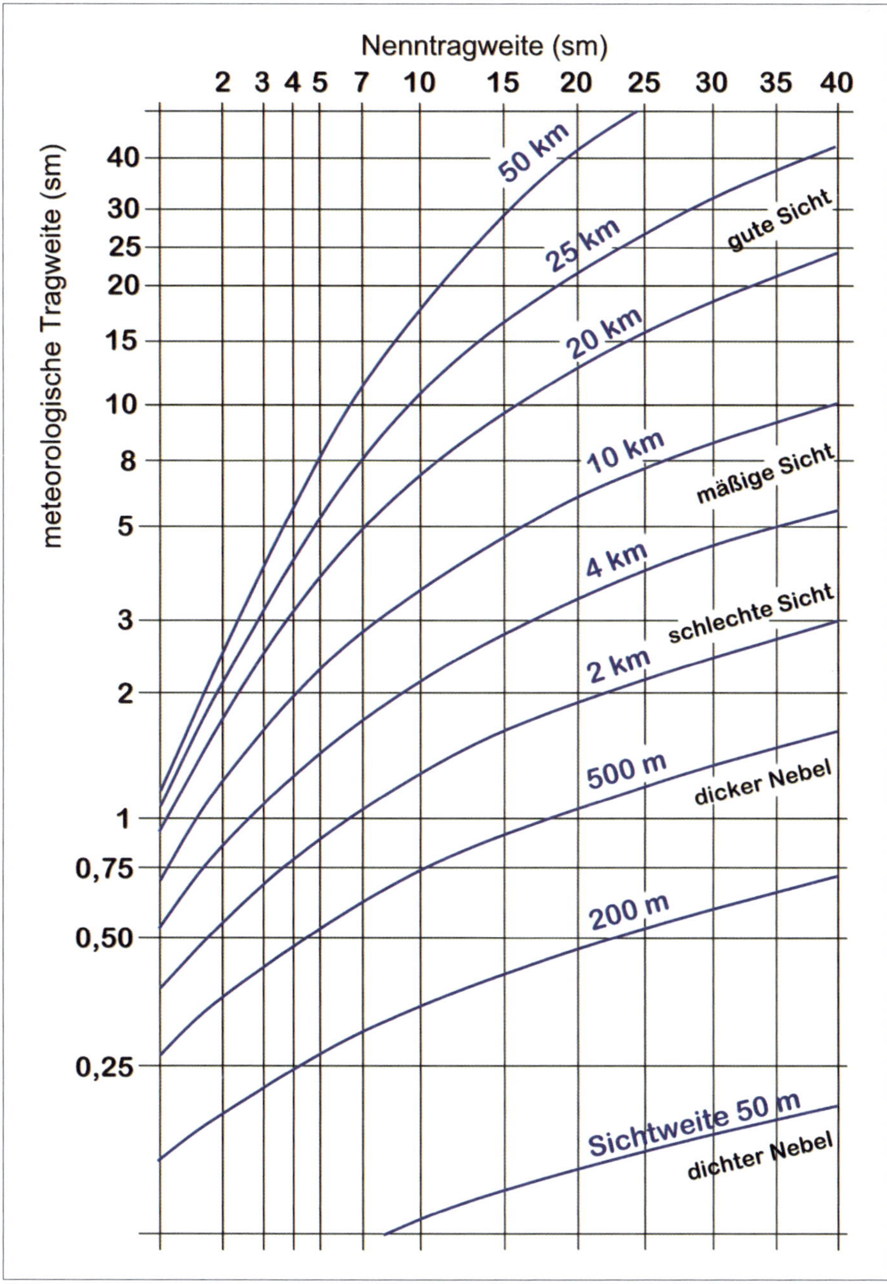
Nenntragweite (sm)
2 3 4 5 7 10 15 20 25 30 35 40
meteorologische Tragweite (sm)
40
30
25
20
15
10
8
5
3
2
1
0,75
0,50
0,25
50 km
25 km
gute Sicht
20 km
10 km
mäßige Sicht
4 km
schlechte Sicht
2 km
500 m
dicker Nebel
200 m
Sichtweite 50 m
dichter Nebel

3.4 FLAGGENFÜHRUNG

3.4.1 Signalflaggen, Morsezeichen

FLAGGE – ZEICHEN-BEZEICHNUNG	MORSEZEICHEN	EIN-BUCHSTABEN-SIGNAL
 A ALFA	● ▬	Ich habe Taucher unten; halten Sie sich bei langsamer Fahrt gut frei von mir.
 B BRAVO	▬ ● ● ●	Ich lade, lösche oder befördere gefährliche Güter.
 C CHARLIE	▬ ● ▬ ●	Ja.
 D DELTA	▬ ● ●	Halten Sie sich frei von mir; ich manövriere unter Schwierigkeiten.
 E ECHO	●	Ich ändere meinen Kurs nach Steuerbord.
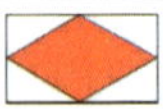 F FOXTROTT	● ● ▬ ●	Ich bin manövrierunfähig; treten Sie mit mir in Verbindung.
 G GOLF	▬ ▬ ●	Ich benötige einen Lotsen (auf Fische-reifahrzeugen: Ich hole die Netze ein).
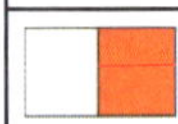 H HOTEL	● ● ● ●	Ich habe einen Lotsen an Bord.
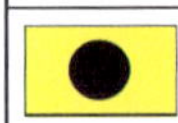 I INDIA	● ●	Ich ändere meinen Kurs nach Backbord.
 J JULIETT	● ▬ ▬ ▬	Halten Sie gut frei von mir, ich habe Feuer im Schiff und gefährliche Ladung an Bord, oder ich verliere gefährliche Ladung.
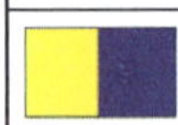 K KILO	▬ ● ▬	Ich möchte mit Ihnen in Verbindung treten.
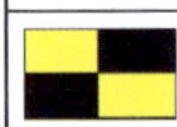 L LIMA	● ▬ ● ●	Bringen Sie Ihr Fahrzeug sofort zum Stehen.
 M MIKE	▬ ▬	Meine Maschine ist gestoppt, und ich mache keine Fahrt durchs Wasser.
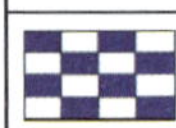 N NOVEMBER	▬ ●	Nein.
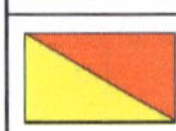 O OSCAR	▬ ▬ ▬	Mann über Bord.
 P PAPA	● ▬ ▬ ●	Im Hafen: Alle Mann an Bord, da Fahrzeug auslaufen will. Auf See: Meine Netze sind an einem Hindernis festgekommen.
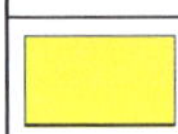 Q QUEBEC	▬ ▬ ● ▬	An Bord ist alles gesund, und ich bitte um freie Verkehrserlaubnis.

 R ROMEO	● ▬ ●	Entfernung in Seemeilen (mit einer oder mehreren Ziffern).
 S SIERRA	● ● ●	Ich arbeite rückwärts.
 T TANGO	▬	Halten Sie frei von mir; ich bin beim Gespannfischen.
 U UNIFORM	● ● ▬	Sie begeben sich in Gefahr.
 V VICTOR	● ● ● ▬	Ich benötige Hilfe.
 W WHISKEY	● ▬ ▬	Ich benötige ärztliche Hilfe.
 X X-RAY	▬ ● ● ▬	Unterbrechen Sie Ihr gegenwärtiges Vorhaben (Manöver), und achten Sie auf meine Signale.
 Y YANKEE	▬ ● ▬ ▬	Ich treibe vor Anker.
 Z ZULU	▬ ▬ ● ●	Ich benötige einen Schlepper. (Fischer: Ich setzte Netze aus.)

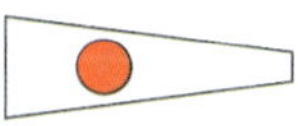 1 una – one	● ▬ ▬ ▬ ▬
 2 bisso – two	● ● ▬ ▬ ▬
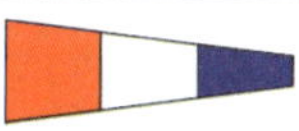 3 terra – three	● ● ● ▬ ▬
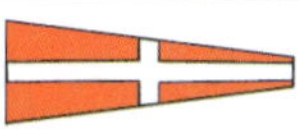 4 karte – four	● ● ● ● ▬
 5 panta – five	● ● ● ● ●
 6 soxi – six	▬ ● ● ● ●
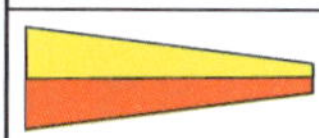 7 sette – seven	▬ ▬ ● ● ●
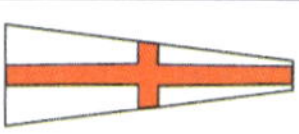 8 okto – eight	▬ ▬ ▬ ● ●
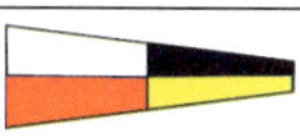 9 nove – nine	▬ ▬ ▬ ▬ ●
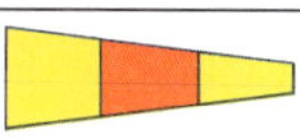 0 nada – zero	▬ ▬ ▬ ▬ ▬

AAA	Anruf	·– ·– ·–
EEEE	Irrungszeichen	· · · ·
T	Verstanden	–
RPT	Wiederholen	·–· ·––· –
AR	Ende	·– ·–·
R	Verstanden, Ende	·–·

3.4.2 Flaggenführung

- **Flaggengruß** ist das teilweise Niederholen (Dippen) der Nationale und wieder Hissen (oder einmaliges Absenken des Flaggstocks). Der Grüßende holt seine Nationalflagge halb nieder. Der Gegrüßte holt seine Nationalflagge ebenfalls halb nieder und hisst diese sofort wieder. Anschließend hisst der Grüßende seine Nationale wieder. Der Reihe nach grüßen der Einlaufende, der Überholer und die Yacht ein Kriegsschiff.

- **Flaggenparade** ist das morgendliche Hissen der Nationale und anderer Flaggen (0800 GZ) und Bergen bei Sonnenuntergang.

- **Nationale** und **Gastlandflagge** werden nicht ständig, sondern nur tagsüber gefahren. Vom 1.5. bis 30.9. ab 0800 GZ, sonst 0900 GZ bis Sonnenuntergang (spätestens aber bis 2100 GZ). Sie müssen nicht geführt werden in der Nacht, auf See (außerhalb der Hoheitsgewässer oder in größerer Entfernung von der Küste) oder bei schlechter Sicht. Die Nationale ist jedenfalls bei der Begegnung mit Kriegsschiffen zu zeigen. Das ständige Führen der Nationalen bei Hochseeregatten bedeutet meist die Aufgabe des Rennens.

  Gastlandflaggen werden unter der Steuerbordsaling des vordersten Mastes gefahren, Signalflaggen unter der Backbordsaling. Die Nationale wird am Flaggstock gefahren (stimmt immer) oder unter Segel an der Gaffelnock des Großsegels oder im oberen Drittel des Hochsegels (Großsegel) oder am Topp des achteren Mastes (Ketsch: Besantopp). Sie soll nicht am Achterstag gefahren werden.

- **Vereins-** oder **Clubstander** werden ständig geführt, wenn die Yacht bei einem Verein eingetragen ist, und zwar am Großtopp.

- **Flaggengala** ist das festliche Ausflaggen über die Toppen, vom Bug bis zum Heck (nur im Hafen oder vor Anker). Nach zwei Signalflaggen wird jeweils ein Wimpel oder Stander gesetzt.

- **Trauer** wird durch Flaggen auf Halbmast (oder Halbstock) gezeigt oder bei kurzem Flaggstock durch einen Trauerflor über der Flagge. Im Hafen bei Staatstrauer, in Fahrt nur, wenn sich ein Toter an Bord befindet.

3.5 SPEZIELLE AUFGABEN DES SKIPPERS

3.5.1 Einklarieren/Ausklarieren

Unter Einklarieren versteht man die Formalitäten des Grenzübertritts. Die vom Schiffsführer zu erledigenden Formalitäten laufen wie folgt ab:

- Bei Erreichen eines neuen Hoheitsgewässers ist zunächst die **Gastlandflagge** unter der Stb-Saling zu setzen.
- Ferner ist die **Flagge „Q“** (an Bord ist alles gesund, und ich bitte um freie Verkehrserlaubnis) unter der Bb-Saling zu setzen – spätestens vor dem Einlaufen in den Einklarierungshafen, besser aber ebenfalls beim Eintritt in das Hoheitsgewässer.
- Der nächstgelegene **Einklarierungshafen** *(Port of Entry)* ist unverzüglich anzulaufen. Die Einklarierungshäfen sind in den Hafenhandbüchern verzeichnet.
- Im Einklarierungshafen ist an der **Zollmole** oder Boje festzumachen.
- Das Einklarieren selbst wird vom Schiffsführer unter Vorlage von Seebrief, Befähigungsausweis, Versicherungsbestätigung, Crewliste und Reisepässen (wenn ein Funkgerät an Bord ist, zusätzlich Sprechfunkzeugnis und Genehmigungsurkunde) bei **Polizei, Zoll** und **Hafenmeister** (eventuell auch Gesundheitsbehörde) erledigt. Die Crew hat währenddessen an Bord zu bleiben.
- Nach dem Einklarieren ist die Flagge „Q“ wieder einzuholen.
- Beim Verlassen eines Staates muss der Schiffsführer wieder ausklarieren (Hafenmeister, Zoll und Polizei).

3.5.2 Hilfeleistung bei Kollision

Jeder Schiffsführer (Skipper) ist verpflichtet, allen Personen in Seenot jederzeit beizustehen und Hilfe zu leisten, soweit er dazu in der Lage ist, ohne seine Crew und sein Schiff dadurch einer erheblichen Gefahr auszusetzen. Ist er jedoch nicht in der Lage, selbst Hilfe zu leisten, so ist unverzüglich Hilfe herbeizurufen: also andere Schiffe oder Küstenstationen über den Seenotfall informieren. Den in Seenot Befindlichen ist in jedem Fall zu erkennen zu geben, dass ihre Lage erkannt und Maßnahmen zur Rettung eingeleitet wurden.

Pflichten bei einer Kollision:

- Hilfeleistung: Die Verpflichtung zur gegenseitigen Hilfeleistung betrifft auch eine Kollision auf See, unabhängig von der Verschuldensfrage. Erst wenn sich der Skipper überzeugt hat, dass keine weitere Hilfe erforderlich ist, darf weitergefahren werden. Besteht die Gefahr, dass ein Schiff sinkt, ist das Fahrzeug aus dem Wasser zu bringen oder, wenn dies nicht möglich ist, die Unfallstelle zu kennzeichnen.
- Das eigene Schiff ist auf Schäden zu checken.

- Die Daten der Kollisionsgegner sind auszutauschen. Schiffsnamen, Heimathafen, Ausgangshafen und Bestimmungshafen, Namen der Schiffsführer, der Unfallhergang und die getroffenen Maßnahmen sind im Logbuch festzuhalten.
- Die Logbucheintragung beinhaltet ferner Ort und Zeitpunkt der Kollision, Sichtverhältnisse, Lichterführung oder Tagzeichen, welche Schallsignale gegeben wurden, Protokoll des Unfallhergangs, Schadensbeschreibung und Angabe der Zeugen.
- Jedenfalls bei erheblichen Sachschäden und Personenschäden ist die Behörde (Hafenamt, Seeamt, Polizei) zu verständigen. Eine amtliche Niederschrift des Unfallhergangs heißt Verklarung. Vernünftigerweise wird man dabei seine Auslandsvertretung (Konsulat) um Hilfe ersuchen.

3.5.3 Das Logbuch

Gesetzlich besteht keine Verpflichtung, ein Logbuch zu führen, doch sollte darauf keinesfalls verzichtet werden. Das Logbuch kann einerseits im Streitfall (Kollision) als Beweismittel dienen, andererseits kann die lückenlose Aufzeichnung eines Törnverlaufs im Nachhinein getroffene Entscheidungen rechtfertigen (aber auch als falsch untermauern).

Daneben dient das Logbuch als Erfahrungsnachweis und ist vom Skipper zu führen oder von diesem täglich abzuzeichnen.

Ein vollständig und exakt geführtes Logbuch ist eine Voraussetzung für eine aussagekräftige Koppelnavigation.

Neben einer Crewliste, einer technischen Schiffsbeschreibung, der Wacheinteilung und den laufenden Aufzeichnungen von Wetterdaten enthält das Logbuch Eintragungen über den gefahrenen Kurs und die Fahrt, Abdrift und Strom, Segelführung, Motorstunden, Lichterführung, Navigation (Peilungen usw.), Tankinhalt, Wartungsarbeiten sowie allenfalls Havarien und Unfälle, besondere Vorkommnisse und wichtige Beobachtungen. ▸ *Formblatt bzw. Druckvorlage!*

Als **(Brücken-)Kladden** werden Notizblätter bezeichnet, die während der Fahrt anstelle eines Logbuches geführt werden. Die Übertragung in das Logbuch hat mindestens täglich zu erfolgen.

3.6 SEEMÄNNISCHE ARBEITEN

3.6.1 Tauwerk

Seemännisch wird jedes Tau als **Ende** bezeichnet. Seine beiden Enden werden als **Tampen** bezeichnet. Eine **Trosse** ist ein dickes Ende, eine **Leine** ist ein dünneres und ein **Bändsel** ist ein sehr dünnes Ende.

Nach dem Material unterscheidet man Tauwerk an Bord eines Schiffes aus:

- **Kunstfaser** wie Polyamid (PA) (Nylon oder Perlon), Polypropylen (PP), Polyethylen (PE) , Polyester (PES) oder Kevlar®
- **Naturfaser** wie Baumwolle, Kokos, Manilahanf oder Sisalhanf
- **Stahl** wie Niro-Draht, Stahlstangen (rods) oder verzinkter Eisendraht (sehr selten)

Polyamidfasern (Nylon, Perlon) sind sehr dehnbar (Bruchdehnung 18–26 %) und werden daher für Festmacher, Schlepp- und Ankerleinen verwendet. **Polypropylen** und **Polyethylen** (Bruchdehnung 18–28 %) sind schwimmfähig und werden daher als Festmacher, Wurf- und Schleppleinen verwendet. Der Nachteil ist die UV-Empfindlichkeit (Schutz durch Einfärben). **Kevlar®** (Bruchdehnung 3 %) mit Kohlefaser weist eine sehr hohe Festigkeit und geringe Dehnung auf, ist aber auch sehr teuer. **Naturfaser** wird immer seltener verwendet, da sie leicht verrottet. **Drahttauwerk** (Bruchdehnung 1–2 %) wird hauptsächlich für das stehende Gut (für Wanten und Stagen sehr fest geschlagen) und als Fallvorläufer, für Dirk und Baumniederholer (lose geschlagen) verwendet. Auf Rennyachten wird oft **massiver Stahl** (Bruchdehnung 1 %) für Wanten und Stage verwendet (rod-rigging); für gleiche Festigkeit bei geringerem Querschnitt.

Nach der Herstellungsart unterscheidet man **geflochtenes Tauwerk** (geschmeidig und dehnbar, daher für Schoten, nicht aber für Fallen geeignet) und **geschlagenes Tauwerk** (reißfester, oft vorgereckt für Fallen).

Pfleglicher Umgang mit dem Tauwerk gehört zu guter Seemannschaft. Nach Gebrauch wird Tauwerk, zur Vermeidung eines Leinensalats (seemännisch Wuhling), vom festen Tampen her aufgeschossen, d. h. in Buchten zusammengelegt – rechts geschlagenes Tauwerk im Uhrzeigersinn, links geschlagenes entgegen dem Uhrzeigersinn – und ordentlich verstaut. Gegen Schamfilen (Durchscheuern) werden Leinen bekleidet – mit Gummi- oder Kunststoffschlauch umhüllt. Kunstfaserleinen sollen nicht länger als unbedingt nötig der Sonne ausgesetzt werden (vor UV-Licht schützen).

3.6.2 Takling

Jedes Ende muss an seinen Tampen gegen Ausfasern geschützt werden. Das fachmännische Umwickeln des Tampen mit Takelgarn nennt man Takling.

Der einfachste Takling ist der **Behelfstakling**, haltbarer jedoch ist ein **genähter Takling**. Beide werden für geschlagenes Tauwerk verwendet. Bei geflochtenem Tauwerk wird ein **gekreuzter Takling** aufgesetzt.

Kunstfasertauwerk kann mit einem Stück Schrumpfschlauch oder Tape versehen werden, die Schnittflächen werden über offener Flamme verschweißt. Einen besseren Schutz bietet der gekreuzte Takling.

3.6.3 Seemännische Knoten

❐ ***Achtknoten***

Findet Verwendung zum Verdicken eines Leinenendes (z. B. um das Ausrauschen einer Leine zu verhindern).

In den Tampen der Leine wird ein Auge gelegt. Die laufende Part wird einmal um die stehende Part herum und durch das Auge hindurchgeführt. An beiden Parten zusammenziehen.

❐ ***Kreuzknoten***

Zum Verbinden zweier Leinen gleicher Dicke und gleichen Materials, die keinem großen Zug ausgesetzt sind (z. B. als Bändselknoten beim Reffen).

Die beiden Tampen über Kreuz übereinanderlegen, nach vorne führen und wiederum kreuzen, sodass das zuerst oben befindliche Ende wieder oben liegt. An allen vier Parten zusammenziehen. Beide Parten jedes Tampen müssen auf derselben Seite aus dem Auge des anderen Tampen kommen.

❐ ***Roringstek***

Zum Festmachen an Ringen, zum Anstecken an runden Teilen (z. B. Ankerring).

Das Ende des Tampen wird zweimal von oben durch den Ring geführt und über die feste Part hinweg durch beide Törns zurückgeführt. In der Darstellung ist zusätzlich ein halber Schlag angebracht worden.

Wesentlich sicherer ist der doppelte Roringstek: Nachdem ein einfacher Roringstek gelegt wurde, wird das lose Ende über die beiden Törns hinweg und durch die Törns wieder zurückgeführt.

❐ ***Schotstek***

Wird auch als Weberknoten oder Flaggenstek bezeichnet und zum Verbinden zweier ungleich dicker Leinen verwendet.

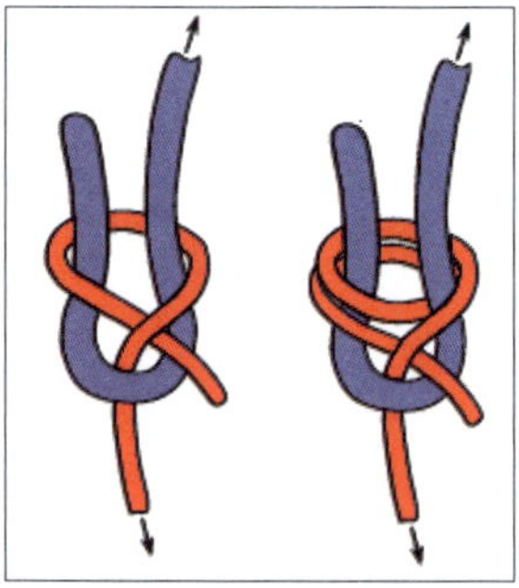

In den dickeren Tampen wird eine Bucht gelegt. Der dünnere Tampen wird von unten durch die Bucht geführt und um die feste Part des dickeren Tampen herum. Dann über den beiden Parten der Bucht, aber unter der eigenen, festen Part durchgezogen. Der Knoten bekneift sich durch Ziehen an den beiden festen Parten.

Wesentlich sicherer ist der doppelte Schotstek, bei dem der dünnere Tampen zweimal um die feste Part des dickeren Tampen geführt wird (jeweils unter der eigenen festen Part hindurch).

❐ *Webeleinstek*

Zum Belegen an Spieren oder Tauen, wenn kein Ende frei ist (z. B. Fenderleine an der Reling) oder zum Belegen von Festmachern auf Pollern.

Über den Poller (die Reling) wird ein Törn gelegt. Die lose Part wird über die feste Part geführt und noch ein Törn über den festen Gegenstand so gelegt, dass das freie Ende zwischen den beiden Törns herauskommt.

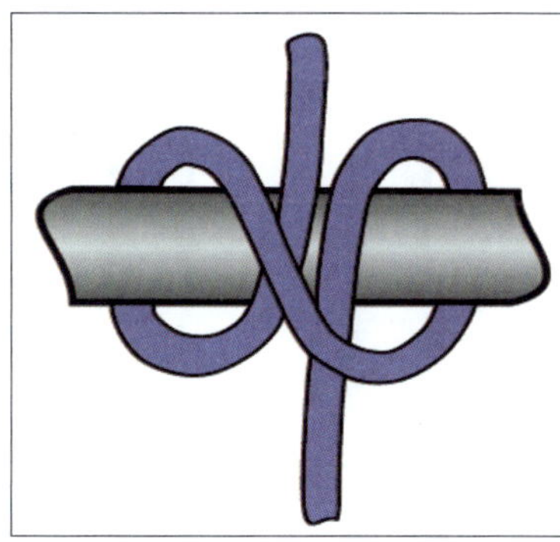

Der Webeleinstek kann auch gelegt werden (z. B. an Pollern): Zwei Törns werden in der Hand so nebeneinandergelegt, dass die jeweils lose Part unterhalb der festen Part durchgeführt wird. Die beiden Törns werden nun übereinandergeschoben und über den Poller gelegt. Zug auf beiden Enden des Tampen bekneift den Knoten.

❐ *Palstek*

Der Palstek ist der wichtigste Knoten, da er auch ohne Zug zuverlässig hält, aber auch leicht wieder zu lösen ist.

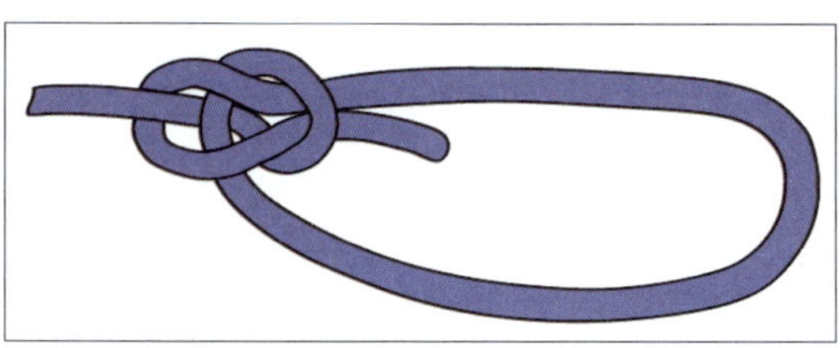

In den Tampen wird zunächst ein (kleineres) Auge gelegt (die lose Part über der festen). Die nicht zu kurze lose Part wird von unten durch das Auge geführt und unten um die feste Part herum wieder von oben durch das Auge zurückgeführt. Die Länge der losen Part bestimmt die Größe des verbleibenden Auges.

Zug auf die feste Part und das Ende der losen Part zusammen mit dem Tampen des verbleibenden Auges bekneift den Knoten.

❐ *Doppelter Palstek*

Für starke Belastungen.

In die beiden losen Parten des Tampen wird ein Auge gelegt (über die festen Parten). Die Schlaufe wird von unten durch das Auge geführt und die Schlaufe durch das so entstandene (einfache) Auge durchgezogen.

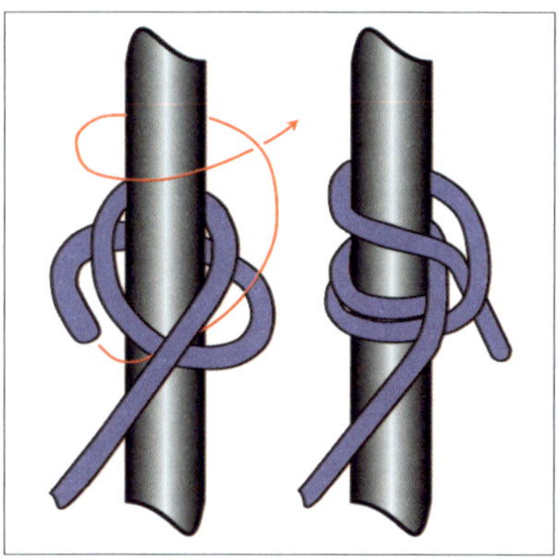

❐ *Stopperstek*

Zum Anstecken eines schwächeren Tampens an einen stärkeren (z. B. als Zugentlastung bei Schoten).

Mit dem schwächeren Tampen wird ein Auge um den stärkeren Tampen gelegt. Dann wird nochmals ein Törn unter der festen Part und über das erste Auge gelegt. Ein halber Schlag sichert den Stopperstek, der aber nur unter Zug wirklich hält.

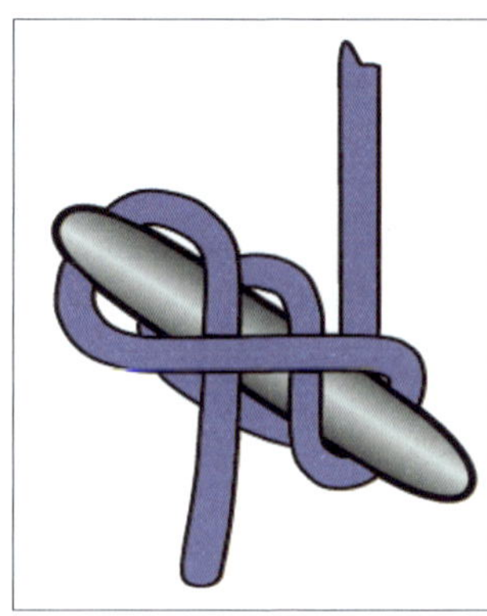

❐ *Klampenschlag*

Beim Belegen eines Leinenendes an einer Klampe ist darauf zu achten, dass das Ende so zur Klampe geführt wird, dass es sich nicht schon mit dem ersten Rundtörn bekneift.

4.1 SEGEL SETZEN UND BERGEN

4.1.1 Setzen der Segel

Großsegel (und Besansegel einer Ketsch) können entweder hoch am Wind oder unter Motor mit geringer Fahrt gegen den Wind gesetzt werden, damit die Segel dem Wind eine geringe bzw. keine Angriffsfläche bieten. Das Vorsegel (bei einer Ketsch eventuell noch das Stagsegel) kann auf jedem Kurs (außer Vorwindkurs) gesetzt werden.

❒ ***Großsegel***

Das Großsegel wird üblicherweise zuerst gesetzt. Auf Fahrtenyachten bleibt das Großsegel meist angeschlagen, das Unterliek bleibt in der Nut am Baum, der Ausholer (Unterliekstrecker) ist an der Baumnock durchgesetzt. Die Dirk, die von der Baumnock zum Masttopp geführt ist, hält den Baum. Zum Setzen des Großsegels ist die Persenning abzunehmen und die Zeisinge sind zu lösen. Großschot und Baumniederholer sind gelöst. Das Großfall wird am Segelkopf angeschäkelt und das Segel am Fall hochgezogen. Das Vorliek wird dabei ein Stück in die Mastnut eingeführt oder die Rutscher auf den Schlitten gesetzt. Das Vorliek wird zunächst Hand über Hand, dann über die Winsch durchgesetzt. Gegebenenfalls sind während des Segelsetzens die Segellatten in die Segeltaschen zu stecken. Sobald das Großsegel gesetzt ist, wird der Baum abgedirkt – der Baum wird jetzt vom Segel gehalten.

❒ ***Vorsegel***

Das Vorsegel wird auch auf Fahrtenyachten immer abgeschlagen. Zuerst wird der Segelhals am Vorstagbeschlag angeschäkelt. Dann werden die Stagreiter von unten nach oben auf das Vorstag gesetzt oder das Liek in die Nut des Vorstagprofils eingeführt. Die Schoten werden am Schothorn eingeschoren und über die Seitendecks durch die entsprechenden Beschläge nach achtern geführt und mit einem Achtknoten gegen Ausrauschen gesichert. Das Fockfall wird am Segelkopf angeschäkelt und das Vorsegel (Genua, Fock) durchgesetzt.

4.1.2 Bergen der Segel

Das Bergen der Segel erfolgt sinngemäß in umgekehrter Reihenfolge des Setzens, sowohl hinsichtlich der Segel als auch der einzelnen Bedienschritte.

Bei Rollreffanlagen bleiben sowohl Großsegel als auch Vorsegel angeschlagen. Je nach Art des Reffsystems wird das Großsegel durch Durchsetzen des Großfalls (Baum-Reffanlage) oder des Unterlieks (Mast-Reffanlage) unter gleichzeitigem Lösen der Reffleine gesetzt. Das Vorsegel wird mit der Fockschot unter gleichzeitigem Lösen der Reffleine gesetzt. Dabei kann die Yacht bereits auf Kurs sein. Der Winddruck im Vorsegel hilft beim Setzen, allerdings muss die Reffleine dabei dosiert gefiert werden.

4.2 SEGEL REFFEN

Nachdem alle Trimmmaßnahmen ausgeschöpft wurden, sind bei zunehmendem Wind die Segel zu reffen. Definitive Werte, wann gerefft werden soll, gibt es nicht. Aber eine banal klingende und doch so wichtige Regel dazu lautet:

Gerefft soll dann werden, wenn man das erste Mal daran denkt.

Einen Anhaltswert, wann gerefft werden soll, kann die nachfolgende Tabelle geben:

Windstärke (Windgeschwindigkeit)	*Reffmaßnahme(n)*
4 Bft (10–16 kn)	Vorsegel verkleinern
5 Bft (17–21 kn)	nochmals Vorsegel verkleinern, 1. Reff im Großsegel (Rollgroß verkleinern)
5–6 Bft (17–27 kn)	nochmals Vorsegel verkleinern, 2. Reff im Großsegel (Rollgroß weiter verkleinern)
7–8 Bft (28–40 kn)	Sturmfock, 3. Reff im Großsegel (Rollgroß weiter verkleinern)
8–9 Bft (34–47 kn)	Sturmfock, eventuell Trysegel

Bessere Indikatoren als obige Anhaltswerte sind eine zunehmende Luvgierigkeit mit steigendem Ruderdruck und Krängung (> 20°). Neben dem Verkleinern der Segelfläche an sich kommt es noch auf das Verhältnis der Segelflächen zueinander an, damit das Schiff richtig ausbalanciert ist und eine leichte Luvgierigkeit erhalten bleibt.

Bei einfallenden Böen wird zunächst das Großsegel leicht gefiert. Nimmt der Wind stärker zu, muss immer weiter aufgefiert werden, bis das Segel im Wind steht und killt. Nimmt der Wind noch weiter zu, killt das Großsegel ständig, das Schiff wird leegierig und ist kaum mehr zu steuern. Nun muss gerefft werden. Durch das aufgefierte Groß und das dichtgeholte Vorsegel ist der Segelschwerpunkt zu weit vorne (Leegierigkeit), das Vorsegel muss als Erstes gerefft werden (Holepunkt nach vorne). Dadurch zieht dieses nun weniger, der Abwind ist geringer und das Groß kann wieder dichtergenommen werden. Wird das Vorsegel weiter verkleinert, kann das Schiff, selbst bei aufgefiertem (killendem) Groß luvgierig werden. Dann ist das Großsegel zu reffen.

4.2.1 Vorsegel reffen

Beim **Vorsegel mit Stagreitern** oder der Variante **mit Vorstagprofil** bedeutet Reffen den Austausch des Vorsegels gegen ein kleineres. Der Vorteil liegt darin, dass jedes Segel entsprechend seinem Einsatzbereich geschnitten ist und die Tuchstärke darauf abgestimmt ist. Der Nachteil liegt darin, dass zum Reffen ein Arbeiten auf dem Vorschiff erforderlich ist, ein zweites Crewmitglied für das Fall gebraucht wird und mehrere Segel mitgeführt werden müssen.

Bei **Rollreffanlagen** wird das Vorsegel zum Reffen um das Vorstag aufgerollt. Das Vorsegel ist dabei (meist) in der Keep eines drehbaren Profils geführt. Über eine Trommel im unteren Lager wird eine Reffleine durch Leitblöcke nach achtern umgelenkt. Zum Reffen des Vorsegels wird die Schot gefiert, um den Winddruck aus dem Segel zu nehmen, aber nicht losgeworfen. Während des Einrollens mit der Reffleine wird die Schot weiter aufgefiert, aber so, dass immer etwas Wind im Segel steht und sich das Segel straff um das Vorstag aufrollen kann.

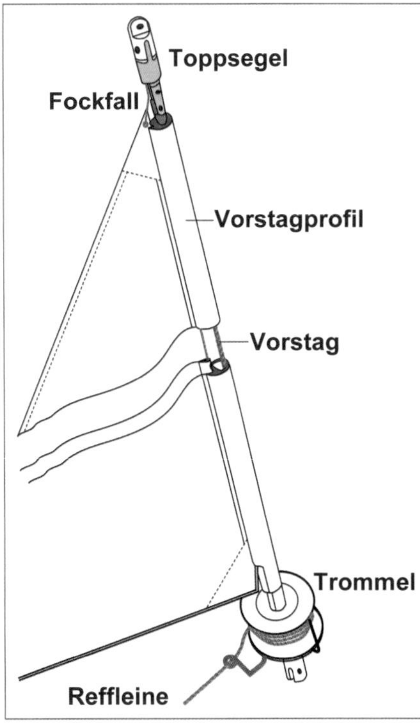

Bei allen Reffanlagen – Großsegel und Vorsegel – gilt, dass ein optimaler Trimm des Segels (vor allem in gerefftem Zustand) nicht möglich ist. Die Bedienung ist jedoch einfach, und die Segelfläche lässt sich stufenlos verstellen.

4.2.2 Großsegel reffen

Zum Reffen des Großsegels unterscheidet man Segel mit **Bindereff** (durchgelattet oder ohne Segellatten) oder **Rollreffeinrichtungen** im Mast oder im Baum.

Bindereff

Am Vorliek und am Achterliek sind mehrere Reffkauschen (zwei bis drei) angebracht, eventuell auch eine Reihe von Reffgattchen zwischen den Kauschen, durch die mittels Reffbändsel das überschüssige Tuch am Baum festgemacht wird. Durch die achteren Reffkauschen sind die Reffleinen geführt. Eine der vorderen Reffkauschen wird in den Reffhaken am Baum eingehängt.

Gegen das lästige Anbändseln des überschüssigen Tuchs am Baum hilft ein Leinensystem an beiden Seiten des Segels vom Baum bis zum Masttopp, sogenannte **Lazy Jacks**. Diese fangen das überschüssige Tuch in Taschen auf.

Ein **Sturm-Trysegel** ersetzt in schwerem Wetter das Großsegel zum Ablaufen vor dem Wind. Das Trysegel wird mit Mastrutschern in einer eigenen Schiene am Baum gesetzt (das Großsegel kann angeschlagen bleiben) und reicht meist bis unter den Baumbeschlag. In Verbindung mit einer Sturmfock ist das Schiff gut ausbalanciert und ermöglicht sogar Amwindkurse im Sturm (Freikreuzen von Leeküsten, Gegenansegeln bei Kurzkielern).

Reffen mit Bindereff:

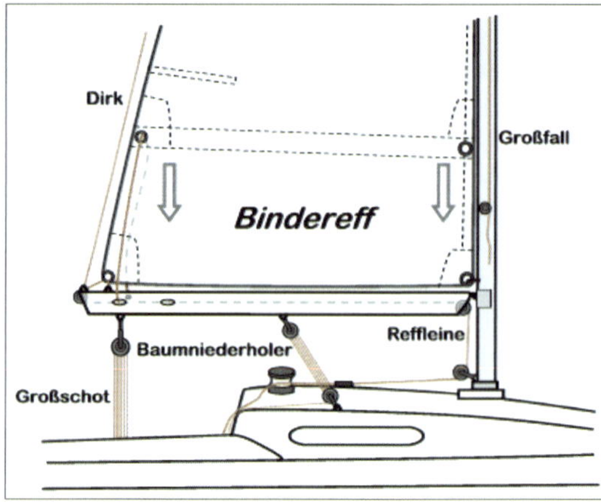

- Reffleine (Schmeerreep) vorbereiten
- Kurs hoch am Wind
- Baumniederholer lösen, Baum andirken
- Großschot fieren
- Großfall über Stopper dosiert fieren
- Reffkausch im Reffhaken einhängen
- zuerst Großfall, dann Reffleine durchsetzen und beide belegen
- Baum abdirken, Baumniederholer dichtsetzen
- Großschot dichtholen
- überschüssiges Tuch an den Baum binden (Leine oder Reffbändsel)

Der Nachteil des Standard-Bindereffs liegt darin, dass zum Reffen zumindest ein Crewmitglied nach vorn an den Baum gehen muss.

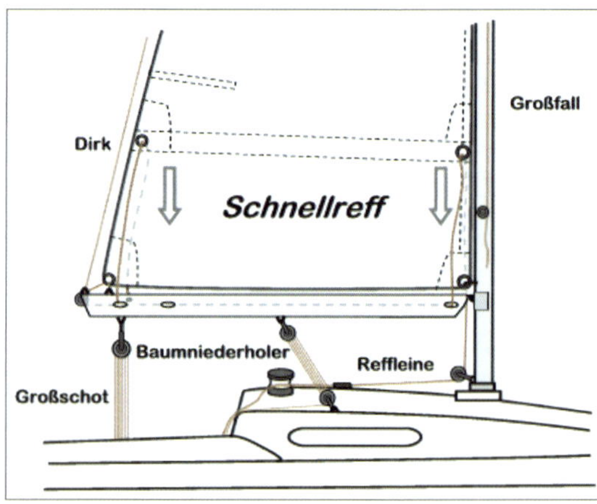

Abhilfe schafft ein sogenanntes **Schnellreff**, bei dem die Reffleinen (Schmeerreep) auch durch die vordere Kausch geführt sind. Sind Reffleinen und Großfall nach achtern ins Cockpit geführt, ist zum Reffen kein Crewmitglied am Mast erforderlich.

<u>*Rollreff*</u>

Neben den Bindereffsystemen haben sich **Rollreffanlagen** wegen der einfacheren Bedienung auch beim Großsegel durchgesetzt. Der Nachteil von Rollreffanlagen liegt im Segelschnitt, der wesentlich flacher ausgeführt sein muss, um das Einrollen nicht zu behindern. Vor allem in gerefftem (eingerolltem) Zustand ist kein optimales Segelprofil möglich.

Bei den Rollreffanlagen haben sich **Mast-Reffanlagen** gegenüber **Baum-Reffanlagen** wegen der einfacheren und damit sichereren Mechanik durchgesetzt. Wie bei den Vorsegel-Reffanlagen gilt, dass ein optimaler Trimm des Segels (vor allem in gerefftem Zustand) nicht möglich ist. Die Bedienung ist jedoch einfach, und die Segelfläche lässt sich stufenlos verstellen.

Reffen mit Rollreff:

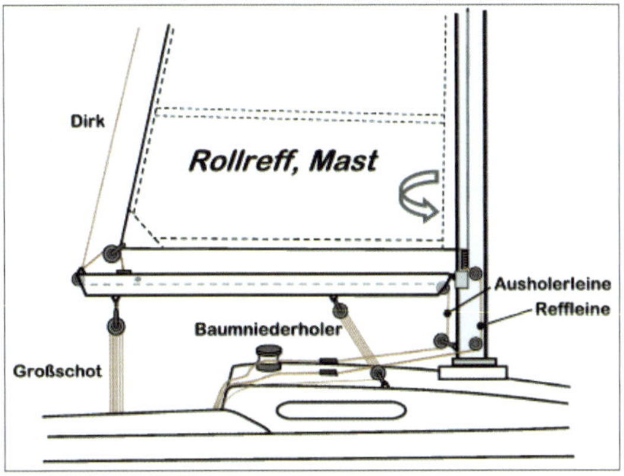

- Kurs hoch am Wind
- Reffleine und Ausholerleine zur Bedienung der Rolleinrichtung vorbereiten
- Baumniederholer lösen, Baum andirken (rechter Winkel zum Mast)
- Großschot gerade so dicht, dass der Baum ruhig bleibt
- Mast-Reffanlage: mit der Reffleine Groß einholen und dabei die Ausholerleine gerade so weit fieren, dass das Segel straff eingerollt wird
- Baum-Reffanlage: Großfall durch Stopper führen und über eine Winsch am Mast das Fall dosiert nachgeben, mit der Reffleine Groß einholen
- Ausholerleine bzw. Großfall stramm festsetzen
- Baum abdirken, Baumniederholer dichtsetzen

4.3 SEGELTRIMM

Ein richtig getrimmtes Segel ist nicht nur für den Regattasegler von Bedeutung. Optimaler Segeltrimm sorgt einerseits für ein den Windverhältnissen entsprechendes, schnelles Vorankommen, andererseits werden die Segel bei richtiger Einstellung weniger bzw. ihrem Verwendungszweck entsprechend beansprucht. Der Vortrieb wird durch die **Profilform** und den **Anstellwinkel** des Segels zum Wind erzeugt und beeinflusst. Segel sind so zu trimmen, dass das Schiff leicht luvgierig ist.

Rollreffanlagen sind zwar sehr komfortabel und vereinfachen die Segelbedienung – besonders bei kleiner Crew –, aber der Schnitt solcher Segel kann nur ein Kompromiss sein. Ob durchgelattetes Großsegel oder Rollgenua: Grundlegende Trimmmaßnahmen sollten in jedem Fall beachtet werden.

4.3.1 Grundregeln Profileinstellung

- Vorsegel und Großsegel sollten unten ein flacheres Profil als oben aufweisen.
- Bei beiden Segeln sollte die maximale Profiltiefe unten weiter vorn sein als oben.
- Bei zunehmendem Wind soll das Segel flacher eingestellt werden und die maximale Profiltiefe weiter vorn liegen.
- Bei abnehmendem Wind soll die maximale Profiltiefe weiter achtern liegen und bauchiger sein; außer bei sehr leichten Winden, wo das Segel wieder flacher getrimmt wird.
- Bei allen Winden sollte die Profiltiefe des Vorsegels größer als die des Großsegels sein, und zwar in jeder Höhe.

*„**Antrimmen**" heißt Profiltiefe verringern, „**wegtrimmen**" Profiltiefe vergrößern.*

*„**An**" steht für fester (ein Liek mehr spannen), „**weg**" bedeutet mehr Lose ins Liek.*

4.3.2 Trimmeinrichtungen Großsegel

Fall und Vorliekstrecker: Das Fall dient, außer zum Aufholen des Segels, auch zum Strecken des Vorlieks. Mit dem Vorliekstrecker (Cunningham-Strecker), der am Segelhals angreift, lässt sich das Vorliek stärker durchsetzen. Strecken des Vorlieks (Durchsetzen von Fall oder Vorliekstrecker) bewirkt eine Verlagerung des Profils nach vorne und das Profil wird insgesamt, vor allem im Bereich des Achterlieks, flacher.

Unterliekstrecker: Durch Strecken des Unterlieks mit dem Unterliekstrecker wird das Segelprofil im unteren Drittel flacher getrimmt. Der Bauch des Großsegels kann damit nicht nach unten verlagert werden.

Baumniederholer: Die Spannung des losen und damit beweglichen Achterlieks wird durch Baumniederholer und Großschot beeinflusst. Der Baumniederholer wirkt direkt auf die Achterliekspannung, während die Großschot (hauptsächlich) das Segel in einen bestimmten Winkel zum Wind stellen soll. Spannt sich das Segel entlang des Achterlieks, wird der Bauch des Segels nach achtern gezogen. Ein Durchsetzen des Baumniederholers allein kann dies nicht bewirken, da dieser zu nah am Mast sitzt. Die Großschot muss den Baumniederholer unterstützen.

Großschot: Die Großschot, zusammen mit dem Traveller, stellt das Segel in einen bestimmten Winkel zum Wind, wirkt aber auch auf die Spannung des Achterlieks. Je weiter sich der Baum außerhalb der Schiffsmitte befindet, desto weniger wirkt sich die Großschot auf das Achterliek aus. Die Spannung des Achterlieks und damit der Twist werden vom Baumniederholer beeinflusst. Ist das Großsegel dichtgeholt, lässt sich mit der Großschot wesentlich mehr Zug auf das Achterliek bringen als mit dem Baumniederholer und so auch der Bauch nach achtern verlagern. Bei völlig dichtgeholter Großschot wird der Winkel zum Wind nur mehr durch die Stellung des Travellers bestimmt.

Traveller: Durch Verschieben des Fußblocks der Großschot am Traveller wird die Stellung des Segels zum Wind verändert. Der Traveller ist für Amwindkurse (Großschot dichtgeholt) unersetzlich, da durch Verstellung des Travellers die Achterliekspannung und damit das Segelprofil nicht beeinflusst wird.

4.3.3 Trimmeinrichtungen Vorsegel

Fockfall: Durchsetzen des Fockfalls bewirkt eine Verlagerung der Profiltiefe nach vorne. Loser gefahren, wandert der Bauch nach achtern.

Vorschot: Mit der Fockschot wird die Stellung des Segels zum Wind eingestellt, ähnlich der Großschot. Die Fockschot wirkt aber in jeder Stellung auf Unterliek und Achterliek. Auf welches der beiden Lieken der größere Zug ausgeübt wird, hängt von der Stellung des Holepunktes ab. Mehr Zug auf das Achterliek wirkt sich stärker auf den Twist und das Segelprofil aus, mehr Zug auf das Unterliek verflacht das Segel im unteren Drittel.

Holepunkt: Der Holepunkt ist (zumeist) durch einen beweglichen Schlitten auf einer Leitschiene in Längsrichtung zu verschieben. Sinnvoll wären mehrere Schienen in unterschiedlichen Abständen von der Schiffsmitte oder ein Barberholer-System, mit dem der Holepunkt auch in Querrichtung versetzt werden könnte; solche Systeme sind aber nicht sehr verbreitet. Die Position des Holepunktes in Längsrichtung bestimmt die Zugkraftverteilung auf Unterliek und Achterliek. Den Holepunkt nach achtern zu verlagern, verstärkt die Zugkraft auf das Unterliek, eine Verlagerung nach vorn verstärkt die Wirkung auf das Achterliek.
Die grundsätzliche Einstellung des Holepunktes erfolgt so, dass die gedachte Verlängerung der Fockschot zur Mitte des Vorlieks weist. Im Zweifelsfall sollte der Holepunkt eher etwas weiter achtern als zu weit vorn liegen. Bei gefierter Schot – und nur dann – wird der Windeinfallswinkel weitestgehend von der Fockschot bestimmt. Ist die Schot auf Amwindkursen hart durchgesetzt, wird der Windeinfallswinkel durch die seitliche Lage des Holepunktes bestimmt; durch die Schot ist er kaum zu beeinflussen.

4.3.4 Masttrimm, Vorstagspannung, Wanten

Masttrimm: Fahrtenyachten haben zumeist wenig Möglichkeiten, den Mast zu trimmen. Grundsätzlich sollte die Mastbiegung der Kurve des Vorlieks entsprechen. Eine zu starke Mastbiegung erkennt man an der Faltenbildung, vom Schothorn bis zur halben Masthöhe. Treten diese Falten nur gelegentlich auf, ist die Mastbiegung durch weniger Spannung im Achterstag zu verringern. Eine zu geringe Durchbiegung des Mastes ist nur selten zu erkennen und allenfalls umgekehrt, wie vorher beschrieben, zu beheben. Bei wenig Wind sollte der Mast gerade getrimmt sein, bei zunehmendem Wind mit einer geringen Mastbiegung nach achtern und bei viel Wind mit stärkerer Mastbiegung nach achtern, damit das Achterstag gelockert wird

Vorstagspannung: Die Vorstagspannung kann über die Backstagen (wenn vorhanden) verändert werden. Ob das Vorstag zu wenig oder zu viel gespannt ist, wird erst zu erkennen sein, wenn man versucht, das Vorsegel richtig zu trimmen.

Die richtige Spannung der **Wanten** und die korrekte Einstellung des Mastes sollte nur von Fachpersonal vorgenommen werden. Auf Charteryachten findet man zudem ohnehin kaum einen Achterstagspanner vor.

Hiscocks Regeln:
Gegenüberliegende Wantenpaare müssen dieselbe Spannung aufweisen.

Die stärkste Spannung muss das Vorstag aufweisen, dann die beiden Hauptwanten, dann die beiden Unterwanten, dann das Achterstag. Die Wanten müssen so durchgesetzt sein, dass bei 10° Lage die Leewanten gerade fühlbar Lose haben. Zu sehen darf die Lose aber nicht sein.

4.3.5 Vorsegeltrimm

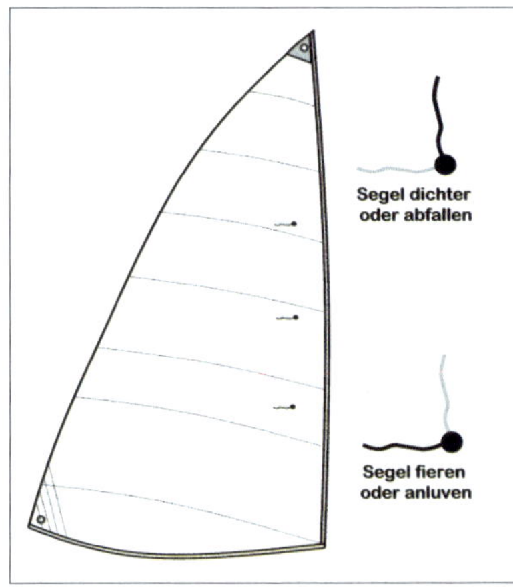

Trimmfäden (*telltales*) erleichtern das Trimmen erheblich, fehlen aber auf den meisten Charteryachten. Vorsegel sollten drei Paar Trimmfäden aufweisen: in einem Abstand von etwa 30 cm zum Vorliek und in einer Höhe von einem Drittel, der Hälfte und zwei Drittel der Vorlieksläng. Eine waagerechte Stellung der Trimmfäden zeigt einen optimalen Luftstrom an der entsprechenden Seite des Segels an; wehen die Fäden nach oben aus, deutet dies auf eine ungleichmäßige Luftströmung hin; hängen die Fäden nach unten, ist der Luftstrom abgerissen.

Methoden des Vorsegeltrimms:

A) **Trimmen durch Kursanpassung:** Zunächst werden nur die beiden unteren Trimmfäden beobachtet. Zeigt der luvseitige nach oben, wird abgefallen, bis er wieder waagerecht steht. Zeigt der leeseitige nach oben, wird angeluvt.

B) **Trimmen durch Veränderung der Segelstellung:** Steht nur der luvseitige (untere) Trimmfaden waagerecht, muss das Segel gefiert werden; steht nur der leeseitige (untere) waagerecht, muss die Schot dichtergeholt werden.

C) **Feintrimmung:** Zeigt der obere, luvseitige Trimmfaden nach oben, muss der Holepunkt nach vorn verschoben werden, zeigt der untere, luvseitige nach oben, wird der Holepunkt nach achtern verlegt.

❒ *Vorsegeltrimm auf (hohen) Amwindkursen*

Vorsegel so dicht als möglich (ohne die Saling zu berühren). Die größte Profiltiefe sollte in der vorderen Hälfte des Vorsegels sein. Wenn nicht, ist das Fall stärker durchzusetzen. Ist das Profil insgesamt zu voll, können eventuell das Achterstag oder die Backstagen nachgespannt werden.

Der Steuermann steuert weiter am Wind, Trimmen nach Methode A. Der Holepunkt wird nach Methode C eingestellt. Gelingt es nicht, alle Trimmfäden waagerecht zu bekommen, liegt die Ursache wahrscheinlich am Segel selbst (Segelschnitt, überdehnt durch Alterung).

❐ *Vorsegeltrimm auf raumeren (geschrickten) Kursen*

Während man das Schiff auf dem gewünschten Kurs steuert, wird das Segel nach Methode B eingestellt und anschließend nach C feingetrimmt.

Krängt das Schiff sehr stark oder ist das Vorsegel zu bauchig, müsste der Holepunkt weiter nach außen verlegt werden. Ist dazu keine entsprechende Einrichtung vorhanden, kann versucht werden, die Fockschot über einen anderen Beschlag umzulenken. Steht die seitliche Lage des Holepunktes fest, wird zunächst nach Methode B getrimmt und anschließend nach C feingetrimmt.

Kommt der Wind vorlicher, wird die Schot dichtergeholt; raumt der Wind, wird gefiert.

❐ *Vorsegeltrimm auf Halbwindkurs, raumen Kursen*

Grundsätzlich gelten alle Maßnahmen wie auf geschrickten Kursen. Je weiter der Wind jedoch von achtern einfällt, umso mehr wird das Vorsegel vom Großsegel abgedeckt, und schließlich fällt das Vorsegel ein. Um dies zu verhindern, wird ab raum-achterlichen Winden die Fock geschiftet – auf den anderen Bug geholt – und dort ausgebaumt, um ein Einfallen des Vorsegels (besonders bei höherem Wellengang) zu verhindern, sogenanntes **Schmetterlingssegeln**. Der **Spibaum** bzw. **Genuabaum** wird in den entsprechenden Beschlag am Mast eingesteckt und die luvseitige Fockschot durch die äußere Nock des Spibaums geführt, dann erst wird das Vorsegel geschiftet. Diese Methode ist wesentlich einfacher als das Anbringen des Spibaums, wenn die Fock bereits auf den neuen Bug geschiftet wurde. Segeln auf raumen Kursen stellt höhere Anforderungen an den Steuermann, da ständig die Gefahr des Backschlagens der Fock besteht, wenn zu stark angeluvt wird. Eine Alternative zum Schmetterlingssegeln stellt natürlich der Spinnaker dar.

❐ *Vorsegeltrimm auf Kurs vor dem Wind*

Auf Kursen vor dem Wind wird das Vorsegel auf anderem Bug als das Großsegel gefahren, da es sonst vom Groß abgedeckt und dadurch wirkungslos ist. Der Ausbaumer hält das Achterliek auf Spannung und das Schothorn nach unten. Die Genuaschot darf nicht zu weit aufgefiert werden, und der Ausbaumer muss möglichst tief gefahren werden, da sonst der Wind das Schiff mehr zur Seite und nicht nach vorn zieht, was zu gefährlichem Rollen führt. Je stärker der Wind, desto dichter das Vorsegel und desto tiefer der Ausbaumer.

4.3.6 Großsegeltrimm

Zur Trimmkontrolle ist lediglich ein Trimmfaden am Ende der obersten Segellatte erforderlich.

❒ ***Großsegeltrimm auf Amwindkursen***

Zunächst wird der Unterliekstrecker so stark wie möglich durchgesetzt. Ist der Bauch des Segels zu weit achtern, wird das Fall oder der Vorliekstrecker mehr durchgesetzt. Der Traveller wird zunächst in Schiffsmitte gesetzt und die Schot dichtgeholt, bis die oberste Segellatte parallel zum Baum liegt.
Der Baum sollte jetzt mittschiffs sein, wenn nicht, den Traveller weiter nach Luv holen. Der Trimmfaden müsste so überwiegend waagerecht stehen und sonst in Lee des Großsegels. Am Ruder sollte eine leichte Luvgierigkeit zu spüren sein.

Sind die Segel richtig getrimmt (siehe oben), ist die Krängung aber zu stark (Leedeck unter Wasser), so ist die Segelfläche zu groß: Es muss gerefft werden.

Wenn das Schiff zu **stark luvgierig** ist, wird zunächst der Traveller nach Lee versetzt. Sollte das zu wenig Wirkung zeigen, wird die Großschot gefiert. Liegt danach die oberste Segellatte nicht mehr parallel zum Baum (der Trimmfaden steht aber waagerecht), ist das Segel zu weit geöffnet; es zieht zu stark. Das Großsegel muss noch flacher getrimmt werden (Unterliek, Vorliek). Das Groß kann nun wieder dichtergefahren werden, ohne Erhöhung der Luvgierigkeit. Eventuell können zusätzlich das Achterstag bzw. die Backstagen durchgesetzt werden.

Ist ständig ein Killen des Vorlieks zu bemerken, ist **zu viel Abwind im Großsegel**. Krängung und Ruderbalance stimmen meist ebenfalls nicht, das Schiff wird manchmal sogar leegierig. Um den Winddruck auf das Groß zu verringern, wird dieses flacher getrimmt (siehe oben). Anschließend muss zunächst das Vorsegel richtig eingestellt werden. Nützt ein (geringes) Auffieren der Fockschot noch nicht, wird der Holepunkt etwas nach achtern verlegt. Ist der Abwind im Groß noch immer zu stark, wird der Holepunkt (wenn möglich) weiter nach außen verlegt. Der Stand der Trimmfäden spielt dabei keine Rolle. Nützen alle diese Maßnahmen nichts, muss das Vorsegel gerefft werden.

Wird das Schiff **leegierig** (der Druck im Vorsegel ist im Verhältnis zum Großsegel zu stark), versetzt man den Traveller nach Luv. Ist dadurch die Leegierigkeit noch nicht behoben, muss die Großschot stärker durchgesetzt werden, allerdings nur so weit, dass die Luvgierigkeit nicht zunimmt (der Trimmfaden zeigt nach oben, das Achterliek ist zu sehr geschlossen, das Groß zu flach getrimmt). Abhilfe durch Nachlassen von Unterliekstrecker bzw. Cunningham-Strecker oder eingebundenes Reff ausschütten. Ist das Schiff danach immer noch leegierig, Druck im Vorsegel verringern (Holepunkt etwas nach achtern und dann nach außen verlegen, danach Vorsegel reffen).

❒ *Großsegeltrimm auf raumen Kursen*

Je weiter der Wind von achtern kommt, desto mehr wird die Großschot gefiert, desto bauchiger sollte das Segelprofil sein. Erreicht wird dies durch Nachlassen des Unterliekstreckers, etwa 15 cm mehr als auf Amwindkursen. Vorliekstrecker bzw. Großfall ebenfalls um einige Zentimeter gegenüber Amwindkursen auffieren.

Auf raumen Kursen wird üblicherweise ein Kurs nach Kompass gefahren, im Gegensatz zu Amwindkursen, bei denen nach dem Windeinfallswinkel gesteuert wird. Ist das Vorsegel richtig getrimmt, wird das Fall des Großsegels oder der Vorliekstrecker so weit gefiert, bis das Segel keine Falten mehr aufweist (auch der Unterliekstrecker kann etwas nachgelassen werden).

Nun wird der Traveller so weit nach Lee versetzt oder die Großschot gefiert, bis sich an der Vorderkante des Großsegels ein Gegenbauch bildet (durch den Abwind des Vorsegels). Zeigt sich dieser Gegenbauch bereits, bevor der Winkel des Großsegels zum Wind stimmt (die Krängung wird zu stark), muss der Holepunkt des Vorsegels weiter nach außen versetzt werden (siehe oben), erst dann kann weiter aufgefiert und damit die Krängung verringert werden. Nun wird der Baumniederholer so weit dichtgeholt, dass das Ende der obersten Segellatte beinahe parallel zum Baum steht (optimaler Twist). Ist so die Nock des Großbaumes zu tief, muss der Niederholer wieder etwas nachgelassen werden.

Kann unter Ausschöpfung aller Trimmmaßnahmen das Schiff nicht ausbalanciert werden, ist entweder das Vorsegel zu groß (erzeugt Leegierigkeit) oder das Großsegel (erzeugt Luvgierigkeit), und das entsprechende Segel muss gerefft werden.

Durch den Fahrtwind, der dem wahren Wind auf raumen Kursen immer mehr entgegenwirkt, besteht permanent die Gefahr des unbeabsichtigten (gefährlichen) Übergehens des Baumes. Um dies zu verhindern, wird der Baum mit einer **Bullentalje** (**Bullenstander**) gesichert. Dabei wird eine ausreichend dicke Leine im Schothorn eingepickt, möglichst weit vorn am Bug umgelenkt und zurück ins Cockpit geführt. Zum Setzen des Bullenstanders ist das Großsegel etwas zu fieren, die Bullentalje wird belegt und das Großsegel wieder dichtgeholt, damit der Bullenstander unter Zug steht.

❒ *Großsegeltrimm auf Kurs vor dem Wind*

Wie beim Vorsegel muss auch das Großsegel möglichst flach getrimmt werden (Fall bzw. Unterliekstrecker hart durchgesetzt), das Achterliek muss möglichst geschlossen sein. Schot nicht zu sehr auffieren (dämpft die Rollbewegung) und den Baumniederholer hart durchsetzen. Es kann auch helfen, das Vorliek etwas zu fieren. Zur Sicherung des Baumes wird der Bullenstander gefahren. Lässt sich das Schiff nur mehr schwer kontrollieren, nimmt die Rollbewegung zu, ist nötigenfalls bis auf halben Wind anzuluven. Dichtholen der Großschot und Fieren des Bullenstanders, wozu dieser ausreichend lang sein muss.

4.3.7 Falten im Groß oder Vorsegel

Faltenbildung in einem Segel ist zumeist ein Indikator für falschen Segeltrimm, richtigen Segelschnitt vorausgesetzt und wenn die Segel nicht überdehnt sind. Bei Rollreffanlagen ist in gerefftem Zustand eine Faltenbildung am Vorliek (oder Unterliek, wenn das Groß in den Baum gerollt wird) nicht zu verhindern:

Parallelfalten am Vorliek	⇨	das Vorliek ist zu stramm, öffnen
Diagonalfalten am Vorliek	⇨	Vorliek durchsetzen
senkrechte Falten am Unterliek	⇨	Vorliek öffnen
Längsfalten am Unterliek	⇨	das Vorliek ist zu stramm, öffnen

4.4 SEGELN BEI LEICHTEN WINDEN

Bei sehr wenig Wind ist ein gemäßigter Amwindkurs der günstigste, da bei achterlichen Winden der Fahrtwind dem wahren Wind entgegenwirkt und die Segel kaum mehr stehen. Der optimale Kurs liegt bei etwa 30° bis 40° zum scheinbaren Wind, damit noch Fahrt im Schiff bleibt. Die Segel sollten möglichst flach und mit viel Twist (Achterliek offen) getrimmt sein.

Am **Großsegel** wird der Unterliekstrecker durchgesetzt und, wenn möglich, die Mastbiegung durch Achterstag oder Backstagen vergrößert. Für den nötigen Twist ist jedenfalls der Baumniederholer zu lösen. Der Traveller sollte ganz nach Luv gestellt sein, damit der Zug der Großschot möglichst wenig nach unten wirkt. Der oberste Trimmfaden sollte nun waagerecht stehen. Wenn nicht, kann nur noch der Baum mit der Dirk etwas angehoben werden, um das Achterliek zu entlasten und dadurch zu öffnen.

Bis zu einer Windstärke von 3 Bft sollte das Fall unter keinen Umständen zu sehr durchgesetzt werden. Die Spannung am Unterliekstrecker kann schrittweise verringert werden. Bei etwa 3 Bft sollte der Unterliekstrecker so lose sein, dass das Ende der untersten Segellatte leicht nach Luv weist. Die Dirk wird wieder gefiert, der Baumniederholer bleibt gelöst, und der Traveller sollte bis etwa 3 Bft in Luv bleiben, ohne dass das Schiff luvgierig wird. Die Schot sollte so bedient werden, dass der Trimmfaden bei 2 Bft immer waagerecht steht; zwischen 2 und 3 Bft sollte er etwa 90 % waagerecht stehen. Bei 3 Bft wird die Großschot so weit dichtgeholt, dass der Trimmfaden, bei ruhiger See, die Hälfte der Zeit waagerecht steht; bei unruhiger See sollte er etwa zu 80 % waagerecht stehen.

Das **Vorsegel** bei leichten Winden zu trimmen, ist etwas einfacher, da kein Baumgewicht das Segel nach unten zieht. Der Holepunkt wird nach achtern gesetzt, dadurch der Zug der Schot auf das Unterliek erhöht und es stellt sich ein flacheres Profil ein. Schot nicht völlig dichtnehmen (Kurs 30° bis 40°), sondern etwas geöffnet halten. Das Fall nur so weit durchsetzen, bis die Fock keine Falten mehr aufweist. Bis zu etwa 2 Bft haben die Trimmfäden keine Aussagekraft. Ab etwa 2 Bft kann die Fock wieder nach den Trimmfäden getrimmt werden. Wichtig bei leichten Winden ist ein Holepunkt möglichst weit innen.

4.5 SPINNAKER

Der Spinnaker ist ein zusätzliches Vorsegel mit großer Fläche (etwa 150 % der Fläche Groß und Genua) aus leichtem Segeltuch. Der Spinnaker wird in einem Sack so verstaut, dass Schothorn, Hals und Kopf obenauf liegen.

4.5.1 Spinnakerformen

Der **Star-Cut-Spinnaker** ist etwas kleiner und flacher als ein normaler Spinnaker, daher gut geeignet für Amwindkurse und vor dem Wind als Starkwind bzw. Sturmspinnaker.

Als Allround-Spinnaker kann der **Radial- bzw. Triradial-Spinnaker** eingesetzt werden. Ein **Floater** oder **Ghoster** wird bei sehr schwachen Winden verwendet (leichtes Material, sehr groß, wenig belastbar). Der **Blister** oder Touren-Spinnaker ist ein asymmetrisch geschnittenes Segel als Mittelding zwischen Genua und Spinnaker (der Hals wird am Steven angeschlagen, Schotführung wie bei normalen Spinnakern). Eine weitere Variante ist die doppelte Genua, auch **Passatsegel** genannt, für vorwiegend raume Winde.

Zur Grundausrüstung gehören **Spinnakerbaum** mit Toppnant und Niederholer, zwei **Schoten** und das **Spinnakerfall**. Zum Versetzen des Holepunktes der Spischot dient ein **Barberholer**. Der Spinnakerbaum sitzt möglichst hoch am Mast (Mastschiene mit Schlitten oder Glockenbeschlag). Der Toppnant sitzt mittig des Spinnakerbaums und hält diesen waagerecht. Der Niederholer verhindert ein Steigen des Spibaums und wird zur Lastverteilung oft an einer Hahnepot gefahren. Toppnant und Niederholer werden am Mast, besser aber durch Umlenkblöcke ins Cockpit geführt, bedient.

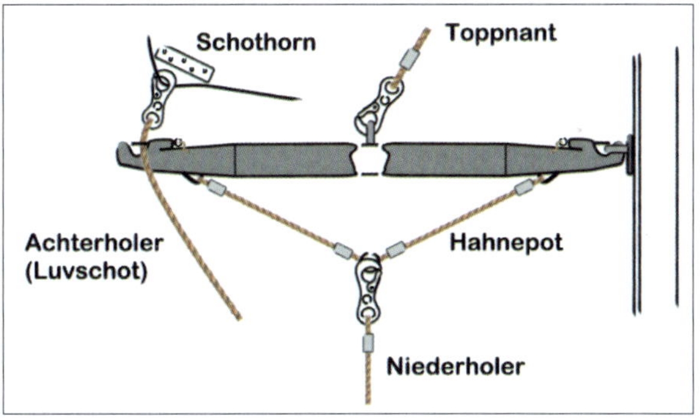

4.5.2 Spinnaker setzen

❐ ***Vorbereitung***

Der Spinnaker ist ordentlich verstaut, ohne Vertörnungen. Die Schoten werden außerhalb von Reling, Wanten und Vorstag ins Cockpit geführt. Der Spibaum sitzt hoch an der Mastschiene, Niederholer hat nicht zu viel Lose (Baum nach dem Heißen des Spinnakers waagerecht). Der Achterholer führt durch das äußere Baumende zum Hals (Öffnung des Beschlages zeigt nach oben). Der Toppnant ist angeschlagen und so weit geholt, dass der Baum am Vorstag anliegt. Spinnakerfall nicht vertörnt.

❒ ***Das Manöver***

Die Genua sollte stehen gelassen werden, um in deren Windschatten den Spinnaker zu heißen. Das Spifall muss blitzschnell hochgezogen werden, bevor sich der Spinnaker füllen kann. Der Achterholer (Luvschot) darf erst eingeholt werden, wenn der Spi vollständig hochgezogen worden ist. Die Leeschot (Spischot) kann während des Setzens dichtgeholt werden. Ist der Spinnaker ganz oben, wird der Baum waagerecht eingestellt. Der Rudergänger geht während des Setzens auf Vorwindkurs und nimmt erst wieder Kurs auf, wenn der Spinnaker getrimmt ist.

❒ ***Mögliche Probleme beim Setzen des Spinnakers:***

- Der Spinnaker vertörnt sich (Eieruhr) – nur an einem Liek ziehen, von dem man annimmt, dass sich der Spi so enttörnen lässt. Ansonsten Spinnaker bergen und das Manöver wiederholen.

- Der Spinnaker fällt ins Wasser, bevor er hochgezogen werden konnte, und wirkt dort als Treibanker – Großsegel dichtholen (oder bergen), der Achterholer wird über die Winsch gehalten und die Schot losgeworfen. Spifall so weit als möglich fieren, dann sollte der Spinnaker geborgen werden können. Auf keinen Fall Schot UND Achterholer loswerfen, da so die ganze Belastung am Masttopp wirkt.

- Der Spinnaker füllt sich, bevor er ganz hochgezogen werden konnte – Achterholer fieren, bis der Baum am Vorstag anliegt, Spinnakerschot schricken, bis der Wind aus dem Segel ist (das Schiff inzwischen auf Vorwindkurs bringen). Spifall nun vollständig durchsetzen.

- Der Spinnaker vertörnt sich um das Vorstag – dies ist meist nur durch Abschneiden zu beheben.

4.5.3 Spinnakersegeln

Nach dem Setzen des Spinnakers wird das Vorsegel geborgen. Der schnellste Kurs, besonders bei schwachen Winden, ist 10–15° zum Vorwindkurs. Ein Kurs von 55–60° scheinbarer Windeinfall ist möglich (Star-Cut-Spinnaker 40°). Der Spibaum muss waagerecht stehen. Windeinfallswinkel auf den Spinnaker 90°, daher Spibaum ca. 20° vorlicher als Großbaum einstellen. Holepunkt der Schot möglichst weit achtern (außer bei sehr viel Wind, den Holepunkt nach vorn verlegen, um ein Pendeln des Spinnakers zu verhindern).

Bei frischem Wind Spinnaker in Schiffsmitte, Achterholer reichlich Lose (Spibaum 45° nach vorn gerichtet), Holepunkt nach vorn verlegt.

Halsen unter Spinnaker erfordert eine gut aufeinander abgestimmte Crew. Bei leichtem Wind wird die Spischot nach dem Lösen des Baums vom Mastbeschlag einklinkt – der Spinnaker hängt damit am Achterholer und an der Spischot. Der Spibaum wird mit beiden Händen gehalten, das Großsegel wird dichtergeholt, der Rudergänger fällt ab, und das Großsegel geht über. Der „alte“ Achterholer wird ausgeklinkt und mit dem

Übergehen des Großsegels der Spibaum auf die neue Seite geschwungen und am Mastbeschlag angeschlagen. Anschließend werden Schot und Achterholer getrimmt.

Bei starkem Wind fällt der Rudergänger bis vor den Wind ab, der Achterholer wird gefiert, bis der Spibaum schräg nach vorn zeigt (beide Barberholer gekürzt). Den Spibaum ausklinken (Mastbeschlag und Schot) und sofort in den neuen Achterholer (= alte Schot) einklinken, wozu der Rudergänger weiter abfällt (ein Teil des Spinnakers ist so in Lee des Großsegels und damit entlastet). Der Spibaum wird jetzt im Mastbeschlag eingeklinkt, dann erst werden Schot, Achterholer und Barberholer getrimmt. Ist der Großbaum übergegangen, muss sofort Gegenruder gegeben werden.

4.5.4 Spinnaker bergen

Vor dem Bergen des Spinnakers wird das Vorsegel gesetzt (außer bei sehr schwachem Wind). Auf Vorwindkurs wird der Achterholer gefiert, bis der Baum am Vorstag anliegt. Eventuell auch den Toppnant fieren und den Niederholer durchsetzen, damit der Schnappschäkel am Achterholer erreicht werden kann. Fall klar zum Fieren. Achterholer wird gelöst (die Leine rauscht aus, der Spinnaker kann frei nach Lee auswehen). Fall wird gefiert, gleichzeitig wird der Spinnaker unter dem Großsegel ins Cockpit geholt, danach der Spibaum geborgen.

4.5.5 Spezielle Spinnakersysteme

Um den Achterholer von den Wanten freizuhalten, kann eine kurze Spiere mit einer Rolle außen und einer Einklinkvorrichtung innen eingesetzt werden. Der Achterholer „reitet" dann auf der Scheibe, darum auch **Jockey-Baum** (siehe Grafik).

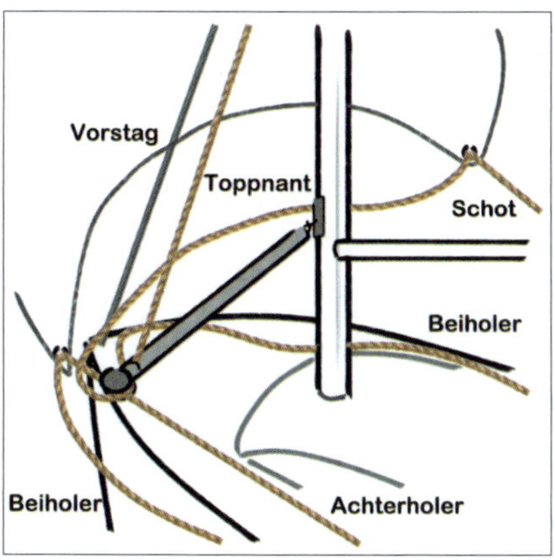

Eine andere Variante ist der **Quickjibe-Spibaum**, bei dem durch die Verwendung von zwei Beiholern ein Arbeiten am Vorschiff entfällt.

Der Vollständigkeit halber sei erwähnt, dass auf großen Schiffen mit je zwei Schoten und Achterholern gefahren wird, auf sehr großen Schiffen auch mit zwei Spinnakerbäumen.

Eine relativ einfache Möglichkeit, den Spinnaker zu setzen, ist ein sogenannter **Spinnakerschlauch**: Der Spinnaker steckt in einem Nylonsack, an dem unten ein Kunststofftrichter mit einer Endlosleine montiert ist. Zunächst wird der Spi in den Schlauch gezogen, der Spinnakerkopf am oberen Ende durchgesteckt, die Schothörner ragen aus dem Trichter. Schot und Achterholer werden angeschlagen, der Spibaum klargemacht und der Spischlauch mit dem Fall vorgeheißt. Mit der Endlosleine wird der Trichter nach oben gezogen, der Spinnaker bläst sich auf, und der Schlauch schiebt sich am

Masttopp zusammen. Zum Bergen wird der Vorgang umgekehrt (eventuell vorher Schot fieren, damit der Druck aus dem Segel genommen wird).

4.6 SEGELMANÖVER

4.6.1 Beidrehen, Beiliegen

Als **Beidrehen** bezeichnet man ein Manöver, um das Schiff unter Segel in relativ ruhiger Lage nahezu auf der Stelle zu halten, auch bei leichten Winden.

Unter **Beiliegen** versteht man das gleiche Manöver zum Abwettern eines Sturms unter Sturmfock und Trysegel.

❒ ***Das Manöver***

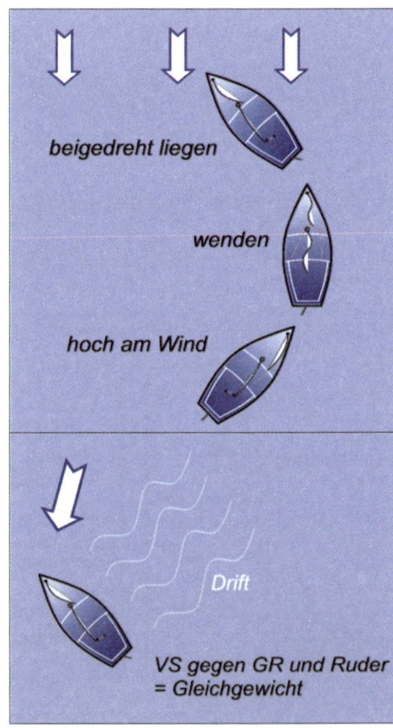

Vorsegel und Großsegel (meist) gerefft, hoch am Wind segeln (oder an den Wind gehen), wenden, aber ohne die Fockschot zu bedienen. Die Fock kommt back. Die Großschot wird mehr oder weniger gefiert, um den Druck des Vorsegels auszugleichen – das Vorsegel dreht den Bug nach Lee, das Groß dreht den Bug nach Luv. Ruder nach Luv legen und so festsetzen, dass das Schiff ruhig liegt.

Um auf demselben Bug zu bleiben, wird abgefallen, das Vorsegel back gesetzt und wieder angeluvt (sonst wie oben).

Das Schiff wird leicht anluven und wieder abfallen, eventuell auch geringe Fahrt voraus aufnehmen und mit 1 bis 3 kn leicht nach Lee abtreiben.

Langkieler werden besser beigedreht liegen bleiben. Kurzkieler sind kaum beizuliegen.

Beigedreht gegenan segeln

Liegt das Schiff beigedreht, wird die Genuaschot langsam gefiert, bis das Genuaschothorn mittschiffs liegt (beide Schoten belegt), das Großsegel wird für einen Kurs mit raum-vorlichem Wind eingestellt. Das Ruder mittschiffs stellen und fixieren. Das Schiff wird so mit wenig Fahrt gegenansegeln (bequemer als hart am Wind, kein Rudergänger erforderlich).

4.6.2 Wenden

Kursänderung des Schiffes mit dem Bug durch den Wind

❒ ***Vorbereitung***

Aus jedem Kurs zuerst auf einen Kurs am Wind gehen und Segel entsprechend einstellen. Dabei darauf achten, dass der Traveller in beide Richtungen fixiert ist.

Kommando: Klar zum Wenden!

Leeseitige Genuaschot zum Fieren vorbereiten (Belegung lösen, aber über die Winsch von Hand halten), Holepunkt in Luv einstellen, luvseitige Fockschot mit drei Törns über Winsch legen.

Rückmeldung: Fock ist klar!

❒ ***Das Manöver***

Kommando: Ree!

Der Rudergänger luvt an (nicht zu schnell, aber zügig), geht durch den Wind und fällt wieder auf Amwindkurs auf den neuen Bug ab (rechtzeitig mit dem Ruder aufkommen, um nicht zu viel Gegenruder legen zu müssen). Geht der Bug durch den Wind, wird die leeseitige Genuaschot losgeworfen *(Kommando: Über die Fock!),* die Genua kommt über und wird dabei mit der neuen leeseitigen Fockschot dichtgeholt. Das Groß kommt von selbst über.

Geht ein Schiff schwer durch den Wind, wird die leeseitige Genuaschot über die Winsch so lange gehalten, bis das Vorsegel back kommt. Dies unterstützt die Drehbewegung des Schiffes. Dann erst wird die Genuaschot in Lee losgeworfen (nicht zu spät, da das Schiff sonst zu viel Fahrt verliert) und die neue leeseitige Genuaschot dichtgeholt.

Wird die neue leeseitige Schot zu spät dichtgeholt, ist es einfacher, wieder etwas anzuluven und die Schot von Hand dichtzuholen, als gegen den Winddruck das Vorsegel über die Winsch dichtzuholen.

4.6.3 Halsen

Kursänderung des Schiffes mit dem Heck durch den Wind

❒ ***Vorbereitung***

Ausgangskurs: raumschots. Genuaschoten (neue leeseitige Schot über die Winsch führen), Großschot und Traveller besetzen.

Kommando: Klar zum Halsen! – Rückmeldung: Fockschot/Großschot ist klar!

❒ ***Das Manöver***

Mit dem *Kommando: Fier auf die Schoten!* legt der Steuermann das Ruder nach Lee und geht auf Vorwindkurs; die Schoten werden gefiert. Auf Vorwindkurs erfolgt das *Kommando: Hol dicht Großschot!* Diese wird schnell (am besten von Hand) und gleichmäßig dichtgeholt, bis der Baum mittschiffs steht. Auf das *Kommando: Rund achtern!* wird das Ruder etwas nach Lee gelegt, bis der Wind das Großsegel von der neuen Seite erfasst; gleichzeitig wird das Vorsegel auf die andere Seite genommen *(Kommando: Vorn über!).* Sofort, wenn der Baum beginnt überzugehen, muss der Rudergänger Gegenruder legen, um die Drehtendenz nach Luv aufzufangen. Die Großschot wird blitzschnell über Hand gefiert, bevor in die noch dichte Schot Zug kommt *(Kommando: Fier auf Großschot!).* Das Schiff ist so lange vor dem Wind zu halten, bis die Großschot auf dem neuen Bug bis in die Vor-Wind-Stellung gefiert ist. Erst danach wird das Schiff weiter nach der neuen Luvseite gedreht und unter Anholen der Großschot und Fockschot *(Kommando: Hol an die Schoten!)* auf den neuen Kurs gegangen.

Anmerkung: Unter Umständen kann statt der Halse eine sogenannte „Q-Wende" gefahren werden: Kursänderung mit dem Bug durch den Wind von Kurs Halbwind auf Kurs Halbwind.

4.7 *WIND, RICHTUNG, KURSE*

Als **Kurs vor dem Wind** oder **Vorwindkurs** wird ein Kurs mit einem Windeinfallswinkel des wahren Windes von etwa 180° bezeichnet. Der Fahrtwind wirkt gegen den wahren Wind. Das Schiff läuft dem wahren Wind sozusagen davon und kann keinesfalls die Windgeschwindigkeit erreichen. Zudem kommt es in Lee der Segel zu Verwirbelungen. Dieser Kurs ist daher nicht der schnellste. Durch den geringen Segeldruck muss das Vorsegel meist ausgebaumt werden, damit es nicht einfällt. Wegen der permanenten Gefahr einer Patenthalse ist eine erhöhte Aufmerksamkeit des Rudergängers erforderlich. Der Baum wird mit einem Bullenstander gegen unbeabsichtigtes Übergehen gesichert.

Als **raumer Kurs** wird jeder Kurs mit einem Windeinfallswinkel des wahren Windes von 90° bis < 180° bezeichnet. Dabei wird ein Kurs im rechten Winkel zum scheinbaren (nicht zum wahren) Wind als **Kurs halber Wind** oder **Halbwindkurs** bezeichnet (entspricht etwa 105° Windeinfallswinkel des wahren Windes). Bei diesem Kurs erreicht ein Schiff seine größte Fahrt. Die Fahrt auf **Kursen raumschots** nimmt kontinuierlich Richtung Vorwindkurs ab.

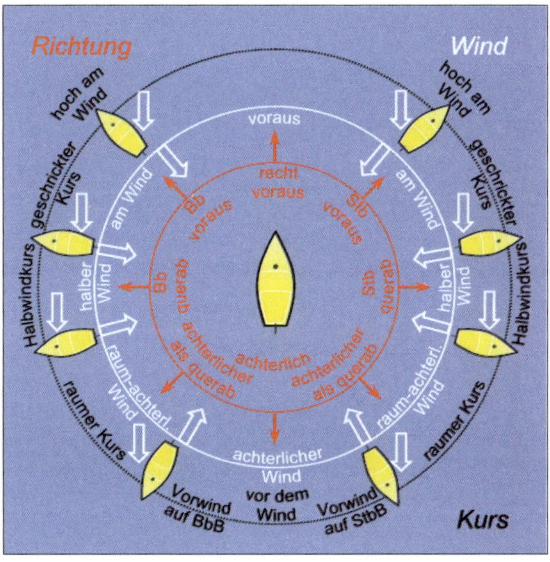

Als **Kurs am Wind** wird jeder Kurs mit einem Windeinfallswinkel des wahren Windes von < 90° bis etwa 40° bezeichnet. **Hoch am Wind** (hart am Wind) ist der Kurs mit dem geringst möglichen Windeinfallswinkel, bei dem gerade noch Vortrieb erzielt wird. Je nach Schiffskonstruktion, Rigg und Segelausstattung ist dies ein Windeinfallswinkel des wahren Windes von etwa 37°. Der Bereich von etwa ± 37° Windeinfallswinkel des wahren Windes kann direkt nicht erreicht werden, nur durch Aufkreuzen. Dabei ist zu berücksichtigen, dass die Abdrift mit kleiner werdendem Windeinfallswinkel immer größer wird; der Weg zum Ziel wird länger. Außerdem nimmt die Krängung zu (sollte < 25° sein), was die wirksame Segelfläche verringert; die Fahrt nimmt ab. Der schnellste Kurs zu einem Ziel in Luv ergibt sich daher bei einem Windeinfallswinkel von etwa 45°.

Bei optimalem Kurs (und Segeltrimm) ist das Schiff leicht luvgierig, das Ruder zeigt dann etwas nach Lee.

Durch gefühlvolles Anluven (beim Anstieg in der Welle) und wieder Abfallen (beim Abstieg von der Welle) wird das beim Anstieg verlorene Tempo ohne zu große Krängung wieder aufgeholt.

Der **wahre Wind** ist der (atmosphärische) Wind über Grund, erkennbar an Fahnen bzw. Rauchfahnen an Land. Der **scheinbare (relative) Wind** ist der am fahrenden Schiff feststellbare Wind, erkennbar am Windanzeiger (Verklicker) im Masttopp, Windfahnen oder Flaggen an Bord. Der scheinbare Wind ist die Resultierende aus Fahrtwind und wahrem Wind. Der Fahrtwind entsteht durch die Fahrt des Schiffes. Seine Richtung ist immer entgegengesetzt der Kursrichtung (über Grund), seine Stärke entspricht der Fahrt über Grund. Während auf Vorwindkursen der wahre Wind stärker ist als der scheinbare Wind, ist auf Kursen am Wind der scheinbare Wind stärker.

Wird von einem Halbwindkurs auf einen Kurs am Wind angeluvt, wird der scheinbare Wind stärker, **der Wind schralt** (fällt vorlicher ein). Beim Einfall einer Bö (der wahre Wind wird stärker) und gleichbleibendem Fahrtwind fällt der scheinbare Wind achterlicher ein, **der Wind raumt** (fällt achterlicher ein). Die Krängung erhöht sich, wodurch der Segeldruckpunkt nach der Seite auswandert und das Schiff nach Luv dreht.

5 *MANÖVER UNTER MASCHINE*

Das Verhalten eines Schiffes unter Motor muss unter allen Umständen schon zu Beginn des Törns auf See geübt werden und nicht erst beim ersten Anlegemanöver.

DER SCHRAUBENEFFEKT

Der Schraubeneffekt wirkt sich bei Vorausfahrt kaum aus. Bei Achterausfahrt, vor allem bei geringer Fahrt, ist der Schraubeneffekt jedoch die bestimmende Größe.

Ein rechtsgängiger, im Uhrzeigersinn drehender Propeller dreht in Vorausfahrt das Heck nach Steuerbord – in Achterausfahrt nach Backbord.

Ein linksgängiger, gegen den Uhrzeigersinn drehender Propeller dreht in Vorausfahrt das Heck nach Backbord – in Achterausfahrt nach Steuerbord.

5.1 *FAHRTMANÖVER*

5.1.1 *Vorausfahrt*

Damit das Schiff aus dem Stillstand exakt geradeaus fährt, ist dem Schraubeneffekt entgegenzuwirken, indem das Ruder leicht steuerbord (backbord) gelegt wird.

5.1.2 *Achterausfahrt*

Das Schiff fährt immer in die Richtung, in die das Ruder eingeschlagen ist *(auch in Achterausfahrt).*

Um das Schiff aus der Vorausfahrt abzustoppen, wird der Gashebel bis in den Leerlauf zurückgenommen und danach der Retourgang eingelegt. Die Fahrt durchs Wasser wird verlangsamt und schließlich abgestoppt.

Durch den Radeffekt beginnt das Schiff nach Steuerbord (Backbord) zu drehen, dem man durch Ruderlegen hart backbord (steuerbord) entgegenwirkt.

Besonders bei Achterausfahrt ist eine bestimmte Mindestgeschwindigkeit erforderlich, da bei zu geringer Fahrt der Radeffekt stärker wirkt als der Ruderausschlag.

Damit das Schiff in Achterausfahrt exakt geradeaus fährt, ist dem Radeffekt entgegenzuwirken, indem das Ruder wie in Vorausfahrt leicht steuerbord (backbord) gelegt wird. Bricht das Heck des Schiffes trotzdem nach Backbord (Steuerbord) aus, ist durch verstärktes Ruderlegen meist kein Erfolg zu erzielen. Es hilft dann nur mehr Ruder hart backbord (steuerbord) und gleichzeitig ein kurzer Vorwärtsschub, um das Schiff wieder auszurichten. Dann kann wieder Achterausfahrt mit leicht steuerbord (backbord) gelegtem Ruder aufgenommen werden.

Starker Wind gegenan richtet das Schiff bei Achterausfahrt gerade, weshalb nach Möglichkeit Anlegemanöver in Achterausfahrt gegen den Wind gefahren werden.

5.1.3 Umdrehen

Ist genügend Raum vorhanden, kann in Vorausfahrt umgedreht werden. Der Drehpunkt eines Schiffes liegt etwa in der Mitte, weshalb das Heck bei (engen) Kurven ausschert. Die Drehung gegen die Richtung des Radeffektes (rechtsgängiger Propeller – Richtung backbord) verringert dabei (unwesentlich) den Wendekreis. Der Schraubeneffekt unterstützt die Drehung.

Die folgenden Manöver sind, wenn nicht ausdrücklich auf anderes hingewiesen wird, für rechtsgängige Propeller beschrieben.

5.1.4 Drehen auf engstem Raum

Für eine Wende oder Drehung auf engstem Raum, ohne Fahrt voraus, wird der vor allem im Stillstand wirksame Schraubeneffekt genutzt.

Die Drehung wird durch Einlenken nach rechts, Ruder hart steuerbord, eingeleitet. Kommt das Schiff zum Stillstand wird der Retourgang eingelegt und ein Schub rückwärts gegeben – der Radeffekt unterstützt die Drehung nach Steuerbord. Bevor das Schiff Achterausfahrt aufnimmt, wird wieder ein kurzer Schub vorwärts gegeben. Diese wechselnden Gasschübe vorwärts/rückwärts werden fortgesetzt, bis das Schiff die Drehung vollendet hat. Das Ruder bleibt dabei immer hart steuerbord gelegt.

5.2 ANLEGEMANÖVER

5.2.1 Anlegen längsseits mit der Backbordseite

❐ **Vorbereitung**

Kommando: Klar zum Anlegen an Backbord! (Klar bei Leinen und Fender an Bb!)

Vorleine und Achterleine sind klarzuhalten, Vor- und Achterspring vorzubereiten. Zwei Fender am Vorschiff, zwei Fender mittschiffs und einen Fender am Heck ausbringen (auf die richtige Höhe achten). Ein Crewmitglied zum An-Land-Steigen bestimmen.

Rückmeldung: Leinen, Fender sind klar!

❐ **Das Manöver**

1 Langsam (< 1 kn), in einem Winkel von ca. 30° die vordere Hälfte des ausgewählten Liegeplatzes anfahren.

2 Bis auf 2 m an die Mole heranfahren; das Schiff sollte jetzt im Leerlauf kaum noch Fahrt machen.

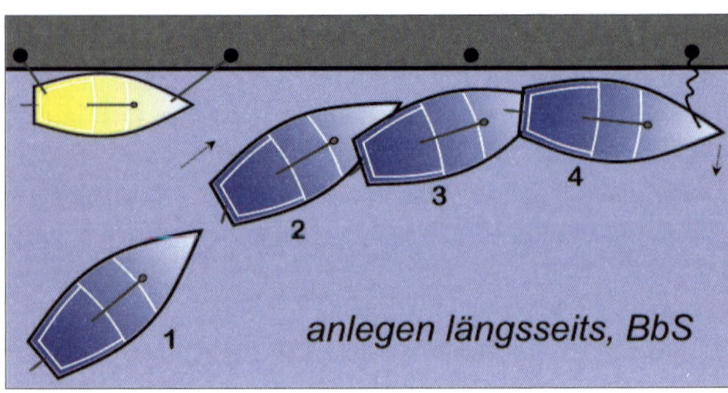

3 Hat der Bug die Mole nahezu erreicht, nach Steuerbord einlenken und gleichzeitig den Rückwärtsgang einlegen.

4 Das Schiff durch einen kurzen Schub retour abstoppen. Der Schraubeneffekt dreht das Schiff parallel zur Mole, Motor in den Leerlauf. Ein Mann steigt mittschiffs über. Auf das *Kommando: Leinen über!* zuerst Bugleine ausbringen und belegen, dann Heckleine, anschließend die Springs. Maschine aus.

Leinen werden immer nur an Bord durchgesetzt. Ist ausreichend Zeit zur Verfügung, werden die Leinen sofort auf Slip genommen. Ansonsten werden die Leinen zunächst an Land belegt und erst später eine Leine nach der anderen auf Slip genommen.

Weht **auflandiger Wind**, wird das Manöver langsamer und in einem etwas flacheren Winkel zur Mole gefahren. Die Drehbewegung muss früher eingeleitet werden. Da der Wind das Schiff ohnehin zur Mole versetzen wird, ist der Leerlauf früher einzulegen. Ein Springer sollte mit einem Kugelfender bereit sein. Auf das Heck ist besonders zu achten, da der auflandige Wind die eingeleitete Drehbewegung zusätzlich zum Schraubeneffekt beim Abstoppen verstärkt. Bei Starkwind sollte auf dieses Manöver überhaupt verzichtet werden.

Weht **ablandiger** Wind, wird das Manöver mit etwas mehr Fahrt gefahren und in einem steileren Winkel. Das Schiff wird erst sehr spät abgestoppt und das Ruder hart steuerbord gelegt. Die Bugleine wird als Erstes ausgebracht, dann die Heckleine. Beide Festmacher müssen raschest ausgebracht und belegt werden, damit das Schiff nicht wieder abtreibt.

Kommt der **Wind aus vorlicher Richtung**, so müssen unbedingt Vorleine und Achterspring als Erste ausgebracht und durchgesetzt werden, und zwar so schnell als möglich.

Weht **achterlicher Wind**, so sind dementsprechend zuerst Achterleine und Vorspring auszubringen und durchzusetzen.

❐ ***Alternative***

Wenn eine Annäherung in einem Winkel von 30° nicht möglich ist oder starker ablandiger Wind das Standardmanöver unmöglich macht, bleibt die Möglichkeit des Eindampfens in die Vorspring *(siehe 5.2.3).*

5.2.2 Anlegen längsseits mit der Steuerbordseite

❐ ***Vorbereitung***

Kommando: Klar zum Anlegen an Steuerbord! (Klar bei Leinen und Fender an Stb!)

Vorleine und Achterleine sind klarzuhalten, Vor- und Achterspring vorzubereiten. Fender auf der Steuerbordseite gleichmäßig verteilt ausbringen (auf die richtige Höhe achten). Ein Crewmitglied (mittschiffs oder am Heck) bestimmen, das an Land steigt.

Rückmeldung: Leinen, Fender sind klar!

❐ *Das Manöver*

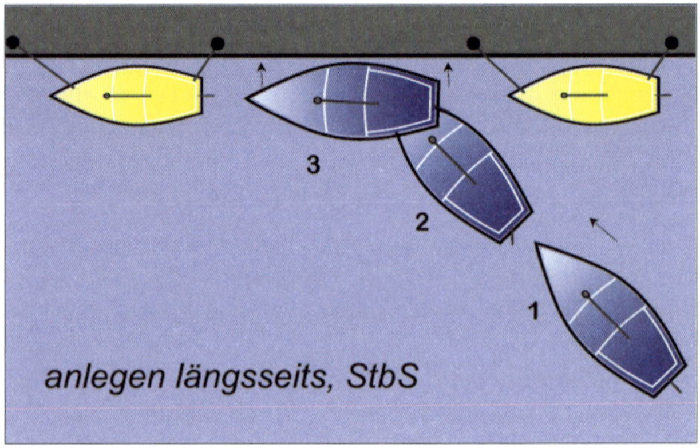

1 Mit noch geringerer Fahrt als beim Anlegen mit der Backbordseite (etwa 0,5 kn), aber noch in Ruderfahrt in einem Winkel von ca. 45° die Mitte des ausgewählten Liegeplatzes anfahren.

2 Leerlauf einlegen, und wenn das Schiff kaum noch Fahrt macht, hart nach Backbord einlenken.

3 Erst wenn das Schiff parallel zur Mole ist, den Rückwärtsgang einlegen. Das Schiff wird gänzlich abgestoppt, und der Radeffekt stoppt die eingeleitete Drehung nach Backbord. Maschine in den Leerlauf. Ein Crewmitglied steigt mitschiffs oder vom Heck über. Auf das *Kommando: Leinen über!* zuerst Bugleine ausbringen und belegen, dann Heckleine, anschließend die Springs. Motor aus.

Leinen werden immer nur an Bord durchgesetzt. Ist ausreichend Zeit zur Verfügung, werden die Leinen sofort auf Slip genommen. Ansonsten werden die Leinen zunächst an Land belegt und erst später eine Leine nach der anderen auf Slip genommen.

Weht **auflandiger Wind**, wird das Manöver langsamer und in einem etwas flacheren Winkel zur Mole gefahren. Die Drehbewegung muss früher eingeleitet werden. Da der Wind das Schiff ohnehin zur Mole versetzen wird, ist der Leerlauf früher einzulegen. Ein Springer sollte mit einem Kugelfender bereit sein. Auf das Heck ist besonders zu achten, da der auflandige Wind die eingeleitete Drehbewegung verstärkt (der Schraubeneffekt wirkt allerdings dagegen). Bei Starkwind sollte auf dieses Manöver überhaupt verzichtet werden.

Weht **ablandiger** Wind, wird das Manöver mit etwas mehr Fahrt gefahren und in einem steileren Winkel. Das Schiff wird erst sehr spät abgestoppt und das Ruder hart backbord gelegt. Die Bugleine wird als Erstes ausgebracht, dann die Heckleine. Beide Festmacher müssen raschest ausgebracht und belegt werden, damit das Schiff nicht wieder abtreibt.

Kommt der **Wind aus vorlicher Richtung**, müssen unbedingt Vorleine und Achterspring als Erste ausgebracht und durchgesetzt werden, und zwar so schnell als möglich.

Weht **achterlicher Wind**, so sind dementsprechend zuerst Achterleine und Vorspring auszubringen und durchzusetzen.

❐ ***Alternative***
Eindampfen in die Vorspring *(siehe 5.2.3)*.

5.2.3 Anlegen längsseits mit Eindampfen in die Vorspring

Bei stärkerem ablandigem Wind oder wenn wenig Platz an der Mole zur Verfügung steht, wird durch Eindampfen in die Vorspring (auf beiden Seiten möglich) angelegt.

❒ ***Vorbereitung***

Kommando: Klar zum Anlegen an Stb/Bb! (Klar bei Leinen und Fender an Stb/Bb!)

Vorspring klarhalten, Fender auf der Stb/Bb-Seite gleichmäßig verteilt ausbringen (auf die richtige Höhe achten). Ein Crewmitglied zum An-Land-Steigen (am Bug) bestimmen, ein Crewmitglied mit dem Kugelfender bereithalten.

Rückmeldung: Leinen, Fender sind klar!

❒ ***Das Manöver***

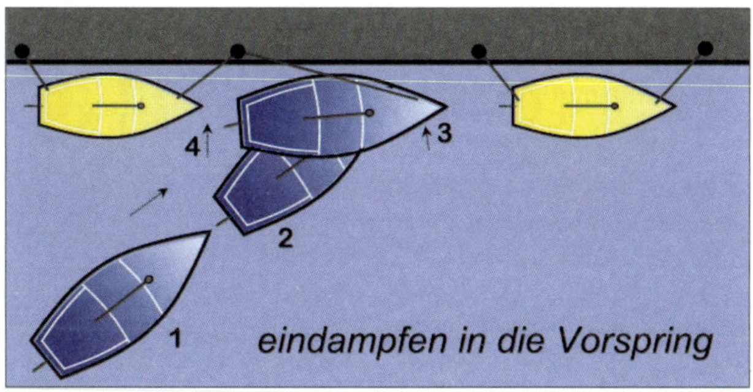

1 In langsamer Fahrt in einem Winkel von etwa 45° die Mitte des gewählten Liegeplatzes anfahren.

2 Kugelfender am Bug zum Abstoppen des Schiffes ausgebracht. Fahrt so einstellen, dass das Schiff an der Mole zum Stillstand kommt. Ruder mittschiffs.

3 Mit der Maschine das Schiff gegen die Mole halten. Ein Crewmitglied steigt am Bug über und belegt die Vorspring an Land.

4 Mit eingelegtem Gang und Ruder von der Mole weg dreht das Schiff in den Liegeplatz. Durch die Länge der Vorspring wird die endgültige Lage des Bugs fixiert. Dann können die anderen Festmacher (Achterspring zuerst) ausgebracht und belegt werden. Motor aus.

Anmerkung: Wesentlich für das Gelingen ist ein gut abgefedertes Vorschiff und ein rasches Belegen der Vorspring. Der Vorwärtsgang muss eingelegt bleiben, um die Spring auf Zug zu halten, bis das Schiff an der Mole fest ist. Um das Schiff Richtung achtern zu fixieren, ist als erste Leine nach der Vorspring eine Achterspring auszubringen und zu belegen.

5.2.4 Anlegen mit Muringleine, Heck zum Steg

Das Manöver wird auch „römisch katholisch" genannt. Der Anlegeplatz sollte so gewählt werden, dass er mit dem Heck gegen den Wind angefahren werden kann. Unter Beachtung des Radeffekts wird, je nach Anfahrrichtung, über den beabsichtigten Liegeplatz hinaus gefahren oder das Schiff vor Erreichen des Liegeplatzes gedreht.

❒ *Vorbereitung*

Kommando: Klar zum Anlegen über Heck!

Heckleinen klarhalten, beiderseits Fender ausbringen (auf die richtige Höhe achten), eventuell einen Kugelfender als Heckfender ausbringen, ein Crewmitglied zur Bedienung der Muringleine bestimmen (Arbeitshandschuhe, Bootshaken).

Rückmeldung: Leinen, Fender sind klar!

❒ *Das Manöver*

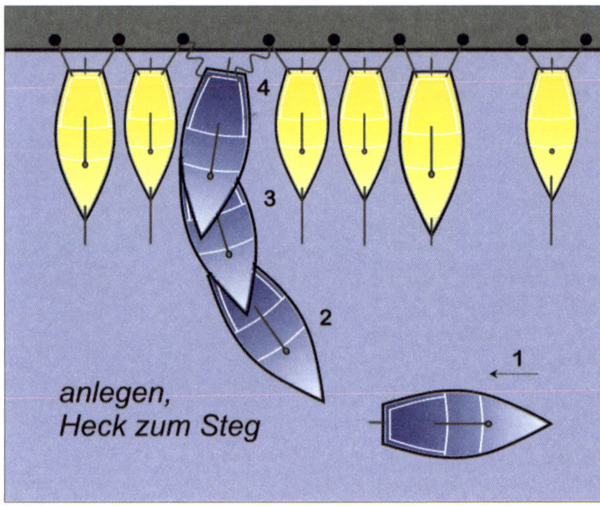

1 Das Schiff etwa eine Schiffslänge vor dem beabsichtigten Liegeplatz abstoppen oder drehen. Dabei auf ausreichend Abstand zu den anderen Schiffen und deren Muringleinen achten.

2 Ruder hart backbord, Rückwärtsgang einlegen, und das Schiff achteraus an die Mole steuern. Als Anhaltspunkt für die Achterausfahrt dient der Bug des Stb-Nachbarn.

3 Das Heck knapp an die Mole heranfahren. Tendiert das Heck Richtung Backbord, wird mit kurzem Vorwärtsschub und Backbordruder korrigiert.

4 Zuerst wird die (luvseitige) Heckleine ausgebracht und belegt. Mit Gas voraus kann das Schiff so 90° zur Mole gehalten werden. Dann wird die Muringleine mit dem Bootshaken aufgenommen, außenbords zum Bug geführt, an der Bugklampe belegt und straff durchgesetzt. Gleichzeitig oder anschließend wird die zweite (die leeseitige) Heckleine ausgebracht und durchgesetzt. Maschine aus.

Seitenwind parallel zum Steg:

Das Anlegen mit dem Heck zum Steg bei Seitenwind ist schwierig zu fahren. Der Schraubeneffekt spielt dabei nur mehr eine untergeordnete Rolle, entscheidend ist der Einfluss des Windes. Daher muss das Manöver unbedingt gegen den Wind eingeleitet werden, unabhängig davon, welche Seite vom Schraubeneffekt begünstigt wäre.

Ist der Liegeplatz breit genug, legt man am besten **neben dem leeseitigen Schiff** an: In Achterausfahrt wird das Manöver mit reichlich Fahrt gegen den Wind eingeleitet. Nötigenfalls wird schon außerhalb der Marina Schwung genommen. Etwa auf Höhe des beabsichtigten Anlegeplatzes schwenkt man zunächst auf den Bug des Luvnachbarn ein. Genügend Fahrt im Schiff halten. Erst unmittelbar vor dessen Bug wird in die eigentliche Lücke eingelenkt und Gas weggenommen. Der Retourgang bleibt eingelegt, bis das eigene Schiff etwa zur Hälfte vom luvseitigen abgedeckt ist, dann Gang heraus. Mit dem restlichen Schwung fährt das Schiff zunächst etwas schräg auf den Steg zu. Jetzt sollte in Lee ein eigener Mann mit einem Kugelfender bereitstehen, da das Schiff, vor allem der Bug, nach Lee abdriftet. Die luvseitige Heckleine wird ausgebracht und belegt. Da sich unser Schiff nun in Lee „anlehnen" kann (gut abfendern), bleibt genügend Zeit zur Bedienung der Muringleine.

Sinngemäß gleich, aber etwas schwieriger ist das Manöver zu fahren, wenn **neben dem luvseitigen Schiff** angelegt werden soll. Der Nachteil dabei: Die luvseitige Heckleine muss schnellstens ausgebracht und belegt werden, da sonst der Bug nicht gehalten werden kann. Ein Vorteil ist, dass man sich nicht am leeseitigen Schiff anlehnt. Der größere Spielraum zum leeseitigen Schiff ist nur scheinbar ein Vorteil, da ein Manövrieren in Achterausfahrt, wenn der Bug vom Wind erfasst wurde, ohnehin nicht möglich ist.

Läuft beim Manöver etwas schief, sollte man sofort abbrechen und neu anfahren, da ein Korrigieren kaum möglich ist. Im Zweifelsfall ist es immer noch besser, mit dem Bug anzulegen, als in einer fremden Muring zu hängen oder ein nebenliegendes Schiff zu beschädigen!

5.2.5 Anlegen mit dem Buganker

Das Manöver wird grundsätzlich gleichgefahren wie bei Vorhandensein einer Muringleine.

❒ *Vorbereitung*

Kommando: Klar zum Anlegen über Heck! (Klar bei Leinen und Fender!)

Zur Auswahl des beabsichtigten Anlegeplatzes soll nach Möglichkeit Kontakt zu den Liegeplatznachbarn aufgenommen werden, wenn die Position von deren Anker nicht klar erkennbar ist. Die Fender werden steuerbord und backbord ausgebracht (auf die richtige Höhe achten), ebenso ein Kugelfender am Heck. Beiderseits werden die Heckleinen vorbereitet (belegen und eigenes Crewmitglied bestimmen). Ein weiteres Crewmitglied wird für die Ankerbedienung bestimmt (Arbeitshandschuhe).

Rückmeldung: Leinen, Fender sind klar!

Kommando: Klarmachen zum Ankern!

Die Ankerwinsch ist einzuschalten und ggf. die Fernbedienung anzustecken. Der Anker wird klargemacht und vorsichtig außenbords, knapp über die Wasserlinie gehängt.

Rückmeldung: Anker ist klar!

❒ *Das Manöver*

Der Platz für das Fallenlassen des Ankers ist so zu wählen, dass die Kette im rechten Winkel zur Mole zu liegen kommt (bei Seitenwind eventuell etwas luvseitig versetzt), Entfernung zum Steg etwa zwei- bis dreifache Schiffslänge. Auf andere Ankerketten achten.

1 Das Schiff wird mit dem Heck in Richtung Anlegestelle gedreht. Wenn keine Fahrt mehr im Schiff ist, wird der Anker ausgebracht *(Kommando: Fallen Anker!).*

2 Achterausfahrt aufnehmen und die Kette dosiert nachstecken, ohne das Schiff in der Achterausfahrt zu behindern. Als Anhaltspunkt für die Achterausfahrt dient der Bug des Steuerbordnachbarn.

3 Einige Meter vor der Mole wird das Schiff – anhalten der Ankerwinsch – zum Eingraben des Ankers kurz aufgestoppt. Das Heck wird dann knapp an die Mole herangefahren. Tendiert das Heck Richtung Backbord, wird mit kurzem Vorwärtsschub und Backbordruder korrigiert, das Schiff wieder ausgerichtet. Die Heckleinen, die luvseitige zuerst, werden ausgebracht und belegt. Erst dann wird die Ankerkette dichtgeholt und maximal durchgesetzt. Hält der Anker, werden 1–2 m Kette nachgesteckt. Maschine aus.

Wichtig bei diesem Manöver ist eine gute Verständigung zwischen Rudergänger und Ankermann. Nötigenfalls ist ein drittes Crewmitglied in der Mitte des Schiffs als „Relaisstation" eingeteilt. Der Ankermann muss dabei laufend die Entfernung zur Mole abschätzen, um ausreichend, aber nicht zu viel Kette zu stecken.

Bei kleiner Mannschaft oder wenn sich der Skipper das Manöver nicht zutraut, kann auch mithilfe der Nachbarn (oder durch eigenes Übersteigen) eine Landleine ausgebracht werden, wenn sich das eigene Heck auf Höhe des Bugkorbs des Nachbarschiffes befindet. Das Schiff kann so relativ problemlos zur Mole verholt werden.

Macht die Achterausfahrt Probleme, ist es durchaus seemännisch, nach dem Ankermanöver mit dem Beiboot eine Landleine auszubringen und das Schiff über die luvseitige Schotwinsch in die Lücke zur Mole zu verholen. Jedenfalls zeigt ein solches Manöver mehr Verantwortungsbewusstsein und Seemannschaft als eine Kollision mit einem der Stegnachbarn.

5.2.6 Anlegen mit dem Heckanker

Sinngemäß wird das Manöver wie mit dem Buganker gefahren.

Das Manöver ist in der Adria eher nicht üblich, hat aber den Vorteil, dass es auch bei beengten Platzverhältnissen und Starkwind relativ sicher gefahren werden kann, da ein Schiff in Vorausfahrt viel leichter als achteraus manövriert werden kann. Der Skipper kann dabei Steuer und Motor, aber auch den Anker bedienen, es ist also auch bei kleiner Mannschaft geeignet. Nachteilig ist allerdings die Bedienung der Ankertrosse von Hand; eine Schotwinsch schafft Erleichterung.

Wenn der Zweitanker zu klein oder dessen Ankertrosse zu kurz ist, wird der Buganker umgewidmet: die Kette im Ankerkasten abschlagen, eine geeignete Trosse an das Kettenende anstecken, außenbords zum Heck führen und belegen. Der beabsichtigte Liegeplatz wird in Vorausfahrt angefahren, dabei fällt der Anker noch in Fahrt voraus. Nach dem Ausrauschen der vom Bug laufenden Kette fährt man das Manöver – jetzt mit Heckanker – wie gewohnt.

5.3 ABLEGEMANÖVER

5.3.1 Ablegen längsseits von der Backbordseite, voraus

Für dieses Manöver muss sehr viel Platz an der Mole zur Verfügung stehen. Die Gefahr, dass dabei das Heck an der Mole schrammt, ist groß, und bei auflandigem Wind ist das Manöver nicht möglich. Wenn überhaupt, sollte dieses Manöver nur bei ablandigem Wind gefahren werden.

❒ ***Vorbereitung***
Kommando: Klar zum Ablegen voraus!

Die Maschine wird gestartet, der Bootshaken klargemacht, zusätzlich wird ein Fender am Heck ausgebracht. Sämtliche Festmacher auf Slip.

Rückmeldung: ...Leine/ ...Spring ist klar!

❒ ***Das Manöver***
Kommandos: Los die Vorspring/Achterspring, Los die Vorleine, Vorschiff absetzen, Heckleine Lose geben, Heckleine los und ein!

Ist die Maschine warmgelaufen, werden alle Leinen bis auf die Heckleine (nicht belegt, sondern über Klampe gehalten) losgeworfen und rasch eingeholt.

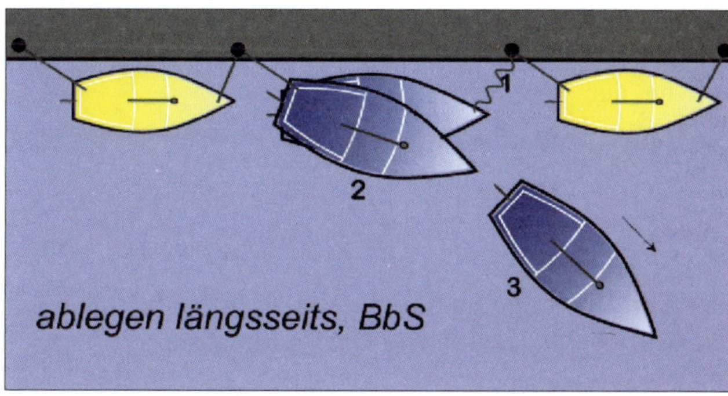

1 Der Bug wird kräftig vom Steg abgesetzt, Ruder geradeaus, Motor noch im Leerlauf.

2 Ragt der Bug weit genug vom Steg weg und aus der Lücke heraus, wird zunächst der Gang eingelegt und langsam Vorausfahrt aufgenommen. Ruder leicht steuerbord legen (Achtung, das Heck dreht etwas zum Steg). Der Heckleine wird dabei ausreichend Lose gegeben und schließlich wird sie eingeholt.

3 In langsamer Vorausfahrt kann aus der Lücke gefahren werden, wenn nach vorn genügend Platz ist.

5.3.2 Ablegen längsseits von der Backbordseite, achteraus

Die Möglichkeit, achteraus abzulegen, besteht nicht, da der Schraubeneffekt das Heck immer wieder an den Steg drücken würde (rechtsgängige Schraube). Auch permanentes Absetzen hilft nicht! Wenn der Raum nach vorn nicht ausreicht (bei achterlichem Wind ist noch mehr Raum nach vorn erforderlich), muss das Schiff am Steg gedreht oder an einen anderen Platz mit mehr Raum nach vorn verholt werden. Erfolgversprechender ist aber das Ablegemanöver durch Eindampfen in die Vorspring (*siehe 5.3.5*).

5.3.3 Ablegen längsseits von der Steuerbordseite, voraus

Grundsätzlich ist das Manöver so zu fahren wie beim Ablegen von der Backbordseite. Beim Aufnehmen der Vorausfahrt wird aber das Heck des Schiffs durch den Radeffekt stärker zum Steg gedrückt, weshalb dieses gut abgefendert werden muss. Am besten mit einem Kugelfender.

5.3.4 Ablegen längsseits von der Steuerbordseite, achteraus

❒ ***Vorbereitung***
Kommando: Klar zum Ablegen achteraus!

Die Maschine wird gestartet, der Bootshaken klargemacht, zusätzlich wird ein Fender am Bug ausgebracht. Sämtliche Festmacher sind auf Slip.

Rückmeldung: ...Leine/ ...Spring ist klar!

❒ ***Das Manöver***
Kommandos: Alle Leinen los und ein! Heck absetzen!

1 Ist die Maschine warmgelaufen, werden alle Leinen losgeworfen und eingeholt.

2 Das Heck wird kräftig von der Mole abgesetzt. Ein Crewmitglied fendert dabei den Bug ab, am besten mit einem Kugelfender.

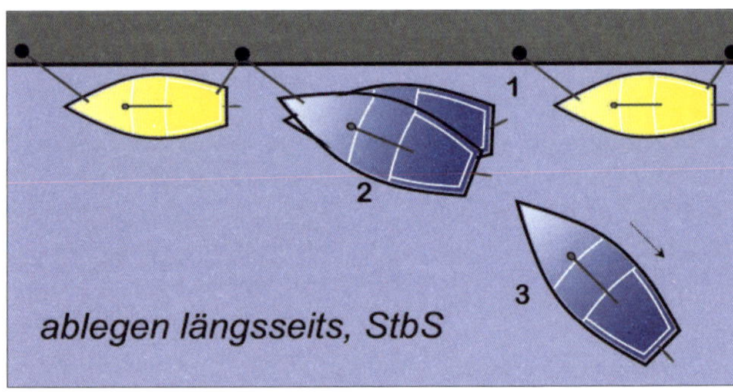

Das Absetzen kann durch einen kurzen Vorwärtsschub mit Steuerbordruder unterstützt werden. Motor wieder in den Leerlauf.

3 Ragt das Heck weit genug vom Steg weg und aus der Lücke heraus, wird langsam mit Ruder mitschiffs Achterausfahrt aufgenommen.

4 Wenn der Bug sicher frei ist, wird Ruder backbord gelegt.

5.3.5 Ablegen längsseits mit Eindampfen in die Vorspring

Dieses Manöver kann bei allen Windverhältnissen gefahren werden, auch bei beengten Platzverhältnissen. Es kann sowohl beim Ablegen von der Backbordseite als auch von der Steuerbordseite gefahren werden.

❒ ***Vorbereitung***
Kommando: Klar zum Ablegen mit Eindampfen in die Vorspring!

Alle Festmacher werden auf Slip genommen, das Vorschiff wird besonders gut abgefendert (eigenes Crewmitglied fendert mit, Kugelfender ab), Maschine starten.

Rückmeldung: ...Leine/...Spring ist klar!

❒ ***Das Manöver***
Kommando: Los die Achterleine/Achterspring! Los die Vorleine!

Maschine warmlaufen lassen. Dann alle Leinen bis auf die Vorspring (nicht belegt, sondern über Klampe gehalten) loswerfen und einholen.

1 Ein Crewmitglied am Bug zum Abfendern, ein Crewmitglied an der Vorspring.

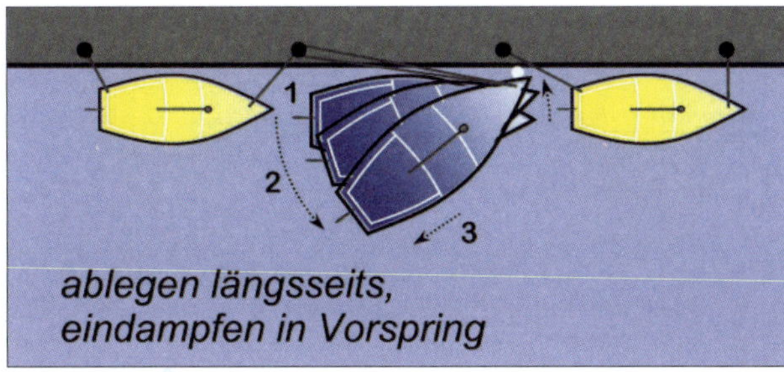

2 Vorwärtsgang einlegen, bis die Spring auf Zug ist; das Vorschiff drückt auf die Mole. Rudereinschlag zur Mole und Maschine langsam voraus.

3 Wenn das Schiff achtern frei ist, Maschine kurz in den Leerlauf, Ruder von der Mole weg legen und Fahrt achteraus aufnehmen, dabei der Vorspring ausreichend Lose geben und einholen *(Kommando: Los die Vorleine!)*

Anmerkung: Wesentlich für das Gelingen ist ein gut abgefendertes Vorschiff und der Angriffspunkt der Vorspring möglichst weit vorn (Drehpunkt). Die Vorspring muss reibungslos eingeholt werden können. Ehe beim Einholen nochmals Zug auf die Vorspring kommt, ist es besser, diese am Schiff loszuwerfen (und später zu holen).

5.3.6 Ablegen mit modifizierter Heckleine

Bei anstehendem Schwell oder wenn das Vorschiff nicht zuverlässig abgefendert werden kann, stellt dieses Manöver eine Alternative zum Eindampfen in die Vorspring dar. Es kann auch bei auflandigem Wind, sowohl beim Ablegen von der Backbordseite als auch von der Steuerbordseite, gefahren werden.

❒ ***Vorbereitung***
Kommando: Klar zum Ablegen!

Maschine warmlaufen lassen. Dann eine lange Heckleine von der seewärtigen Heckklampe auf Slip zur Mole ausbringen. Der Befestigungspunkt an der Mole sollte mindestens eine Schiffslänge hinter dem Heck liegen. Alle sonstigen Festmacherleinen loswerfen und einholen.

Rückmeldung: Leinen sind klar!

❒ ***Das Manöver***

1 Vorwärtsgang einlegen, Ruder mitschiffs bis Zug in die Heckleine kommt, dabei auf das Heck achten, das sich in der Anfangsphase des Manövers zur Mole bewegt.

2 Vorsichtig Ruder von der Mole weg legen und langsam Gas geben.

3 Das Schiff dreht an der Heckleine von der Mole weg.

4 Wenn der Winkel zur Mole mindestens 45° beträgt, Heckleine loswerfen und einholen, dabei Fahrt voraus aufnehmen.

5.3.7 Ablegen unter Muringleine

❒ ***Vorbereitung***
Kommando: Klar zum Ablegen! (Klar bei Heckleine/Muringleine!)

Landanschluss und Gangway einholen. Ein Crewmitglied an der Muringleine, ein (zwei) Crewmitglied(er) an den auf Slip genommenen Heckleinen.

Kommando: Heckleine/Muringleine ist klar!

❒ ***Das Manöver***

1 Motor starten und warmlaufen lassen. Leerlauf. Ruder geradeaus.

2 Klampenschlag an der Muringleine lösen, aber einmal um die Bugklampe laufend unter Zug halten. *Kommando: Los die Bb/Stb-Heckleine!*

3 Die leeseitige Heckleine loswerfen und einholen (weht der Wind von achtern oder gar nicht, können beide Heckleinen gleichzeitig losgeworfen und eingeholt werden).

4 Luvseitige Heckleine Lose geben (wird das Schiff zu sehr nach Lee abgetrieben, mit der Heckleine kurz aufstoppen, das Schiff wird wieder ausgerichtet). Der Zug der Muring zieht das Schiff aus der Lücke.

5 Zweite Heckleine loswerfen und einholen. *Kommando: Los die Muringleine!* Muringleine loswerfen. Erst wenn die Muringleine abgesunken ist, Vorwärtsgang einlegen und unter langsamer Fahrt aus der Lücke steuern. Drehung erst einleiten, wenn das Heck von anderen Schiffen (und deren Muringleinen) frei ist.

Bei starkem Seitenwind oder Wind von vorn muss die Vorwärtsbewegung durch den Zug der Muringleine mit der Maschine – Vorwärtsgang einlegen, eventuell etwas Gas – unterstützt werden (auf die Muringleine achten). Die luvseitige, auf Slip genommene Heckleine hält das Schiff durch kurzzeitiges Aufstoppen auf Linie.

5.3.8 Ablegen unter Buganker

Das Manöver wird sinngemäß wie beim Ablegen unter Muringleine gefahren.

❒ ***Vorbereitung***
Kommando: Klar zum Ablegen! (Klar bei Heckleine(n) und Anker!)

Landanschluss und Gangway einholen. Ein Crewmitglied zum Anker, Ankerwinsch einschalten und ggf. Fernbedienung anstecken, ein (zwei) Crewmitglied(er) an den auf Slip genommenen Heckleinen.

Rückmeldung: Heckleine(n) ist (sind) klar! Klar bei Anker!

❐ ***Das Manöver***

1 Maschine starten und warmlaufen lassen. Leerlauf. Ruder geradeaus.

2 *Kommando: Los die Heckleine an Stb/Bb!* Leeseitige Heckleine loswerfen und einholen (weht der Wind von achtern oder gar nicht, können beide Heckleinen gleichzeitig losgeworfen und eingeholt werden).

3 Luvseitige Heckleine Lose geben (wird das Schiff zu sehr nach Lee abgetrieben, mit der Heckleine kurz aufstoppen, das Schiff wird wieder ausgerichtet). Der Zug des Ankers zieht das Schiff von der Mole weg.

4 *Kommando: Anker kurzstag holen!* Anker lichten! Zweite Heckleine loswerfen und einholen. *Kommando: Anker lichten!* Ankerwinsch ggf. durch eingelegten Vorwärtsgang unterstützen. Ist der Anker frei *(Rückmeldung: Anker ist los/aus dem Wasser!)*, wird dieser an Bord geholt. Langsame Fahrt voraus.

Wenn beim Ankeraufgehen der eigene Anker in einer fremden Kette (Trosse) hängt, ist vor allem bei Wind rasches Handeln erforderlich, da das Schiff nun nahezu manövrierunfähig ist und die Gefahr besteht, dass der fremde Anker zu schlieren beginnt. Die fremde Ankerkette wird vom eigenen Schiff aus, nötigenfalls vom Beiboot aus, mit einer Leine unterfangen, um den Zug aus der eigenen Ankerkette zu nehmen. Der Anker wird klariert und die fremde Ankerkette losgelassen.

Wenn über der eigenen Ankerkette jene des Nachbarschiffs liegt, kann man nur versuchen, die fremde Trosse mit dem Bootshaken zu erreichen und mit einer Leine vorläufig am eigenen Boot zu sichern. Danach muss die eigene Kette abgeschlagen und über der fremden Trosse wieder angeschlagen werden.

5.4 MOTORMANÖVER MIT DEM KATAMARAN

Über die Segeleigenschaften von Multihulls rümpft so mancher traditionelle Segler zu Unrecht die Nase. Unbestritten ist der Katamaran nicht so hoch am Wind zu segeln wie ein Monohull, dafür aber ohne merkliche Krängung und mit höherer Geschwindigkeit. Die höhere Abdrift wirkt sich vor allem bei Amwindkursen aus.

Unter Motor, vor allem bei Anlegemanövern, ist der Katamaran leichter zu manövrieren als ein Einrumpfschiff. Die wechselseitige Wirkung der beiden Schrauben – eine Schraube in Vorwärtsrichtung, die andere rückwärts – ermöglicht einen engen Wendekreis. Unterschiedliche Drehzahlen sorgen für präzise Richtungsänderungen, auch in Achterausfahrt. Schraubeneffekt und Ruderlage spielen dabei eine untergeordnete Rolle. Die Drehtendenz des Katamarans geht immer in Richtung der rückwärts oder mit geringerer Drehzahl laufenden Schraube. Daraus ergeben sich auch die Aspekte bei Anlegemanövern: Auf die Ruderlage wird wenig geachtet, manövriert wird mit den beiden Schrauben.

Bei Seitenwind ist zu beachten, dass der Katamaran durch seinen hohen Aufbau dem Wind sehr viel Angriffsfläche bietet.

6 WETTER

Das Wetter ist der Zustand der die Erde umgebenden Lufthülle, also die Summe aller Wettererscheinungen wie Wind, Wolken, Nebel, Dunst, Niederschlag, Gewitter usw. Soweit nicht ausdrücklich darauf hingewiesen, gelten alle Regeln, Werte usw. für die gemäßigten, nördlichen Breiten.

6.1 URSACHEN UND GRUNDLAGEN

6.1.1 Ursachen für das Wetter

Die Erdoberfläche und damit die unterste Schicht der Lufthülle der Erde werden unterschiedlich erwärmt. Ursachen dafür sind der unterschiedliche Einstrahlwinkel der Sonne in verschiedenen geografischen Breiten durch die Jahreszeiten, unterschiedliche Reflexion und spezifische Wärme von Land- und Seemassen, Oberflächenstruktur und Abschattung durch Wolken bzw. in der Nacht.

Die Jahreszeiten entstehen durch die Neigung der Erdachse zur Umlaufbahn um die Sonne. Dadurch ändert sich der Einfallswinkel der Sonnenstrahlen im Jahresablauf und verursacht eine unterschiedliche Erwärmung der Erdoberfläche. Es entstehen Luftmassen mit unterschiedlichen Eigenschaften hinsichtlich Temperatur, Dichte und Feuchtigkeitsgehalt, die – in ihrem Bestreben sich auszugleichen – wetteraktiv werden.

6.1.2 Grundlagen

❒ Die Atmosphäre

Die Lufthülle, die unsere Erde umgibt, wird Atmosphäre genannt. Sie besteht aus mehreren Schichten; alle für uns wesentlichen Wettervorgänge spielen sich in der untersten Schicht, der **Troposphäre**, ab. Sie ist an den Polen nur 8 bis 10 km, in den Tropen 16 bis 17 km und in den gemäßigten Breiten (bei uns) 10 bis 12 km hoch.

❒ Luftmassen

Als Luftmasse wird eine (große) Menge Luft bezeichnet, die hinsichtlich ihrer wesentlichen Eigenschaften (Temperatur, Feuchte, Staubgehalt, Schichtung etc.) weitgehend einheitlich ist. Sie werden nach ihrer Herkunft oder nach ihren Eigenschaften benannt: kontinental (trocken), maritim (feucht), arktisch (extrem kalt), polar (zwischen arktisch und tropisch). Kalte Luftmassen haben eine höhere Dichte als warme Luftmassen und bewegen sich am Boden schneller als warme Luft.

Druck, Temperatur und Dichte eines Gases (Luft ist ein Gas) hängen nach einem physikalischen Gesetz zusammen: Erhöht sich die Temperatur einer Luftmasse, nimmt das Volumen zu und die Dichte entsprechend ab.

❐ *Luftfeuchtigkeit*

Eine weitere wesentliche Zustandsgröße ist der Feuchtigkeitsgehalt von Luftmassen, der in der Luft gelöste Wasserdampf. Je wärmer eine Luftmasse ist, desto mehr Wasserdampf kann diese aufnehmen. Wird noch mehr Wasserdampf in die Luft eingebracht, fällt dieser als Wasser aus, er kondensiert. Dieser maximale Wert wird als **Sättigungsfeuchte** bezeichnet und hängt von der Temperatur der Luft ab.

Interessanter als der absolute Gehalt an Feuchtigkeit in der Luft ist die **relative Luftfeuchte**. Diese stellt das Verhältnis der absoluten Luftfeuchte zur Sättigungsfeuchte in Prozent dar. Eine relative Luftfeuchtigkeit von 60 % bedeutet also, dass in der Luft 60 % des maximal möglichen Wasserdampfgehalts bei dieser Temperatur enthalten sind.

Verringert sich die Temperatur einer Luftmasse, nimmt deren relative Feuchte zu, weil die Sättigungsfeuchte geringer wird. Eine relative Luftfeuchte von 60 % bei einer Temperatur von 30 °C würde z. B. eine relative Feuchte von 87 % bei 20 °C bedeuten. Bei weiterer Abkühlung wird die Sättigungsfeuchte (= 100 % relative Feuchte), der Taupunkt, erreicht; es kommt zur Kondensation (Nebel- oder Wolkenbildung).

Gemessen wird die relative Luftfeuchte mit einem Hygrometer.

❐ *Lufttemperatur*

Die Temperatur wird in unterschiedlichen Einheiten bzw. Skalen gemessen: Die **Celsius-Skala** geht von einem Gefrierpunkt des Wassers von 0 °C aus und einem Siedepunkt von 100 °C (Unterteilung also 100 °C). In der **Fahrenheit-Skala** liegt der Gefrierpunkt bei 32 °F, der Siedepunkt bei 212 °F (Unterteilung also 180 °F). Daraus ergibt sich die Umrechnung wie folgt:

$$(temp)°F = (temp)°C \times \frac{9}{5} + 32 \qquad (temp)°C = [(temp)°F - 32] \times \frac{5}{9}$$

❐ *Luftdruck*

Der Luftdruck entsteht durch das Gewicht der Luft über jedem Ort der Erde. Der „Normalluftdruck" beträgt 1013,2 hPa = 1013,2 mbar. Mit zunehmender Höhe nimmt das Gewicht der darüberliegenden Luftsäule ab, der Luftdruck wird geringer. In Bodennähe nimmt der Druck durchschnittlich auf 8 m Höhe um etwa 1 hPa ab.

Gemessen wird der Luftdruck mit einem Barometer, der den augenblicklichen Wert des Luftdrucks anzeigt, oder mit einem Barograf, der die Druckveränderung über einen gewissen Zeitraum grafisch darstellt, oder einem Baroscope mit elektronischer Verlaufsdarstellung. Da für die Wetterbeurteilung nicht so sehr der absolute Luftdruck, sondern vielmehr die Änderung des Luftdrucks entscheidend ist, sind Barograf oder Baroscope besser für die Wettervorhersage geeignet als ein Barometer.

Luftdruckunterschiede in horizontaler Richtung werden als horizontaler **Druckgradient** bezeichnet.

Die Veränderung des Luftdrucks ist ein wesentlicher Indikator zur Wettervorhersage, wobei es durch die im normalen Tagesgang unterschiedliche Sonneneinstrahlung in den Tropen zu einer Schwankung des Luftdrucks von 3 bis 4 hPa mit halbtägiger Periode kommt, die noch nicht auf eine Wetteränderung hinweist. Der Wert nimmt mit zunehmender Breite ab; in unserer Breite beträgt er nur mehr etwa 1 hPa. Ein Maximum des Luftdrucks tritt gegen 1000 und 2200 auf, ein Minimum gegen 0400 und 1600.

6.2 WIND

6.2.1 Windtabelle

Bft	*v (kn)*	*v (m/s)*	*Bezeichnung*	*Auswirkungen*
0	0 – 1	0 – 0,2	Stille	spiegelglatte See, keine Wellen
1	1 – 3	0,3 – 1,5	leiser Zug	kleine Kräuselwellen
2	4 – 6	1,6 – 3,3	leichte Brise	kurze Wellen, vereinzelt Schaumköpfe
3	7 – 10	3,4 – 5,4	schwache Brise	längere Wellen, mehr Schaumköpfe
4	11 – 16	5,5 – 7,9	mäßige Brise	viele Schaumkämme, erste Gischt
5	17 – 21	8,0 – 10,7	frische Brise	große Wellen, Gischt, Schaumkämme brechen
6	22 – 27	10,8 – 13,8	starker Wind	See türmt sich, Schaumstreifen
7	28 – 33	13,9 – 17,1	steifer Wind	lange Wellenkämme, Gischt weht ab
8	34 – 40	17,2 – 20,7	stürmischer Wind	hohe Wellenberge, schlechte Sicht
9	41 – 47	20,8 – 24,4	Sturm	schwere Brecher, See rollt schwer
10	48 – 55	24,5 – 28,4	schwerer Sturm	See weiß durch Schaum
11	56 – 63	28,5 – 32,6	orkanartiger Sturm	sehr hohe Wellenberge, sehr schlechte Sicht
12	> 63	> 32,7	Orkan	totales Chaos

Die Windstärke wird in Bft angegeben, die Windgeschwindigkeit in kn, km/h oder m/s:

1 kn ≈ 0,5 m/s ≈ 2 km/h – 10 % ***1 m/s ≈ 4 km/h – 10 % ≈ 2 kn***

6.2.2 Lokale Winde

Neben dem **Fallwind** und den verstärkten lokalen Winden durch den **Kap- oder Düseneffekt** sind vor allem die **thermischen Ausgleichswinde** wie der Land- oder Seewind für den Segler von Bedeutung. Diese entstehen durch Druckausgleich auf kleinem Raum. Die Winde wehen direkt vom hohen zum niedrigen Druck.

❐ *Fallwind*

Fallwinde entstehen an der Leeseite von Bergen oder Gebirgen. Die Luft wird über den Bergkamm gedrückt und fällt meist böenartig den Bergrücken herunter. Es kommt dabei zur Erwärmung der Luft. Die Leeseite höherer Inseln bietet daher nur bedingt Schutz vor heftigem Wind. Je nach Formation der Gebirge können die Windstärken in Lee sogar größer als auf freier See sein.

❐ *Kap- und Düseneffekt*

An (hohen) Kaps kann sich die Windgeschwindigkeit beträchtlich erhöhen; man spricht vom Kapeffekt. An der Luvseite eines Kaps (in Küstennähe) ergibt sich eine leichte Beruhigungszone, der Landschutz ist in Lee aber besser. Auf der Höhe des Kaps (der Huk) kann sich der Wind um bis zu 3 Bft verstärken. Meerengen wirken praktisch wie zwei Kaps (also doppelt) – Düseneffekt.

❐ *Seewind*

Der Seewind entsteht durch die raschere Erwärmung des Landes gegenüber dem Meer. Die Luftmassen steigen über dem Land auf (Hitzetief), kühlen ab und sinken über dem Meer wieder herab. Der so entstehende Seewind weht vom Meer zum Land. Er beginnt etwa zwei bis vier Stunden nach Sonnenaufgang, Höhepunkt ist der Nachmittag. Die Reichweite des Seewindes beträgt bis zu 10 bis 15 sm vor die Küste. Er erreicht eine Stärke bis zu 5 Bft, je nach Temperaturunterschied zwischen Land und See. Der Seewind am Tage ist wesentlich stärker als der Landwind bei Nacht.

❐ *Landwind*

Der Landwind entsteht durch die raschere Abkühlung des Landes gegenüber der See. Er beginnt etwa zwei bis drei Stunden nach Sonnenuntergang und erreicht seinen Höhepunkt zwischen 0200 und 0300. Seine Reichweite beträgt etwa 2 bis 7 sm vor die Küste mit einer Windstärke von 1 bis 3 Bft.

6.2.3 Gradientwind und Bodenwind

Bei großräumigen Druckdifferenzen wehen die Winde über lange Zeit und große Strecken; hier kommen zum Druckgefälle noch weitere Kräfte hinzu, die die Windrichtung beeinflussen: Die Erdumdrehung (Corioliskraft) und Zentrifugalkräfte lenken den Wind so ab, dass er parallel zu den Isobaren weht. Der so durch die Luftdruckunterschiede entstehende Wind wird als **Gradientwind** bezeichnet.

Der für uns maßgebliche **Bodenwind** wird noch zusätzlich durch seine Reibung an der Erdoberfläche abgelenkt. Die Richtung des Bodenwindes (auf See) ergibt sich daher in einem Winkel von etwa 15° zu den Isobaren, zum tieferen Druck hin gerichtet. Die Windstärke ist umgekehrt proportional zum Abstand der Isobaren.

❐ *Änderung des Luftdrucks*

Ein rasches Fallen des Luftdrucks deutet auf eine rasche Wetterveränderung (Starkwind- oder Sturmgefahr) hin. Ein rasches Ansteigen deutet ebenfalls auf eine (rasche) Wetteränderung hin, meist nur eine vorübergehende Wetterbesserung.

Aus diesem Zusammenhang kann der zu erwartende Bodenwind für die gemäßigten Breiten (etwa 45° N/S) nach der folgenden Tabelle grob eingeschätzt werden.

Zu erwartende Windstärke nach Druckabfall:	
Druckabfall Δp (innerhalb 3 Stunden) in hPa	(erwartete) Windstärke in Bft
3 hPa	8 Bft
5 hPa	9 Bft (Sturm)
10 hPa	11–12 Bft (orkanartiger Sturm, Orkan)

❐ *Isobarenabstand*

Die Darstellung des Luftdrucks in Wetterkarten erfolgt mittels Isobaren (= Linien gleichen Luftdrucks). Ein geringer Isobarenabstand bedeutet einen hohen Druckunterschied (großer horizontaler Druckgradient). Da der Wind eine Auswirkung des Luftdruckunterschiedes ist, kann man aus dem Verlauf der Isobaren auf die Windrichtung und die Windstärke schließen.

Grundsätzlich gilt: Je enger die Isobaren, desto stärker der Wind.

Für die Ermittlung der Stärke des Bodenwindes aus dem Abstand der Isobaren in Wetterkarten sind in verschiedenen nautischen Unterlagen – z. B. im nautischen Funkdienst, Band III – entsprechende Tabellen abgebildet.

Nachstehende Tabelle ist wie folgt anzuwenden: Zunächst wird der eigene Standort in der Wetterkarte markiert. Dann wird mit dem Zirkel der Radius R in Grad *(1° entspricht 60 sm, ∞ = gerader Abschnitt der Isobare)* des diesem Standort nächstgelegenen Abschnitts der Isobare eingeschätzt. Der Abstand d (sm) der beiden maßgeblichen Isobaren (zwischen denen der Standort liegt) wird gemessen. Die Tabelle ist für einen Unterschied des Luftdrucks von 10 mbar aufgebaut *(Anmerkung: In Wetterkarten beträgt die Druckdifferenz der einzelnen gezeichneten Isobaren üblicherweise 5 oder 10 mbar)*. Entsprechend dem Isobarenradius R (sm) und dem Isobarenabstand d (sm) am Standort erhält man in der Spalte der Breite φ die zu erwartende Windstärke des Bodenwindes in Bft auf der geografischen Breite des Standorts.

Die Richtung des Bodenwindes auf See ergibt sich aus der ersten Windregel *(siehe nächste Seite)*.

	Windstärke des Bodenwindes aus Wetterkarten in Bft						
	Breite φ / Abstand (sm)	90°	60°	40°	30°	20°	10°
Isobaren-radius $R = \infty$	1	12	12	12	12	12	12
	2	8	8	10	12	12	12
	4	5	5	6	8	10	12
	8	3	3	4	5	6	10
	15	3	3	3	3	4	6
Isobaren-radius $R = 20°$	1	11	12	12	12	12	12
	2	7	8	10	11	12	12
	4	5	5	6	7	8	11
	8	3	3	4	5	6	8
	15	3	3	3	3	4	5
Isobaren-radius $R = 5°$	1	10	10	11	11	12	12
	2	7	7	8	9	9	10
	4	4	5	5	6	7	8
	8	3	3	4	4	5	5
	15	3	3	3	3	3	4
Isobaren-radius $R = 1°$	1	7	7	7	8	8	8
	2	5	5	6	6	6	6
	4	4	4	4	4	5	5
	8	3	3	3	3	4	4
	15	2	2	2	3	3	3

❐ *Windrichtungsänderungen*

Änderungen der Windrichtung im Uhrzeigersinn werden als **rechtsdrehend** bezeichnet, z. B. von E nach SE nach S. Erfolgt diese Richtungsänderung sehr schnell, nennt man dies **ausschießen**. Dies tritt typisch beim Durchzug eines Tiefs an dessen Südseite (Äquatorialseite) auf. Der Ausschießer ist die plötzliche Richtungsänderung des Windes beim Durchgang einer Front. Ändert sich die Windrichtung gegen den Uhrzeigersinn, wird dies als **linksdrehend** bzw. **krimpen** bezeichnet, z. B. von E nach NE nach N. Diese Änderung der Windrichtung ist typisch an der Nordseite (Polarseite) eines durchziehenden Tiefs. Erfolgt diese Richtungsänderung nach einer vorangegangenen rechtsdrehenden Richtungsänderung, spricht man von **rückdrehend**, z. B. von SE nach S und wieder nach SE. Diese Erscheinung kann nach einem Frontdurchgang auftreten (Anzeichen für einen nachfolgenden Trog).

Auf das Schiff bezogen, spricht man vom **Schralen** des Windes, wenn der Wind vorlicher (mehr von vorn) einfällt, und **Raumen** (mehr von achtern), wenn er achterlicher einfällt.

6.2.4 Grundlegende Windregeln

- Der **Wind** weht immer **vom hohen Luftdruck zum tiefen Luftdruck**. Er wird durch die Erdrotation abgelenkt und weht in Spiralen annähernd parallel zu den Isobaren – auf der nördlichen Halbkugel im Uhrzeigersinn (rechtsherum) aus einem Hoch heraus und gegen den Uhrzeigersinn (linksherum) in ein Tief hinein, in südlichen Breiten umgekehrt, nämlich gegen den Uhrzeigersinn (linksherum) aus einem Hoch heraus und im Uhrzeigersinn (rechtsherum) in ein Tief hinein.

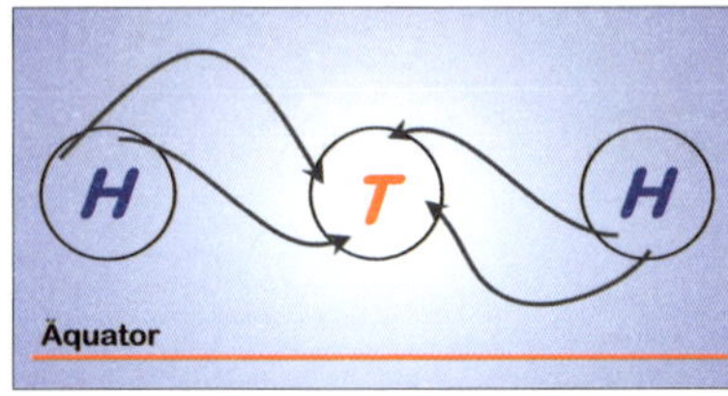

- Die **Windrichtung** ist bei mittleren Windstärken etwa in einem Winkel von **10° bis 15° zu den Isobaren** Richtung Minimum über See; über Land durch die größere Reibung in einem Winkel von 20° bis 45°. Bei stärkerem Wind wird der Winkel kleiner, bei schwachem Wind größer. Je enger die Isobaren, desto stärker der Wind.

- **Rückenwindregel (Barisches Windgesetz):**
  Auf Vorwindkurs (den Wind im Rücken) befindet sich der tiefe Druck (das Tief) auf der Nordhalbkugel etwas vorlicher als querab an Backbord (links), südlich des Äquators etwas vorlicher als querab an Stb (rechts).

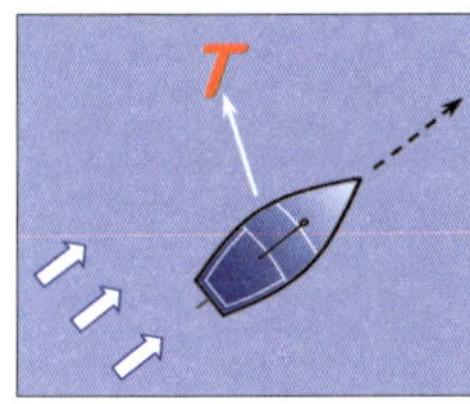

- **Querwindregel (der Beobachter steht mit dem Rücken zum Wind):**

  Kommen die hohen Wolken von links (Höhenwind), befindet sich der Beobachter an der Vorderseite einer Zyklone – das Wetter wird schlechter.

  Kommen die hohen Wolken von rechts, befindet er sich an der Rückseite einer Zyklone – das Wetter wird besser.

  Kommen die hohen Wolken entgegen, befindet sich der Beobachter im Kaltsektor – keine Wetterverschlechterung.

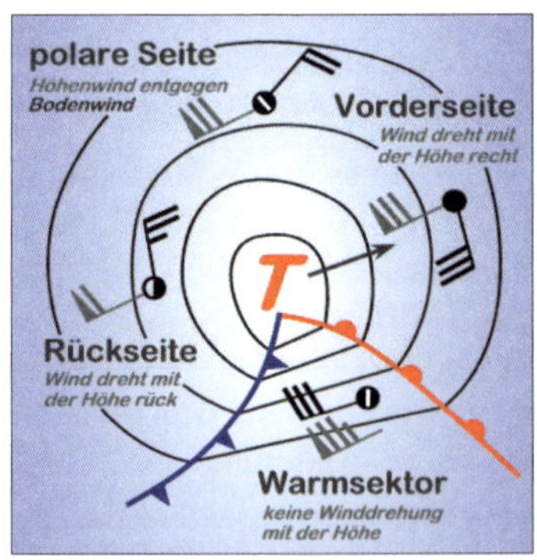

  Kommen die hohen Wolken von hinten (Höhenwind entspricht Bodenwind), befindet er sich im Warmsektor der Zyklone – kaum Wetterveränderung zu erwarten.

6.2.5 Mittelmeerwinde

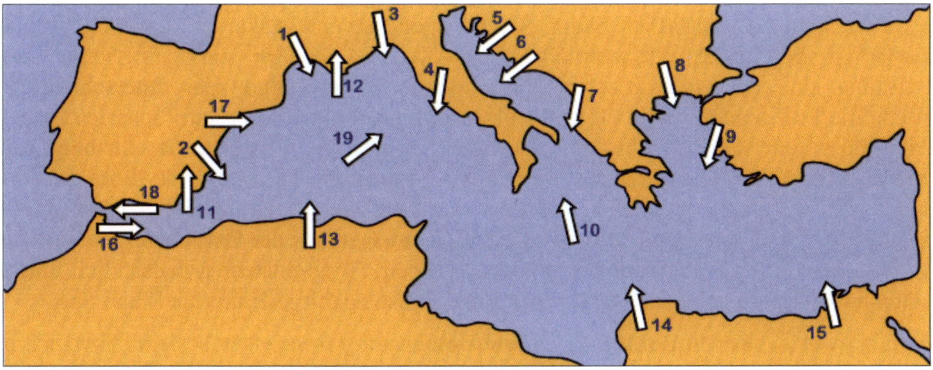

Der ***Mistral 1*** weht aus N bis NW, eventuell auch aus NE. Er tritt in Südfrankreich auf, speziell im Golf von Lion, im Ebro-Tal und bei Perpignan. Die Flusstäler wirken wie Düsen, und es entstehen Böen bis 180 km/h, die bis weit ins Mittelmeer reichen. Besonders betroffen sind die Westküste Korsikas, die Straße von Bonifacio und die östlichen Balearen.

Die klassische Großwetterlage für das Entstehen des Mistrals ist ein Hoch über der Biskaya und gleichzeitig ein Tief, von der Ostsee Richtung Russland ziehend. Überquert die Kaltluftströmung vom Norden her die Alpen, entsteht unmittelbar darauf der Mistral. Er ist am Barometer kaum zu erkennen. Der Luftdruckanstieg ist gering, der Wind dreht nach Nord, die Sicht wird plötzlich klar, die Bewölkung löst sich auf. Die Windstärke nimmt innerhalb weniger Minuten bis auf Sturmstärke zu. Im Sommer erreicht der Mistral 6 bis 8 Bft und dauert wenige Stunden bis zu drei Tagen. Zwischen Oktober und April dauert der Mistral oft bis zu sieben Tagen und erreicht 10 bis 12 Bft. Unter Land kennzeichnen den Mistral gute Sicht und hoher Luftdruck, es ist kalt, klar und trocken. Auf See kommt es zu Wolkenbildung, schlechter Sicht und Regen, Gewittergefahr. Der Mistral heißt in Spanien ***Maestral 2*** (Sturmstärke am Kap Perpignan) und auf Italienisch ***Maestrale 3*** (Golf von Genua).

Der typische sommerliche Schönwetterwind in der Adria heißt ebenfalls Maestrale (nicht zu verwechseln mit dem Maestrale im Golf von Genua, dem „italienischen“ Mistral). Der Maestrale weht aus N bis W, meist aus NW. Er ist ein Rückseitenwind bei W-Wetterlage. Mäßige Sicht, Bewölkung heiter bis wolkig, kein Niederschlag, gleichmäßiger (meist hoher) Luftdruck, Windstärke 3 bis 5 Bft, im Sommer bis zu 6 Bft. Der Maestrale beginnt am Vormittag, erreicht seine größte Stärke zwischen 1600 und 1900 und schläft mit Sonnenuntergang wieder ein.

Der ***Tramontana 4*** ist ein kalter Fallwind, der vom italienischen Festland aus N bis NE weht. Bei heiterem Himmel und klarer Luft erreicht er bis zu 6 Bft und dauert etwa einen Tag an.

Ebenfalls ein kalter, trockener Fallwind aus N bis E ist die ***Bora 5*** an der Ostküste der Nordadria. Kontinentale Kaltluft fließt in den Gebirgseinschnitten (Golf von Triest, Kvarner, nahe Senj, nördlich Zadar, Sibenik, Peljesac und Makarska) Richtung Adria. Außerhalb der Inseln und westlich Istrien tritt Bora weniger stark auf. Stärke und Richtung sind den geografischen Verhältnissen entsprechend sehr unterschiedlich. Wenn die Luft feucht genug ist, sind walzenförmige Wolken mit relativ scharfer Unterkante über dem Velebit Gebirge zu erkennen (Borawalze). Die Bora ist sehr böig und erreicht vor allem im Winterhalbjahr auch Sturmstärke. Entstehende Bora ist am steigenden Luftdruck, trockener und kalter Luft und Wind aus etwa NE zu erkennen, eventuell auch an der Borawalze. Werden Wolkenfetzen aus der Borawalze gerissen, ist unmittelbar mit voll einsetzender Bora zu rechnen. Bora entsteht grundsätzlich durch einen hohen Druckunterschied zwischen Land (Küstengebirge/Hinterland) und See.

Es gibt zwei Arten von Bora: Die ***zyklonale*** (schwarze) ***Bora*** entsteht beim Abwandern einer Zyklone aus der Adria (Genuatief, eventuell auch Adriatief) und einem Hochdruckkeil über Mitteleuropa. Nach südlichem Wind dreht der Wind auf der kalten Seite der Zyklone nach links und bringt schlechtes Wetter; der Luftdruck steigt an. Die ***antizyklonale*** (weiße) ***Bora*** tritt auf, wenn in Mittel- oder Nordeuropa starker Hochdruckeinfluss herrscht, während über dem Balkan oder der Ägäis ein Tief liegt; im Winter ein starkes Hoch über Osteuropa. Bora kommt zu jeder Jahreszeit vor, sie tritt im Winter allerdings häufiger auf. Sie dauert im Sommer einige Stunden bis zu zwei, drei Tagen mit Windstärken bis 7 Bft, in Böen noch stärker. Im Winter treten auch Windstärken bis zu 10 Bft auf; Dauer oft mehrere Wochen. Die Bora baut sich sehr rasch auf und wirft eine steile, sehr kurze See auf. Die ersten Böen fallen mit großer Heftigkeit oft schon bei Windstille ein.

Als ***Burin 6*** wird der ebenfalls östliche bis nordöstliche, nächtliche Landwind bezeichnet, der aber schönes Wetter bringt.

In Griechenland transportierten der ***Gregale 7*** die Kaltluft auf das Ionische Meer und der ***Vendarro 8*** auf die Ägäis.

Die ***Etesien*** *(der* ***Meltemi)*** ***9*** sind monsunartige Sommerwinde in der Ägäis und dem östlichen Mittelmeer, hervorgerufen durch ein starkes Hitzetief über der asiatischen Türkei bzw. ein Hoch über Südeuropa. Windrichtung in der Nordägäis NE, in der mittleren Ägäis N und in der Südägäis NW. Übliche Windstärke 3 bis 5 Bft, die aber durch die örtliche Topografie wesentlich verstärkt wird; dauert mehrere Tage.

Als ***Scirocco 10*** wird der Südwind (SE bis SW) in der Adria bezeichnet. Er entsteht aus einem Tief über Nordafrika. Zunächst ein trockener, heißer Wüstenwind, nimmt der Scirocco über dem Meer viel Feuchtigkeit auf, was zu heftigen Niederschlägen führt. Der Scirocco kommt zu jeder Jahreszeit vor und baut sich nur sehr langsam auf. Er erreicht seine größte Stärke (6 bis 7 Bft) erst nach etwa drei Tagen. Der Scirocco verursacht stets schwüles Klima und kündigt sich durch fallenden Luftdruck an, es wird bewölkt, schwül, sogar nebelig, Dünung aus Süden setzt ein, Wind und Seegang nehmen kontinuierlich zu, die Temperatur steigt an. Die Sicht wird schlechter, niedrige Wolken ziehen auf.

In Spanien wird der Südwind ***Levecche 11*** genannt, in Frankreich ***Marin 12***, in Marokko, Algerien und Tunesien ***Chilli 13***, in Libyen ***Ghibli 14***, in Ägypten ***Khamsin 15*** und in Kroatien ***Yugo***.

Der Westwind (WSW) entlang der afrikanischen Küste, vor der Straße von Gibraltar wird ***Ventraval (Vendaval) 16*** genannt. Die gemäßigte Variante im Seegebiet von Alborán vom spanischen Festland her heißt ***Poniente 17***. Dieser Wind tritt vor allem im Sommer auf, wenn über der iberischen Halbinsel ein stärkeres Wärmetief liegt (für ein bis zwei Tage sehr heftig).
Den Ostwind entlang der spanischen Küste nennt man ***Levanter (Levante, Levantada) 18***. Ventraval und Levanter werden durch die Meerenge von Gibraltar verstärkt.

Vor der Westküste Italiens, im Gebiet von Korsika und Sardinien weht der ***Libeccio 19*** (französisch ***Labech***), ein gemäßigter Südwestwind. In der Adria kann der Libeccio Sturmstärke erreichen, oft von Gewitterböen begleitet. Er kündigt sich durch einen scharf abgegrenzten Dunststreifen im SW an, der in eine Wolkenbank übergeht, wobei ein Streifen (oft mit Auge) frei bleibt. Zuerst schwacher Wind aus NE, dann Abfall des Luftdrucks und anschließend heftigste Böen aus SW, meist von kurzer Dauer.

6.3 DAS GLOBALE WETTERSYSTEM

Der Einstrahlwinkel der Sonne ist am Äquator am größten. Dadurch wird die Lufthülle der Erde am stärksten am Äquator aufgeheizt. Die stark erwärmte Luft steigt auf, es entsteht ein sogenanntes Hitzetief. Diese Zone etwa um den Äquator wird **äquatorialer Flautengürtel, intertropische Konvergenzzone, Doldrums, Mallungen, äquatoriale** oder **tropische Tiefdruckrinne** genannt.

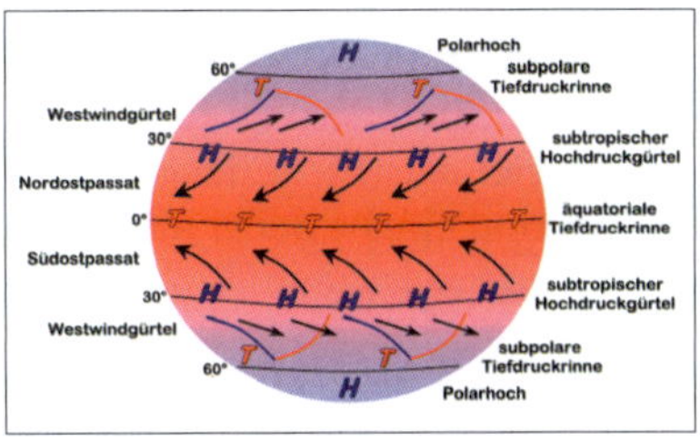

Die Luft kühlt in den oberen Schichten ab und steigt auf etwa 35° nördlicher und südlicher Breite wieder ab – es bildet sich ein subtropischer Hochdruckgürtel **(Rossbreiten, Subtropenhoch)**. Dazwischen weht der relativ stetige **Nordostpassat** auf der nördlichen Halbkugel bzw. der **Südostpassat** auf der südlichen Halbkugel. An den Polen herrscht Hochdruck, das **Polarhoch**. Zwischen den Rossbreiten und der **subpolaren Tiefdruckrinne** entsteht die **Westwindzone** mit vorherrschenden Winden aus SW auf der nördlichen Halbkugel und analog dazu NW-Winden auf der südlichen Halbkugel.

Dieses Grundschema des Wettergeschehens ist auf den großen Ozeanen stark ausgeprägt. Massiv gestört wird es durch die ungleichmäßige Verteilung der Land- und Seemassen, da sich Landmassen schneller erwärmen (oder abkühlen) als Meeresoberflächen.

6.4 *WETTERSYSTEME*

6.4.1 *Das Tief (Die Zyklone)*

Ein **Tief (Zyklone, Tiefdruckgebiet)** ist eine Luftmasse geringeren Drucks als die Umgebung. Eine Wetterveränderung, meist eine Verschlechterung mit Wind (bis Sturm) und Niederschlägen sind zu erwarten. Im Tief steigt die Luft auf.

Entstehung eines Tiefs:

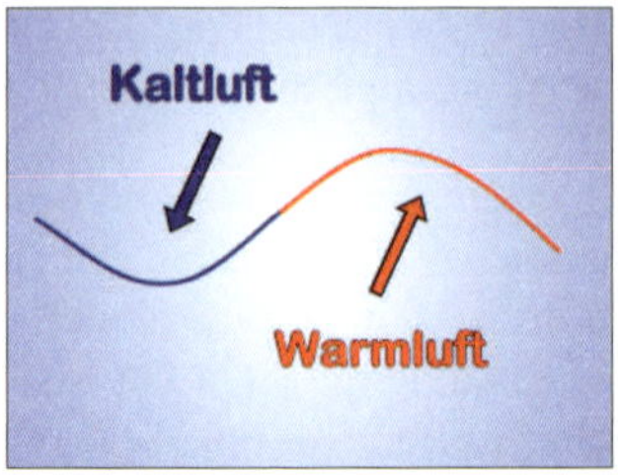

An der Grenze zweier Luftmassen kommt es leicht zu Störungen; an der subpolaren Tiefdruckrinne z. B. wehen kalte Ostwinde und warme Westwinde nebeneinander. An dieser Grenze kann durch Störungseinflüsse zunächst eine ausgeprägte Welle entstehen, in weiterer Folge schließlich ein Tiefdruckkern hinter dem Wellenberg. Eine markante „Wolkenspirale“ ist im Satellitenbild zu sehen, und dazu gehören Wettererscheinungen, die dem Segler eine Prognose des Wettergeschehens ermöglichen.

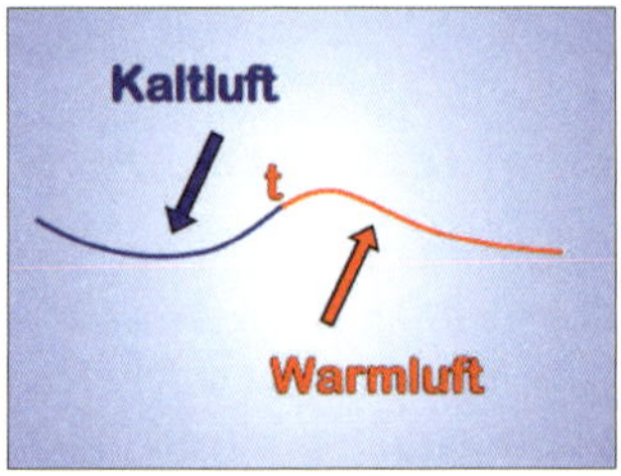

Aus der ehemaligen Luftmassengrenze entstehen die Kaltfront (als Vordergrenze der aus dem Nordwesten nachströmenden Kaltluft) und die Warmfront (als Vordergrenze der aus dem Südwesten nachströmenden Warmluft). In der Folge schiebt sich die leichtere Warmluft immer mehr über die kalte Luft, die nachfolgende (schwerere) Kaltluft drängt sich unter die Warmluft.

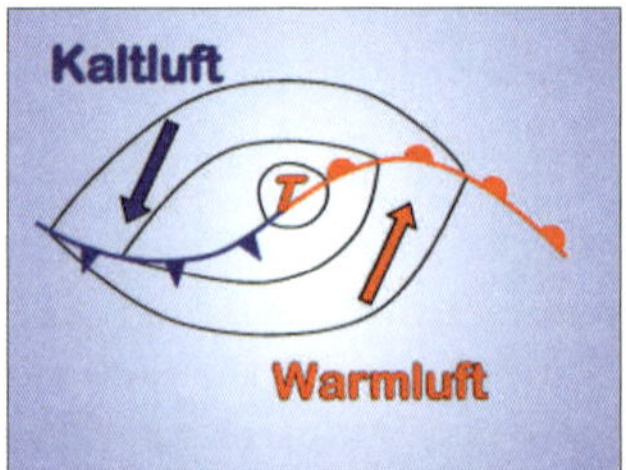

Die kalten Luftmassen fließen schneller als die warmen – das Tief beginnt sich zu drehen, zu verwirbeln. Wolken und Regen entstehen, der Wind nimmt zu. Der Druck im Zentrum nimmt weiter ab.

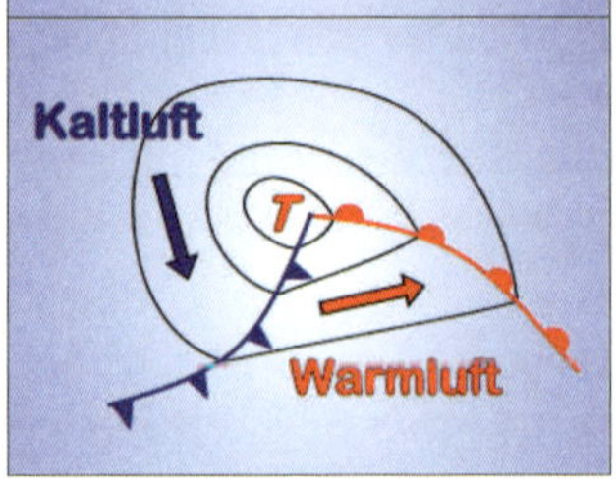

Ein junges Tief zieht in Richtung der Isobaren des Warmsektors, ein Sturmtief in Richtung der stärksten Winde; in unseren Breiten mit einer Geschwindigkeit von 20 bis 25 kn, manchmal mit bis zu 50 kn und über See schneller als über Land. Häufigste Zugrichtung in unseren Breiten im Sommer von SW nach NE (im Winter eher nach E bis SE).

Die Kaltfront holt die vorausliegende Warmfront ein, die warme Luft entweicht nach oben, es bildet sich eine **Okklusion** (Mischfront).

Die vorher beschriebene Entwicklung eines Tiefs dauert in der Regel drei bis vier Tage. Danach wird das Tief langsamer. Die Fronten krümmen sich noch mehr um den Kern des Tiefs.

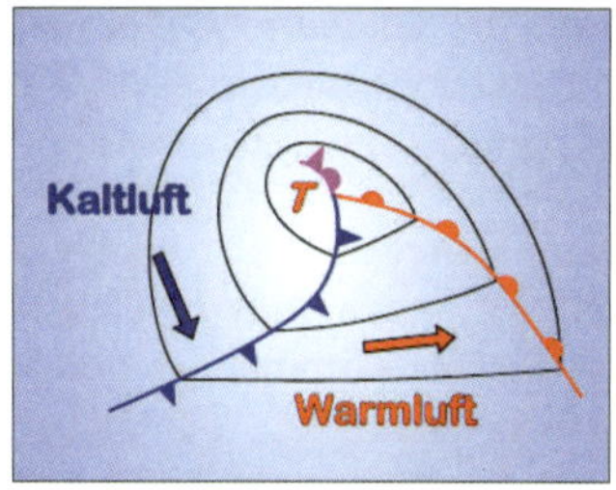

Hinter der Kaltfront kann sich ein Trog bilden, wenn die Fronten dem Tief vorausgeeilt sind. Nach dem Durchzug der Kaltfront dreht der Wind dann nicht rechts, sondern eher rück und flaut möglicherweise ab. Der Luftdruck steigt nicht weiter an oder fällt sogar. Mit anschließend starken Winden, bis Sturmstärke, ist zu rechnen.

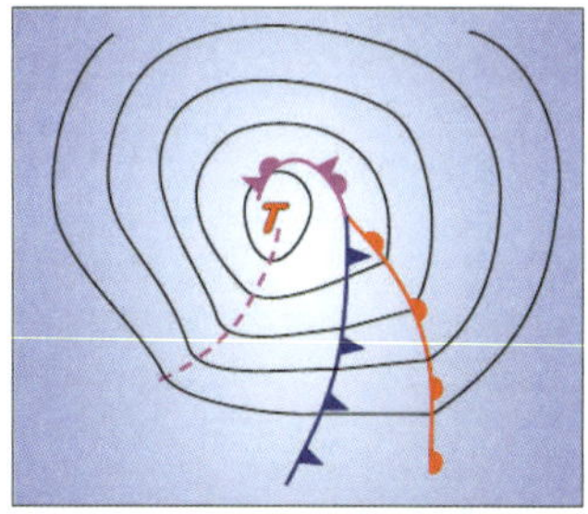

Als **Sturmtief** wird ein Tief mit Windstärken ab 8 Bft bezeichnet, als **Orkantief** ab 10 Bft. Von einem **Tiefausläufer** spricht man, wenn sich die Isobaren zungenartig zwischen zwei Hochdruckgebiete schieben und dabei erheblich von ihrer sonst elliptischen Form abweichen. Als **warmes (flaches) Tief** wird ein Tief bezeichnet, welches durch aufsteigende Warmluft entsteht. Ein **kaltes (umfangreiches) Tief** ist das Ende einer Tiefdruckentwicklung. Diese Tiefs ziehen sehr langsam (in nördlichen Breiten meist Richtung NE bis N). Jedes Tief bringt schlechtes Wetter. Ein **Teiltief** entsteht durch Absinken der Luft immer in Lee eines Gebirgszuges *(Skagerraktief, Genuatief, Adriatief)*. Ein **Randtief** ist meist ein kleines Tief und entsteht am Rande eines gealterten Zentraltiefs. Es umkreist dieses meist zyklonal, mit einer schnelleren Drehung als das Muttertief.

6.4.2 Das Hoch (Die Antizyklone)

Ein Hoch **(Hochdruckgebiet, Antizyklone)** ist eine Luftmasse relativ hohen Luftdrucks, verglichen mit der Umgebung. In Hochdruckgebieten sinkt die Luft ab. Die Sicht ist meist gut, da sich beim Absinken die Luft erwärmt und dadurch die relative Luftfeuchtigkeit sinkt. Hochs bewegen sich meist relativ langsam oder sind überhaupt stationär und wenig wetteraktiv. Sie weisen keine Fronten auf und bedeuten

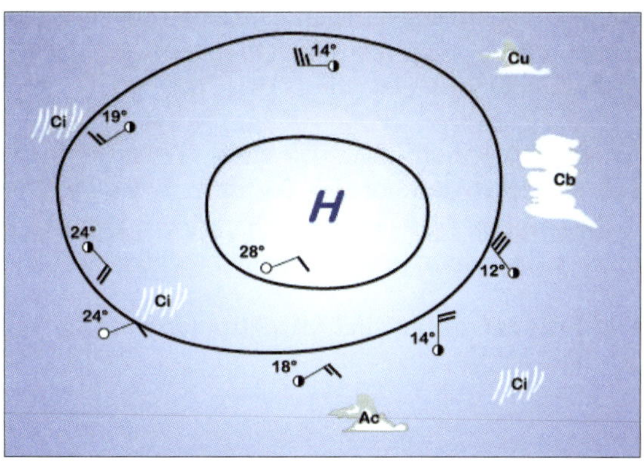

zumeist schönes Wetter. Ein thermisches Hoch entsteht durch die Abkühlung über (trockenen) Landmassen. Im Kern und im Bereich der Ostwinde (nördliche Halbkugel) ist gutes Wetter zu erwarten. Im NW-Windbereich bleibt das Wetter meist schlecht.

Eine **Hochdruckbrücke** verbindet zwei Hochs und kennzeichnet eine stabile Wetterlage. Ein **warmes Hoch** ist meist sehr ausgedehnt. Es verändert seine Lage nur langsam. Der Himmel ist milchig, trüb. Anzeichen sind ein langsamer, aber dauerhafter Luftdruckanstieg, manchmal flache Cumulus-Wolken *(Azorenhoch)*. Ein **kaltes Hoch** kommt häufig als **Zwischenhoch** zwischen zwei Tiefdruckgebieten vor, es verändert seine Lage rasch. Ankündigung durch schnellen, nicht lange anhaltenden Luftdruckanstieg. Sehr gute Sicht. Kurze Dauer des schönen Wetters.

6.4.3 Fronten

Trog	***Kaltfront***	***Warmsektor***	***Warmfront***
(gefährliche Wetterlage)	(kommt schneller als gedacht)	(gutes Segeln)	(genügend Zeit für Vorbereitung)
kommt stets nach einer Kaltfront (nie allein) – schlechte Sicht	eine Stunde vorher nochmals schön, dann: schwarze Wand, evtl. Gewitter	ruhiges Wolkenbild (im Mittelmeer schwül)	typischer Aufzug der Wolken, Reihenfolge: Ci (Front über 600 km entfernt), Cs (Wetter wird schlechter) As, Ns (bis 24 Std)
– Druck fällt erneut (nach Anstieg oder Konstanz)	– Druck fällt eine Stunde vorher – nach Durchgang rasch steigend	– Druck konstant oder etwas fallend	– Druck fällt ständig (nicht schnell)
– Wind rückdrehend, extrem böig – stürmisch – Kreuzseen	– Wind vorher noch rückdrehend – in der Front heftig, böig;	– Wind konstant, gutes Segeln	– Wind rückdrehend, wärmer
– Gewitter	danach rechtsdrehend, dann abflauend	– kein Regen	– Regen weit vor der Front, nach Durchgang trocken/nieseln

Wird Warmluft von Kaltluft verdrängt, spricht man von einer **Kaltfront**. Die Höhenwolken sind meist nicht zu sehen, erst nach dem Durchgang der Front. Je schneller die Höhenwolken ziehen, desto kälter und regnerischer wird das Wetter. Die Wolken kommen aus einer deutlich rückgedrehten Richtung (S, SW) gegenüber dem wieder rechtsgedrehten Oberflächenwind (W, NW).

Umgekehrt spricht man von einer **Warmfront**, wenn warme Luft die kalte verdrängt. Die Höhenwolken vor der Warmfront (Ci, Ac, As) kommen sehr schnell und deutlich rechtsgedreht z. B. aus NW, bei einem Oberflächenwind aus S. Die Warmfront wird umso stärker sein, je schneller und rechtsgedrehter der Höhenwind ist.

Okklusionsfronten sind Mischfronten mit Warmfront- oder Kaltfront-Charakter.

❐ *Kaltfront*

Der Wind in Kaltfronten weht zunächst parallel zu den Isobaren, frischt vor der Kaltfront auf, flaut bei Frontdurchgang ab und dreht danach rechts (Isobarenknick). Er kann heftige Böen enthalten, und nach dem Durchgang ist stärkere Windsee zu erwarten.

Aufzug einer aktiven Kaltfront *(nahe dem Kern des Tiefs):*
Eine aktive Kaltfront verlagert sich sehr rasch und liegt relativ nahe am Tiefkern (in Wetterkarten von mehreren Isobaren geschnitten). Steiler vertikaler Frontverlauf. Cumuli verdichten sich zu dichter Cumulonimbus- oder auch zu Nimbostratus-Bewölkung (etwa zwei Stunden Schauerregen). Nach Durchzug der Front klart es auf, und die Sicht wird besser. Stunden später kann es neuerlich zu Schauern (auch Gewitter) kommen. Eine Kette mächtiger Cumulonimben deutet auf labile Luftschichtung, heftige Böen, Schauer und Gewitter hin.

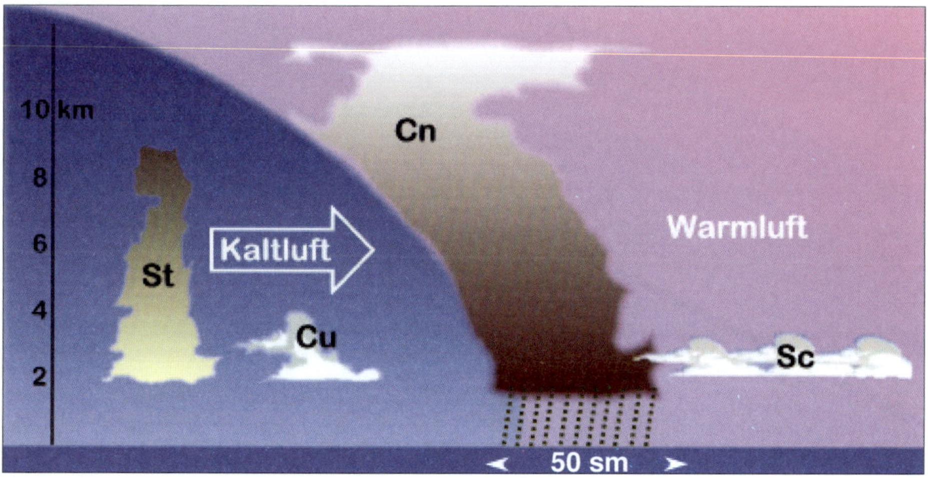

Aufzug einer passiven Kaltfront *(am Rande einer Zyklone):*
Diese verlagert sich nur langsam. Die Grenzschicht ist flacher als bei der aktiven Kaltfront, daher keine Bewölkung vor der Front, sondern hinter der Front, die später in Niederschläge übergeht. Der Wind dreht rascher als bei der Kaltfront.

	Frontaufzug	***Frontdurchgang***	***Warmsektor***
Wind	dreht rück und nimmt zu	dreht plötzlich rechts (oftmals böig)	dreht etwas rechts, dann zunehmend und böig
Druck	an der Front fallend	steigt plötzlich	steigt langsam
Wolken	St, Sc, auftürmende Cn	Cn	Luft klar, Cu entstehen
Regen	an der Front heftig	heftig, eventuell Blitz und Donner	ein bis zwei Stunden klar, dann Schauer
Sicht	schlecht bis mittel, eventuell Nebel	schlecht bei Regen	schlecht bis mittel, eventuell Nebel
Taupunkt	wenig veränderlich	plötzlicher Abfall	wenig veränderlich

❐ *Warmfront*

Erste Anzeichen für das Nahen einer Warmfront (meist aus SW) sind Cirren (in einer Höhe von 8–10 km) vor jeder Warmfront. Aber nicht allen Cirren folgt eine Warmfront. Etwa zwei Stunden später bildet sich eine hohe, dünne Cirrostratus-Bewölkung. Die Bewölkung nimmt zu und eine hohe, graue Altostratus-Bewölkung entsteht. Der Luftdruck sinkt, der Wind nimmt auf 4–5 Bft zu und bleibt in seiner Richtung (meist SE) konstant. Etwa 3–5 Stunden nach Aufzug der Cirrostratus-Bewölkung hat sich eine ausgeprägte Nimbostratus-Bewölkung (niedrige, dichte, graue, strukturlose Wolken, 4–6 Stunden) ausgebildet. Der Luftdruck sinkt stetig.

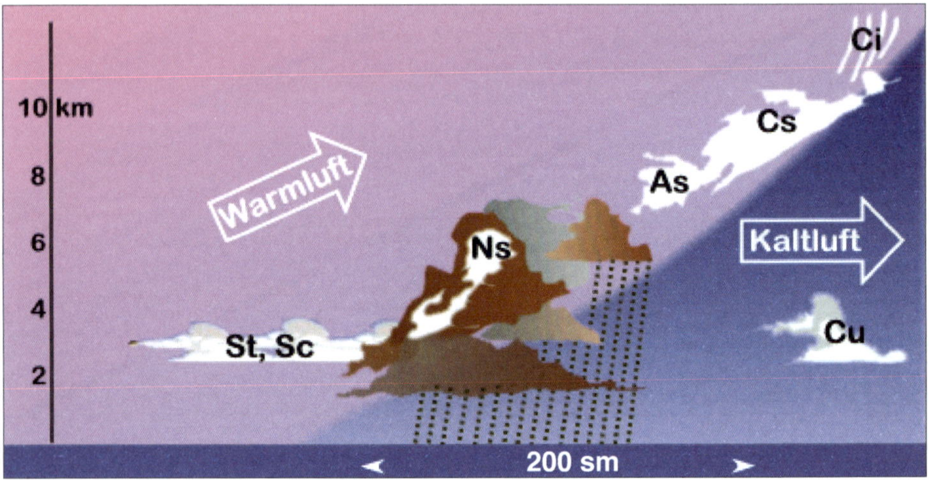

Mit Durchgang der Front dreht der Wind rechts (Isobarenknick) und nimmt ab (weht nun etwa parallel der Zugrichtung der Warmfront). Der Luftdruck stabilisiert sich, der Regen endet. Kurz nach dem Frontdurchgang steigt die Lufttemperatur, die Bewölkung lockert auf.

	Frontaufzug	*Frontdurchgang*	*Warmsektor*
Wind	rückdrehend, zunehmend	rechtsdrehend	gleichbleibend
Druck	immer schneller fallend	gleichbleibend	fallend bei vertiefendem Tief, sonst gleichbleibend
Wolken	Abfolge von Ci, Cs, As, Ns und St	Ns	St, Sc
Regen	wird zu Dauerregen	hört auf, evtl. Niesel	Niesel, leichter Regen
Sicht	verschlechtert sich bei Regen	verschlechtert sich weiter	schlecht bis mittel, eventuell Nebel
Taupunkt	wenig veränderlich	steigend	wenig veränderlich

6.5 WETTERERSCHEINUNGEN

6.5.1 Seegang

Der Seegang ist keine direkte Wettererscheinung, sondern eine Folgeerscheinung des Windes. Die Windstärke und auch die Zeit, die der Wind auf die See einwirkt, sind für den Seegang maßgeblich. Die Wasserteilchen in einer Welle vollführen eine „Orbitalbewegung", d. h. sie kreisen im Durchlauf einer Welle bis zur maximalen Tiefe von einer halben Wellenlänge; sie wandern nicht mit der Welle weiter. Geringe Wassertiefen (unter 200 m) verstärken den Seegang. Nach dem Einfluss des Windes beruhigt sich die See, und es entsteht eine langlebige **Dünung**. Setzt bei zunächst ruhiger See Dünung aus einer bestimmten Richtung ein, ist das immer ein Schlechtwetterzeichen (die Dünung läuft dem schlechten Wetter voraus).

Skala	*Bezeichnung*	*Beschreibung*
0	vollkommen glatte See	spiegelglatte See
1	ruhige, gekräuselte See	kleine, schuppenförmige Kräuselwellen, keine Schaumkämme
2	schwach bewegte See	Wellen noch kurz, aber ausgeprägter, Kämme glasig und brechen nicht, vereinzelt weiße Schaumköpfe
3	leichte, bewegte See	Wellen noch klein, weiße Schaumköpfe ziemlich verbreitet, brechende See rauscht
4	mäßig bewegte See	Wellen länger und ausgeprägter, überall weiße Schaumköpfe, vereinzelt Gischt
5	grobe See	größere Wellen, Kämme brechen, größere weiße Schaumflächen, dumpf rollendes Geräusch
6	sehr grobe See	See türmt sich, weißer Schaum in Streifen in Windrichtung
7	hohe See	mäßig hohe Wellenberge, Gischt beginnt abzuwehen, lange Wellenkämme
8	sehr hohe See	hohe Wellenberge, lange überbrechende Kämme, See weiß, schweres Rollen
9	außergewöhnlich schwere See	außergewöhnlich hohe Wellenberge, See völlig weiß, Luft mit Schaum und Gischt gefüllt, keine Fernsicht, Getöse

6.5.2 Wolken

Wolken sind der sichtbare Beweis für die Vorgänge in der Atmosphäre. Anhand der Wolkenformationen, deren Abfolge bzw. deren Veränderungen lassen sich Frontsysteme und deren Durchzug erkennen. Die meisten Wolken aber sind nur für die lokalen Wetterverhältnisse von Bedeutung. Wolken werden nach ihrer Form in **Haufen-** oder **Quellwolken (Cumulus), Schichtwolken (Stratus)** und **Federwolken (Cirrus)** benannt. Man unterscheidet zehn Wolkengattungen, die man der Höhe nach in drei Bereiche einteilt.

Wolkengattungen

	Bezeichnung	*Beschreibung*	*Bedeutung*
Hohe Wolken 5000 – 13 000 m	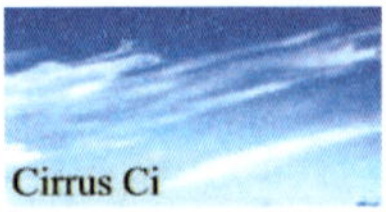	einzelne Eis- oder Federwolken (zarte Streifen oder Büschel), faserig oder gefiedert, hakenförmig	Cirrus zeigen bei großer Ausdehnung eine Wetterverschlechterung (Vorläufer von Cirrostratus) an, Aufgleitfronten vor einem Tief (Barometer beobachten), als Auflösungsform einer Cumulonimbus, nach Schauern und Gewittern deuten sie auf Schönwetter.
		hohe, lichte, durchsichtige Schäfchenwolken (Wolkenbällchen) aus Eis	
	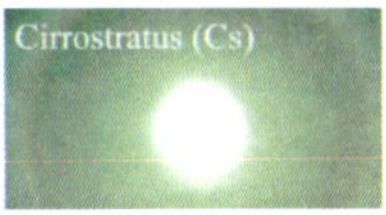	schleierförmige Wolkenschicht bedeckt meist den ganzen Himmel, Kennzeichen: Halo	Als Vorläufer einer Warmfront kündigen sie Schlechtwetter an.
Mittelhohe Wolken 2500 – 6000 m		kaum durchscheinende einzelne Wolken in Schäfchenform flockige Form Zinnenform Linsenform	In ruhigen Schichten ohne Bedeutung; kündigt bei großräumigem Auftreten Regen an; bedeutet Gewitterneigung (vor allem in Form von Linien bzw. Wellen); an der Leeseite von Gebirgen Föhn.
	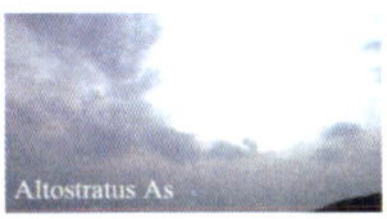	graue, mehr oder weniger durchscheinende Schichtwolken (Wolkenschicht)	Bedeutet Warmfrontaufzug (folgt Cirrostratus) und kündigt Regen an.
		dunkle, nicht durchscheinende Schichtwolke (hoher Wassergehalt) erstreckt sich über alle Höhenschichten	Dauerregen vor Warmfront
Niedrige Wolken unter 2500 m	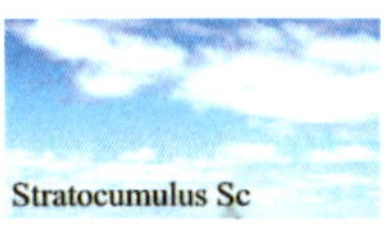	flache, graue, unterteilte Schichtwolke mit geringer Struktur (Flecken, Felder, Mosaik)	Steht für beständiges Schönwetter, im Sommer über See, im Winter über Land (nach Durchgang der Kaltfront eines Tiefs).
	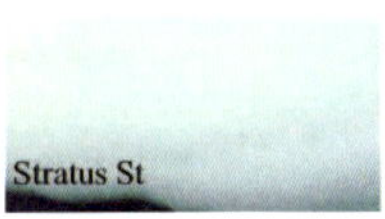	flache, graue Wolkenschicht, hochnebelförmig oder unterbrochen	Weist auf eine ruhige Wetterlage hin, Winterwolke im Hoch, manchmal im Warmsektor eines Tiefs (Regen).
		Quell- oder Haufenwolke niedrig	Schönwetterwolke an Küsten und Bergen Auftürmen deutet auf Schauer
		mittelhoch sehr groß, angesammelt	Hinweis auf instabile Lage! hohe Instabilität der Luftmassen, Vorläufer der Böenwolke
		Gewitter- oder Böenwolke, reicht durch alle Höhen, oben glatt, noch keine Cirren ambossförmig (Cirrenschirm)	hohe Instabilität, Hitzegewitter besonders beim Durchgang von Kaltfronten Böenwalze an Vorderseite

6.5.3 Nebel

Nebel ist eine Schichtwolke, die unmittelbar am Boden aufliegt. Die Entstehungsursachen von Nebel sind dieselben wie bei der Bildung von Wolken. Grundsätzlich entsteht Nebel, wenn eine feuchte, warme Luftmasse auf kalte Luft trifft. Die Luftmasse wird unter den Taupunkt abgekühlt, der in der Luft enthaltene Wasserdampf kondensiert.

Je nach Entstehungsursache wird Nebel in verschiedene Nebelarten eingeteilt. Eine davon ist der **Seerauch**, der entstehen kann, wenn kalte, gesättigte Luft über eine wesentlich wärmere Wasseroberfläche streift. Zumeist bildet sich dann schwadenförmiger, nicht sehr hoch reichender Nebel.

6.5.4 Dunst

Im Gegensatz zu Nebel begrenzt Dunst die Sicht in die Ferne. Feuchter Dunst entsteht bei der Auflösung von Stratuswolken oder Nebel, von denen kleinste Wassertröpfchen nicht restlos verdampfen. Sichtweite zwischen 0,5 und 5 sm.

6.6 WETTERGEFAHREN

6.6.1 Gewitter

Gewitter entstehen bei labiler, vertikaler Luftschichtung. Die Höhenluft ist im Verhältnis zu ihrer Höhe zu kalt. Die aufsteigende Luft ist dann wärmer als ihre Umgebung; umso mehr, je höher sie steigt. Am Ende der Entwicklung schießt die Luft dann aus, was zu heftigen Winden führt.

Gewitter entwickeln sich aus hochquellenden Cumuluswolken (Blumenkohl), die bis in Höhen von 5 bis 10 km reichen. Formt sich deren Kopf ambossartig aus und beginnt ganz oben Fasern zu ziehen, besteht konkrete Gewittergefahr. Das Unwetter zieht in Richtung der Auswehungen der Fasern und nicht in Richtung des Bodenwindes (unser derzeitiger Bordwind).

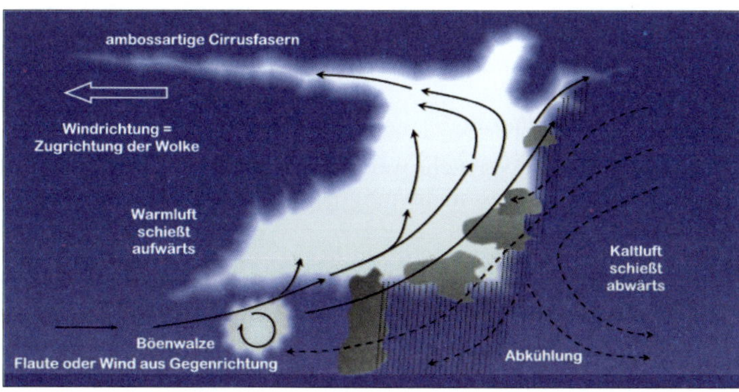

Man unterscheidet **Hitzegewitter**, die durch Überhitzung der Luft am Boden entstehen, und **Frontgewitter**, die durch den Einbruch von Kaltluft hervorgerufen werden. In beiden Fällen entsteht eine instabile Luftschichtung.

Vor einem Hitzegewitter wird die Luft schwül, der Wind schwächer (bis zur Flaute) und die See ruhig. Quellköpfe schießen in die Höhe und erzeugen die typische Ambossform. Der Unterrand der Wolkenformation ist dunkel und sehr tief. Der Druck schwankt um 1 bis 2 mbar (ein nahendes Tief würde einen größeren, anhaltenden Druckabfall nach sich ziehen, die Windstärke würde zunehmen). Am Unterrand der Gewitterwolke entstehen starke Saugwinde – außerhalb der Gewitterwolke. In der Wolke selbst ist mit starken Abwinden, die von heftigem Niederschlag begleitet sind, und starken Böen zu rechnen. Entstehen von Blitz und Donner. An der Rückseite nochmals Böen.

Eine große Gefahr bei Gewittern zeigt die **Böenwalze**, eine walzenförmige Wolke an der vorderen Unterseite der Gewitterwolke. Die Böenwalze entsteht in der Zone der von der Gewitterwolke erzeugten Aufwinde (außerhalb) und den starken Abwinden in der Wolke, wenn die Gewitterwolke (Cumulonimbus) ihr Endstadium erreicht hat.

Weitere Gefahren sind stark drehende Winde, bis zu Sturmstärke, die plötzlich einsetzen, schlechte Sicht durch heftige Niederschläge oder sogar Hagel sowie hohe, steile Wellen (oft auch Kreuzsee) und Blitzschlaggefahr.

Typischer Gewitteraufzug:

- **1 bis 2 Tage vorher:** Hochdrucklage, langsam fallender Luftdruck, der Wind dreht auf S bis SE, der Himmel wird dunstiger.
- **Am Tag der Gewitter:** morgens sehr dunstig, das Deck ist nass. Die Sonne ist vormittags matt, der Himmel weißlich-hellblau. Durchzug von As als graue, dünne Wolkenschicht bis zu türmchenartigen Ac aus SW. Es wird immer schwüler und diesiger, der Luftdruck fällt um mehr als 1 hPa pro Stunde, Wind frischt auf, Dunst nimmt zu (Böenwalze).
- Donner ist bis zu einer Entfernung von 8 sm hörbar.
- Unmittelbar (15 min) vor der Böenwalze bewegt sich eine Wulst-Wolke.

Ablaufen vor Gewittern:

Grundsätzlich sollte versucht werden, einen Schutzhafen oder eine sichere Ankerbucht anzulaufen. Wenn dies nicht möglich ist, muss versucht werden, dem Zentrum des Gewitters zu entfliehen.

- Da Gewitterböen üblicherweise aus dem Zentrum herauswehen, sollte man so ablaufen, dass die Gewitterwolken an Backbord bleiben.
- Kommt das Gewitter auf uns zu, ist sein Schwerpunkt auf der linken Seite der Böenwalze, darum nach Steuerbord ausweichen.

Verhalten bei Gewitter:

- auf keinen Fall im Wasser aufhalten
- Segel bergen

- Gummistiefel und Handschuhe tragen und nicht am Mast oder den Wanten anhalten
- im Cockpit bleiben, innerhalb der schützenden Drähte des Riggs
- Finger weg von der Seereling, dem Mast oder dem Baum

6.6.2 Starkwind, Sturm

Sturm oder Starkwind entstehen aus Tiefdruckgebieten und nicht ohne Vorzeichen.

Ein verantwortungsvoller Skipper läuft nicht ohne aktuellen Wetterbericht aus.

Vorzeichen für Sturm oder Starkwind:

- Ein Druckabfall von 8 hPa innerhalb von 3 Stunden ist ein sicheres Vorzeichen für Sturm.
- Bei einem Druckabfall von 5 hPa innerhalb von 3 Stunden muss mit 6 Bft Windstärke gerechnet werden.
- Beginnt der Druckabfall bei 3 Bft Windstärke, vergehen mindestens 3 bis 4 Stunden, bis der Wind auf Starkwind auffrischt.
- Ein Druckanstieg (nach Durchzug eines Trogs) von 8 hPa innerhalb von 3 Stunden bringt 8 Bft Windstärke, Druckabfall von 6 hPa innerhalb von 3 Stunden bringt 6 Bft.
- Rückdrehender und sich verstärkender Wind deutet auf einen Tiefausläufer hin, wenn der Druck gleichzeitig abfällt.
- Sich verstärkende Dünung aus Richtung eines Tiefdruckgebietes deutet auf eine Erhöhung der Windgeschwindigkeit hin.
- Zunehmende Höhenwolken aus Richtung eines Tiefs, wenn deren Zugrichtung deutlich rechtsgedreht ist (z. B. Bordwind S, Höhenwind NW) sind deutliche Anzeichen für zunehmende Windstärke.
- Weht der Küstenwind etwa parallel zum Land, und befindet sich das Land an Steuerbord (Wind im Rücken), wird dieser in einem Bereich von etwa 6 sm verstärkt. Er ist um etwa 1 – 2 Bft stärker als an Land oder auf See.

6.6.3 Böen

Neben den Gewitterböen treten Böen auch im Bereich von Kaltfronten oder Trögen auf, in relativ kalter Luft. Entlang einem Trog sind die Wolken dunkel, dicht und mit kräftigen Regenschauern versehen, während sich Seemeilen davor aufgetürmte Cu zeigen. Herrscht keine Dünung vor, keine Zunahme der Höhenwolken aus einer stark rechtsgedrehten Richtung und nur geringer Druckabfall, ist mit einer Bö zu rechnen. Dauer höchstens 1/2 Stunde. Danach 3 – 4 Stunden keine weitere Gefahr.

6.6.4 *Troglage*

In ihr entstehen die schwersten und gefährlichsten Stürme (Orkane) außerhalb der Tropen. Ein Trog entsteht an der Rückseite einer gut entwickelten Zyklone – **Rückseitentrog** –, bei welcher die Okklusionsfront den Tiefkern bereits umrundet hat, also sich nördlich oder westlich des Kerns befindet. Hinter der Kaltfront fehlt der typische Isobarenknick, die Isobaren verlaufen vielmehr breit gefächert, das Druckgefälle nimmt also ab.

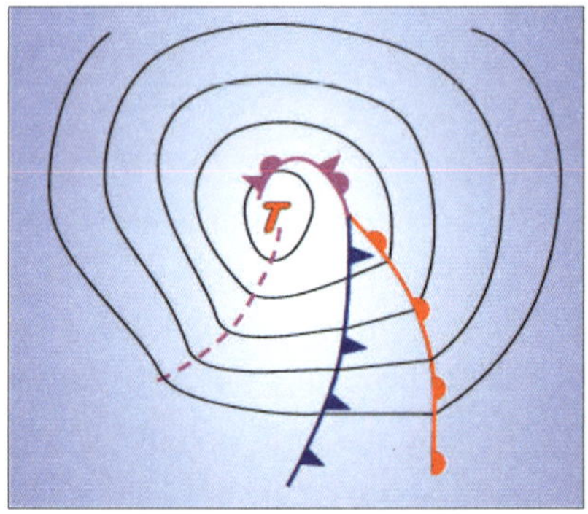

Ein zuverlässiges Indiz für die bevorstehende Troglage ist daher die **Flautefront**. Nach dem Durchgang der Kaltfront frischt der Wind weder auf, noch dreht er stark rechts. Stattdessen nimmt der Wind ab, dreht allenfalls wenig rechts und einige Stunden später rück. Der Flautefront kann etwa 12 Stunden später ein Trog folgen. In der Troglage kommt nach der Flautefront eine 2- bis 8-stündige Aufheiterungsphase (Aufzug von Ci-, Cs-, As- und starker Cn-Bewölkung). Der Wind dreht meist auf S bis SW rück und wird mit einsetzender Quellbewölkung böig. In der Trogachse herrscht sogar kurzfristig Windstille. Anschließend folgt eine Winddrehung auf NW und bringt Böenwalzen bis Orkanstärke. Mit dem Druckanstieg steht der heftigste Teil des Sturms bevor. Als Folge der beiden Starkwindsysteme entstehen gefährliche Kreuzseen.

6.7 *WETTERBEOBACHTUNG UND PROGNOSE*

6.7.1 *Temperatur, Luftfeuchtigkeit*

Bei Schönwetter verhält sich der Verlauf von Lufttemperatur und Luftfeuchte etwa entgegengesetzt: Je mehr die Temperatur steigt, desto geringer wird die relative Luftfeuchtigkeit. Eine deutliche Abweichung von tageszeitlichen Schwankungen weist auf eine Wetterveränderung hin.

- Temperaturanstieg nach Mitternacht anstatt Temperaturabfall und sinkende anstatt steigende Luftfeuchtigkeit (kein Tau an Deck) deuten auf Wetteränderung hin.
- Luftfeuchte, die unnormal abfällt, deutet auf Warmluftzufuhr hin.
- Luftfeuchte, die unnormal ansteigt, deutet auf Kaltluftzufuhr hin.

6.7.2 *Luftdruckentwicklung*

Wesentlich für die Beurteilung des Luftdrucks im Rahmen einer Wettervorhersage ist die Veränderung des Luftdrucks und nicht dessen absoluter Wert. Der Verlauf des Luftdrucks ist daher laufend aufzuzeichnen, am besten mit einem Barograf.

Grundsätzlich gilt, dass die Wetteränderung umso rascher zu erwarten ist, je stärker die Änderung des Luftdrucks ist. Bei einer Luftdruckänderung > 1,0 hPa je Stunde ist mit Starkwind oder Sturm, zumindest aber mit einer deutlichen Wetterveränderung zu rechnen. Die gebräuchlichsten Einheiten sind hPa und mbar.

1000 mbar = 1000 hPa = 1 bar = 750 Torr

Nachfolgende Druckverlaufskurven sind Beispiele. Die waagrechten Teilstriche des Luftdrucks haben einen Abstand von 0,5 hPa.

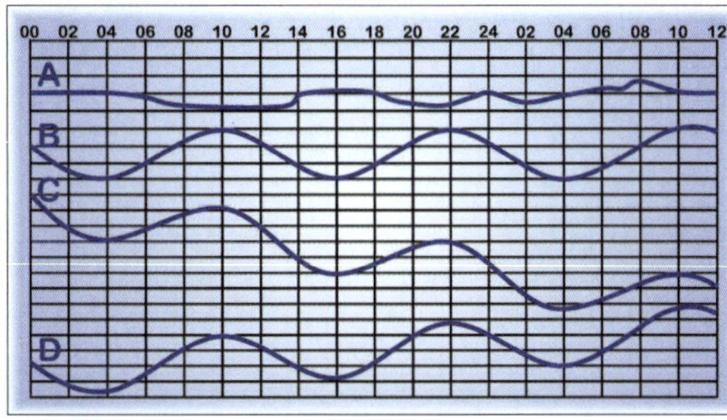

A: Ein unveränderlicher Druck kann auch ein lang anhaltendes, stationäres Tief bedeuten. In Wetterkarten kann ein gleicher Luftdruckwert, z. B. 990 hPa, innerhalb der Karte einem Tief, aber auch einem Hoch zugeordnet werden.

B: Bei stabiler, schöner Wetterlage wird der Barograf eine gezeitenförmige Kurve (Tide) mit einer Periodendauer von 12 Stunden aufzeichnen (Maximum bei 1000 und 2200 MOZ). Die Höhe der „Tagestide" ist in Südeuropa und im Mittelmeer (30–45°N) etwa 0,8 bis 1,5 hPa, in den Tropen nahe dem Äquator 3,0 bis 5,0 hPa, an den Polen nur etwa 0,0 bis 0,5 hPa.

C: Eine fallende, abwärts weisende Tagestide kündigt eine Wetterverschlechterung innerhalb von zwei bis drei Tagen an.

D: Eine steigende, aufwärts weisende Tagestide kündigt Wetterverbesserung an.

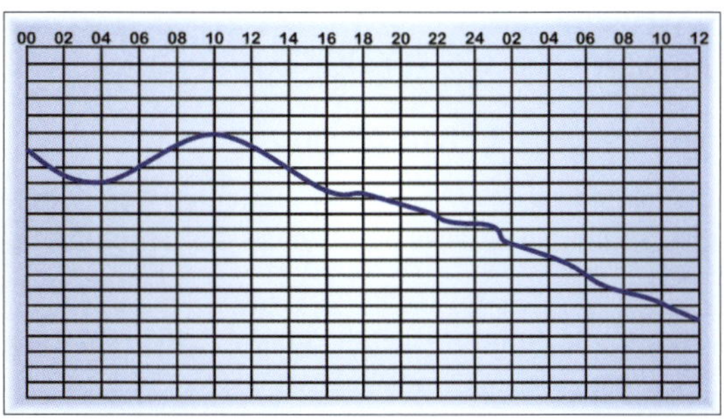

Bei noch deutlicherem Abwärtstrend und gestörter Tagestide verläuft die Wetterentwicklung wesentlich schneller. Entweder es herrscht schon schlechtes Wetter, oder es steht innerhalb weniger Stunden bevor.

In den Tropen ist dies ein sicheres Anzeichen für einen herannahenden Wirbelsturm.

Die nebenstehende Kurve zeigt die Entwicklung einer (schönen) Hochdruckwetterlage mit Tagestide zu einem deutlichen Abwärtstrend. Eine Tagestide ist nicht mehr zu erkennen.

Nach einem kräftigen Druckabfall bleibt der Druck für einige Stunden konstant. Dies kennzeichnet den Durchzug einer Warmfront **WF**, die zu einem Tief gehört.

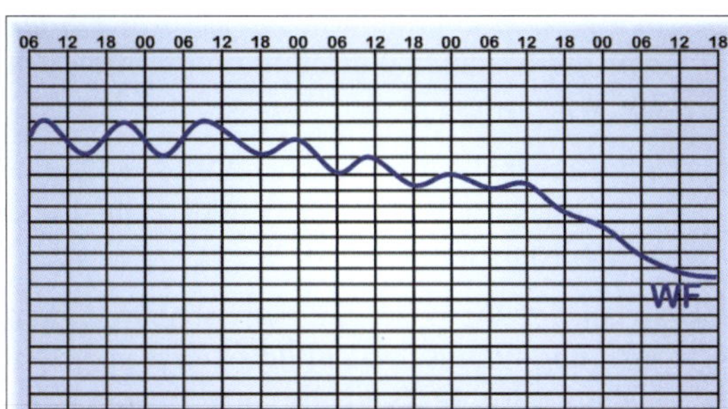

Nach dem Durchgang der Warmfront **WF** folgt ein weiterer, starker Druckabfall bis zum Durchzug der Kaltfront **KF**, wo auch der tiefste Druck festzustellen ist.

Nach dem Durchzug der Kaltfront steigt der Druck wieder deutlich und konstant an und kennzeichnet somit das sogenannte **Rückseitenwetter**.

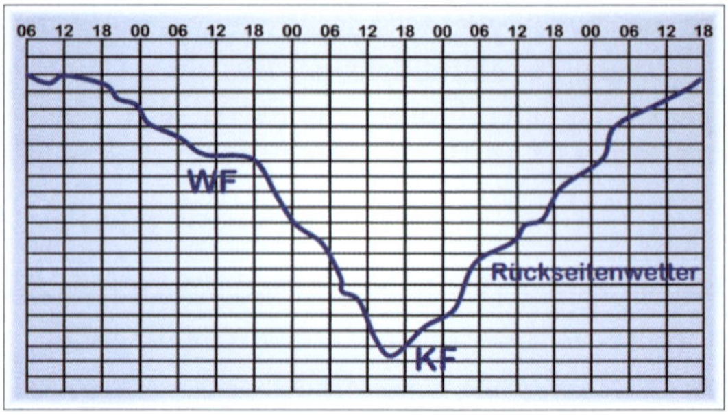

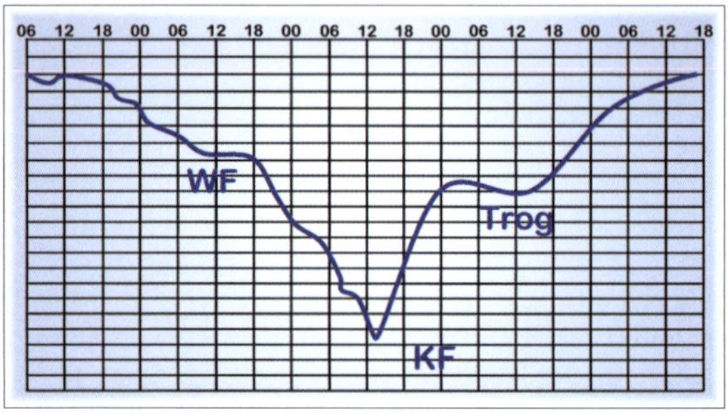

Wird der kontinuierliche Druckanstieg nach dem Durchgang der Kaltfront **KF** durch einen Bereich gleichbleibenden bis leicht fallenden Luftdrucks unterbrochen, bedeutet dies eine **Troglage**, die für etwa einen Tag Schlechtwetter und Starkwind bringt.

Grundsätzliche Luftdruckregeln:

- Luftdruckabfall bei rückdrehendem Wind bedeutet Annäherung eines Tiefs oder Tiefausläufers (Warmfront oder Okklusion).
- Verstärkt sich der Druckabfall (> 1 hPa/h), ist starker Wind (6 Bft) zu erwarten.
- Fällt bei starkem Wind der Druck weiter, herrscht Sturmgefahr.
- Schwacher, kontinuierlicher Luftdruckanstieg (< 0,5 hPa/h) bedeutet den Übergang zu Schönwetter (Warmluft aus Süd bis Südwest heißt, dass das Hochdruckgebiet östlich liegt).
- Nimmt die Druckabfallrate zu (Kurvenkrümmung nach unten wird stärker), kündigt sich Sturm an.
- Schwacher, kontinuierlicher Luftdruckabfall und etwas Erwärmung bei sinkender Feuchte bedeutet Warmluftzufuhr durch Rückdrehen des Windes auf Süd, also vor der Warmfront.
- Schwacher, kontinuierlicher Luftdruckabfall oder -anstieg (eventuell kurzer Stopp des Druckabfalls/-anstiegs) und rechtsdrehender Wind zeigen den Durchgang der Warmfront an.
- Dreht der Wind bei langsam abnehmendem Druckabfall jedoch allmählich weiter rück und nimmt der Luftdruck erst langsam, dann schneller wieder zu, ist das Tief äquatorwärts des Schiffes vorbeigezogen.

- Beim Durchgang der Kaltfront oder Okklusion dreht der Wind wieder rechts und der Luftdruck steigt an.
- Steigt der Luftdruck nach dem Durchgang der Kaltfront oder der Okklusion schnell an, folgt ein Hochdruckkeil oder ein (kleines) Zwischenhoch, welches nur vorübergehende Wetterbesserung bringt.
- Steigt der Luftdruck hinter einer Kaltfront langsam an, und nimmt der Wind nicht zu, oder der Wind nimmt sogar ab, deutet das auf Wetterbesserung hin (Aufbau eines Hochs).
- Steigt der Luftdruck hinter einer Kaltfront langsam an oder bleibt gleich, und nimmt der Wind stark ab (Flautenfront) und nach drei bis vier Stunden wieder langsam zu, folgt in der Regel ein stürmischer Trog, in dem der Wind unter langsamer Rechtsdrehung bis zum Sturm oder sogar Orkan werden kann.

6.7.3 Wetterregeln Mittelmeer

Die Grundregeln gelten selbstverständlich auch im Mittelmeer. Die geografischen Verhältnisse beeinflussen jedoch das Wetter, speziell im Mittelmeer, wesentlich und sind oftmals ausschlaggebender als die allgemeine Wetterlage, vor allem im Bereich der Küsten.

Plötzlicher **Temperaturanstieg** weist auf Sciroccolage (Südwind) hin, **Temperaturabfall** auf Mistral (Nord-/Nordwestwind). Die **Sichtverhältnisse** sind während des Sciroccos meist sehr schlecht, bei der nachfolgenden Kaltluft gut bis sehr gut. Angaben über **Windstärken** von Wetterstationen an Land sind von den dort herrschenden Verhältnissen (z. B. Windabdeckung durch Gebirge) beeinflusst und daher oftmals niedriger als auf See. Außerdem ist der in Küstennähe tatsächlich auftretende Wind in Stärke und Richtung von lokalen Winden (Landwind, Seewind usw.) wesentlich abhängig.

Im **westlichen Mittelmeer** weist fallender Luftdruck auf die Vorderseite einer Zyklone hin. Wind aus Ost bis Süd (Scirocco) weist auf Eintrübung, schlechte Sicht und Niederschlag hin. Anschließender Anstieg des Luftdrucks bedeutet Rückseitenwetter. Regen mit anschließender Wetterbesserung und Boxen (Mistral) sind zu erwarten, allenfalls auch Gewitter. Druckabfall im Bereich des Levante bzw. Luftdruckanstieg im westlichen Mittelmeer verstärken den Meltemi im **östlichen Mittelmeer**. Fällt der Druck über dem Ionischen Meer, wird der Meltemi schwächer.

6.8 WETTERKARTEN, WETTERBERICHTE

Für die Beurteilung einer Wettersituation und deren Entwicklung kann man nie genug Informationen haben. Neben den eigenen Beobachtungen von Wolkenformationen, Luftdruckentwicklung, Luftfeuchtigkeit, Temperaturverlauf usw. sind aktuelle Wetterberichte von größter Bedeutung.

Neben den üblichen Wetterberichten aus Tageszeitungen oder dem Rundfunk werden von verschiedenen Stellen Seewetterberichte herausgegeben. Ein Seewetterbericht besteht aus mehreren Teilen und enthält üblicherweise:

- **Warnungen** oder Hinweise auf Starkwind (6 bis 7 Bft) oder Sturm (8 Bft und mehr)
- die **Wetterlage**
- die **Vorhersage** für 12 Stunden
- die **Aussichten** für die weiteren 12 Stunden
- **Stationsmeldungen**

Wetterberichte sind zu erhalten über:

- **Aushang** am Hafenamt oder in den Marina-Büros
- **Rundfunk, TV, Tageszeitungen** (einige Rundfunkanstalten senden regelmäßig den Seewetterbericht des Deutschen Wetterdienstes DWD)
- **Telefon** (kostenpflichtig), z. B. BSH, Flughafenwetterdienste, private Anbieter
- **Internet**
- **Seefunkdienste** geben regelmäßig Seewetterberichte über Küstenfunkstellen heraus (UKW und GW/KW). Außerhalb der Sendezeiten werden Sturmwarnungen als PanPan- oder Securite-Meldungen ausgestrahlt. Informationen über Frequenzen, Sendezeiten, Gebiete usw. finden wir z. B. im Handbuch Nautischer Funkdienst (Wetter- und Warndienste), im Jachtfunkdienst oder in der Admiralty List of Radio Signals (englisch).
- **Wetterkartenempfänger** (Wetterfax)
- **NAVTEX** *(Navigational Text Messages)*: Neben für die Schifffahrt wichtigen Meldungen wie z. B. treibende Schiffe, Schießübungen usw. werden auch Wetterberichte verbreitet, vor allem Sturm- und Starkwindwarnungen.

Darstellungen, Symbole und Bezeichnungen in Wetterkarten:

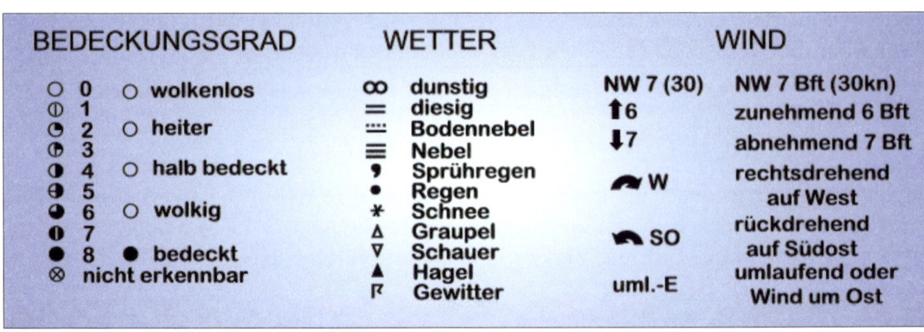

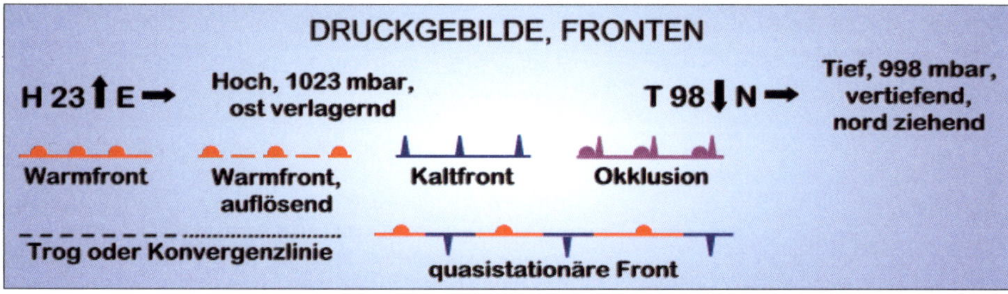

Begriffe und Bezeichnungen in Wetterberichten	
Hoch *Druckwert im Schwerpunkt*	*festliegend, verlagernd oder wandernd (150 sm/h), rasch wandernd (200 – 300 sm/24h)* *abschwächend (fallender Druck im Zentrum), verstärkend (steigender Druck), ausweitend (mit Richtungsangabe)*
Tief, Teiltief, Randtief, Trogtief *Druckwert im Schwerpunkt*	*festliegend, langsam ziehend (5 – 10 kn), ziehend (≈ 20 kn), rasch ziehend (30 – 40 kn)* *abschwächend (steigender Druck im Zentrum), rasch abschwächend (Druckanstieg > 4 hPa/3 h), vertiefend (fallender Druck im Zentrum), stark vertiefend (Druckabfall > 4 hPa/3h), auffüllend (innerhalb von 12 h keine geschlossene Isobare mehr vorhanden)*
Hochkeil, Keil *mehrere Druckwerte entlang der Keilachse*	*schwenkend, verlagernd, festliegend, abschwächend (Druckabfall), verstärkend (Druckanstieg)*
Kaltfront, Warmfront, Trog *Druckangabe entlang der Front*	*schwenkend, ziehend, festliegend* *abschwächend (Wetterwirksamkeit lässt nach, Winddrehung wird schwächer), verstärkend (Wetterwirksamkeit nimmt zu, Winddrehung wird stärker)*
Ausläufer *Druckangabe entlang der Front*	*oft für Okklusion verwendet, Begriffe wie oben*
Wind	*Richtungsangabe nach Himmelsrichtungen, aus denen der Wind kommt* *Windgeschwindigkeit in Bft, kn oder m/s (siehe 6.2.1)* *Windgeschwindigkeiten an Land: Windstille 0 Bft, leicht 1 – 3 Bft, mäßig 4 Bft, frisch 5 Bft, stark 6 – 7 Bft, Sturm 8 Bft*
Sturmwarnungen	*Starkwind – mittlere Geschwindigkeit 30 kn (7 Bft) Sturm – mittlere Geschwindigkeit ≥ 34 kn (8 Bft) in Böen deutlich mehr* *schwerer Sturm – mittlere Geschwindigkeit ≥ 41 kn (9 Bft), in Böen deutlich mehr* *Orkan – mittlere Geschwindigkeit ≥ 48 kn (10 Bft), in Böen deutlich mehr* *bevorstehend – innerhalb 6 Stunden* *bald – 6 bis 12 Stunden* *später – mehr als 12 Stunden*

Sicht	*gute Sicht – Sichtweite > 5 sm,* *mäßige Sicht – Sichtweite 2 – 5 sm,* *schlechte Sicht – Sichtweite 1 km – 2 sm* *Nebel – Sichtweite < 1 km (Landwetterberichte : Dunst, diesig 1000 – 2000 m, dicker Nebel 200 – 1000 m, dichter Nebel < 50m)*
Luftdruck	*bei geringen Luftdruckänderungen kommt den Angaben für Luftdrucktendenzen kaum Bedeutung zu (die „normale" Luftdruckschwankung in nördlichen Breiten beträgt ~ 1 hPa, am Äquator 3 – 5 hPa)!* *gleichbleibend – < 0,1 hPa/3 h,* *langsam steigend/fallend – 0,1 bis 1,5 hPa/3 h,* *steigend/fallend – 1,6 bis 3,5 hPa/3 h,* *schnell steigend/fallend – 3,6 bis 6,0 hPa/3 h* *sehr schnell steigend/fallend – >6,0 hPa/3 h,* *jetzt steigend/fallend – Wechsel der Drucktendenz von steigend zu fallend oder umgekehrt*
Seegang	*Tabelle siehe 6.5.1*

Stationsmodell:

Für die Erstellung einer eigenen Wetterprognose benötigt man Stationsmeldungen, die Windrichtung und -stärke, Luftdruck und Luftdrucktendenz, Bedeckungsgrad, Sicht, Temperatur und die Niederschlagstätigkeit angeben. Wetterdienste übermitteln diese Stationsmeldungen in bestimmten Zahlenschlüsseln, wie nebenstehend dargestellt.

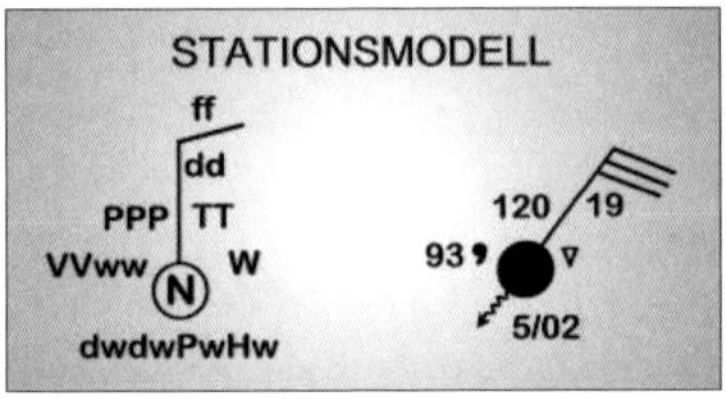

Bedeckungs- und Windgruppe Nddff	
Bedeckungsgrad „N = 8"	*Der Bedeckungsgrad wird in Achtel angegeben.* *(Beispiel: 8/8 = bedeckt)*
Windrichtung „dd = 03"	*Die Windrichtung wird in Zehnergraden angegeben (280° = 28) bzw. durch die Richtung der „Windfahne" zum Stationskreis.* *(Beispiel: 030°)*
Windgeschwindigkeit „ff = 30"	*Die Windgeschwindigkeit wird durch Striche in Richtung des tieferen Drucks angegeben.* *5 kn (1 Bft) = halber Strich, 10 (2 Bft) = ganzer Strich, für 50 kn (10 Bft) steht ein Sturmwimpel.* *(Beispiel: 30 kn oder 6 Bft)*
Sichtweiten- und Wettergruppe VVwwW	
Sichtweite „VV = 93"	*Die Sichtweite wird mit Kennziffern angegeben.* *Sichtweite auf See = 9; 9 = außergewöhnlich gute Sicht (25 sm), 8 = sehr gute Sicht (10 sm), 7 = gute Sicht (5 sm), 6 = mäßige Sicht (2 sm), 5 = schwach diesig (1 sm), 4 = diesig (0,5 sm), 3 = dünner Nebel (500 m), 2 = mäßiger Nebel (200 m), 1 = starker Nebel (50 m), 0 = dicker Nebel (< 50 m).* *(Beispiel: Sichtweite auf See 500 m)*

Wetter „ww = 27"	*Die Wettersituation an der Station wird durch das entsprechende Symbol bzw. die Kennziffer dargestellt. (Beispiel: mäßiger Sprühregen)*
Wetterverlauf „w = 8"	*Der Wetterverlauf an der Station wird durch das entsprechende Symbol bzw. die Kennziffer dargestellt. (Beispiel: Schauer)*
Luftdruck- und Temperaturgruppe PPPTT	
Luftdruck „PPP = 120"	*Die Angabe der Hunderter entfällt. (Beispiel: 1012,0 hPa)*
Temperatur „TT = 19"	*Beispiel: 19 °C*
Wellengruppe $d_w d_w P_w H_w H_w$	
Richtung Windsee „$d_w d_w$ = 03"	*Die Richtung der Windsee wird in Zehnergraden angegeben (280° = 28) bzw. durch die Richtung der „Wellenlinie" vom Stationskreis. (Beispiel: 030°)*
Wellenperiode „P_w = 05"	*Dauer der Wellenperiode in Sekunden (Beispiel: 5 Sek.)*
Wellenhöhe „H_w = 02"	*Wellenhöhe in Meter (Beispiel: 2,0 m)*

6.8.1 Wetterfunk

Vom BSH (Bundesamt für Seeschifffahrt und Hydrographie) wird jährlich das Handbuch ***Nautischer Funkdienst*** (BSH Nr. 5000) herausgegeben. Es enthält Angaben über Frequenzen und Sendezeiten einzelner Küstenfunkstellen, NAVTEX- und Rundfunksender für den Empfang von Wettermeldungen, Warnnachrichten oder das Aussenden von Notrufen. Monatlich erscheinen Aktualisierungen. Als Auszug aus dem Nautischen Funkdienst und dem jeweiligen Revierfunkdienst erscheint jährlich der ***Jachtfunkdienst Nordsee, Ostsee und Englischer Kanal***.

Für die Gewässer um Großbritannien steht als englischsprachige Unterlage ***Reeds Nautical Almanac*** zur Verfügung.

Alle Zeitangaben sind grundsätzlich in UTC = MEZ – 1 Stunde, außer bei Rundfunksendern, die Zeiten oft in GZ (gesetzliche Zeit) angeben. Sommerzeit beachten. Grundsätzlich sollten Wetterberichte, besonders fremdsprachige, auf Band aufgenommen werden, um Zeit für eine ordentliche Auswertung zu haben. Deutschsprachige Aussendungen sind für den Mittelmeerraum zumeist nicht so aktuell wie die der Anrainerstaaten.

6.8.2 Meteorologisches Wörterbuch

Deutsch	*Italienisch*	*Französisch*	*Englisch*
Wetterbericht	bolletino meteorologico	bulletin météorologique	weather report
Vorhersage	previsione	prévision	forecast
Aussichten	previsione ulteriore	perspective	outlook
Warnung (vor)	avviso; segnale	avis	warning
– Starkwind	di raffica	coup de vent	strong wind
– Sturm	di tempesta	tempête	storm warning
Sturmstärke > 8	vento di tempesta	tempête	gale force
Entwarnung	revoca di tempesta	fin d'alerte	cancellation
Wetterlage	situazione generale del tempo	frontologique générale	inference
Verstärkung	intensificazione	renforcement	reinforcement
Abschwächung	attenuazione	affaiblissement	weakening
Verschlechterung	peggioramento	aggravation	deterioration
Hoch	alta pressione	anticyclone	high
– Hochkeil	promontorio	dorsale anticyclone	ridge
Störung	perturbazione	perturbation	disturbance
Tief	ciclone	dépression	low, depression
– flaches Tief			shallow depression
– Teiltief	ciclone secondario	dépression secondaire	secondary depression
– Tiefausläufer	saccatura	thalweg	trough
– Trog	saccatura di bassa pressione	creux	trough
– Tiefdrucksystem	sistema di ciclone	système dépressionaire	complex depression
Front	fronte	front	front
– Kaltfront	fronte freddo	front froid	cold front
– Warmfront	fronte caldo	front chaud	warm front
Okklusion	occlusione	occlusion	occlusion
Rückseite eines Tiefs	parte poteriore della depressione	traine, arrière d'une dépression	rear of depression
verlagernd	si muove	se déplacant	moving
Wind	venti	vent	wind
– Windstärke	forza	force	force (Bft-skala)
– Windrichtung	direzione	direction	direction
N	settentrione	vent du nord	northern
NO	nord-est	nordé/nord-est	north-east
O	est (levante)	est	east(erly)
SO	sud est	sud-est	south-east
S	sud	sud (midi)	south(erly)
SW	sud ovest	sud-ouest / suroît	south-west
W	ovest (occid.)	ouest	west(erly)
NW	nord-ovest	nord-ouest	north-west

Deutsch	*Italienisch*	*Französisch*	*Englisch*
(Sturm-)Bö	raffica, colpi di venti (groppo)	rafale (grain)	gust (squall)
Drehen/Änderung des Windes	rotazione del vento	rotoation du vent	shifting of the wind
rechtsdrehend	rotazione oraria	dans le sens des aiguilles d´une montre	veering
rückdrehend	rotazione a sinistra	en sens contraire	backing
umlaufend	venti variabili	vents variables	variable winds
umspringend	rotazione brusca del vento	saute de vent	shifting
stürmischer Wind	burrasca	coup de vent	gale
Böenfront	linea de groppo	ligne de grain	line squall
Landwind	brezza di terra	brise de terre	offshore wind
Seewind	brezza di mare	brise de mer	onshore wind
Seegang	mare	mer	sea
Welle	onda (ondoso)	onde	wave
Dünung	onda lunga	houle	swell
Sicht	visibilità	visibilité	visibility
– gut	buona	bonne	good
– mäßig	scarsa	médiocre	moderate
– schlecht	foschia	mauvaise	poor
Nebel	nebbia	brouillard	fog
Frühnebel	nebbia mattutina	brouillard matinal	fog at dawn
Bewölkung	nuvolosità	nuages	clouds
heiter/sonnig	sereno	clair	bright, fair
bedeckt	coperto	couvert	overcast
bewölkt	nuvoloso	nuageux	cloudy
Luftdruck	pressione	pression atmosphérique	pressure
Druckgefälle	gradiente barico di pressione	gradient de pression	pressure gradient
Besonderes			
Gewitter	temporale	orage	thunderstorm
Niederschlag	prezipitazione	précipitations	precipitation
Regen	pioggia	pluie	rain
Schauerwetter	rovesci	averses	showery
Nieseln	pioggia sottile	bruinement	drizzle
Luftmasse	massa d´aria	masse d´air	air mass

7.1 ANKERGESCHIRR

Zum Ankergeschirr gehören der Anker und alle Bauteile, mit denen der Anker verbunden ist und die zu seiner Bedienung gehören:

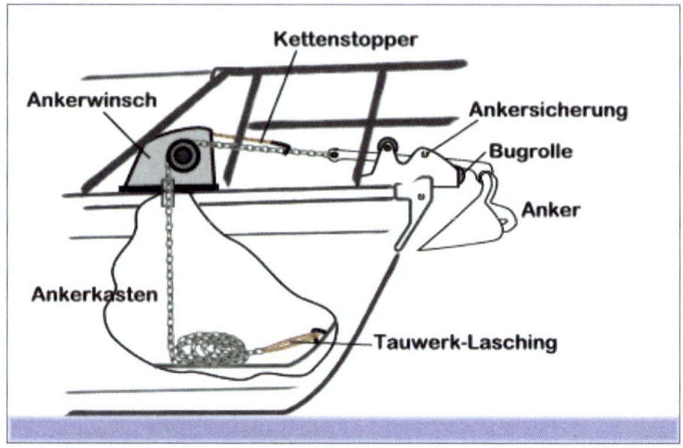

- **Anker**
- **Kette, Trosse**
- **Kettenklüse**
- **Ankerspill, Ankerwinsch**
- **Kettenstopper**

7.1.1 Anker

Die Haltekraft jedes Ankers hängt vom Winkel seines Schaftes zum Meeresgrund ab und dieser Winkel weitgehend vom Verhältnis Ketten-(Trossen)länge zur Wassertiefe. **Gewichtsanker** (Stockanker) halten vor allem aufgrund ihres Gewichtes, **Patentanker** (alle anderen) aufgrund ihrer Form. Es gibt keinen optimalen Anker, wohl aber sind verschiedene Ankertypen für unterschiedlichen Ankergrund besser oder schlechter geeignet.

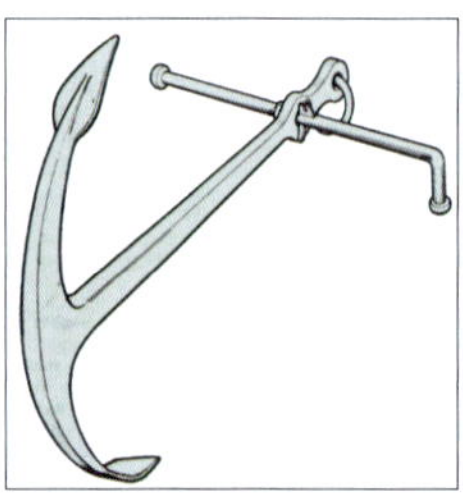

Stockanker:

Ältester noch gebräuchlicher Anker, geringerer Wirkungsgrad (Verhältnis der Haltekraft zu Gewicht) als andere Ankertypen, aber auf steinigem Grund, Schlick über hartem Sand und Seegras, bei entsprechendem Gewicht gut einsetzbar.

Haltekraft 40 – 150 (Ø 100)-faches Ankergewicht.

Pflugschar-Anker (CQR-Anker):

Gut haltend in Sand und festem Schlick, schlecht bei Seegras, Kiesel oder Steinen. Bricht beim Schwojen ab etwa 90° aus, fasst aber schnell wieder. Lässt sich leicht ausbrechen (außer in Schlamm und Schlick).

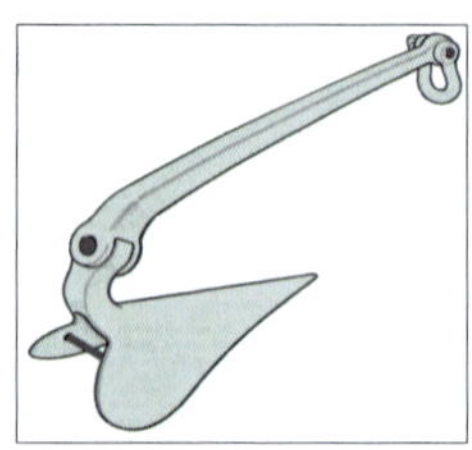

Haltekraft 200 – 700 (Ø 500)-faches Ankergewicht.

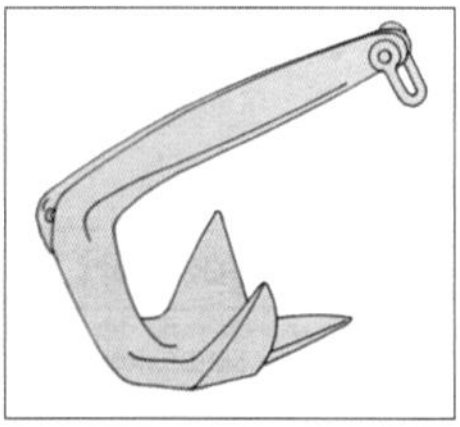

Bruce-Anker:

Der Bruce-Anker ist eine Sonderform des Pflugschar-Ankers mit zwei zusätzlichen Flunken seitlich der Pflugschar. Die Verbindung zum Ankerschaft ist starr. Hohe Haltekraft im Verhältnis zum Gewicht. Bricht bei starkem Schwojen des Schiffs leicht aus. Ähnlich schlecht zu stauen wie der Pflugschar-Anker.

***Plattenanker** (meist **Danforth**):*

Gut haltend auf Sand, Schlick, Kies und festem Lehm (Ton), schlecht bei Seegras und Fels. Der Vorteil liegt in dem geringeren Gewicht, bei gleicher Haltekraft. Da der Plattenanker auch zusammengelegt und so besser verstaut werden kann, wird er oft als Zweitanker verwendet. Eine Sonderform des Plattenankers ist der **Heuss-Spezial-Anker** *(ohne Abb.)*, dessen Flunken nach außen gerichtet sind.

Haltekraft 200 – 900 (Ø 600)-faches Ankergewicht.

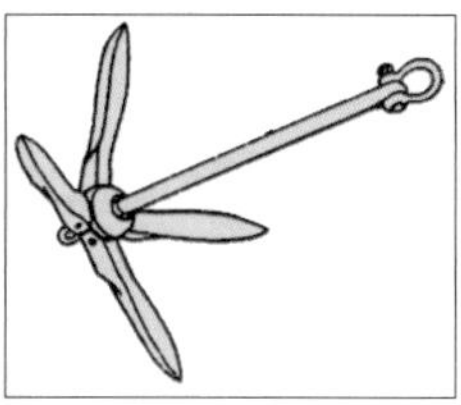

Draggen:

Je nach Konstruktion als **Klappdraggen** *(siehe Abb.)* bzw. **Schirm- oder Umsteckdraggen**. Gut haltend auf Felsen, Geröll, Korallen und verkrautetem Grund, schlecht haltend bei weichem oder sandigem Grund.

Haltekraft sehr begrenzt.

7.1.2 Ankerausrüstung

Alle Bauteile, mit denen der Anker verbunden ist und die zu seiner Bedienung gehören.

❒ ***Ankerkette oder -leine (Trosse)***

Eine **Ankerkette** soll am Schiff immer mit einer leicht lösbaren Verbindung befestigt sein, damit diese im Notfall durchgeschnitten werden kann. Die Kettenstärke einer 12-m-Yacht beträgt im Normalfall 8 oder 10 mm. Nützlich zur Bestimmung der exakten, auslaufenden Kettenlänge sind sogenannte **Kettenzähler**, welche die über das Kettenrad ausgelaufene Kettenlänge mitzählen. Alternativ dazu können an der Kette Längenmarkierungen angebracht sein.

Die Haltekraft des Ankers nimmt mit dem Winkel des Ankerschafts zum Grund drastisch ab. Neben einer ausreichenden Ketten- bzw. Trossenlänge hält vor allem das Gewicht der Kette den Ankerschaft am Grund. Deshalb ist die Kette einer Ankerleine (Trosse) jedenfalls vorzuziehen. Wenn schon eine Ankerleine (z. B. aus Gewichtsgründen) verwendet wird, dann mit Kettenvorlauf, der mindestens 25 % der Länge der Trosse betragen soll. Eine Ankerleine muss bruchfest und elastisch sein, keinesfalls darf sie schwimmen.

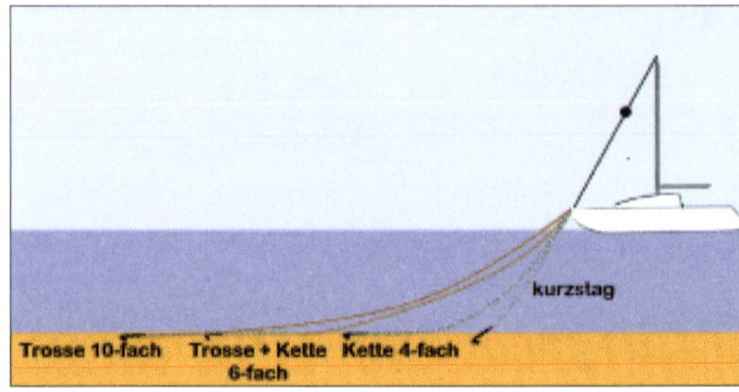

Hinsichtlich der „richtigen" **Ketten- bzw. Trossenlänge** wurde schon viel diskutiert und geschrieben. Jedenfalls richtig ist, dass mehr Kette oder Trosse sicherer ist als weniger. Einen Anhaltswert für die Mindestlänge bei üblichen Wassertiefen zum Ankern zwischen 5 und 10 m gibt die nebenstehende Grafik: 3- bis 5-fache Wassertiefe bei Kette, 5- bis 7-fache Wassertiefe bei Trosse mit Kettenvorlauf und 10-fache Wassertiefe bei nur Trosse. In Gezeitengewässern sind die angegebenen Werte um das 3-fache des Tidenhubs zu verlängern.

❒ *Ankerwinsch*

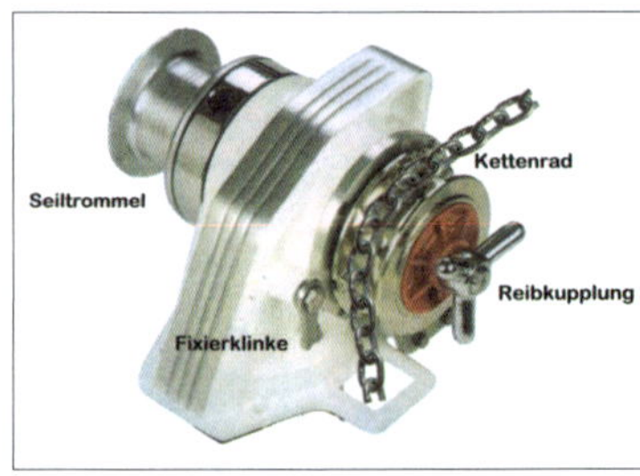

Ein wesentlicher Bestandteil des Ankergeschirrs ist die **Ankerwinsch**, die über dem Ankerkasten oder im Ankerkasten montiert ist. Bei größeren Yachten wird das Kettenrad (die Kettennuss) über einen Elektromotor angetrieben. Bei fixierter Reibkupplung wird die Kette zum Ankerlichten eingeholt. Zum Kettestecken kann die Reibkupplung (dosiert) nachgelassen werden. Die Ankerwinsch darf wegen des enorm hohen Stromverbrauchs nur bei laufendem Motor benutzt werden (mind. 1500 U/min). Das Kettenrad wird mit der Fixierklinke mechanisch gesperrt, damit der Zug der Ankerkette nicht auf den Elektromotor wirkt. Zur manuellen Bedienung dient der Ankerstock *(Spillspake)*.

❒ *Kettenklaue*

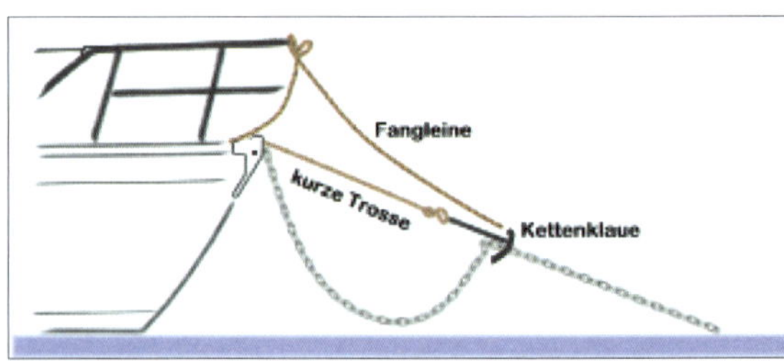

Zur Entlastung der Ankerwinsch und um das Einrucken bei harten Böen abzufangen, wird die Kette mit einer Trosse unterfangen. Die Trosse wird entweder mit einem Stopperstek in die Kette eingebunden oder mittels **Kettenklaue (Kettenhaken, Kettenstopper, Teufelskralle)**. Die Kettenklaue dient auch dazu, den Anker bei ausgefallener Ankerwinsch mittels Leine über eine Winsch holen zu können.

Zum Markieren des Ankers dient eine **Ankerboje**, die gut sichtbar sein muss. Ist die Bojenleine stark genug, kann sie auch zum Ausbrechen des Ankers verwendet werden. Allerdings bricht sie dann auch den eigenen Anker aus, sollte sie beim unbeabsichtigten Überfahren eines anderen Schiffs in dessen Schraube geraten.

7.2 ANKERPLATZ

Entscheidende Bedeutung für ein sicheres Ankern hat die Auswahl des Ankerplatzes. Neben der geeigneten Tiefe (Kettenlänge) muss der Ankerplatz Schutz vor Wind und Schwell bieten. Eine flache Uferformation bietet meist bessere Voraussetzungen als Ankerplatz als eine hohe Steilküste (Fallböen). Die Windabdeckung an einem niedrigen Ufer ist zwar geringer als bei einer hohen Küstenlinie, die Gefahr von Fallböen aber auch. Schwere See belastet das Ankergeschirr mehr als starker Wind und führt leichter zum Ausbrechen des Ankers. Aufgrund der herrschenden Windrichtung ist der Ankerplatz so zu wählen, dass die Küste in Luv liegt (ablandiger Wind). Unter Berücksichtigung der möglichen Winddrehungen ist ferner darauf zu achten, dass der Ankerplatz nötigenfalls unter Segel wieder verlassen werden kann. Ferner muss genügend Raum zum Schwojen vorhanden sein, und selbstverständlich darf an Plätzen mit Ankerverbot *(in der Seekarte ersichtlich)* nicht geankert werden.

Ankergrund

- **Ton** und **Sand** sind als Ankergrund bestens geeignet.
- **Kleine Steine** oder **Kies** sind ein ausreichender Ankergrund (der Anker sollte spitze Flunken haben).
- **Muschelgrund** entspricht etwa kleinen Steinen; kein sehr guter Ankergrund, aber besser als felsiger Boden.
- (Weicher) **Schlickboden** ist nicht ideal, aber ein möglicher Ankergrund; schwere Anker saugen sich fest und sind daher schwer auszubrechen.
- (Große) **Steine** oder Felsen sind als Ankergrund ungeeignet; wenn der Anker hält, ist er kaum wieder auszubrechen *(Abhilfe: Trippleine).*
- **Schlamm, Seegras, Schlingpflanzen, Seetang** und **Felsboden** sind gänzlich ungeeignet.

7.3 ANKERMANÖVER

Die Kräfte, die es vor Anker liegend zu berücksichtigen gilt, sind **Wind** (der sich sowohl in Richtung als auch in Stärke ändern kann), **Strom** (vor allem Gezeitenstrom, der sich zur Windkraft addieren kann) und **Seegang**. Es müssen nicht nur die momentan herrschenden Bedingungen, sondern auch die möglichen Änderungen *(Wettervorhersage)* berücksichtigt werden.

Zunächst wird eine geeignete Ankerbucht *(Seekarte, Hafenführer)* ausgewählt. Grundsätzlich sollte der Ankerplatz im Lee einer Küste liegen. Eine flache Uferformation (wenn möglich mit Baumbewuchs) bietet oft bessere Bedingungen als eine hohe Steilküste. Die Windabdeckung an einem niedrigen Ufer ist zwar schwächer als bei einer hohen Küstenlinie, die Gefahr von Fallwinden aber wesentlich geringer. Der Ankergrund muss geeignet sein *(siehe 7.2)* und es muss genügend Raum zum Schwojen geben.

❐ ***Vorbereitung***
Kommando: Klarmachen zum Ankern!

Segel bergen und Maschine starten, Ankerwinsch einschalten (evtl. Fernbedienung anstecken), Anker klarmachen und außenbords bis knapp über die Wasserlinie hängen. Eventuell Landleine vorbereiten (und das Beiboot bereithalten). Eventuell Fender ausbringen.

Rückmeldung: Klar zum Ankern!

❐ ***Das Manöver***
Rückmeldung: Anker ist klar zum Fallen!

1 Nach einer Platzrunde wird der beabsichtigte Ankerplatz gegen Wind und Strom angefahren und das Schiff schließlich abgestoppt.

2 Der Anker fällt, wenn das Schiff steht *(Kommando: Fallen Anker!).*

3 Ist der Wind stark genug, lässt man das Schiff achteraus treiben (sonst mit etwas Motorunterstützung).

4 Zunächst etwas mehr als die Hälfte der beabsichtigten Kettenlänge stecken und die Kette kurz aufstoppen.

5 Trägt der Anker, wird der Bug Richtung Anker gezogen, und die Kette kommt steif.

6 Den Rest der beabsichtigten Kettenlänge nachstecken.

7 Hat sich das Schiff am Wind ausgerichtet, wird zur Überprüfung der Haltekraft für etwa 3 bis 5 Sekunden achteraus gearbeitet; der Anker sollte sich eingraben.

8 Nachdem der Anker eingefahren ist, wird eine Ankerpeilung (Kreuzpeilung, Deckpeilung ist nicht ausreichend) gemacht und ins Logbuch eingetragen (ebenso Uhrzeit, Wassertiefe und Wetterverhältnisse). Ankerball (bei Dunkelheit oder schlechter Sicht Ankerlicht) setzen. Maschine aus. Ankerkette sichern.

Ein kurzer Tauchgang verschafft Gewissheit, dass der Anker wirklich eingegraben ist und trägt und die Kette ordentlich liegt. Beim Ankermanöver ist darauf zu achten, dass nicht über den eigenen Anker gefahren wird, da so die Kette am Ankerschaft unklar kommen könnte und dann bei Belastung den Anker ausbricht. Wird der Anker mit dem Beiboot ausgebracht, sind Anker und Trosse am Beiboot zu stauen, ebenso wenn eine Landleine ausgebracht wird. Das Beiboot sollte mit einer eigenen Leine am Schiff gesichert sein.

Zum Ankerlichten wird die Maschine gestartet, der Anker kurzstag geholt, der Anker auf- und niedergeholt und dann ausgebrochen.

Unter Segel wird das Ankermanöver mit geborgenem Vorsegel gefahren. Sonst wie unter Motor. Zum Ankerlichten wird das Großsegel gesetzt und zunächst der Anker kurzstag geholt. Dann wird das Großsegel backgehalten, der Anker auf- und niedergeholt und dann ausgebrochen.

Liegt eine fremde Kette über der eigenen, wird diese mit dem eigenen Anker gehoben und mit einer Leine (auf Slip) unterfangen und gehalten. Der eigene Anker wird entlastet und aufgeholt, die fremde Kette wieder fallen gelassen.

7.4 ERHÖHUNG DER HALTEKRAFT DES ANKERS

7.4.1 Mehr Kette stecken

Die Kette (bzw. ein Kettenvorlauf) hält mit ihrem (seinem) Eigengewicht den Ankerschaft auf dem Grund und erhöht durch Reibung am Grund die Effektivität des Ankergeschirrs. Als erste Maßnahme zur Erhöhung der Haltekraft des Ankers kann also mehr Kette gesteckt werden, wobei der dadurch vergrößerte Schwojkreis berücksichtigt werden muss.

7.4.2 Ankergewicht

Eine weitere Möglichkeit bietet ein Ankergewicht oder Reitgewicht. Falls ein solches nicht vorhanden ist, kann jedes andere kompakte Metallteil (oder ein Stück Kette in einem stabilen Sack) mit mindestens 10 kg Gewicht verwendet werden. Das Ankergewicht wird an der Ankerkette mit einem Gleitschäkel und einer eigenen Leine möglichst bis an den Ankergrund gefiert und hilft so, den Schaft des Ankers am Boden zu halten, aber auch die Zugrichtung auf den Anker gleich zu halten sowie die ruckartige Belastung bei böigem Wind auf den Anker zu vermindern.

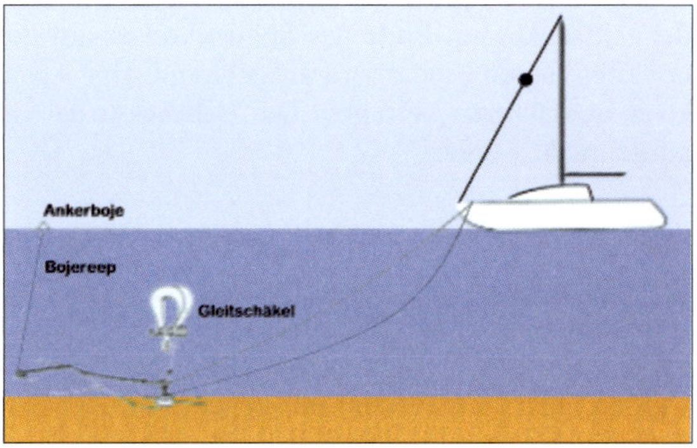

Ein Ankergewicht hilft aber auch, den Schwojkreis zu verringern, wenn es weniger weit, etwa bis zur Hälfte der gesteckten Ankerkette, gefiert wird.

7.4.3 *Verkatten*

Eine Vergrößerung der Haltekraft wird auch durch einen zweiten Anker vor dem Hauptanker erreicht. Man spricht dabei von Verkatten.

Der Hilfsanker (Kattanker) wird an einer Kette (etwas länger als die Wassertiefe) an das Kreuz des Hauptankers gesteckt. Der Kattanker hält den Hauptanker auf Grund, beide Anker halten, und das Ankergeschirr weist so eine wesentlich größere Haltekraft auf als nur mit einem Anker.

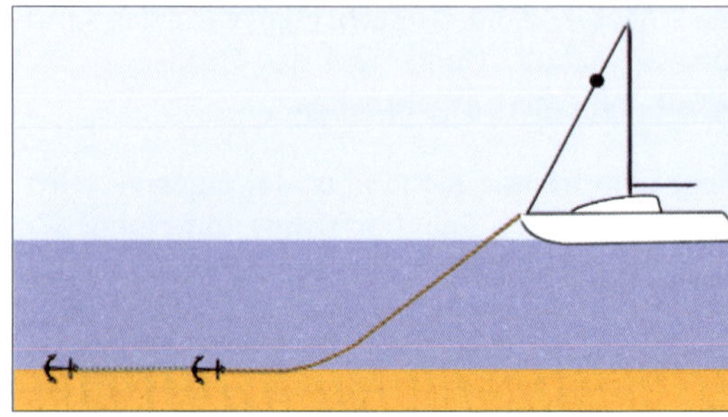

7.4.4 *Vermuren*

Werden zwei Buganker an eigener Kette ausgebracht, nennt man dies Vermuren. Der zweite Anker kann über eine zweite Bugrolle (wenn vorhanden) ausgebracht werden oder in die Kette des ersten Ankers eingeschäkelt werden.

Zwei Buganker erzielen mehr Haltekraft als ein einzelner Anker und verringern den Schwojkreis. Die beiden Ankerketten müssen in einem Winkel von etwa 30 – 45° ausgebracht werden und sollen ungleich lang sein (wegen der Gefahr des sich Verhakens der Anker sollten diese schlieren). Nach Ausbringen des Hauptankers wird der Hilfsanker am Ende des Schwojkreises auf der Seite, aus der die Winddrehung zu erwarten ist, an Steuerbord ausgebracht. Der Abstand zum Hauptanker soll mindestens zwei Bootslängen betragen. Der Hilfsanker darf nie weiter in Luv als der Hauptanker ausgebracht werden.

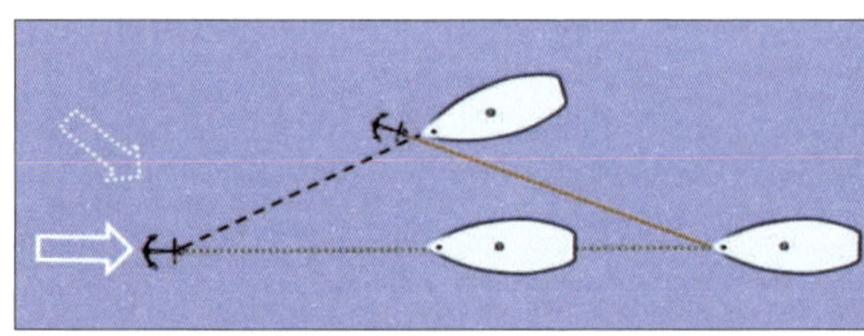

7.4.5 *Ankern mit zweitem Anker im Strom*

Vor allem beim Ankern in Tidengewässern muss mit zwei Bugankern, die in entgegengesetzter Richtung ausgebracht werden, geankert werden, um gegen das Kentern des Stroms gewappnet zu sein. Auch wenn der Strom gegen die Windrichtung setzt, sind zwei Anker nötig.

Die zweite Kette wird so an die erste geschäkelt, dass das Schiff ungehindert über die Leetrosse schwojen kann, also

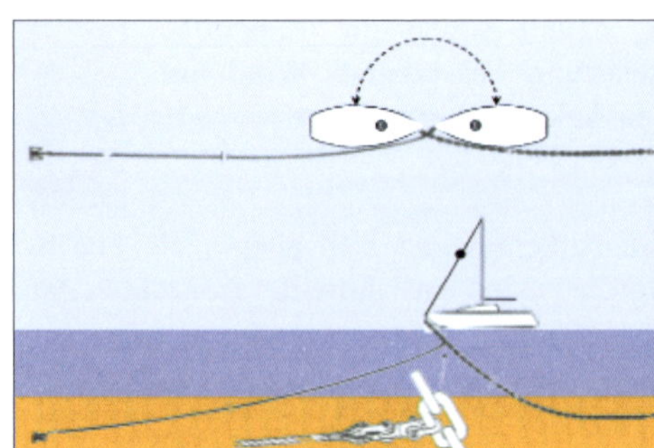

etwas unterhalb der Wasserlinie. Der Schwojradius reduziert sich dabei auf ein Minimum von etwas mehr als zwei Schiffslängen.

7.5 BESONDERE ANKERMANÖVER

❐ *Landleine*

Eine **Landleine** – bei stark drehenden Winden manchmal auch eine zweite – wird ausgebracht, um ein Schwojen des Schiffes zu verhindern, z. B. bei beengten Platzverhältnissen oder wenn starker ablandiger Wind bzw. Böen erwartet werden. Durch die Fixierung der Schiffsachse bleibt die Zugrichtung der Ankerkette gleich. Ein seitliches Ausbrechen des Ankers wird verhindert.

Üblicherweise wird das Beiboot zunächst nur klargemacht (Außenbordmotor, Riemen, Besatzung). Nach dem Ankermanöver wird die Landleine mit dem Beiboot ausgebracht und am Ufer festgemacht. Die Landleine sollte vom Schiff aus nachgereicht werden.

Bei ablandigem Wind sollte das Beiboot mit der Landleine vor Beginn des Ankermanövers unter Land abgesetzt werden. Nach dem Festmachen der Landleine beginnt das eigentliche Ankermanöver in Achterausfahrt gegen den Wind. Während des Manövers kommt das Beiboot mit der Landleine dem Schiff entgegen.

Zum Durchsetzen der Landleine eignet sich eine der Genuawinschen.

❐ *Steiler Grund*

Bei steilem Abfallen des Grundes etwa 15 m Kette stecken und in Achterausfahrt der Steilküste nähern, bis der Anker greift. Dann den Rest der beabsichtigten Kettenlänge stecken. Das Beiboot zur Anbringung einer Landleine am besten vorher absetzen, sodass dieses während des Ankermanövers bereits entgegenkommt.

❐ *Notankern*

Beim Notankern bei Gefahr von Legerwall nahezu die gesamte Länge der Kette stecken (auch ohne Halt am Grund ist dies eine sehr gute Bremse). Wenn der Anker gefasst hat, den Rest der Kette zum sanften Abbremsen stecken.

❐ *Ankerentlastung*

Bei schwerem Sturm vor Anker kann es erforderlich werden, den Anker durch **Motorunterstützung** zu entlasten.

❐ *Ankerplatz verlassen*

Verschlechtern sich die Wetterbedingungen derart, dass ein sicheres Ankern nicht mehr gewährleistet ist, muss der Ankerplatz rechtzeitig verlassen werden. Kann dabei der Anker nicht eingeholt werden, steckt man einen Fender oder die Ankerboje an die Kette und schlägt diese ab; der Anker kann später geholt werden.

7.6 SICHERUNG AM ANKERPLATZ

Neben der **Ankerpeilung** *(siehe 7.3)* gibt es weitere Möglichkeiten, ein Vertreiben des Schiffes festzustellen.

Eine einfache Methode ist das Ausbringen eines **Handlots** oder Vergleichbares mittschiffs: Die gesamte Leinenlänge wird ausgebracht. An der Richtung der Lotleine, die auch beim Schwojen annähernd quer zur Schiffslängsachse zeigen müsste, ist ein Schlieren des Ankers zu erkennen. Die Methode funktioniert natürlich nur, wenn kein Strom setzt.

Ein einfaches Alarmsystem, um die Zunahme des Zuges am Anker festzustellen und damit die Gefahr des Ausbrechens des Ankers rechtzeitig zu erkennen, ist in nachfolgender Darstellung zu sehen:

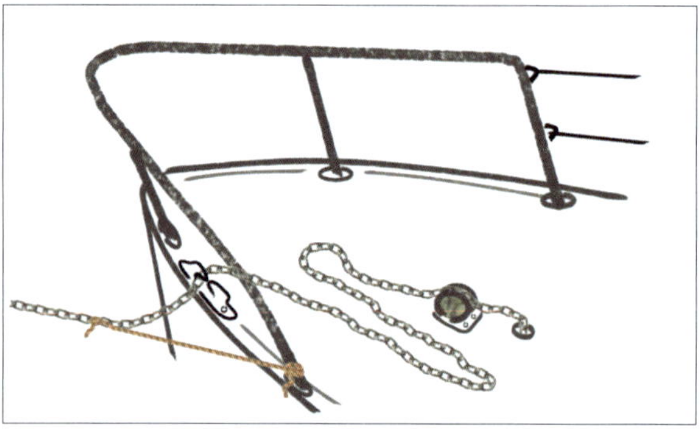

Die relativ dünne Leine wird bei ruckartiger Ankerbelastung (durch Schlieren des Ankers) reißen, die am Vorschiff ausgelegten Buchten der Ankerkette rauschen aus und alarmieren so die Mannschaft.

Die meisten **GPS-Empfänger** bieten die Möglichkeit, einen **Ankeralarm** zu aktivieren. Die Kunst dabei liegt in der Festlegung des Radius des Alarmkreises, der nicht zu groß gewählt werden darf, um eine rechtzeitige Alarmierung zu gewährleisten. Wird der Radius zu klein bemessen, kommt es zu häufigen Fehlalarmen, da sich ein Schiff vor Anker immer etwas bewegt, auch ohne dass der Anker schliert. Der Fehlerradius des GPS muss ebenfalls berücksichtigt werden.

Heute werden auch schon **automatische Alarmsysteme** angeboten, die ganz zuverlässig funktionieren, aber ziemlich kostspielig sind.

Im Zweifelsfall ist es immer noch besser, Ankerwache zu gehen, als das Schiff zu beschädigen oder gar zu verlieren, auch bei kleiner Mannschaft.

Navigation bedeutet ganz allgemein Standort- und Kursbestimmung. Es geht also um die Grundfragen: ***Wo bin ich?*** und ***Wie komme ich an ein Ziel?***

8.1 ERDE UND SEEKARTE

8.1.1 Koordinatensystem der Erde

Breitenkreise verlaufen parallel zum Äquator und sind unterschiedlich lang. Sie werden vom Äquator ausgehend von 0° bis 90° in Richtung Nord und Süd gezählt. Die **Breite** *(latitude)* wird als Winkel des Erdradius des jeweiligen Breitenkreises zur Ebene des Äquators angegeben.

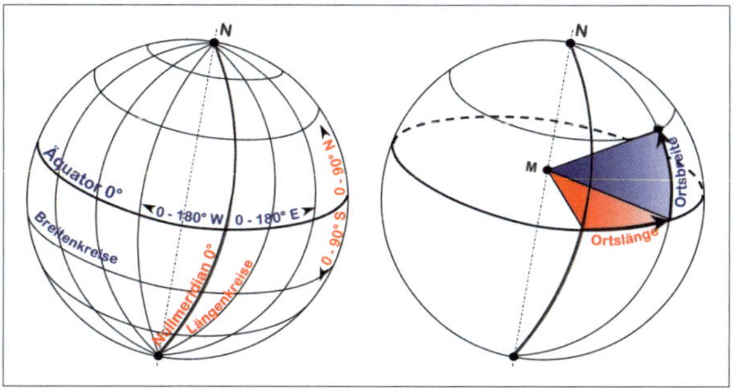

Die **Längenkreise** *(Meridiane)* verlaufen von Pol zu Pol; daher sind alle gleich lang. Sie werden ausgehend vom Nullmeridian, der durch Greenwich (London) verläuft, von 0° bis 180° in Richtung Ost und West gezählt. Ein voller Längenkreis entspricht dem Umfang der Erde (Großkreis). Der Äquator ist als einziger Breitenkreis ebenfalls ein Großkreis. Die **Länge** *(longitude)* wird als Winkel der jeweiligen Ebene des Längenkreises zur Ebene des Nullmeridians angegeben.

Breiten- und Längenangaben erfolgen in Grad (°) und Minuten ('); bei den Minuten auf eine Dezimalstelle genau.

Die Angabe der Breite erfolgt in zweistelligen Gradzahlen, als Abkürzung wird der griechische Buchstabe φ (phi) verwendet. Für nördliche Breiten wird der Buchstabe N hinzugefügt, für südliche Breiten S.

Die Angabe der Länge erfolgt in dreistelligen Gradzahlen, als Abkürzung wird der griechische Buchstabe λ (lambda) verwendet. Für östliche Längen wird der Buchstabe E (East) hinzugefügt, für westliche Längen W.

Jeder Ort auf der Erdoberfläche, auch ein Schiffsort, ist durch die Angabe seiner geografischen Breite und Länge eindeutig definiert.
48° 14,6' N – 014° 38,2' E

8.1.2 Nautische Längeneinheiten

Die nautische Längeneinheit Seemeile bezieht sich auf das Koordinatensystem der Erde. Sie ist definiert als eine Bogenminute eines Längenkreises und errechnet sich so:

1 Seemeile ≈ Erdumfang : 360 : 60 = 40 000 km : 360 : 60

1 Seemeile (sm) = 40 000 km : 21 600 = 1,852 km = 1852 m

Eine Seemeile wird unterteilt in 10 Kabellängen:

1 Kabellänge (kbl) = 1/10 Seemeile = 185,2 m

Damit können aus der Seekarte entnommene Entfernungen (Distanzen) direkt mit dem Zirkel abgenommen werden, und zwar am rechten oder linken Kartenrand, auf einem Längenkreis, aber nie am oberen oder unteren Kartenrand.

Distanzen werden IMMER am rechten oder linken Kartenrand abgenommen – NIE am oberen oder unteren Kartenrand.

8.1.3 Die Seekarte

Seekarten sind **Mercatorkarten**. Höher als 70° sind diese für die Navigation nicht mehr verwendbar. Durch die Nord-Süd-Zerrung hat die Seekarte keinen einheitlichen Maßstab. Der angegebene Maßstab bezieht sich immer nur auf eine Bezugsbreite, die auch in der Karte angegeben ist. Dies ist der Grund dafür, dass wir beim Entnehmen einer Distanz mit dem Zirkel eigentlich nur auf derselben Breite am Kartenrand messen können. Praktische Bedeutung hat dies aber nur bei großmaßstäblichen Karten.

Neben den topografischen Angaben wie Beschaffenheit der Küstenlinie, Höhenpunkte, Landmarken usw. enthält die Seekarte selbstverständlich auch alle hydrografischen Informationen wie Leuchtfeuer, Tiefenangaben, Schifffahrtshindernisse, Untiefen, Grundbeschaffenheit, Ankerplätze, Stromangaben u. v. a. m.

In der ***INT 1*** sind alle Zeichen, Abkürzungen und Begriffe in Seekarten zusammengefasst. Für deutsche Seekarten *(herausgegeben vom BSH)* gilt die **Karte D1**. Für italienische Seekarten gilt die **Karte I 1111**, für kroatische die **HI-N-15** und für englische die **BA 5011**.

Angaben in Seekarten

- **Kartentitel** (bezeichnet das geografische Gebiet, welches die Seekarte darstellt) und **Kartennummer** zur Katalogisierung der Seekarte.
- **Maßeinheiten:** In deutschen und kroatischen Seekarten sind Tiefenangaben in Meter (m) bzw. Dezimeter (dm) angegeben. In alten englischen Karten sind Höhen- und Tiefenangaben noch in Faden oder Fuß angegeben.
- **Kartenmaßstab** auf der Bezugsbreite.
- **Bezugsniveau für Höhenangaben:** Das **Höhennull NN** *(von früher Normalnull)* kann auf das mittlere Hochwasser, den mittleren Wasserstand oder eine andere in der Landvermessung benutzte Bezugsebene bezogen werden und ist (meist) ein höheres Niveau als das Kartennull.

- **Bezugsniveau für Tiefenangaben:** Das **Kartennull KN** *(chart datum)* ist auf unterschiedliche Wasserstände bezogen. In deutschen Seekarten ist das Kartennull in Meeresteilen mit extremen Gezeiten (z. B. französische Atlantikküste) ebenfalls als örtliches niedrigstes Springniedrigwasser SpNW definiert; seit 2005 auch in der Nordsee (vor 2005 war als KN das mittlere SpNW definiert; Unterschied zwischen den Kartennulls etwa 0,3 bis 0,6 m). In der Ostsee ist das Kartennull als mittlerer Wasserstand, in der Adria als mittleres Springniedrigwasser festgelegt.

- **Kartendatum** ist das geodätische Modell, nach dem die Karte gezeichnet wurde (meist angegeben unter Positionen, *engl. positions*).

- **Korrekturwerte für Positionen**, die durch satellitengestützte Navigationssysteme (GPS) erhalten werden *(Satellite-Derived-Positions)* und auf das Kartendatum WGS 84 *(World Geodetic System 84)* bezogen sind. Der Unterschied in Länge und Breite zwischen dem Kartendatum des GPS-Empfängers und dem der Papierseekarte muss bei der Übertragung der GPS-Positionsangabe in die Seekarte selbstverständlich berücksichtigt werden.

- **Korrekturwerte für Positionen**, die aus der Seekarte in andere Karten kleineren Maßstabs (z. B. Pläne) nach WGS übertragen werden sollen.

- **Betonnungssystem,** nach dem Navigationszeichen *(Navigational marks)* dargestellt sind (z. B. Betonnungssystem A).

- **Behördliche Anweisungen** *(Navigation Regulations)* oder Hinweise darauf sowie **spezielle Einrichtungen** oder Vorkehrungen (z. B. bei Leuchtfeuern).

- **Angaben über Strömungen** *(currents),* **Navigationshindernisse** usw.

- **Tiefenlinien:** Linien gleicher Tiefe werden als Isobathen bezeichnet (z. B. für 2, 5, 10, 20 und 50 m) und einzelne **Tiefenangaben** *(soundings)*. Einzelne Tiefenbereiche werden farbig dargestellt (z. B. unter 20 m).

- **Ausgabedatum** und **Berichtigungsvermerk** befinden sich meist am Kartenrand. Nautisch relevante Informationen werden für deutsche Seekarten regelmäßig in den Nachrichten für Seefahrer (NfS) veröffentlicht. Aus einem Stempelabdruck geht die letzte für die Berichtigung berücksichtigte Nummer der NfS hervor. Die Seekarte ist bis zu diesem Datum aktuell. *Anmerkung: Eine zwei Jahre lang nicht korrigierte Karte kann bei einem Unfall bereits als schuldhaftes Verhalten gewertet werden.*

- **Missweisung** *(magnetic variation):* Hervorgerufen durch die unterschiedliche Lage der geografischen und der magnetischen Pole. Meist in Form von Missweisungsrosen dargestellt. Die Missweisung wird mit einem Zahlenwert und einer Richtung für ein bestimmtes Jahr sowie der jährlichen Änderung nach Betrag und Richtung angegeben.

  Sind in einer Seekarte mehrere Missweisungsrosen dargestellt, können diese unterschiedliche Werte für die Missweisung angeben.

8.2 KURSBESTIMMUNG

Der Kurs entspricht dem Winkel zwischen einer Nordrichtung und der Schiffsrichtung. Kurse werden immer dreistellig (z. B. 047° oder 231°) angegeben.

8.2.1 Magnetkompasskurs MgK

Der Rudergänger steuert das Schiff nach dem Magnetkompasskurs MgK, den er auf dem Schiffskompass abliest.

8.2.2 Missweisender Kurs mwK

Der Magnetkompasskurs wird von der **Ablenkung Abl** *(Deviation DEV)* abgelenkt.

Die Ablenkung entsteht durch magnetische Massen am Schiff, elektrische Geräte und Leitungen und ist vom Kurs des Schiffes abhängig. Den jeweiligen Wert entnehmen wir der sogenannten Ablenkungs- oder Steuertabelle, die auf jedem Schiff aufliegen sollte. Ablenkungen Richtung Osten (nach rechts) erhalten ein positives Vorzeichen (+), Ablenkungen Richtung Westen (nach links) erhalten ein negatives Vorzeichen (–). Nach Verrechnung der Ablenkung auf den Magnetkompasskurs erhalten wir den missweisenden Kurs mwK.

8.2.3 Rechtweisender Kurs rwK

Der Schiffskompass wird neben der Ablenkung noch durch die **Missweisung Mw** *(magnetic variation MAGVAR)* beeinflusst. Die Missweisung entsteht durch die unterschiedliche Lage der geografischen und der magnetischen Pole. Sie kann jeden Wert zwischen 0 und 180° annehmen und ist abhängig von dem Gebiet, in dem wir uns befinden. Da sich die Lage der magnetischen Pole laufend ändert und die Magnetfeldlinien nicht geradlinig von Pol zu Pol verlaufen, gibt es dazu kein Tabellenwerk. Die Missweisung wird in der Seekarte angegeben, und zwar für ein bestimmtes Jahr samt der jährlichen Änderung. Missweisung Richtung Osten (nach rechts) erhält ein positives Vorzeichen (+), Missweisung Richtung Westen (nach links) erhält ein negatives Vorzeichen (–). Nach Verrechnung der Missweisung auf den missweisenden Kurs erhalten wir den rechtweisenden Kurs rwK, die Rechtvorausrichtung des Schiffs (Richtung der Schiffslängsachse).

8.2.4 Kurs durchs Wasser KdW

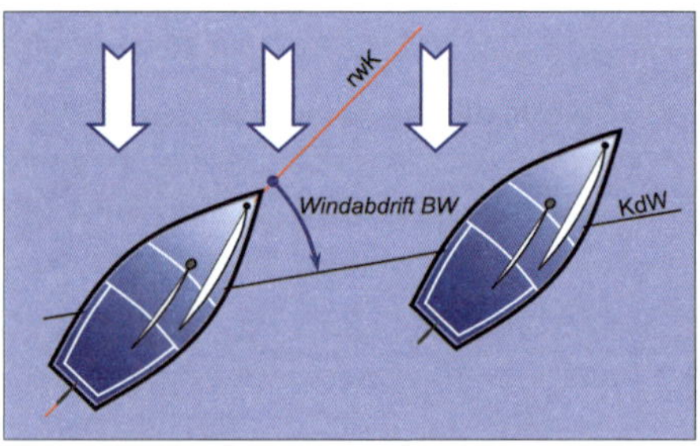

Missweisung und Ablenkung beeinflussen den Schiffskompass. Insbesondere ein Segelschiff ist aber auch einer Abdrift durch den Wind (Versetzung nach Lee) ausgesetzt. Wird Abdrift durch Wind festgestellt oder angenommen, müssen auf den Magnetkompasskurs nicht nur Missweisung und Ablenkung, sondern auch die **Beschickung für Wind BW** angebracht werden. Wird das Schiff nach Stb versetzt, nach rechts (Wind von Bb), erhält die Beschickung für Wind ein positives Vorzeichen (+). Bei

Versetzung nach Bb, nach links (Wind von Stb), erhält die Beschickung für Wind ein negatives Vorzeichen (–).
Die Größe der Abdrift hängt maßgeblich vom Kurs zum Wind, von der Fahrt, vom Seegang, von der Krängung und der Bauart des Schiffes ab und kann meist nur geschätzt werden. Feststellbar ist die Windabdrift durch Nachschleppen eines geeigneten Gegenstandes und Messen des Winkels, den die Schleppleine zur Schiffslängsachse einnimmt.

KURS	*Anhaltswerte für die Beschickung für Wind BW*		
	2 Bft	4 Bft	6 Bft
Kurs am Wind	10°	15°	20°
Kurs halber Wind	5°	10°	15°
Kurs raumer Wind	3°	5°	7°
Kurs vor dem Wind	0°	0°	0°

Nach Verrechnung der Beschickung für Wind auf den rechtweisenden Kurs erhalten wir den Kurs durchs Wasser KdW.

8.2.5 Kurs über Grund KüG

Außer der Abdrift durch Wind kann ein Schiff noch durch Strom versetzt werden. Wird Versetzung durch Strom festgestellt oder angenommen, muss auch die **Beschickung für Strom BS** verrechnet werden. Wird das Schiff nach Stb versetzt, nach rechts (Strom setzt nach Stb), erhält die Beschickung für Strom ein positives Vorzeichen (+). Bei Versetzung nach Bb, nach links (Strom setzt nach Bb), erhält die Beschickung für Strom ein negatives Vorzeichen (–).

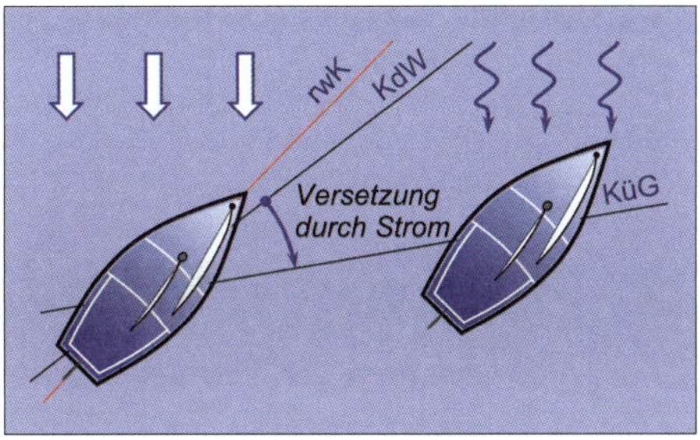

Angaben über zu erwartende Strömungen erhalten wir aus Seehandbüchern oder Gezeitenatlanten. In Durchfahrten zwischen Inseln ist unter Windeinfluss häufig mit Strömungen zu rechnen.

Nach Verrechnung der Beschickung für Strom auf den Kurs durchs Wasser erhalten wir den Kurs über Grund KüG.

Den Kurs über Grund erhalten wir also, indem der Magnetkompasskurs mit der Ablenkung, der Missweisung, der Beschickung für Wind und der Beschickung für Strom verrechnet wird.

8.2.6 Kursverwandlung

Der Rudergänger steuert das Schiff nach dem Schiffskompass mit dem Magnetkompasskurs. Bevor der Navigator einen Kurs in die Seekarte eintragen kann – den **Kartenkurs KaK** –, muss er den Magnetkompasskurs zum Kartenkurs verrechnen.

Umgekehrt muss er einen in der Seekarte ermittelten Kartenkurs erst zum Magnetkompasskurs verwandeln, ehe er diesen an den Rudergänger weitergibt.

Der Kartenkurs kann der rechtweisende Kurs (keine BW, keine BS), der Kurs durchs Wasser (BW, aber keine BS) oder der Kurs über Grund (BW und BS) sein, je nachdem, welchen Einflüssen das Schiff ausgesetzt ist. Ablenkung und Missweisung sind immer zu berücksichtigen.

Die Verwandlung vom Magnetkompasskurs in den Kartenkurs bzw. vom KaK zum MgK erfolgt am einfachsten unter Verwendung des nachstehenden Rechenschemas. Sämtliche Beschickungen sind IMMER mit ihrem richtigen Vorzeichen einzusetzen, egal ob man vom MgK ausgehend den KaK *(von oben nach unten)* ermittelt oder umgekehrt vom KaK zum MgK *(von unten nach oben)* rechnet.

BEZEICHNUNG	***Abk.***	***z. B.***	***Erläuterungen***
Magnetkompasskurs	**MgK**	*117°*	*liegt am Steuerkompass an*
Magnetkompassablenkung *(deviation)*	Abl (DEV)	*+3°*	*aus der Steuertabelle, kursabhängig*
missweisender Kurs	**mwK**	*120°*	
Missweisung *(magnetic variation)*	Mw *(MAG VAR)*	*-4°*	*aus der Seekarte (E +, W –)*
rechtweisender Kurs	**rwK**	*116°*	*= KaK, wenn keine BW und keine BS*
Beschickung für Wind	BW	*-10°*	*Wind von Bb +, Wind von Stb –*
Kurs durchs Wasser	**KdW**	*106°*	*= KaK, wenn keine BS*
Beschickung für Strom	BS	*+2°*	*Strom nach Stb +, Strom nach Bb –*
Kurs über Grund	**KüG**	*108°*	*ist immer der KaK*

▸ *Formblatt bzw. Druckvorlage!*

8.3 STANDORTBESTIMMUNG

8.3.1 Grundlagen der Standortbestimmung

❒ *Loggeort O_l*

Der Loggeort O_l ist ein von einem bekannten Standort ausgehend, durch Zeichnung und/oder Rechnung ermittelter Schiffsort, unter Berücksichtigung aller vorhersehbaren Einflüsse, ausgenommen Strom (bzw. Abdrift durch Strom). Die Abdrift durch Strom kann aber sehr wesentlich sein, weshalb der Loggeort nur untergeordnete navigatorische Bedeutung hat.

❒ *Koppelort O_K*

Eine Form der Standortbestimmung ist das Koppeln. Sind der von einem Ausgangspunkt gesteuerte Kurs und die dabei versegelte Distanz bekannt, kann unser Schiffsort relativ einfach bestimmt werden. Am Ausgangspunkt wird in der Karte die Kurslinie eingetragen und die versegelte Distanz abgesetzt.

Der Koppelort O_K ist der aus Kurs(en) und Distanz(en) ermittelte Schiffsort, unter Berücksichtigung ALLER einschätzbaren Einflüsse.

Koppeln ist manchmal die einzige Möglichkeit einer Standortbestimmung. Die Genauigkeit des durch Koppeln erhaltenen Standortes hängt von der richtigen Einschätzung der Einflussgrößen (Ungenauigkeiten der Logge, Steuerfehler, Windabdrift, Strömungseinfluss usw.) ab. Kursänderungen vergrößern die mögliche Ungenauigkeit beim Koppeln. Mit entsprechender Erfahrung und Sorgfalt sind aber sehr genaue Standorte zu erhalten.

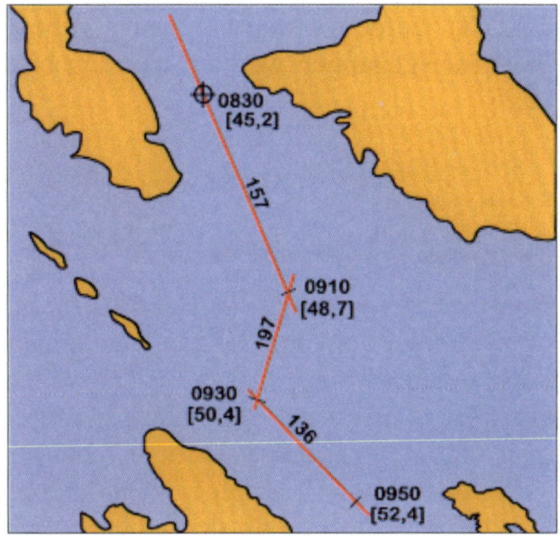

Die exakte Führung des Logbuchs ist dabei unerlässlich.

Auch wenn Standortbestimmungen mit anderen Verfahren vorgenommen werden, ist laufendes Mitkoppeln erforderlich, denn nur aus dem Vergleich des Koppelortes mit dem beobachteten Ort O_b kann Windabdrift und/oder Versetzung durch Strom festgestellt werden.

Anmerkung: Der Koppelort wurde früher als gegisster Ort O_g bzw. gegisstes Besteck bezeichnet.

❒ *Standlinien*

Eine Standlinie ist der geometrische Ort für alle Punkte, auf denen eine für die Ortsbestimmung gemessene Größe (Peilwinkel, Abstand, Tiefe usw.) gleich ist. Da die Messung immer von unserem Schiff ausgeht, ist unser Schiffsort jedenfalls einer der Punkte der Standlinie. Unser Schiff muss sich also (zum Zeitpunkt der Messung) auf dieser Standlinie befinden. Die Kurslinie ist keine Standlinie.

Eine Standlinie ist eine Linie, auf der sich unser Schiff befindet.

Standlinien in der terrestrischen Navigation erhält man durch Peilungen von Landmarken oder geeigneten Seezeichen, Abstandsbestimmungen oder den Vergleich von Lotungen; sie können verschiedene Formen aufweisen:

- **gerade Linie** als Ergebnis von Peilungen
- **kreisförmige Linie** als Ergebnis von Abstandsbestimmungen: Höhenwinkel- oder Horizontalwinkelmessung, Abstand bei Feuer in der Kimm (mit Einschränkungen)
- **unregelmäßige Linie** als Ergebnis von Lotungen (Tiefenlinien)
- **Hyperbel** aus früher gebräuchlichen Navigationsverfahren (Loran C, Decca)

❐ *Beobachteter Ort O_b*

Der Schnittpunkt von zumindest zwei Standlinien ergibt als Standort einen beobachteten Ort O_b. Dabei ist es unerheblich, welcher Art die Standlinien sind und wie diese erhalten wurden. Aufgrund vieler unbestimmbarer Fehlergrößen beim Koppeln kann davon ausgegangen werden, dass ein beobachteter Ort meist präziser ist als der Koppelort.

Der beobachtete Ort O_b ist der aus Standlinien erhaltene wahre Schiffsort.

❐ *Besteckversetzung BV*

Durch Strom und/oder Windabdrift, Seegang und Steuerfehler kann unser Schiff mehr oder weniger vom abgesetzten Kurs abgebracht werden. Der gekoppelte Ort O_K und der beobachtete (wahre) Ort O_b stimmen nicht überein. Die Versetzung in (rechtweisender) Richtung und Betrag vom O_K zum O_b nennt man Besteckversetzung BV. Koppelort und beobachteter Ort müssen natürlich für denselben Zeitpunkt bestimmt werden.

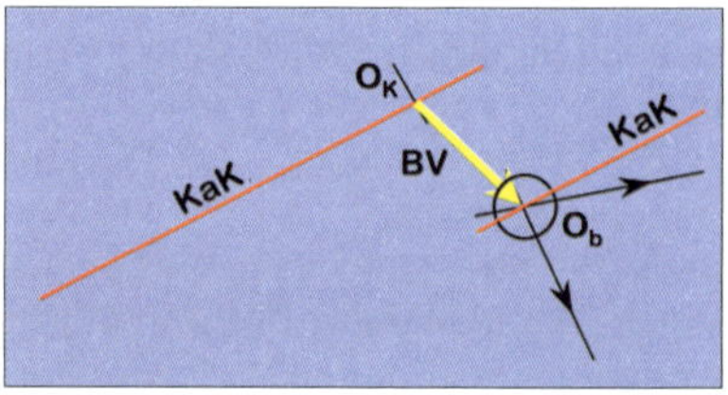

Die Besteckversetzung BV ist die Versetzung vom Koppelort O_K zum beobachteten Ort O_b in Richtung und Größe.

Anmerkung: Nur durch laufendes Mitkoppeln kann man eine Besteckversetzung feststellen und daraus Windabdrift und/oder Stromversetzung ermitteln.

8.3.2 Peilungen

Oberster Grundsatz: Nur eindeutig in der Seekarte und der Natur identifizierte Peilmarken werden gepeilt. Je nachdem wie wir die Peilungen messen, müssen diese vor Eintragung in die Karte in rechtweisende Peilungen verwandelt werden.

❐ *Deckpeilung*

Sehen wir vom Schiff aus zwei eindeutig identifizierte Objekte (Leuchtfeuer, Landmarken, auch Seezeichen etc.) auf einer Linie hintereinander, so befinden sich diese in Deckung. Die verlängerte Verbindungslinie dieser Objekte ergibt in der Seekarte eine Standlinie. Wir benötigen dazu keinen Kompass und können die Peilung ohne weitere Umrechnung unmittelbar in die Karte einzeichnen. Aus diesem Grund ist dieses Verfahren einfach und bei richtiger Auswahl der Peilobjekte auch sehr genau.

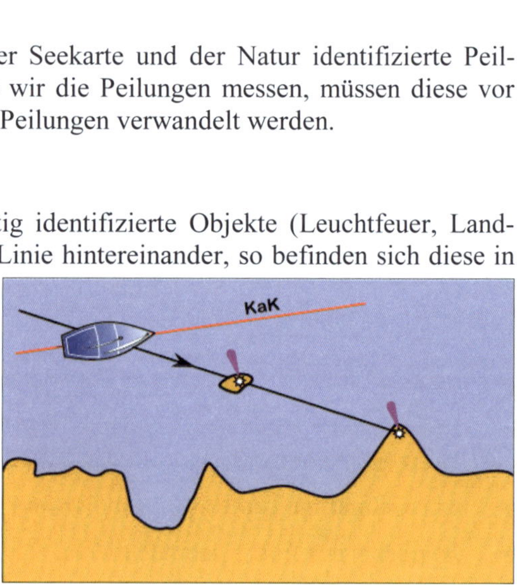

❐ *Seitenpeilung SP*

Eine Seitenpeilung *(Schiffsseitenpeilung)* SP erhalten wir mit einer Peilscheibe. Diese muss exakt in Schiffsrichtung justiert sein. Es gibt zwei Ausführungen: Die **Vollkreispeilscheibe** misst den Winkel von der Rechtvorausrichtung 0° bis 360° in Richtung Stb, die **Halbkreispeilscheibe** misst den Winkel von der Rechtvorausrichtung 0° bis 180° in Richtung Stb und Richtung Bb. Die Peilscheibe ist also ein Winkelmessgerät und misst keine geografische Richtung.

Eine Seitenpeilung kann auch mit dem Radargerät (RaSP) gemessen werden, wenn dieses auf „vorausstabilisiert" eingestellt ist.

Um eine rechtweisende Peilung rwP, also die geografische Richtung der Peilung (für den Eintrag in die Karte), zu erhalten, muss die Seitenpeilung SP zum rechtweisenden Kurs rwK addiert werden.

$$rwP = rwK \pm SP$$

Die Richtungsangabe **querab** entspricht einer Seitenpeilung von 90° an Bb oder Stb, ist also bezogen auf die Schiffslängsachse bzw. den rechtweisenden Kurs. Der **Passierabstand** ist definiert als die kürzeste Entfernung zu einem Objekt, also bei einem Winkel von 90° zum Kartenkurs.

❐ *Handkompasspeilung*

Eine Peilung mit dem Handpeilkompass wird als missweisende Peilung mwP behandelt, da die Ablenkung (meist) nicht bekannt ist. Um die Ablenkung möglichst gering zu halten, sollte der Handpeilkompass beim Peilen so weit als möglich von magnetisch beeinflussenden Bauteilen entfernt verwendet werden.

Die Handkompasspeilung ist mit der Missweisung zu beschicken.

❐ *Magnetkompasspeilung MgP*

Um mit dem Schiffskompass peilen zu können, ist ein spezieller Aufsatz – ein sogenannter **Diopter** – erforderlich. Dieser Peilaufsatz ist eine Visiereinrichtung, die auf den Schiffskompass aufgesteckt (montiert) wird. Der Vorteil gegenüber dem Handpeilkompass liegt darin, dass für den Schiffskompass die Ablenkung bekannt ist, wodurch genauere Werte erzielt werden. Der Nachteil liegt darin, dass der Aufstellort fixiert ist und nicht alle Peilobjekte gesehen werden können.

Die Magnetkompasspeilung ist mit der Missweisung und der Ablenkung des anliegenden Magnetkompasskurses zu beschicken.

Die Ablenkung des Schiffskompasses hängt nur vom anliegenden Kurs während der Peilung ab, nicht von der Richtung, in die wir peilen. Werden also auf gleichem MgK zwei Peilungen in unterschiedlichen Richtungen durchgeführt, ist die gleiche Ablenkung anzubringen. Zwei unterschiedliche Magnetkompasspeilungen bei gleichem MgK werden mit derselben Ablenkung beschickt.

❒ *Peilungsverwandlung*

Ähnlich wie bei der Kursverwandlung müssen auch Peilungen, je nachdem wie diese erhalten werden, in rechtweisende Peilungen umgerechnet (verwandelt) werden.

BEZEICHNUNG	*Abkürzung*	*z. B.*	*Erläuterungen*
Seitenpeilung	**SP**	**+047°**	*mit der Peilscheibe oder dem Radar*
Magnetkompasskurs	MgK	331°	*zum Zeitpunkt der Peilung*
Magnetkompasspeilung	**MgP**	018°	*als Rechenergebnis (bei Werten über 360° sind 360° abzuziehen) oder als Peilung über den Schiffskompass*
Magnetkompassablenkung *(Deviation)*	Abl *(DEV)*	-4°	*aus der Steuertabelle, kursabhängig*
missweisende Peilung	**mwP**	014°	*als Rechenergebnis oder als Handkompasspeilung*
Missweisung *(Variation)*	Mw *(Var)*	-2°	*aus der Seekarte (E +, W –)*
rechtweisende Peilung	**rwP**	**012°**	*für die Eintragung in die Seekarte*

▸ *Formblatt bzw. Druckvorlage!*

❒ *Bewertung von Peilungen und Standorten*

Die Genauigkeit von durch Peilungen erhaltenen Standorten hängt von den Peilungen selbst und dem Peilverfahren ab.

- **Peilinstrument**: Ungenauigkeiten des Instrumentes selbst; der Handpeilkompass unterliegt einer unbekannten Ablenkung etc.
- **Handhabung**: Fehler in der Handhabung (z. B. Schräghalten des Handpeilkompasses) können zu massiven Ungenauigkeiten führen; Ungenauigkeiten beim Ablesen etc.
- **Peilobjekt**: Eine flache Huk ergibt ein schlechteres Peilergebnis als ein steil abfallendes Kap (wechselnde Wasserstände); die Position von festen Seezeichen ist exakter als die von schwimmenden Seezeichen (diese könnten auch abtreiben); Größe des Peilobjektes etc.
- **Entfernung zum Peilobjekt**: Je näher das Peilobjekt, desto genauer die Peilung.
- **Wetterbedingungen**: Sichtverhältnisse, Seegang etc.
- **Art der Peilung**: Deckpeilungen können bei richtiger Auswahl der Peilobjekte sehr genaue Standlinien ergeben.

Grundsätzlich müssen Peilungen zur Ortsbestimmung unmittelbar hintereinander durchgeführt werden – ideal wäre zur selben Zeit. Die Auswertung der Peilungen muss umgehend erfolgen, um auf das Ergebnis – den beobachteten Ort O_b – reagieren zu können. Die Kurslinie (der Kartenkurs KaK) ist KEINE Standlinie. Der Schnittpunkt der Kurslinie mit einer Standlinie ist daher KEIN Schiffsort!

- **Abstand vom Peilobjekt**: Stehen uns nur zwei Peilungen (zwei Standlinien) zur Verfügung, müssen wir unseren Standort als den Schnittpunkt der beiden Standlinien akzeptieren. Eine Ungenauigkeit bei der Peilung von ± 5° auf eine Distanz von 15 sm zum Peilobjekt bedeutet eine Abweichung von 2,5 sm; d. h. wir erhalten eigentlich keine Standlinien, sondern Standstreifen, deren Breite von der Ungenauigkeit der Peilungen selbst und dem Abstand vom Peilobjekt abhängt.

Je näher die Peilobjekte, desto genauer die Peilungen und der beobachtete Ort.

- **Schnittwinkel der Standlinien**: Standlinien, die sich in einem Winkel kleiner als 30° oder größer als 150° schneiden, ergeben einen schleifenden Schnitt und damit keinen genauen Schiffsort.

Standlinien sollten sich in einem Winkel zwischen 30° und 150° schneiden.

- **Drei Standlinien**: Wenn möglich sollte eine dritte Peilung vorgenommen werden. Drei Standlinien zum Schnitt gebracht, ergeben ein sogenanntes Fehlerdreieck, wenn sich die Peilungen nicht exakt in einem Punkt schneiden, was meistens der Fall sein wird. Die Größe des Fehlerdreiecks hängt von der Art des Peilfehlers und vom Abstand der Peilobjekte zum Schiff ab. Der wahre Schiffsort muss nicht innerhalb des Fehlerdreiecks liegen.

Der wahre Schiffsort MUSS NICHT innerhalb des Fehlerdreiecks liegen.

- **Reihenfolge der Peilungen**: Auch die Reihenfolge der Peilungen bestimmt die Qualität des Ergebnisses. Langsam auswandernde Peilmarken (kleiner Winkel der Peilung zum Kurs) sind zuerst zu peilen. Dann schnell auswandernde, da sich deren Peilwinkel sehr schnell verändert. Die Auswirkung des Zeitunterschieds zwischen den Peilungen und damit die versegelte Strecke wird geringer.

Langsam auswandernde Peilobjekte zuerst, schnell auswandernde Peilmarken rasch hintereinander peilen.

- **Standorte aus elektronischen Navigationsverfahren**: Praktische Bedeutung bei elektronischen Navigationsverfahren haben heute nur mehr GPS und Radar.

  GPS-Standorte sind im Allgemeinen ziemlich exakt. Auf die Genauigkeit der errechneten Standlinien und des daraus resultierenden Standortes haben wir keinen Einfluss, ebenso wenig auf die Funktionalität des Systems selbst. Jedenfalls ist auf das Kartendatum des GPS-Empfängers und der Seekarte zu achten.

  Beim Radar ist die Umsetzung des erhaltenen Radarbildes in der Natur das wesentliche Kriterium. Abstandsmessungen sind eher ungenau.

8.3.3 *Höhenwinkelmessung*

Der Höhenwinkel eines Objektes an Land, dessen Höhe bekannt ist, ergibt einen Kreis als Standlinie. Halbwegs vernünftige Ergebnisse erhält man nur bei Messungen mit einem Sextanten.

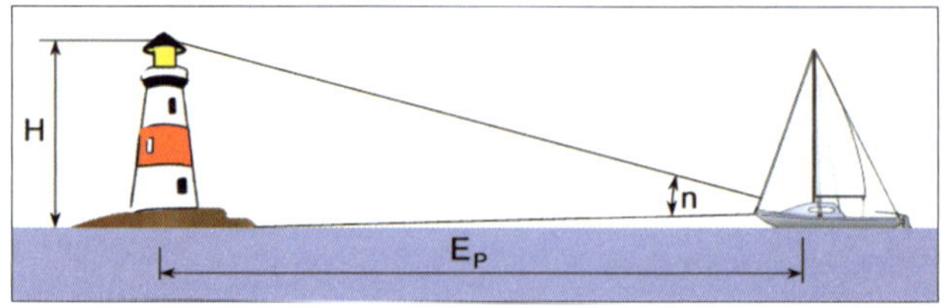

Höhenangaben in Seekarten beziehen sich auf Normalnull, meist ein höheres Niveau als das Kartennull. Die errechnete Entfernung zum Peilobjekt wird daher kleiner als die tatsächliche sein, man liegt auf der sicheren Seite. In Gezeitengewässern muss die Höhe der Gezeit berücksichtigt werden. Die Höhe von Leuchtfeuern ist dem Leuchtfeuerverzeichnis zu entnehmen, wobei zu beachten ist, dass sowohl die Höhe über alles vom Erdboden wie auch die Höhe der Lichtquelle über Wasser angegeben sind.

Entfernung von einem Peilobjekt

$$E_P(sm) = \frac{13}{7} \times \frac{H(m)}{n(min)}$$

Anmerkung: Die Gleichung gilt nur, wenn das Peilobjekt vor der Kimm liegt, der Fußpunkt des Objektes daher sichtbar ist.

8.3.4 *Verfahren zur Standortbestimmung*

Das Ergebnis einer Standortbestimmung durch Koppelnavigation ist ein gekoppelter Ort O_K *(siehe 8.3.1)*. Die nachfolgenden Verfahren ergeben einen beobachteten Ort O_b als Standort.

❐ ***Lotungsreihe***

Dieses Verfahren sollte nur angewendet werden, wenn keine geeigneten Peilobjekte zur Verfügung stehen. Unter genauem Kurshalten wird in gleichen Abständen eine Echolotung durchgeführt und notiert. Diese Lotungsreihe wird auf einem Streifen Papier im Kartenmaßstab aufgetragen und in der Seekarte so lange verschoben, bis die Tiefenangaben übereinstimmen. Als Ergebnis erhält man zunächst einen Kartenkurs KaK und über die Messung der Tiefe zu einem bestimmten Zeitpunkt einen ungefähren Standort.

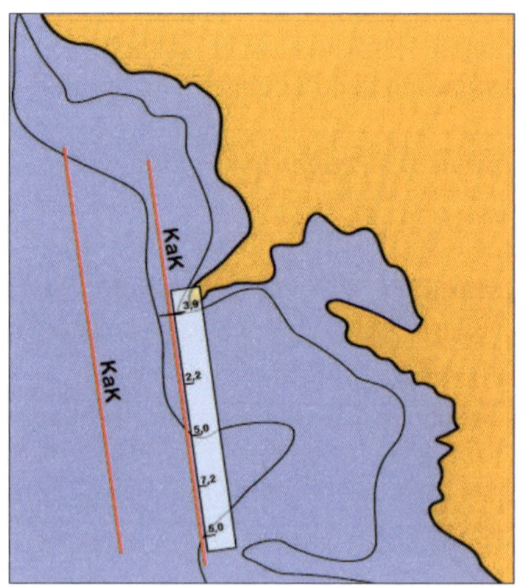

❒ *Entfernung von einem Peilobjekt und Peilung*

Voraussetzung ist zumindest ein geeignetes Peilobjekt, dessen Höhe bekannt ist.

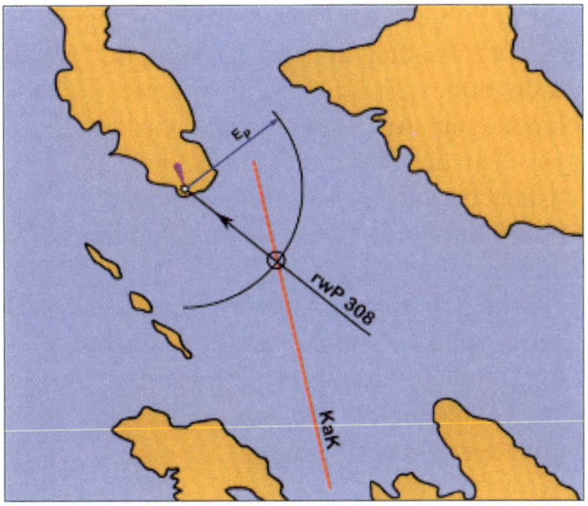

Der Höhenwinkel des Peilobjekts wird mittels Sextant gemessen. Die zweite Standlinie erhält man durch Peilung desselben oder eines zweiten Peilobjekts.

Die Entfernung vom Peilobjekt wird errechnet:

$$E_P(sm) = 13/7 \times H(m)/n(min)$$

und in der Seekarte als Kreisbogen um das Objekt eingetragen. Die Peilung wird in eine rechtweisende Peilung verwandelt und ebenfalls in die Karte eingetragen. Der Schnittpunkt der beiden Standlinien ergibt den beobachteten Ort O_b zum Zeitpunkt der Peilung.

❒ *Kreuzpeilung*

Voraussetzung sind zumindest zwei geeignete Peilobjekte.

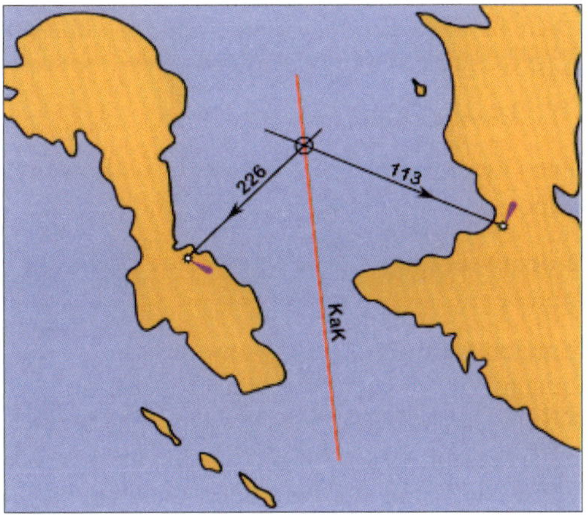

Die beiden Peilobjekte werden in möglichst kurzem Zeitabstand gepeilt und anschließend werden die Peilungen in rechtweisende Peilungen verwandelt. Die Peilungen werden in die Seekarte eingetragen. Der Schnittpunkt der beiden Standlinien ergibt den beobachteten Ort O_b zum Zeitpunkt der Peilung.

Die Peilobjekte sind unter Berücksichtigung eines günstigen Schnittwinkels (zwischen 30° und 150°) zu wählen. Die Peilungen sollten rasch hintereinander erfolgen, und wenn möglich sollte eine dritte Peilung vorgenommen werden.

❒ *Versegelungspeilung*

Voraussetzung ist ein geeignetes Peilobjekt.

Die Versegelungspeilung wird auch als Doppelpeilung bezeichnet, da wir ein Peilobjekt zweimal zu unterschiedlichen Zeitpunkten peilen.

Um einen Standort zu erhalten, wird die erste Peilung um die versegelte Strecke „mitgenommen“. Zwischen den beiden Peilungen ist exakt Kurs zu halten. Die versegelte Distanz entnehmen wir der Logge bzw. errechnen wir aus Zeit und Distanz.

Das Peilobjekt wird ein erstes Mal gepeilt, die Peilung in eine rechtweisende Peilung rwP_1 verwandelt und in die Seekarte eingetragen. Danach wird eine zweite Peilung durchgeführt, in die rechtweisende Peilung rwP_2 verwandelt und in die Seekarte eingetragen. Auf der Kurslinie wird die zwischen den Peilungen zurückgelegte Distanz (versegelte Strecke) vom Schnittpunkt der ersten Peilung mit der Kurslinie abgetragen. Die erste Peilung wird in den Endpunkt der versegelten Strecke parallel verschoben. Der Schnittpunkt mit der zweiten Peilung ergibt den beobachteten Ort O_b zum Zeitpunkt der zweiten Peilung.

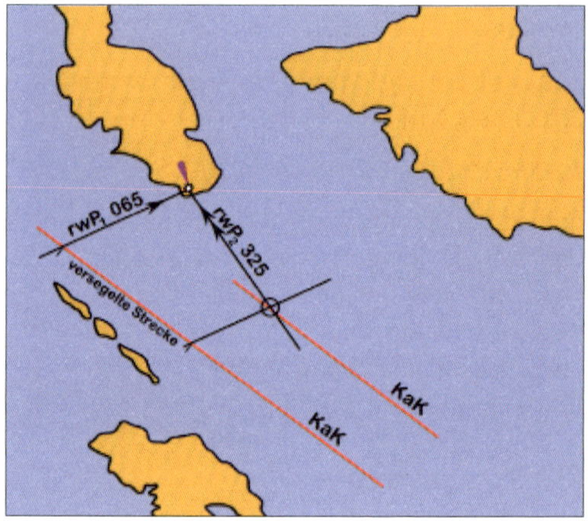

Die versegelte Strecke ist so zu wählen, dass sich ein Schnittwinkel von 30° bis 150° ergibt.

Anmerkung: Ein Faktor der Versegelungspeilung ist der Weg über Grund. Das bedeutet, dass in die Genauigkeit der Versegelungspeilung Steuerfehler, ungenaue Geschwindigkeit, Windabdrift und Stromversetzung eingehen. Die Qualität einer Versegelungspeilung wird daher meist nicht mit gleichzeitigen Peilungen (z. B. Kreuzpeilung) zu vergleichen sein.

❒ *Vierstrichpeilung*

Die Vierstrichpeilung ist eine Sonderform der Doppelpeilung: Das Peilobjekt wird dabei in einem Winkel von 45° und 90° zum Kartenkurs KaK gepeilt.

Voraussetzung ist ein geeignetes Peilobjekt.

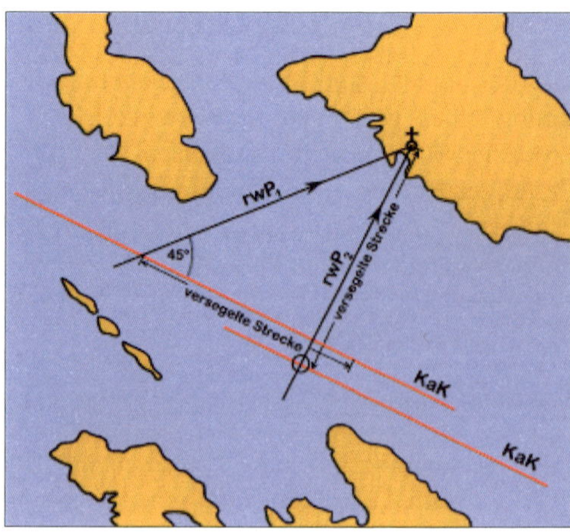

Zunächst sind die rechtweisenden Peilungen $rwP_{1,2}$ zu ermitteln, die einem Winkel zum Kartenkurs von 45° (90°) entsprechen: rwP = KaK ± 45° (90°). Diese rwP sind für Peilungen mit dem Handpeilkompass in missweisende Peilungen mwP bzw. in Magnetkompasspeilungen MgP zur Peilung mit dem Steuerkompass zu verwandeln. Bei Seitenpeilungen SP *(Peilscheibe, Radar)* sind ggf. die Beschickung für Wind und/oder Strom BS zu berücksichtigen.

Die beiden rechtweisenden Peilungen werden in die Seekarte eingetragen. Die Loggestände zu den Zeitpunkten, zu denen das Peilobjekt mit den vorher errechneten Peilwinkeln beobachtet wurde, werden notiert. Die Differenz der Loggestände ergibt die versegelte Strecke. Aufgrund geometrischer Zusammenhänge entspricht der Abstand vom Peilobjekt bei der zweiten Peilung der versegelten Strecke. Der Abstand wird auf dem zweiten Peilstrahl abgetragen und ergibt so den beobachteten Ort O_b zum Zeitpunkt der zweiten Peilung.

❐ *Horizontalwinkelmessung*

Horizontalwinkelmessungen ergeben meist sehr genaue Standorte, wenn sie mit einem Sextanten durchgeführt werden.

Voraussetzung sind drei geeignete Peilobjekte.

Die Horizontalwinkel zwischen den Peilobjekten werden gemessen und die jeweils benachbarten Peilobjekte durch eine Hilfslinie verbunden. In den Peilobjekten wird an dieser Linie der Komplementärwinkel a bzw. b = 90° – Horizontalwinkel abgetragen. Ist der Komplementärwinkel negativ *(Horizontalwinkel > 90°),* wird er auf der dem Koppelort abgewandten Seite der Verbindungslinie abgetragen. Die Schnittpunkte ergeben die Mittelpunkte der Abstandskreise zu den Peilobjekten. Der Schnittpunkt der beiden Abstandskreise ergibt den beobachteten Ort O_b.

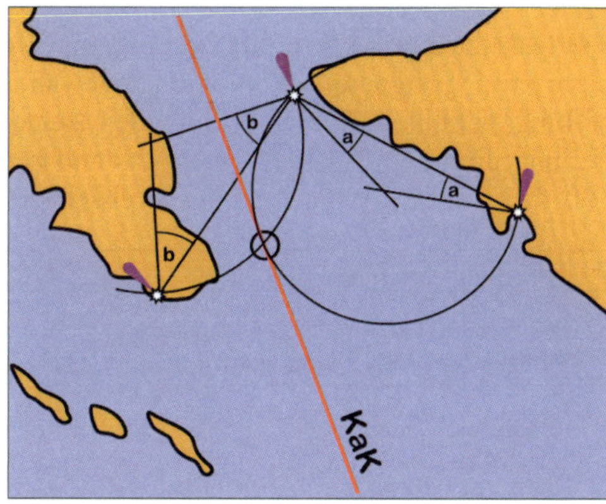

Es gibt noch andere Verfahren, den Standort mittels Horizontalwinkelmessungen zu ermitteln: die **Doppelwinkelkonstruktion**, die **Transparentpapiermethode** und eine **zeichnerisch/rechnerische Methode**.

8.4 NAVIGATIONSAUFGABEN

8.4.1 Kontrolle der Ablenkungstabelle

Eine Kontrolle der Ablenkungstabelle (Steuertabelle) empfiehlt sich vor allem dann, wenn man mit einem Schiff das erste Mal unterwegs ist (Charterschiff) bzw. wenn am eigenen Schiff hinsichtlich Schiffsmagnetismus relevante Umbauten vorgenommen wurden.

Voraussetzung für eine Ablenkungskontrolle ist eine direkt in der Seekarte ersichtliche (nicht errechnete) rechtweisende Peilung *(z. B. Deckpeilung).* Die rwP kontrollieren wir entweder direkt über den Steuerkompass mittels Peilaufsatz oder mit der Peilscheibe. Wir erhalten damit unmittelbar bzw. unter Berücksichtigung des MgK eine Magnetkompasspeilung MgP. Die rechtweisende Peilung beschicken wir mit der Missweisung

Mw zur missweisenden Peilung mwP. Die Differenz zur Magnetkompasspeilung MgP ergibt, den Rechenregeln der Peilungsverwandlung entsprechend, die Ablenkung Abl für den anliegenden Magnetkompasskurs rwK bzw. den missweisenden Kurs mwK (NICHT für die MgP oder mwP).

Eine einfache Möglichkeit der Ablenkungskontrolle ergibt sich, wenn wir uns mit unserem Schiff auf der Standlinie einer bekannten, rechtweisenden Peilung *(siehe oben)* in Richtung des Peilobjekts bewegen. Dieser rechtweisende Kurs entspricht dann der rechtweisenden Peilung. Am Schiffskompass können wir den MgK, der für diesen Fall der Magnetkompasspeilung MgP entspricht, ablesen.

Stimmen die so ermittelten Werte mit der Steuertabelle nicht überein, ist diese falsch oder es gibt eine temporäre Ursache (Handpeilkompass in der Nähe des Steuerkompass etc.) für die Differenz, die beseitigt werden muss.

8.4.2 Erstellen einer Ablenkungstabelle

Voraussetzung für diese Methode ist eine Peilscheibe: Zunächst werden aus der Seekarte zwei geeignete Peilobjekte ausgewählt. Das Schiff wird auf der Linie der Deckpeilung verankert. Die Richtung der Deckpeilung entnehmen wir als rechtweisende Peilung direkt der Seekarte. Der Abstand zum näheren Peilobjekt muss mindestens das 100-fache des Durchmessers des Drehkreises des Schiffes betragen.

rwP	***SP***	***rwK***	***Mw***	***mwK***	***Abl***	***MgK***
aus der Seekarte	000° bis 360° alle 10°	= rwP – SP (– Werte mit 360° füllen)	aus der Seekarte	= rwK – ±Mw	= mwK – MgK	Ablesung alle 010° SP
084	*010*	*074*	*-003*	*077*	**+ 008**	*069*
084	*020*	*064*	*-003*	*067*	**+ 007**	*060*
084	*030*	*054*	*-003*	*057*	**+ 007**	*050*
084	*350*	*094*	*-003*	*097*	**+ 006**	*091*
084	*360*	*084*	*-003*	*087*	**+ 008**	*079*

Die rechtweisende Peilung wird in die erste Spalte eingetragen. In die zweite Spalte werden die Werte für die Seitenpeilungen SP von 000° bis 360° in 10°-Abstufung eingetragen. Die rechtweisenden Kurse rwK werden errechnet (rwK = rwP – SP, Minuswerte mit 360° auffüllen) und in die dritte Spalte eingetragen. Die Missweisung Mw (aus der Seekarte) und die daraus resultierenden missweisenden Kurse mwK (= rwK – ± Mw, Vorzeichenregel) werden in die nächsten Spalten eingetragen.

Die Peilscheibe wird nun auf 010° eingestellt und das Schiff (mit dem Beiboot) linksherum gedreht, bis 010° SP anliegen. Der Magnetkompasskurs MgK wird abgelesen und eingetragen. Das Schiff wird um jeweils 10° weitergedreht und der jeweilige

MgK abgelesen und eingetragen. Die Differenzen aus mwK und MgK ergeben die Ablenkung für die entsprechenden Magnetkompass- bzw. missweisenden Kurse.

Anmerkung: Besteht die Möglichkeit, mittels Peilaufsatz über den Steuerkompass zu peilen, erhält man die MgP direkt, beschickt diese mit der Mw zur mwP und kann die Ablenkung zu den jeweiligen Kursen berechnen: Abl = mwP (mwK) – MgP (MgK)

Da die Ablenkung nicht nur für die Magnetkompasskurse, sondern auch für die missweisenden Kurse benötigt wird *(zur Kursverwandlung vom KaK zum MgK)*, wird mit den Werten für die Abl und den MgK ein **Steuerdiagramm** erstellt. Die angeglichene Sinuskurve zeigt „ausgerissene“ Messungen auf und gleicht diese aus. Anhand des Diagramms können nun die Ablenkungswerte für alle MgK und mwK ermittelt werden *(siehe Abbildung)*. Die Werte für die Abl sind auf ganze Grade zu runden.

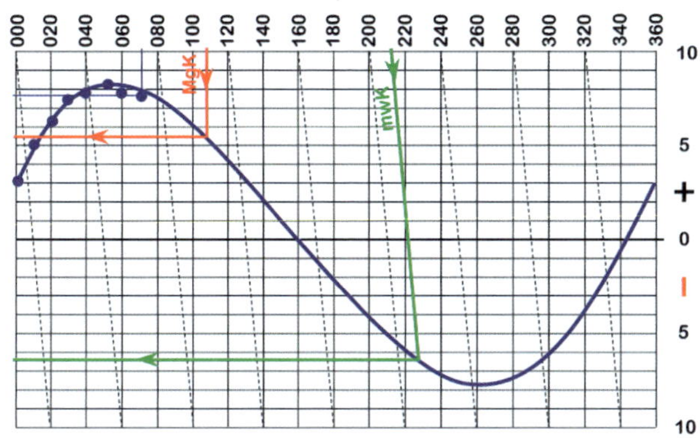

Die direkte Ablesung aus dem Diagramm führt unter Bordbedingungen zu Fehlern und Ungenauigkeiten, weshalb die Erstellung einer **Ablenkungstabelle**, die leichter in der Handhabung ist, gemäß folgendem Muster sinnvoll ist.

MgK	*000*	*010*	*020*				*340*	*350*	*360*
Abl	*+ 3*	*+ 4*	*+ 6*				*0*	*+ 1*	*+ 3*

mwK	*000*	*010*	*020*				*340*	*350*	*360*
Abl	*+ 4*	*+ 6*	*+ 7*				*+ 1*	*+ 2*	*+ 4*

Die Ablenkungstabelle müsste den Schiffspapieren beiliegen. Auf die Nachfrage nach dieser beim Charterpersonal erhält man meist als Antwort, dass der Steuerkompass keiner Ablenkung unterliegt, was so nicht stimmen kann. Möglicherweise ist die Ablenkung sehr gering (bei guter Kompass-Kompensation unter ± 4°). Die Verantwortung liegt jedenfalls beim Skipper, weshalb zumindest stichprobenartig die Ablenkung kontrolliert werden muss. Werden dabei Werte unter ± 3° festgestellt, kann man vielleicht damit leben, darüber sollte eine Ablenkungstabelle erstellt werden, und über ± 10° sollte das Schiff retourniert werden.

8.4.3 Berücksichtigung von Strom

Sind die Fahrt durchs Wasser FdW *(Logge)*, der Kurs durchs Wasser KdW *(aus dem MgK)* und der Strom nach Richtung und Betrag bekannt, wird die FdW in Richtung und Betrag vom letzten O_b aus abgetragen. Sinnvollerweise für eine Stunde, d. h.: 6 kn entspricht 6 sm. Vom Endpunkt aus wird der Strom in Richtung und Betrag abgetragen. Die Resultierende ergibt die Fahrt über Grund FüG und den Kurs über Grund KüG.

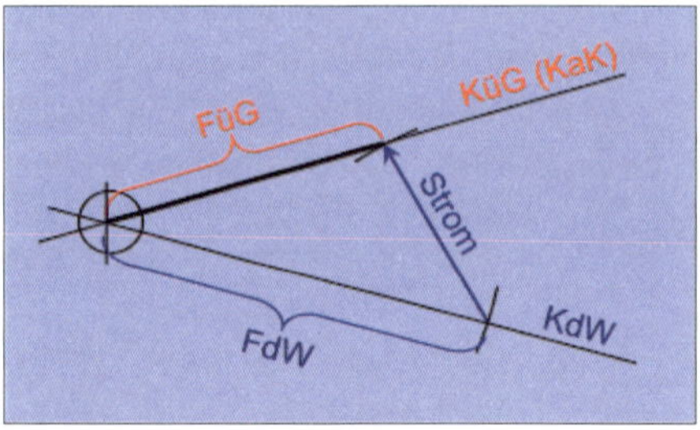

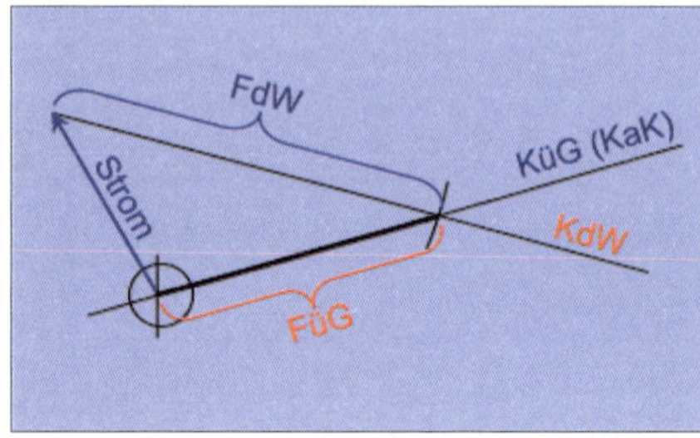

Wird der Kurs durchs Wasser KdW gesucht, der bei bekanntem Strom und gewünschtem Kurs über Grund KüG nach der Verwandlung als MgK gesteuert werden soll, wird die Fahrt über Grund FüG und der Strom nach Richtung und Betrag vom letzten O_b aus abgetragen. Die Resultierende ergibt den KdW und die FdW.

8.4.4 Gefahrenwinkel

Zur Überprüfung eines sicheren Kurses bzw. Abstandes von einem Hindernis bedient man sich eines sogenannten Gefahrenwinkels: Die beiden Peilobjekte A und B werden verbunden. Der Horizontalwinkel a wird mittels Sextant gemessen oder durch Peilungen errechnet. Die beiden Peilobjekte werden durch eine Hilfslinie verbunden. In den Peilobjekten wird an dieser Linie der jeweilige Komplementärwinkel b (= 90° – Horizontalwinkel a) abgetragen (ist der gemessene Horizontalwinkel > 90°, wird der Komplementärwinkel landeinwärts abgetragen). Der Schnittpunkt ergibt den Mittelpunkt des Abstandskreises zu den Peilobjekten. Zur Einhaltung des Abstands darf der Horizontalwinkel a nicht unterschritten werden.

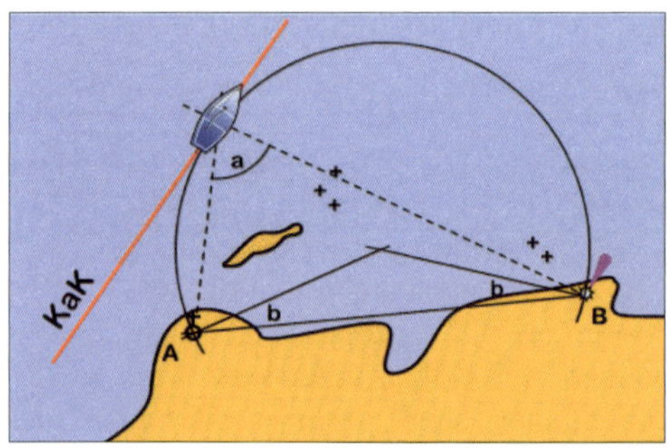

8.4.5 Treffpunktermittlung

Bei der Ermittlung eines Treffpunktes geht es darum, ein in Fahrt befindliches Schiff unter verschiedensten Gegebenheiten auf kürzestmöglichem Weg zu erreichen. Die Lösung erfolgt durch grafische Addition der Fahrtvektoren mithilfe des sogenannten Stundendreiecks. Für die nachfolgenden Aufgaben behält Schiff A Kurs und Fahrt bei, Schiff B führt die Kursänderung durch.

❒ *Schiff A und B mit Fahrt durchs Wasser, kein Strom*

Zunächst werden die zeitgleichen Positionen der beteiligten Schiffe **A** und **B** sowie die Verbindung **AB** in die Karte eingezeichnet. Am Kurs von **A** wird der Fahrtvektor F_A abgetragen und von dessen Endpunkt aus der Fahrtvektor F_B auf die Verbindungslinie **AB** abgeschlagen. Damit ergibt sich der Treffpunktkurs für Schiff **B**, der nur noch durch die Position **B** parallel verschoben werden muss, um den Treffpunkt **Tp** zu erhalten. Die Distanzen zum Treffpunkt können direkt der Karte entnommen und der Zeitpunkt des Treffens errechnet werden.

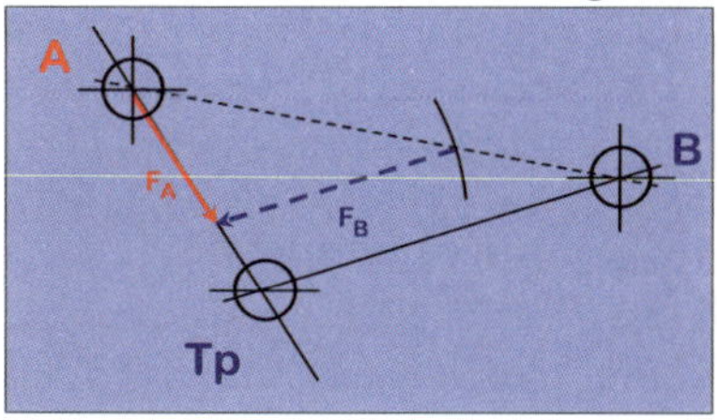

❒ *Treffpunktermittlung bei treibendem Havarist (Strom)*

Es werden wieder die zeitgleichen Positionen der beteiligten Schiffe **A** und **B** sowie die Verbindung **AB** in die Karte eingezeichnet. Am Kurs von **A** wird der Fahrtvektor von A = Strom und auf der Verbindung **AB** die Fahrt durchs Wasser $\mathbf{FdW_B}$ – beides von Position **A** aus – abtragen. Die Resultierende schließt das Stunden- bzw. Stromdreieck als Fahrt über Grund $\mathbf{FüG_B}$ und ergibt den Treffpunktkurs für Schiff **B**, der durch die Position **B** parallel verschoben wird, um den Treffpunkt **Tp** zu erhalten. Distanzen zum Treffpunkt werden der Karte entnommen, die Treffpunktzeit errechnet.

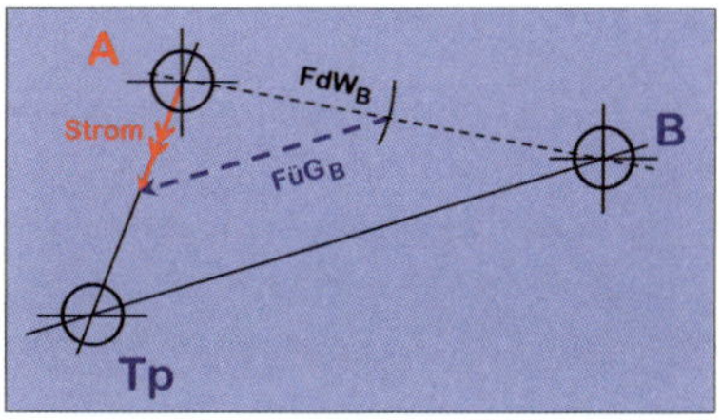

❒ *Treffpunktermittlung mit Strom*

Die zeitgleichen Positionen der beiden Schiffe **A** und **B** sowie die Verbindung **AB** werden in die Karte eingezeichnet. In Position **A** wird das Stromdreieck für Schiff **A** gezeichnet. Vom Endpunkt des Fahrtvektors $\mathbf{FdW_A}$ aus wird die FdW_B auf die Verbindung **AB** abgetragen. Die $\mathbf{FüG_B}$ schließt das Stromdreieck und ergibt den Treffpunktkurs für Schiff **B**, der durch die Position **B** parallel verschoben wird, um den Treffpunkt **Tp** zu erhalten. Die Distanzen zum Treffpunkt werden der Karte entnommen, die Treffpunktzeit wird errechnet.

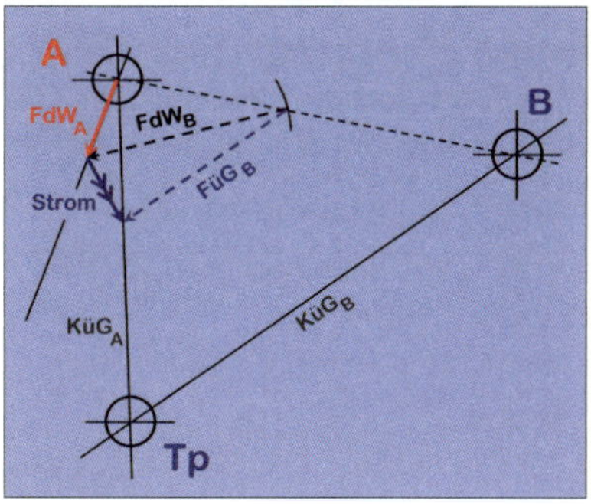

❒ *Treffpunktermittlung unter Aufkreuzen*

Kann ein Schiff in Fahrt (oder im Strom treibend) auf direktem Weg unter Segel nicht erreicht werden, muss aufgekreuzt werden.

Wieder werden die zeitgleichen Positionen der beteiligten Schiffe **A** und **B** sowie die Verbindung **AB** in die Karte eingezeichnet. In Position **A** wird das Stromdreieck für Schiff **A** gezeichnet. Für Schiff **B** werden die beiden möglichen Kurse hoch am Wind *(Wendewinkel, Höhe am Wind)* ermittelt. Die Verbindung der Endpunkte der Fahrtvektoren **$FüG_{1,B}$ / $FüG_{2,B}$** ergibt als Stundenlinie alle Orte, die von B aus innerhalb einer Stunde hoch am Wind erreicht werden können. Nun wird die Verbindung **AB** durch den Endpunkt des Fahrtvektors **$FüG_A$** parallel verschoben. Durch den Schnittpunkt mit der Stundenlinie wird die Treffpunktlinie gezeichnet, deren Schnittpunkt mit dem Kurs über Grund **$KüG_A$** den Treffpunkt **Tp** darstellt. Die Distanzen zum Treffpunkt werden wieder der Karte entnommen, die Treffpunktzeit wird errechnet.

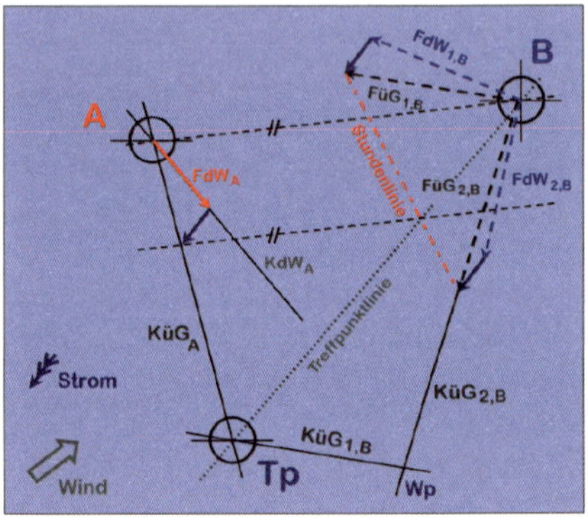

8.5 FAHRT F, ZEIT T, DISTANZ D

8.5.1 Fahrt F

Die Geschwindigkeit wird in der Navigation als Fahrt F bezeichnet, gemessen in Knoten (kn). *Anmerkung: Der Begriff Knoten stammt von den Knoten der Logleine, die beim Loggen mit dem Handlog beim Ausrauschen der Leine durch die Hand mitgezählt wurden.*

$$1\ \text{Knoten (kn)} = \frac{1\ \text{Seemeile (sm)}}{1\ \text{Stunde (h)}}$$

Bei der Fahrt F müssen wir zwischen der Fahrt durchs Wasser FdW und der Fahrt über Grund FüG unterscheiden: Die mit dem Log oder der Logge ermittelte Fahrt ist immer die Fahrt durchs Wasser FdW. Werden Kurs und Fahrt eines Schiffes nicht vom Strom beeinflusst, entspricht diese auch der Fahrt über Grund FüG.

$$\text{Fahrt } F\ \text{(kn)} = \frac{\text{Distanz } D\ \text{(sm)}}{\text{Zeit } T\ \text{(h)}}$$

Für die Zeit in Minuten gilt:

$$\text{Fahrt } F\ \text{(kn)} = \frac{\text{Distanz } D\ \text{(sm)} \times 60}{\text{Zeit } T\ \text{(min)}}$$

Zur Überprüfung des Schiffslogs oder wenn dieses ausfällt, wird die Fahrt durchs Wasser mittels Relingslog oder Flaschenlog ermittelt.

❒ ***Relingslog***

An der Reling wird eine bestimmte Strecke markiert. Seitlich vor dem Schiff wird ein schwimmfähiger Gegenstand ins Wasser geworfen und anschließend die Zeit gemessen, die das Schiff zum Zurücklegen der markierten Distanz benötigt.

❒ ***Flaschenlog***

Eine zu etwa 1/3 mit Wasser gefüllte Flasche wird an einer abgemessenen Leine befestigt. Das andere Leinenende wird am Heck des Schiffes befestigt oder gehalten. Die Flasche wird voraus ins Wasser geworfen. Gestoppt wird die Zeit vom Passieren des Schiffshecks bis zum Steifkommen der Leine (ersichtlich am Kippen der Flasche).
Die Fahrt aus einer Messung mit dem Relingslog oder Flaschenlog kann mit ausreichender Genauigkeit wie folgt errechnet werden:

$$\text{Fahrt } F \text{ (kn)} \approx \frac{2 \times \text{Messstrecke (m)}}{\text{Zeit } T \text{ (s)}}$$

8.5.2 Zeit T

$$\text{Zeit } T \text{ (h)} = \frac{\text{Distanz } D \text{ (sm)}}{\text{Fahrt (kn)}}$$

Für die Zeit in Minuten gilt:

$$\text{Zeit } T \text{ (min)} = \frac{\text{Distanz } D \text{ (sm)} \times 60}{\text{Fahrt (kn)}}$$

Die angenommene Zeitspanne, in der ein Ziel erreicht wird, wird als **ETE *(Estimated Time „En Route")*** bezeichnet; der angenommene Zeitpunkt der Ankunft wird als **ETA *(Estimated Time of Arrival)*** bezeichnet. Die von Mittag zu Mittag zurückgelegte Strecke wird als **Etmal** bezeichnet.

8.5.3 Distanz D

Sind Fahrt und Zeit, in der eine bestimmte Distanz zurückgelegt (versegelt) wurde, bekannt, wird die Distanz D wie folgt ermittelt:

$$\text{Distanz } D \text{ (sm)} = \text{Fahrt } F \text{ (kn)} \times \text{Zeit } T \text{ (h)}$$

Für die Zeit in Minuten gilt:

$$\text{Distanz } D \text{ (sm)} = \frac{\text{Fahrt } F \text{ (kn)} \times \text{Zeit } T \text{ (min)}}{60}$$

8.6 GLOBAL POSITIONING SYSTEM GPS

8.6.1 Systemgrundlagen

❐ Funktionsprinzip

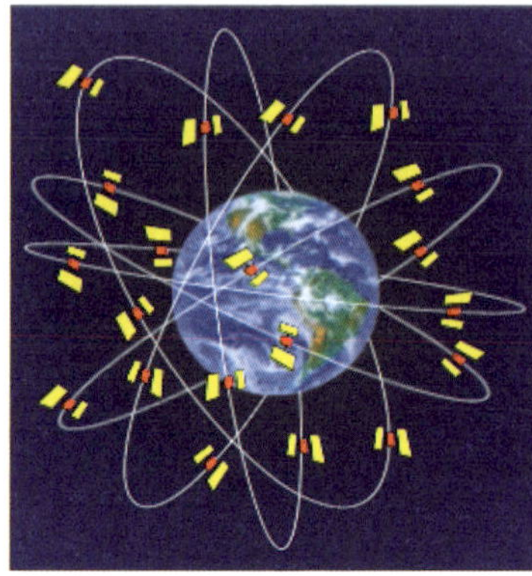

Das Global Positioning System ist das Satelliten-Ortungssystem des amerikanischen Militärs. In der Grundkonfiguration besteht es aus 24 Satelliten, die auf sechs Bahnen in 20 km Höhe die Erde umkreisen. Die Bahnen sind so angeordnet, dass nahezu jeder Punkt der Erde erfasst wird.

❐ Standortbestimmung

Die Standortbestimmung erfolgt über die Bestimmung der Entfernung Empfänger/Satellit mittels Zeitmessung. Die Satelliten des GPS senden codierte Signale aus, während im Empfänger zur selben Zeit der gleiche Code erzeugt wird. Der Satellitencode kommt beim Empfänger zeitversetzt an, da er erst die Strecke bis zum Empfänger zurücklegen muss. Aus dem Versatz von Satelliten- und Empfängercode ermittelt der GPS-Empfänger die Laufzeit des Signals und über die Geschwindigkeit der Funkwellen (*Lichtgeschwindigkeit*) die Entfernung. Vom Prinzip her einfach, sind in der Praxis komplizierte mathematische Verfahren nötig, um ein genaues Ergebnis zu erzielen.

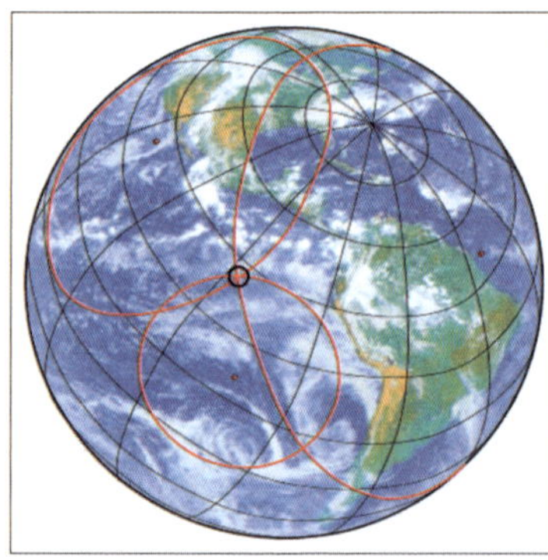

Der Satellit sendet seine Signale in alle Richtungen aus. Das ergibt eine kugelförmige „Standfläche" um den Satelliten, als Summe aller möglichen Orte mit dem gleichen Abstand um den Satelliten. In der nautischen Navigation stellt die Erdoberfläche ebenfalls eine Standfläche dar. Die beiden Standflächen schneiden sich in einem Kreis auf der Erdoberfläche. Die Signale von drei Satelliten schneiden sich schließlich nur noch in einem Punkt – dem Schiffsstandort.

Das reicht für eine zweidimensionale Position *(2-D-Ortung)* nach Länge und Breite. In der Luftfahrt ist zusätzlich noch die Höhe *(3-D-Ortung)* gefragt – man benötigt also einen vierten Satelliten. Von modernen GPS-Empfängern werden bis zu zwölf Satellitensignale gleichzeitig empfangen und ausgewertet, um eine möglichst hohe Genauigkeit zu erzielen.

Das Prinzip funktioniert nur, wenn dem GPS-Empfänger die exakte Position der Satelliten bekannt ist. In gewissen Zeitabständen werden daher Daten an den Empfänger übermittelt, aus denen dieser die Position des Satelliten im Raum errechnen kann. Darüber hinaus werden Daten zur Identifizierung des Satelliten und Zeitkorrekturen gesendet. Das Gesamtsystem wird von einer zentralen Leitstelle der US Air Force in Colorado/USA gesteuert und überwacht.

❒ *Systemgenauigkeit*

Für die zivile Nutzung wird auf der Frequenz 1,5 MHz (*Standard Positioning System [SPS oder C/A-Code]*) gesendet. Bis Mai 2000 wurde die Genauigkeit des Systems künstlich verschlechtert, die sogenannte *„selective availability"*.

Durch die Abweichung der GPS-Uhr von den sehr genauen Atomuhren der Satelliten schneiden sich die kreisförmigen Standlinien nicht genau in einem Punkt, sondern ergeben ein Fehlerdreieck. Bei einer Ungenauigkeit der Laufzeit von einer 1/1000 s bei Lichtgeschwindigkeit (300 000 km/s) beträgt der Distanzfehler bereits 3 km. Der Fehler ist aber annähernd konstant und wird vom System rechnerisch korrigiert. Die Systemgenauigkeit wird auch von der Geometrie der empfangenen Satelliten *(Dilution of Precision)* beeinflusst. Für die zivile Nutzung kann von einer Positionsgenauigkeit von etwa 13 m Radius des Fehlerkreises mit einer Wahrscheinlichkeit von 95 % ausgegangen werden. Das heißt aber auch, dass in 5 % der Fälle die wahre Position außerhalb liegt.

Abgesehen von den systembedingten Ungenauigkeiten können auch technische Störungen auftreten. Für den Signalempfang muss der GPS-Empfänger mit den Satelliten in optischer Verbindung stehen – er muss die Satelliten *„sehen"*. Abschattungen an Bord oder durch dichten Regen behindern den Empfang, abstrahlende andere Antennen können die Systemgenauigkeit bis zu 5 kbl verschlechtern.

8.6.2 Erhöhung der Systemgenauigkeit

Beim ***Differential-GPS (DGPS)*** vergleichen Bodenstationen die via GPS ermittelten Positionsangaben mit ihren tatsächlichen, bekannten (konstanten) Standortkoordinaten und errechnen daraus Korrekturwerte. Diese werden per Funk im Langwellenbereich im Sendebereich von maximal etwa 200 sm im Umkreis ausgesendet. Entsprechende DGPS-Empfänger erzielen so eine Positionsgenauigkeit von 10 m (in 95 % der Zeit), die allerdings mit der Entfernung zum DGPS-Sender wieder abnimmt. Das System funktioniert selbstverständlich nur im Sendebereich der Referenzstationen.

Das nordamerikanische ***„Wide Area Augmentation System" (WAAS)*** – ursprünglich für die Luftfahrt, zur Verbesserung der Positionsgenauigkeit bei Landeanflügen – besteht aus einem Netz von 25 Referenzstationen. Damit wird ein Korrekturgitter für das abgedeckte Gebiet erstellt, die Korrekturwerte werden über Satelliten ausgestrahlt. Die erzielbare Genauigkeit eines GPS-Empfängers mit WAAS-Unterstützung liegt bei etwa 1 bis 3 m.

In Europa ist seit Oktober 2009 ein eigenes satellitengestütztes GPS-Erweiterungssystem in Betrieb, das ***„European Geostationary Navigation Overlay Service (EGNOS)***. Das System arbeitet mit geostationären Satelliten sowie 34 terrestrischen Ortungsstationen und 4 Kontrollzentren.

Anmerkung: EGNOS ist kompatibel zu WAAS und zum japanischen Ergänzungssystem MSAS. Es ist Bestandteil des geplanten globalen Satellitennavigationssystems GALILEO und sendet auch Korrekturwerte für das russische GLONASS-System.

8.6.3 GPS-Empfänger

Bei den heute am Markt erhältlichen GPS-Empfängern sind kaum noch Qualitätsunterschiede bei den technischen Daten festzustellen. Genau betrachtet wären Parallel-Empfänger *(PhaseTrac-Empfänger)*, die mehrere Kanäle gleichzeitig abfragen, gegenüber sogenannten Multiplex-Geräten *(MultiTrac-Empfänger)* – Kanäle werden nacheinander abgefragt – im Vorteil. In der nautischen Navigation spielt das wegen der geringen Geschwindigkeiten aber keine Rolle. Der Unterschied bei modernen Geräten besteht in erster Linie bei Displaygröße und -qualität, Stromverbrauch und Beleuchtung sowie der Vernetzungsfähigkeit mit anderen Navigationsinstrumenten.

GPS-Empfänger geben die Navigationsdaten wie Position, Kurs, Peilung usw. in alphanumerischer Form aus, oft auch mit grafischer Unterstützung in Form einer Kompassrose, in welcher der Kurs angezeigt wird, sowie zusätzlich in der sogenannten Autobahndarstellung.

Daneben haben sich heute weitgehend Kartenplotter mit integriertem GPS-Empfänger zur Navigation mittels elektronischer Seekarten durchgesetzt. Der Empfänger liefert die aktuellen Navigationsdaten wie Position, Kurs und Fahrt, und die Navigationssoftware stellt diese auf der elektronischen Seekarte dar. Der GPS-Empfänger ist automatisch auf das Kartendatum der elektronischen Seekarte (meist WGS 84) eingestellt.

GPS-Empfänger sind für den Einbau in der Navigationsecke unter Deck mit externer Antenne oder als Handgerät mit integrierter Antenne erhältlich. Viele moderne Handgeräte bieten die Möglichkeit der Kartendarstellung. Aufgrund der beschränkten Bildschirmgröße sind solche Lösungen aber nur bedingt für die direkte Navigation auf der elektronischen Seekarte einsetzbar.

8.6.4 Grundeinstellungen

Die wesentlichen Einstellmöglichkeiten sind praktisch bei allen Geräten gleich:

- ***Sprache*** *– wenn möglich (bei älteren Geräten nur englisch)*
- ***Einheitensystem*** *– nautisch/metrisch/englisch*
- ***Betriebsart*** *– Normalbetriebsart/Sparmodus (Positionsberechnung in Abständen von 5–10 s)*
- ***Zeit*** *– grundsätzlich UTC, gesetzliche Zeit GZ bzw. Zonenzeit ZZ einstellbar (12/24h-Format)*

- *Parameter der **Positionsangabe** – 2-D- bzw. 3-D-Ortung, Positionsformat (ggg, mm, m)*
- ***geodätisches Modell** – Voreinstellung meist WGS 84 (liefert auf alle Punkte der Erdoberfläche bezogen im Durchschnitt die genauesten Werte). Wird das geodätische Modell auf das der Papierseekarte eingestellt: Achtung beim Wechsel der Karte, die eventuell ein anderes Rechenmodell hat!*
- ***Nord-Bezugsrichtung** – geografisch (rechtweisend) Nord (**true north**) oder magnetisch (missweisend) Nord (**magnetic north**)*

8.6.5 Informationsausgabe

❒ *Position*

Der wichtigste Anzeigewert ist die ***geografische Position*** entsprechend der eingestellten Parameter. Um die GPS-Position in die Seekarte eintragen zu können, ist diese eventuell zu berichtigen *(geodätisches Modell).*

Bei manchen Geräten wird als zusätzliche Information die horizontale Ungenauigkeit *(HDOP, Horizontal Dilution of Position)* angezeigt. Eine HDOP von 2 bedeutet, dass der theoretische Systemfehler mit 2 zu multiplizieren ist.

❒ *Kurse*

Der anliegende Kurs (Ist-Kurs) wird als ***heading (HDG)*** und entsprechend der eingestellten Nord-Bezugsrichtung als rechtweisend ***(true)*** oder missweisend ***(magnetic)*** angezeigt. Aber Achtung: Der GPS-Empfänger geht immer vom Kurs über Grund (***Course over the Ground, COG)*** aus. Ist als Nord-Bezugsrichtung missweisend Nord *(magnetic north)* eingestellt, ist der missweisende (GPS-)Kurs *magnetic course* der Kurs über Grund, berichtigt um die Missweisung, und entspricht so nicht dem missweisenden Kurs, wie wir ihn aus unserem Rechenschema kennen. Bei manchen Geräten kann zusätzlich die Magnetkompassablenkung gemäß Ablenkungstabelle eingegeben werden. Der missweisende Kurs *magnetic course* entspricht dann dem Magnetkompasskurs. Der Unterschied zwischen diesem *COG, magnetic course* und dem am Schiffskompass abgelesenen Kurs sind dann Windabdrift und/oder Stromeinfluss. Sinngemäß treffen obige Feststellungen auch auf Peilungen zu.

❒ *Geschwindigkeit*

Die Geschwindigkeit wird als Fahrt über Grund ***Speed over Ground*** (***SOG)*** angezeigt. Die Messung der SOG ist nicht so präzise wie die Position, reicht aber aus, um Strömungen zu erkennen.

❒ *Weitere Funktionen*

Viele Geräte haben eine eigene ***MOB-Taste*** (***Man Over Board***) zum Festhalten der MOB-Position. Der GPS-Empfänger zeigt dann laufend den Sollkurs zu dieser MOB-Position an.

Eine eigene Taste ***Mark*** dient zum Festhalten der aktuellen Position, die dann auch als Wegpunkt gespeichert werden kann.

Bei vielen GPS-Empfängern kann ein ***Alarmierungskreis*** um einen Wegpunkt (oder eine Gefahrenstelle) gelegt werden. Dringt das Schiff in diesen Alarmierungskreis ein, wird ein Annäherungsalarm *(Proximaty Alarm)* ausgelöst. Umgekehrt funktioniert der ***Ankeralarm***, wobei diese Funktion unter Berücksichtigung des Schwojkreises und der Systemungenauigkeit in der Praxis nur bedingt einsetzbar ist.

8.6.6 Wegpunktnavigation

Neben der Anzeige der aktuellen Position, Kurs und Fahrt bieten GPS-Empfänger auch eine mehr oder weniger komfortable Verwaltung von Wegpunkten und damit alle Möglichkeiten der Wegpunktnavigation. Der GPS-Empfänger erkennt Kurse und Distanzen zwischen aktiven Wegpunkten und errechnet laufend Peilung ***(bearing)*** und Abstand ***(distance)*** zu einem Wegpunkt bezogen auf die aktuelle Position, die voraussichtliche Ankunftszeit ETA oder die angenommene Reisedauer ETE sowie die Abweichung vom Sollkurs. Die meisten GPS-Empfänger geben kurz vor Erreichen des Wegpunktes eine Meldung aus, die quittiert werden muss, und schalten dann automatisch auf den nächsten Wegpunkt um (oder auch wenn ein Minimalabstand zum aktiven Wegpunkt wieder größer wird). Wegpunkte können auch zu Routen zusammengefasst werden.

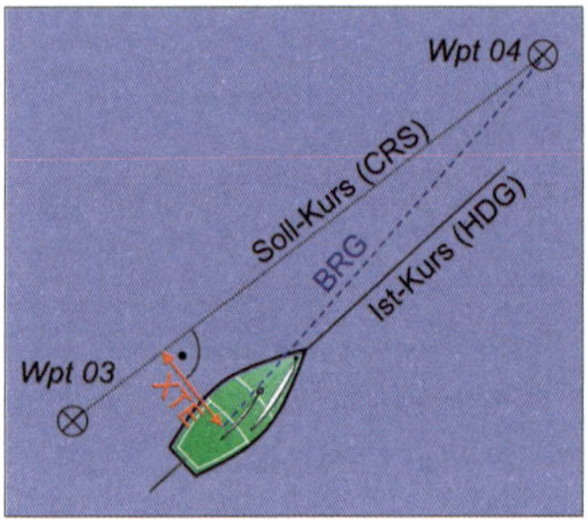

Ist ein Wegpunkt aktiviert, wird neben dem gerade anliegenden Ist-Kurs *(HDG)* auch der Soll-Kurs ***course (CRS)*** zum Wegpunkt angegeben, selbstverständlich auch als Kurs über Grund *(COG)* entsprechend der eingestellten Nord-Bezugsrichtung als rechtweisend *(true)* oder missweisend *(magnetic)*.

Die Abweichung vom Sollkurs wird dabei als ***Cross Track Error (XTE)*** bezeichnet. Der XTE ist die seitliche Ablage vom Sollkurs, gemessen im rechten Winkel zum Sollkurs. Zusätzlich kann die Fahrt über Grund auf den Sollkurs bezogen ***(Velocity made good, VMG)*** angegeben werden.

Wegpunktnavigation ist beim Segeln nur bedingt einsetzbar, da unser Kurs von den aktuellen Windverhältnissen bestimmt wird!

8.6.7 Elektronische Seekarten

Unabhängig von der Art und Qualität der verwendeten elektronischen Seekarten stellen diese lediglich eine zusätzliche Navigationshilfe dar. Rechtlich ist die Situation eindeutig: ***Aktuell berichtigte Papierseekarten müssen in ausreichender Anzahl und entsprechenden Maßstäben an Bord sein***. Im Fall einer Seeunfalluntersuchung sollte sich auf der Seekarte auch eine entsprechende Kurslinie finden!

Die Übersicht geht bei elektronischen Karten wegen der beschränkten Bildschirmgröße schnell verloren. Zudem basieren sie häufig auf einer älteren Kartografie. Da kann es schon einmal vorkommen, dass die Ankerposition bis zu 100 m landeinwärts angezeigt wird oder eine schmale Durchfahrt als Landbrücke dargestellt ist. Ein weiteres Kriterium ist die Aktualisierung elektronischer Seekarten: Updates erfolgen in relativ großen Zeitabständen und sind oft nur unwesentlich günstiger als die Vollversion.

❒ *Rasterkarten*

Die einfachste Art elektronischer Seekarten sind Rasterkarten. Sie entstehen durch Einscannen von Papierseekarten mit verzerrungsfreien Scannern. Die Rasterkarte ist ein Abbild der Papierkarte und enthält grundsätzlich auch die gleichen Informationen. Zoomen entspricht eigentlich einer Lupenfunktion. Der Maßstab der Karte wird nicht verändert, es werden auch nicht mehr Details dargestellt. Führt der Kurs über den Kartenrand hinaus, muss auf eine neue Karte gewechselt werden, Berichtigungen erfolgen durch Austausch der Karte oder Einsetzen berichtigter Kartenausschnitte.

Eine Weiterentwicklung einfacher Rasterkarten sind die ***Raster Nautical Charts, RNC***, nach einem von der *International Maritime Organization, IMO,* definierten Standard. Die Karten sind maßstäblich entzerrt, sodass übergangslos auf eine nächste Karte gewechselt werden kann. Das Einfügen von vektorisierten Overlays ist möglich.

Amtliche Standards für Rasterkarten gibt es u. a. in Form des ***Admirality Raster Chart System, ARCS***, des Britischen Hydrografischen Instituts. Diese Karten werden auch in der Berufsschifffahrt mit praktisch weltweiter Abdeckung eingesetzt. Des Weiteren gibt es den amerikanischen Regierungsstandard in Form der ***BSB-Karten***.

❒ *Vektorkarten*

Bei Vektorkarten stellen die einzelnen Elemente wie Leuchtfeuer, Tonnen, Küsten- oder Tiefenlinien usw. eigene Datensätze dar. Der Datensatz definiert Darstellung und Position im Koordinatensystem der Karte. Die Datensätze werden in verschiedenen Ebenen (*Layer*) dargestellt, sodass sich bestimmte Objekte bzw. Objektgruppen ein- oder ausblenden lassen, z. B. für eine bessere Übersichtlichkeit. Die Kartensoftware enthält zusätzlich eine Datenbank mit weiteren Informationen, die durch Mausklick abrufbar sind. Sie reichen von der Beschreibung eines Leuchtfeuers samt Kennung über Gezeitenangaben bis hin zu Ansteuerungshinweisen bei Häfen; sogar Videoaufnahmen der Hafeneinfahrten sind möglich. Innerhalb eines Kartensatzes ist kein Kartenwechsel erforderlich, Zoomen ist ohne Qualitätsverlust praktisch stufenlos möglich.

Das Digitalisierungsverfahren wurde von der *International Hydrographic Organization, IHO*, standardisiert (S-57) und damit wurde ein weltweit einheitliches Format zum Datenaustausch geschaffen. Sämtliche Objekte sind in einem Objektkatalog beschrieben. Ebenso ist die regelmäßige Berichtigung geregelt. Die einheitliche Darstellung am Bildschirm ist durch den Standard S-52 geregelt. S-57 und S-52 sind amtliche

Standards, für die Berufsschifffahrt geschaffen, die entsprechenden Karten *(**Electronic Navigational Charts, ENCs**)* sind also amtliche Vektorkarten.

Einen Schritt weiter geht das ***Electronic Chart Display and Information System, ECDIS***, das einmal die Papierseekarte ersetzen soll. Basis sind die amtlichen ENCs nach S-57 und S-52. Die Anpassung des Kartenabschnitts erfolgt automatisch, Positionen werden laufend abgespeichert. Darstellungsarten wie *True Motion* oder *kursstabilisiert* sind möglich. Die ECDIS-Darstellung kann mit einem Radarbild zusammengeschaltet werden. Das System erkennt die Objekteigenschaften – es löst z. B. Alarm bei Annäherung an eine gefährliche Tiefenlinie aus. ECDIS ist u. a. wegen der ebenfalls standardisierten Hardware aus Platz- und Kostengründen (noch) nicht für die Sportschifffahrt geeignet.

Die am Markt befindlichen elektronischen Kartensysteme privater Anbieter entsprechen zwar in der Regel nicht den amtlichen Standards, einige Produkte kommen diesen allerdings ziemlich nahe.

8.6.8 Navigationssoftware

Zur Darstellung elektronischer Karten und der aktuellen GPS-Daten sind entsprechende Programme erforderlich, die sich vor allem durch umfangreiche Routenfunktionen auszeichnen. Manche Programme können, Internetzugang vorausgesetzt, sogar aktuelle Wettervorhersagekarten in der Routenplanung verarbeiten. Die Software ist bei Plottern meist im Gerät gespeichert und funktioniert nur mit den vorgesehenen Kartensystemen.

In der Sportschifffahrt kommen verstärkt ***Laptop*** oder ***Bord-PC*** wegen ihres Mehrfachnutzens zum Einsatz. Am Computer wird z. B. über USB ein GPS-Empfänger als Handgerät oder eine GPS-Maus angeschlossen, der Monitor wird mit der entsprechenden Navigationssoftware zum Kartenplotter. Auch für Charterskipper eine brauchbare Lösung.

Anmerkung: Die durchaus hohe Genauigkeit des GPS oder auch DGPS darf nicht dazu verleiten, die Grundsätze ordentlicher Seemannschaft zu vernachlässigen. Für die Navigation heißt das: Niemals nur mit einem Navigationsverfahren zur See fahren! Das GPS ist ein technisches System und als solches auch fehlerhaft. Es kann jederzeit „abgeschaltet" werden, es kann aber auch aufgrund technischer Störungen ausfallen. Nicht zuletzt benötigt ein GPS-Empfänger auch Strom aus dem Bordnetz oder aus Batterien bei Handgeräten. Das GPS ist als ein komfortables, zusätzliches Navigationsverfahren zu sehen, welches die herkömmlichen Navigationsmethoden ergänzt, aber nicht ersetzt. Nicht zuletzt hat die Häufigkeit von Havarien seit Einführung des GPS zugenommen (natürlich auch durch die stärkere Verbreitung der Sportschifffahrt).

8.7 RADAR

Radar ist ein Akronym von ***Ra****dio* ***D****etection* ***a****nd* ***R****anging*, frei übersetzt etwa Funk-Erkennung und -Abstandsmessung. Es ist ein Messfunkverfahren und dient in der Navigation sowohl als Hilfsmittel zur Kollisionsverhütung als auch als elektronisches Navigationsinstrument. Die Yacht-Radaranlage ist neben dem Automatic Identification

System (AIS) das einzige Navigationsinstrument, das auch die Bewegung anderer Schiffe erkennt – das können GPS-Empfänger und Kartenplotter nicht.

8.7.1 Funktionsprinzip

Ähnlich wie beim Echolot wird aus der Laufzeit elektromagnetischer Wellen die Entfernung zum Ziel *(Target)* bestimmt. Die Radar-Antenne, ein sogenannter Schlitzstrahler, sendet extrem kurze (etwa 0,1 Mikrosekunden lange) Funkimpulse aus, die von jedem Gegenstand reflektiert werden, der größer als die Wellenlänge ist. Sofort nach dem Aussenden des Signals schaltet die Antenne auf Empfang, um die reflektierten Impulse – Echos – wieder aufzufangen. Die Impulse bewegen sich mit Lichtgeschwindigkeit, und somit lässt sich aus der Laufzeit die Entfernung berechnen. Zur Erzeugung des Impulses ist eine Sendeleistung von mehreren Kilowatt erforderlich, die aber nur während des Aussendens benötigt wird. Die Leistungsaufnahme von Yacht-Radaranlagen liegt daher „nur" zwischen etwa 30 und 150 Watt.

Yacht-Radaranlagen senden mit einer Wellenlänge von 3 cm auf einer Frequenz von ca. 9400 MHz im ***X-Band***. Für größere Entfernungen wird in der Berufsschifffahrt häufig ein Zweitgerät mit einer Wellenlänge von 10 cm auf einer Frequenz von ca. 3000 MHz im ***S-Band*** eingesetzt.

Die Mikrowellenimpulse werden von einer Elektronenröhre, dem sogenannten ***Magnetron***, erzeugt. Mit den Abmessungen wird die Frequenz des Radarimpulses (S-Band, X-Band) bestimmt. Während der Impulserzeugung wird mehr als die Hälfte der eingesetzten Energie in Wärme umgesetzt. Nach dem Einschalten benötigt das Magnetron eine Aufwärmphase zur Erreichung der Betriebstemperatur, während der die Radaranlage noch nicht einsatzfähig ist. Zur Reduzierung des Energiebedarfs wird das Radar in einen Standby-Zustand geschaltet. Die Betriebstemperatur wird im Standby-Betrieb durch eine konventionelle Heizung aufrechterhalten, damit ist die Radaranlage jederzeit einsatzbereit.

Die hochfrequenten elektromagnetischen Wellen breiten sich geradlinig aus und können relativ gut gebündelt werden. Damit wird neben der Entfernungsmessung auch eine Richtungsbestimmung ermöglicht. Die sich laufend drehende *(etwa 24 min^{-1})* Schlitzantenne bestreicht den gesamten Horizont. Aus der Richtung des Impulses zum Zeitpunkt seiner Aussendung bzw. des Empfanges ergibt sich die Peilung zum Ziel. Auf dem Radarbildschirm wird jedes Echo im Augenblick seines Eintreffens als Leuchtpunkt dargestellt. Durch den Antennenumlauf wird praktisch die gesamte Umgebung des eigenen Schiffes dargestellt. Die Echoanzeige darf dafür allerdings nicht nur einmal aufleuchten und bis zum nächsten Umlauf wieder verschwinden. Die empfangenen Echos werden daher von modernen Rasterscan-Anlagen zunächst nur gespeichert. Erst wenn ein Ziel oft genug erfasst wurde, wird es auf dem Bildschirm auch dargestellt. Das Ergebnis ist ein stehendes, ruhiges Bild, und die Anzahl der Störechos wird reduziert.

8.7.2 Grundlagen

❒ *Horizontale und vertikale Auflösung*

Die Richtungsauflösung ***(azimutale Auflösung)*** ist die Fähigkeit der Radaranlage, radial nebeneinanderliegende Ziele getrennt darzustellen. Sie ist geräteabhängig und kann nicht verändert werden.

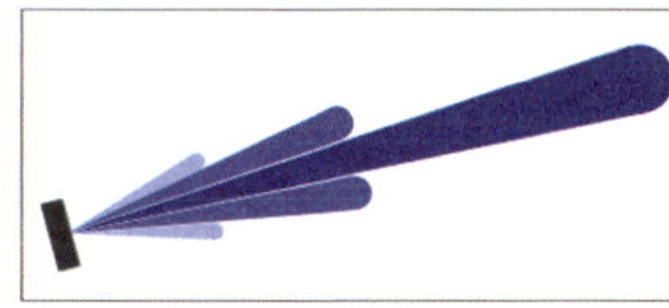

Die Ausbreitung des Radarsignals hat die Form einer Keule, die sogenannte ***Radarkeule***. Ein kleiner Teil der abgestrahlten Energie bildet sogenannte Nebenkeulen, die zu Fehlechos führen können. Durch die Keulenform werden Zielechos am Radar-Bildschirm umso breiter dargestellt, je weiter das Ziel entfernt ist. Nebeneinanderliegende Objekte können miteinander verschmelzen. Neben der Entfernung ist dafür auch der horizontale Öffnungswinkel der Antenne maßgeblich. Für eine gute azimutale Auflösung muss der Radarstrahl horizontal möglichst scharf gebündelt sein. Je größer (breiter) die Antenne ist, umso kleiner ist in der Regel der horizontale Öffnungswinkel (die Radarkeule ist schmaler), und die azimutale Auflösung wird besser, die *„Verbreiterung"* kleiner.

Bei einem horizontalen Öffnungswinkel der Antenne von 4° erscheint ein punktförmiges Ziel, z. B. eine Tonne, als ein 4° breiter Kreisbogen am Radar-Bildschirm, da das Ziel über eine Breite von 4° erfasst wird. Das Ausmaß der horizontalen Auflösung hängt natürlich auch von der Entfernung des Zieles ab. Ein Echobogen von 4° ist in einer Distanz von 3 sm etwa 2 kbl lang, in 12 sm Entfernung erscheint eine Tonne bereits als ein 2 sm breites Ziel. Eine weit entfernte Tonne kann also ein ähnliches Echo wie ein nahes Großschiff abgeben. Gleichzeitig heißt das für unser Beispiel, dass zwei Ziele in 12 sm Entfernung in radialer Richtung mindestens 2 sm voneinander entfernt sein müssen, um getrennt dargestellt zu werden; Hafeneinfahrten oder Flussmündungen werden erst ab einer Breite von über 2 sm dargestellt.

Der *vertikale Öffnungswinkel* der Radarkeule beträgt bei einer Yacht-Radaranlage etwa 25–30°. Er begrenzt das Nahauflösungsvermögen der Antenne. Ziele in unmittelbarer Nähe können, abhängig von der Montagehöhe der Antenne, nicht erfasst werden.

❒ *Die Impulslänge*

Die Impulslänge (Impulsdauer) hat wesentlichen Einfluss auf das Leistungsvermögen einer Radaranlage. Je länger der Impuls, desto größer sein Durchsetzungsvermögen. Die Impulslänge ist die Distanz vom ersten bis zum letzten Wellenzug eines Impulses. Aufgrund der hohen Ausbreitungsgeschwindigkeit kann der erste Wellenzug eines Impulses z. B. bereits 24 m vom Sender entfernt sein, wenn der letzte Wellenzug die Antenne gerade verlässt.

Von der Impulslänge hängt u. a. die Tragweite einer Radaranlage ab. Mit einem längeren Impuls wird mehr Energie transportiert, es können auch weiter entfernte Ziele erreicht werden. Das wirkt sich bei einer Radaranlage verstärkt aus, da nur ein Teil der ausgesendeten Energie reflektiert wird und zur Antenne zurückkehrt. Die meisten

Radaranlagen schalten daher automatisch auf einen längeren Impuls um, wenn der Entfernungsbereich vergrößert wird.

Von der Impulslänge wird auch das Auflösungsvermögen der Radaranlage beeinflusst. Am Bildschirm wird während der gesamten Dauer des Impulses eine Echoanzeige hervorgerufen. Das Echo wird also in Richtung seiner Peilung ausgedehnt. Diese Dehnung wird als *radiale Ausdehnung* bzw. Verformung bezeichnet und entspricht immer der halben Impulslänge. Selbst bei einem relativ kurzen Impuls von 24 m Länge erscheint ein punktförmiges Ziel mit einer radialen Ausdehnung von 12 m. Dieser Effekt muss bei der Interpretation des Radarbildes berücksichtigt werden. Bei größerem Entfernungsbereich kann es zu Fehldarstellungen kommen: Zwei Ziele, die in gleicher Peilung hintereinanderliegen, erscheinen als ein Ziel, oder das vordere Ziel überdeckt das hintere.

Damit ein Ziel überhaupt ein Echo erzeugen kann, muss die Entfernung von der Antenne mehr als die halbe Impulslänge betragen. Sonst kommt der erste Wellenzug des reflektierten Impulses bereits bei der Antenne an, bevor der letzte Wellenzug die Antenne verlassen hat. Die Antenne schaltet aber erst auf Empfang um, wenn der Impuls zur Gänze gesendet wurde. Eine kürzere Impulslänge sorgt also für eine bessere Nahauflösung, da bei 24 m Impulslänge bereits Ziele in einer Entfernung von 12 m dargestellt werden. Die meisten Radargeräte passen die Impulslänge und die Impuls-Folgefrequenz automatisch dem eingestellten Entfernungsbereich an. Meist lässt sich die Impulslänge aber zusätzlich auch manuell einstellen *(Pulse)*.

❒ *Radiale und azimutale Verzerrung*

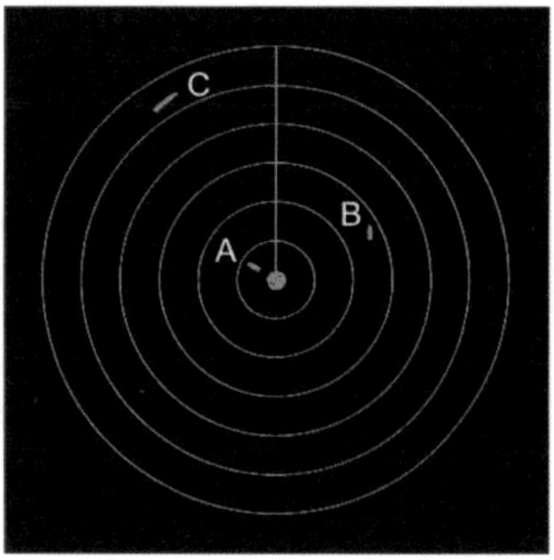

Am Bildschirm der Radaranlage wird ein Echo, abhängig von der Impulslänge und dem horizontalen Öffnungswinkel, mehr oder weniger verzerrt dargestellt. Die nebenstehende Abbildung zeigt die Echoverzerrungen einer 4°-Radarkeule bei einem Entfernungsbereich von 6 sm.

Ziel A ist eine 10 m lange Yacht in einer Entfernung von weniger als einer Seemeile mit starker radialer Ausdehnung. Ziel B ist ein an Stb mitlaufender Tanker, etwa 200 m lang, und Ziel C ist ein etwa 100 m langer Frachter, dessen Echo in der großen Entfernung azimutal gedehnt wird.

❒ *Radarkimm, Reichweite*

Die als Leistungsmerkmal einer Radaranlage angegebene Reichweite ist eine eher theoretische Größe. Sie hängt neben der Sendeleistung auch maßgeblich von der Montagehöhe der Antenne ab.

Radarstrahlung breitet sich ähnlich aus wie Lichtstrahlung, wird aber stärker gebrochen und kann daher der Erdkrümmung weiter folgen. Der Radarhorizont ist somit auch weiter entfernt als die optische Kimm. Die Entfernung der Radarkimm (*Radarhorizont*) ist von der Höhe der Antenne über der Wasserlinie h_A abhängig :

Entfernung zur Radarkimm	$E_{RK}(sm) = 2{,}23 \times \sqrt{h_A\,(m)}$

Auf Segelyachten ist die Montagehöhe durch die Masthöhe begrenzt, und die Radarkimm liegt meist vor dem maximalen Messbereich. Bei 12 m Montagehöhe ist der Radarhorizont rechnerisch etwa 7,7 sm entfernt. Auf größere Entfernungen lassen sich nur noch gut reflektierende Ziele mit entsprechender Höhe orten. Für eine Yacht-Radaranlage dürfte also ein Messbereich von 16 sm ausreichend sein. Fehldarstellungen von Zielen hinter dem Radarhorizont sind sehr wahrscheinlich. Die tatsächliche Reichweite kann bis zu 30 % unter der nominellen Reichweite liegen, da der Brechungsindex der Luft veränderlich ist.

8.7.3 Radarantenne

Es gibt zwei Bauarten von Radarantennen: ***offene Schlitzantennen*** und ***Radom-Antennen***. Bei Radom-Antennen ist die rotierende Antenne in einem Gehäuse aus Kunststoff, dem Radom untergebracht. Offene Schlitzantennen haben grundsätzlich eine bessere horizontale Bündelung *(1,5–3°),* da sie breiter gebaut werden können. Für Segelyachten sind jedoch Radom-Antennen besser geeignet, da sich Segel und laufendes Gut weniger leicht verheddern als bei offenen Schlitzantennen. Nachteilig wirkt sich aber die begrenzte Antennenbreite mit einem horizontalen Öffnungswinkel von 4–7° aus.

Je höher die Antenne montiert wird, desto größer ist zwar die Reichweite, die Nahauflösung wird aber schlechter. Durch den mit etwa 30° begrenzten vertikalen Öffnungswinkel werden vor allem kleinere Ziele im Nahbereich nicht mehr erfasst. Krängung und Schiffsbewegungen um die eigene Schiffsachse wirken sich umso mehr aus, je höher die Antenne montiert ist, und beeinflussen die Darstellungsqualität. Der beste Platz für die Montage der Radarantenne wäre ein Geräteträger in entsprechender Höhe am Heck bzw. der hintere Mast einer Ketsch. Die Montagehöhe sollte wegen der potenziellen Gesundheitsgefährdung durch die extrem kurzwellige Radarstrahlung jedenfalls über 2 m betragen.

Wird die Radarantenne am Mast montiert, dürfte sie auf Höhe der ersten Saling vor dem Mast am besten angebracht sein. Es entsteht allerdings ein nicht „ausgeleuchteter" Sektor nach achtern, dessen Winkel von der Dicke des Mastes abhängig ist. Zum Ausgleich der Schiffsbewegungen empfiehlt sich eine kardanische oder zumindest halbkardanische Befestigung der Radarantenne.

8.7.4 Radarmonitor

Das Auflösungsvermögen des Radarmonitors ist eine produktspezifische Größe, von der nicht nur die Qualität der Anzeige abhängt. Von der Auflösung des Monitors wird auch beeinflusst, wie sehr die Echoanzeige seiner tatsächlichen Ausdehnung entspricht. Selbst wenn zwei nebeneinanderliegende Ziele als getrennte Echos registriert werden, können sie nur bei entsprechender Bildschirmauflösung auch dargestellt werden. Grundsätzlich gilt: Je mehr Pixel und je größer der Bildschirm, desto besser.

Beim konventionellen ***CRT-Monitor*** wird das Echo durch Verstärkung des Kathodenstrahls dargestellt. Moderne Yacht-Radaranlagen wandeln die empfangenen Echos in Videosignale um. Das Bild wird am Monitor Zeile für Zeile aufgebaut *(Raster-Scan-Verfahren).* ***LCD-/TFT-Monitore*** haben einen etwas geringeren Stromverbrauch als CRT-Monitore, sind leichter und weisen eine wesentlich geringere Einbautiefe auf, sind also einfacher unterzubringen. Je nach Ausführung sind diese Monitore auch (bedingt) tageslichttauglich. CRT-Monitore bieten dafür meist eine höhere Auflösung und einen hervorragenden Kontrast bei der Darstellung in Graustufen. Ob klassische Darstellung in Grün, Schwarz-weiß, in Graustufen oder als Farbdisplay ist eher eine Geschmacksache bzw. eine Frage der Kosten. Ein Farbdisplay bei LCD-/TFT-Monitoren erlaubt eine bessere Differenzierung, ist aber auch teurer.

8.7.5 Bildschirmdarstellung

Je nach Ausstattung des Radars stehen maximal vier Darstellungsvarianten zur Auswahl:

- *relativ vorausorientiert (Head up)*
- *relativ kursstabilisiert (Course up)*
- *relativ nordstabilisiert (North up)*
- *wahre Bewegung (True Motion)*

Die relativ vorausorientierte Anzeige (auch als *relativ vorausbezogen* bezeichnet) steht grundsätzlich bei jedem Radargerät zur Verfügung. Für alle anderen Darstellungsarten benötigt die Radaranlage eine zusätzliche Ausstattung wie einen elektronischen Kompass oder die Verknüpfung Radar/GPS mit entsprechender Software. Die fortschrittlichen Darstellungsarten bieten Vorteile in der Interpretation der Bildschirmanzeige. Man muss jedoch mit den Besonderheiten jeder Darstellungsart vertraut sein.

❐ *Relativ vorausbezogen (Head up)*

Vorausstrich (Rechtvorausrichtung) zeigt immer nach oben, eigenes Schiff im Bildmittelpunkt fixiert, feste Ziele wandern mit der Eigengeschwindigkeit parallel zum Vorausstrich von oben nach unten, bewegte Ziele werden mit ihren relativen Bewegungswerten (Kurs/Fahrt), abhängig von der Eigenbewegung, dargestellt, alle Radarpeilungen sind Schiffsseitenpeilungen, ein Kollisionskurs ist durch stehende Peilung sich nähernder Ziele erkennbar.

Vorteile: Auf jedem Radargerät verfügbar, Ausrichtung entspricht der Blickrichtung des Rudergängers, Peilungen entsprechen der tatsächlichen Blickrichtung zum Ziel – das erleichtert die Interpretation des Radarbildes. Kollisions- und Nahbereichslagen sind leicht zu erkennen, beim Plotten muss der Vorausstrich nicht bei jeder Kursänderung neu gezeichnet werden.

Nachteile: Steuerungenauigkeiten oder Gieren können zu einem „Verschmieren" des Bildes führen, das Radarbild entspricht nicht der (gewohnten) Darstellung in der Seekarte, größere Kursänderungen erfordern eine Neuorientierung auf dem Radarbild, Radarpeilungen müssen erst in rechtweisende Peilungen verwandelt werden, absolute Bewegungswerte (Kurs, Fahrt) anderer Fahrzeuge können nur durch Plotten ermittelt werden. Bei modernen Tageslicht-Bildschirmen im Raster-Scan-Verfahren besteht zudem die Gefahr von Echoverlusten.

Anmerkung: Die vorausorientierte Darstellung stellt nach aktueller Rechtsprechung KEINEN gehörigen Gebrauch der Radaranlage gemäß Kollisionsverhütungsregeln (KVR) dar.

❒ *Relativ kursstabilisiert (Course up)*

Voraussetzung ist die Verknüpfung mit einem elektronischen Kompass (Fluxgate) und die entsprechende Software. Der eingestellte Sollkurs weist nach oben (missweisend oder rechtweisend, je nach Nordbezugsrichtung), der Vorausstrich ebenfalls (kann aber bei Kursschwankungen pendeln), das eigene Schiff ist im Bildmittelpunkt fixiert, feste Ziele wandern mit der Eigengeschwindigkeit parallel zum Vorausstrich (eingestellter Sollkurs) auf Gegenkurs, bewegte Ziele laufen ihren relativen Kurs mit ihrer relativen Fahrt in Abhängigkeit von der Eigenbewegung, Radarpeilungen sind Schiffsseitenpeilungen zum eingestellten Sollkurs, ein Kollisionskurs ist durch stehende Peilung sich nähernder Ziele erkennbar.

Vorteile: Steuerungsgenauigkeiten oder Gieren führen nicht zu einem „Verschmieren" (Radarbild stabilisiert), Ausrichtung entspricht der Blickrichtung des Rudergängers, Peilungen entsprechen der tatsächlichen Blickrichtung zum Ziel (wenn der Sollkurs anliegt), beim Plotten muss bei einer Kursänderung kein neuer Vorausstrich gezeichnet werden (der dem Sollkurs entspricht), daher ideal zum Plotten.

Nachteile: Radarbild entspricht nicht der (gewohnten) Darstellung in der Seekarte (außer auf Nordkurs), Kursänderungen erfordern eine Neuorientierung auf dem Radarbild, Radarpeilungen müssen in rechtweisende Peilungen verwandelt werden, absolute Bewegungswerte anderer Fahrzeuge sind nur durch Plotten zu ermitteln.

❒ *Relativ nordstabilisiert (North up)*

Voraussetzungen wie für relativ kursstabilisiert. Die Nordrichtung (missweisend bei Fluxgate-Kompass bzw. rechtweisend bei GPS-Empfänger oder Fluxgate mit Eingabe der örtlichen Missweisung) weist am Bildschirm nach oben. Der Vorausstrich weist nordbezogen in Richtung des Kurses, das eigene Schiff ist im Bildmittelpunkt fixiert, feste Ziele wandern mit der Eigengeschwindigkeit parallel zum Vorausstrich auf Gegenkurs, bewegte Ziele laufen ihren relativen Kurs mit ihrer relativen Fahrt in Abhängigkeit von der Eigenbewegung, Radarpeilungen sind je nach dargestellter Nordrichtung rechtweisend oder missweisend, ein Kollisionskurs ist durch stehende Peilung sich nähernder Ziele erkennbar.

Vorteile: Radarbild entspricht der (gewohnten) Seekarte, ist also ideal für die Radarnavigation, Kollisions- und Nahbereichslagen sind relativ leicht zu erkennen, kein „Verschmieren" des Radarbildes bei Gierbewegungen (das Bild ist stabilisiert), Kursänderungen erfordern keine Neuorientierung (das Radarbild bleibt unverändert, nur der Vorausstrich dreht sich).

Nachteile: Ausrichtung entspricht nicht der Blickrichtung des Rudergängers, Peilungen entsprechen nicht der tatsächlichen Blickrichtung zum Ziel, die absoluten Bewegungswerte (Kurs, Fahrt) anderer Fahrzeuge können nur durch Plotten ermittelt werden, beim Plotten muss der Vorausstrich bei jeder Kursänderungen entsprechend dem anliegenden Kurs neu gezeichnet werden.

❒ *True Motion*

Voraussetzung ist die Verknüpfung mit einem GPS-Empfänger samt entsprechender Software. Die Bildschirmausrichtung ist rechtweisend Nord stabilisiert, der Vorausstrich (Rechtvorausrichtung) entspricht dem Kurs über Grund, das eigene Schiff wandert seinem Kurs entsprechend mit der Eigengeschwindigkeit über den Bildschirm, feste Ziele werden auch als unbewegte Ziele dargestellt (an denen das eigene Schiff vorbeifährt), bewegte Ziele laufen ihren wahren Kurs und ihre wahre Fahrt, Radar-Peilungen sind rechtweisende Peilungen, stehende Peilungen sich nähernder Ziele können nicht direkt entnommen werden, die Feststellung einer möglichen Kollisionsgefahr erfordert eine Vorausberechnung der zu erwartenden Annäherung (bei Radargeräten mit MARPA erfolgt dies automatisch).

Vorteile: Radarbild ist die realitätsgetreueste Darstellung der Schiffsumgebung, es entspricht der (gewohnten) Seekarte, also ideal für die Radarnavigation, in der Kombination mit MARPA erhält man die einfachste und sicherste Auswertung des Radarbildes durch die Anzeige der vorausberechneten Bewegungsvektoren der anderen Schiffe, ermöglicht die übereinandergelegte Darstellung von Radarbild und elektronischer Seekarte, kein „Verschmieren" des Radarbildes bei Gierbewegungen (das Bild ist stabilisiert), Kursänderungen erfordern keine Neuorientierung.

Nachteile: Ausrichtung entspricht nicht der Blickrichtung des Rudergängers, Peilungen entsprechen nicht der tatsächlichen Blickrichtung zum Ziel, stehende Peilungen können dem Radarbild nicht direkt entnommen werden (außer mit MARPA), hohe Anschaffungskosten, nur bei modernen Radaranlagen erhältlich.

Insgesamt bietet die Darstellungsart True Motion die realistischste Wiedergabe, die Auswertung des Radarbildes wird dadurch erheblich vereinfacht. Aber auch die anderen Darstellungsarten weisen in Teilbereichen der Radarnavigation Vorteile auf. Die Wahl der Darstellungsart hängt von der zur Verfügung stehenden Ausstattung der Radaranlage ab, aber auch davon, mit welcher man am besten zurechtkommt.

8.7.6 Bedienungselemente

Alle Radargeräte haben einen ***Netzschalter (Ein/Aus, Power)*** zum Einschalten des Geräts. Danach muss das Gerät auf ***Senden (Transmit)*** gestellt werden. ***Helligkeit (Brilliance)***, ***Kontrast (Contrast)*** und die ***Abstimmung (Tune)*** werden von der Anlage automatisch vorgegeben, können aber manuell angepasst werden. Die Automatik-Einstellungen führen in der Regel zu einem vernünftigen Ergebnis und sollten nur vom geübten Bediener verändert werden. Die wesentlichen Grundfunktionen bieten praktisch alle heute angebotenen Geräte.

- Die Empfindlichkeit der Radaranlage wird mit dem Regler für die ***Eingangsverstärkung*** (***Gain***) eingestellt. Ist diese ausgeschaltet bzw. ganz heruntergeregelt, werden nur starke Echos dargestellt, schwache Ziele werden unter Umständen gar nicht mehr angezeigt. Ist sie ganz aufgedreht, wird das Radarbild durch Rauschen getrübt. Die Eingangsverstärkung wird im Automatikbetrieb dem eingestellten Messbereich angepasst. Bei manuellem Betrieb muss die Verstärkung mindestens bei jedem Bereichswechsel nachgestellt werden.
- In der Grundeinstellung stellt das eigene Schiff immer den Mittelpunkt des Bildschirms dar. Die meisten Geräte erlauben aber auch eine ***dezentrale Darstellung***. Die Position des eigenen Schiffs könnte für einen größeren Vorausbereich in Richtung unterer Bildschirmrand verschoben werden.
- Ein ähnliches Feature ist die ***Zoom-Funktion***, mit der sich frei wählbare Bereiche des Bildschirms vergrößern lassen.
- Der ***Messbereich***, also der Kreis, innerhalb dem Echos am Bildschirm dargestellt werden, ist bei allen Geräten einstellbar. Eine Reichweite der Yacht-Radaranlage über 16 sm ist kaum sinnvoll.
- Alle Geräte bieten ein oder sogar zwei ***elektronische Peillineale*** (*Electronic Bearing Line, EBL*) für die Richtung zu einem Ziel und ***variable Abstandsringe*** (*Variable Range Markers, VRM*) für die Entfernung zu einem Ziel. Die Darstellung der Werte für Peilung und Entfernung ist unterschiedlich.
- Bei vielen Geräten ist ein ***Alarmkreis*** einstellbar, der das Eintreten eines Echos in den eingestellten Bereich optisch und/oder akustisch anzeigt.
- Äußerst sinnvoll, aber nicht selbstverständlich ist die ***Nachleuchtschleppe*** (*Trail oder Plott*). Die Bildpunkte eines Radarechos leuchten bis zur nächsten Antennenumdrehung. Die Trail-Funktion verlängert dieses Nachleuchten. Aus dem nachleuchtenden Schatten kann die Bewegungsrichtung und Geschwindigkeit des Ziels eingeschätzt werden, ist mit einer echten, automatischen Plottfunktion (ARPA) aber nicht zu vergleichen.

8.7.7 Störeinflüsse, Fehlerechos

Die größte Schwierigkeit bei der Radarnavigation besteht darin, dass ein Radarbild das reale Umfeld nie absolut getreu wiedergibt. Neben technisch bedingten Fehldarstellungen (Verzerrungen durch die radiale Auflösung und die horizontale Bündelung) kann das Prinzip des Radars selbst zu einer Reihe von Störungen und Fehlanzeigen führen.

Einige davon sind durch entsprechende Justierungen zu unterbinden, von anderen sollte man sich nur nicht verunsichern lassen. Jedenfalls ist es wichtig, die Störeinflüsse und Fehldarstellungen als solche zu erkennen, um darauf entsprechend reagieren zu können.

❐ *Regenenttrübung*

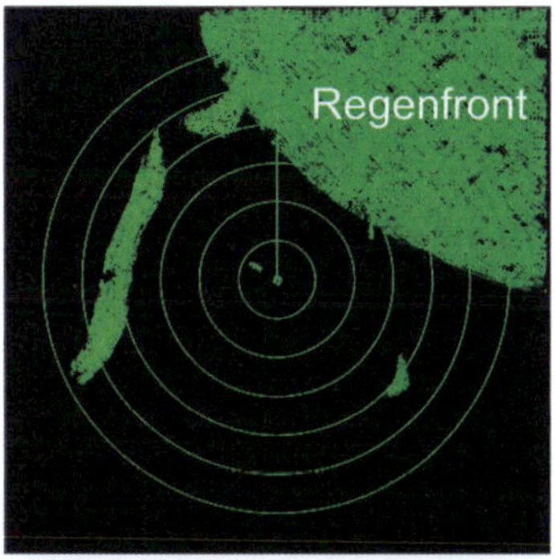

Heftige Niederschläge verursachen vor allem bei den kurzwelligen Yacht-Radaranlagen flächendeckende Störsignale, die mit dem Regler für die ***Regenenttrübung (Fast Time Constant, FTC** oder **Anti Clutter Rain)*** unterdrückt werden können. Dabei werden alle Echos unterdrückt, welche die gleiche Stärke wie benachbarte Echos aufweisen.

❐ *Seegangsreflexe*

Kurze, steile Wellen verursachen im Nahbereich rund um den Mittelpunkt flächige Störechos, die sich an der Luvseite deutlich ausgeprägter darstellen. Mit dem Regler für die ***Seegangsenttrübung (Sensitivity Time Constant, STC** oder **Anti Clutter Sea)*** können diese Störsignale unterdrückt werden. Dabei werden Ziele im Nahbereich erst ab einer gewissen Stärke angezeigt (Nahbereichsdämpfung). Der Dämpfungseffekt reduziert sich mit der Entfernung.

Beim Einschalten des Radargerätes sollten Gain, FTC und STC heruntergeregelt bzw. ausgeschaltet sein. Dann wird die Eingangsverstärkung so weit hochgeregelt, dass sich Küstenlinien und sonstige Echos deutlich abzeichnen. Werden dabei im Vergleich mit der Seekarte viele (unbewegliche) Falschechos gesehen, muss die Verstärkung wieder etwas zurückgenommen werden. Anschließend werden, falls erforderlich, FTC und STC hochgeregelt.

Eingangsverstärkung, Regen- und Seegangsenttrübung müssen laufend nachjustiert werden.

❐ *Mehrfachechos*

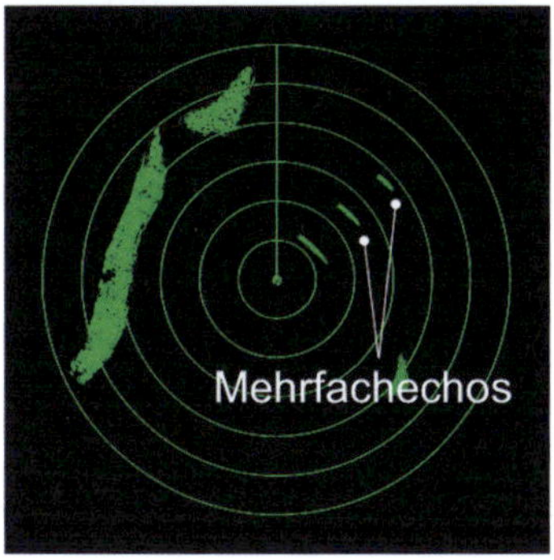

Teile eines reflektierten Radarimpulses können an großen Schiffsrümpfen oder zwischen zwei sich passierenden Schiffen mehrfach reflektiert werden, sodass sie zeitverzögert beim Empfänger eintreffen. Dadurch wird neben dem „echten" Echo ein weiteres Ziel gleicher Form angezeigt. Dieses Fehlecho wird immer radial nach außen versetzt angezeigt – also in der gleichen Peilung, aber in doppelter Entfernung.

Diese Fehlechos können nicht wegjustiert werden, sind aber relativ leicht zu identifizieren. Das wahre Echo ist immer das innerste der angezeigten Echos.

❒ *Zweitauslenkungsechos*

Bei kleineren Messbereichen arbeiten Radaranlagen meist mit einer höheren Impulsfolgefrequenz. Es wird also schneller zwischen Aussendung und Empfang umgeschaltet. Dabei kann es vorkommen, dass ein Echo des vorletzten Impulses empfangen wird, das von einem weiter entfernten Ziel außerhalb des aktuellen Messbereichs stammt. Es wird also ein falsches Echo in der richtigen Richtung dargestellt, das eigentlich nicht abgebildet werden dürfte, da das Ziel außerhalb des Messbereichs liegt. Zu identifizieren sind Zweitauslenkungsechos durch den regelmäßigen Vergleich der Zielechos mit verschiedenen Messbereichen. Mit dem Umschalten auf einen größeren Messbereich (kleinere Impulsfolgefrequenz) sollte das Ziel wieder korrekt dargestellt werden.

❒ *Interferenzen, Störspiralen*

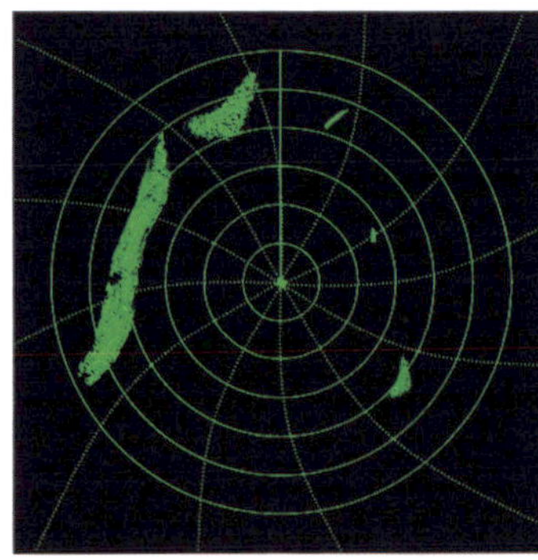

Erhebliche Störungen, insbesondere sogenannte Störspiralen werden angezeigt, wenn die eigene Radarantenne Signale von anderen Radargeräten gleicher Trägerfrequenz empfängt. Abhilfe kann durch eine Änderung der Impulsfolgefrequenz geschaffen werden. Dies kann automatisch erfolgen, durch Änderung des Messbereichs oder durch einen eigenen Regler *(Interference Reject, IR)*.

❒ *Nebenkeulenechos*

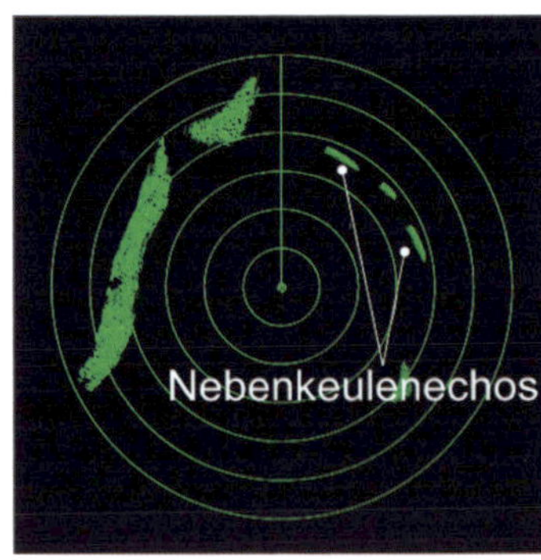

Technisch bedingt senden Radarantennen nicht nur in die eigentliche Senderichtung, sondern in geringem Ausmaß auch in andere Richtungen. Um die Hauptkeule entstehen kleinere Nebenkeulen mit deutlich geringerer Intensität. Diese können zu Falschechos führen, die dann in gleicher Entfernung wie das Hauptecho, aber radial versetzt dargestellt werden. Nebenzipfelechos sind mit einiger Erfahrung relativ leicht zu identifizieren. Sie werden meist kreisbogenförmig dargestellt und können durch vorsichtiges Hochregeln der Eingangsverstärkung *(Gain)* und der Nahechodämpfung (STC) gemindert werden.

❒ *Überreichweiten*

Bei bestimmten Wetterbedingungen (z. B. Inversion: Warmluft über stabiler kalter Bodenluft) können sich Radarwellen bis weit über die berechnete Radarkimm hinaus ausbreiten. Die Folge ist, dass Ziele weit außerhalb der normalen Reichweite (bis zu

200 Seemeilen) angezeigt werden. Da ein solches Ziel immer weiter entfernt liegt (außerhalb der Radarkimm), besteht kein unmittelbarer Grund zur Sorge.

❐ ***Weitere typische Fehldarstellungen***:

- Eng nebeneinander- oder hintereinanderliegende Ziele werden als eines dargestellt.
- Flache Küstenlinien werden nicht dargestellt, dahinterliegende Erhebungen aber schon, wodurch ein falscher Küstenverlauf vorgetäuscht wird.
- Flache Landflächen hinter Erhebungen täuschen Wasserflächen vor.
- Flache Küsten hinter höheren Inseln werden unterbrochen dargestellt.
- Unterbrochene Küstenlinien werden durchgehend dargestellt.
- Kleinere Schiffe hinter größeren Schiffen in gleicher Peilung werden nicht dargestellt.

8.7.8 Erweiterte Funktionen

Beinahe alle neueren Geräte verfügen über standardisierte ***Schnittstellen*** (***NMEA***) zum Anschluss anderer elektronischer Navigationsinstrumente. Je nach Gerätesoftware eröffnen sich damit eine Reihe zusätzlicher Funktionalitäten. Mit der entsprechenden Schnittstelle sind Tochteranzeigen angeschlossener sonstiger Navigationsinstrumente wie GPS-Empfänger, Autopilot, Echolot oder Log möglich. Der Navigator muss sich nurmehr auf eine einzige Anzeige konzentrieren. Die Vielzahl der Funktionen und Daten wird aber auch schnell unübersichtlich.

Bei der Kombination ***Radargerät/GPS-Plotter*** dient der Radar-Bildschirm als Tochteranzeige des GPS-Plotters. Steht nur jeweils eine Anzeige zur Verfügung, muss zwischen Radarbild und elektronischer Seekarte hin- und hergeschaltet werden – mit allen Nachteilen. Sinnvoller ist die gleichzeitige Darstellung von Radar- und Plotteranzeige. Durch das Übereinanderlegen beider Anzeigen wird nicht immer die Übersichtlichkeit erhöht, bei Darstellung in getrennten Bildschirmfenstern sind die Anzeigen für eine sichere Auswertung zu klein.

Die Kombination verschiedener Navigationsinstrumente wird sich zunehmend zum Standard entwickeln. Die Sicherheit wird durch derart komplexe Systeme aber nur dann erhöht, wenn der Navigator deren Bedienung auch beherrscht. Eine intensive Einarbeitung in Menüführung und Bedienungsanleitung ist sicher erforderlich.

MARPA (Mini Automatic Radar Plottig Aid)

Die aktuellste Entwicklung beim modernen Yacht-Radar stellt ***MARPA (Mini Automatic Radar Plotting Aid)*** dar. Bei dieser für die Sportschifffahrt abgespeckten Version der in der Berufsschifffahrt eingesetzten ARPA-Einrichtungen übernimmt ein Rechner die Risikobewertung. Markierte Ziele erhalten einen Bewegungsvektor – Kollisionsgefahr oder Passierabstände werden automatisch berechnet. Es erfolgt eine automatische Alarmierung, sobald ein Ziel in den vorher festgelegten Nahbereich eindringt. Bei Gerätekombinationen Radargerät/GPS-Plotter können die MARPA-Ziele direkt auf der elektronischen Seekarte angezeigt und so laufend beobachtet werden.

8.7.9 Anwendung und Einsatzmöglichkeiten

In der ***Navigation*** können Radaranlagen für Peilungen (mittels EBL) und Entfernungsmessungen mit dem variablen Abstandsring *(VRM)* eingesetzt werden. Entfernungsmessungen sind in der Regel genauer als Peilungen. Die Standortbestimmung funktioniert nach den Grundlagen der terrestrischen Navigation nach Sicht durch Bestimmung von Abstand und Richtung zu einem Peilobjekt. Der Standort ist entsprechend den systembedingten Ungenauigkeiten zu bewerten. Möglich sind auch Standorte aus drei Abstandsmessungen (kleinster wahrscheinlicher Fehler) und Kreuz- bzw. Doppelpeilungen (größter wahrscheinlicher Fehler).

Wichtiger noch als für die Navigation ist das Radar aber für die ***Kollisionsverhütung***, vor allem bei schlechter Sicht und in der Nacht. Die Gefahr einer Kollision bzw. die Entwicklung einer Nahbereichslage ist bei allen Relativdarstellungen leicht zu erkennen, wenn die Peilung auf ein sich näherndes Ziel (bzw. auf sein Zielecho am Monitor) unverändert bleibt – die sogenannte *„stehende Peilung"*. Das Zielecho nähert sich dem Mittelpunkt auf dem Peilstrahl. Die Fahrt des anderen Schiffes wird dabei aufgrund der geringen Bildschirmgröße oft unterschätzt.

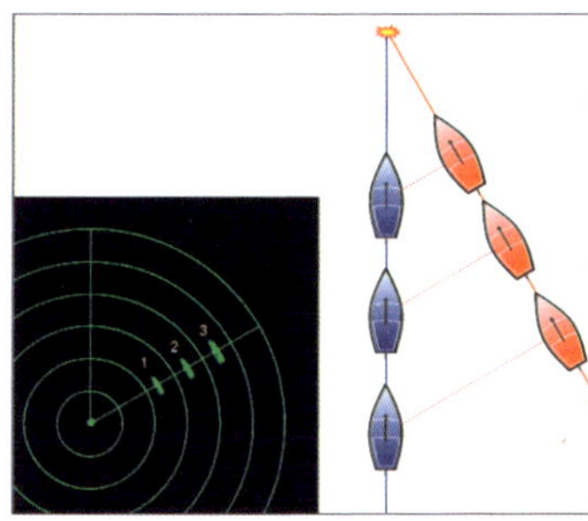

Eine stehende Peilung zur Feststellung eines Kollisionskurses bzw. einer Nahbereichslage ist auch ohne Radar (z. B. mit dem Handpeilkompass) möglich.

Anmerkung: Am Radarbildschirm ist selbstverständlich nur jeweils ein Echo zu sehen; die Abbildung rechts dient nur der Erklärung.

8.7.10 Radarreflektoren

Auch wenn das eigene Schiff nicht mit einer Radaranlage ausgestattet ist, haben wir doch den passiven Nutzen durch den Einsatz des Radars in der Berufsschifffahrt. Allerdings stellt eine Segelyacht grundsätzlich kein besonders gutes Radarziel dar: niedrige Aufbauten, geringe Freibordhöhe, gerundete Oberflächen und schlecht reflektierendes Rumpfmaterial. Das Rigg ist zwar meist aus Metall, hat aber keine nennenswerte Rückstrahlfläche und zudem eine abgerundete Form. Radarreflektoren können die „Radar-Sichtbarkeit" erheblich verbessern.

❐ *Passive Radarreflektoren*

Im Wesentlichen gibt es drei unterschiedliche Bauarten von passiven Radarreflektoren – Röhren-, Blipper- und Oktaeder-Reflektoren –, die in unterschiedlichen Größen angeboten werden und die alle auf dem Prinzip des Tripel-Spiegels basieren. Beim Tripel-

Spiegel stehen drei dreieckige Spiegelflächen im rechten Winkel zueinander. Durch diese Anordnung werden aus beliebiger Richtung einfallende Radarstrahlen in ihre Ausgangsrichtung reflektiert, sofern sie an allen drei Spiegelflächen reflektiert werden. Die Wirksamkeit eines Radarreflektors hängt entscheidend von dessen effektiver Rückstrahlfläche ab, die wiederum direkt proportional der Innenkantenlänge des Tripel-Spiegels ist.

Röhren-Reflektoren

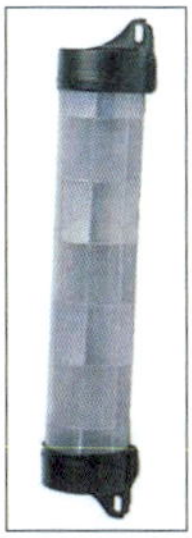

Röhren-Reflektoren sind transparente Kunststoffröhren mit innenliegenden Spiegeln. Die Röhren weisen einen Durchmesser von etwa 5 cm auf, die Innenkantenlänge der Spiegel dürfte daher etwa 2 cm betragen. Bei einer Länge von etwa 60 cm kommen derartige Reflektoren auf eine Rückstrahlfläche von unter 0,5 m^2 – und das ist herzlich wenig. Daran ändert auch die Anzahl der Spiegel nichts. Diese erhöht zwar zumindest theoretisch die Wahrscheinlichkeit, dass ein Radarstrahl zum Empfänger reflektiert wird, was aber nicht von Nutzen ist, da die reflektierte Energie zu gering ist, um ein deutliches Echo zu erzeugen. Zahlreiche Praxisversuche belegen, dass die Wirksamkeit von Röhren-Reflektoren kaum höher ist als die des Riggs, an dem sie montiert sind. Dass diese Bauart dennoch häufig anzutreffen ist, dürfte wohl am geringen Preis und der weniger störenden Form liegen.

Blipper-Reflektoren

Beim Blipper-Reflektor sind mehrere Tripel-Spiegel (meist aus Aluminium) symmetrisch in einem zylindrischen Kunststoffgehäuse angebracht. Durchmesser um 30 cm, Länge 45 bis 60 cm, Innenkantenlänge der Spiegel etwas über 25 cm, daraus resultierende Rückstrahlfläche 8 bis 10 m^2. In Praxistests schneiden Blipper-Reflektoren deutlich besser ab als Röhren-Reflektoren. Die Radarsichtbarkeit ist besser als ohne Reflektor, von einer guten Radarwahrnehmung kann aber nicht die Rede sein.

Oktaeder-Reflektoren

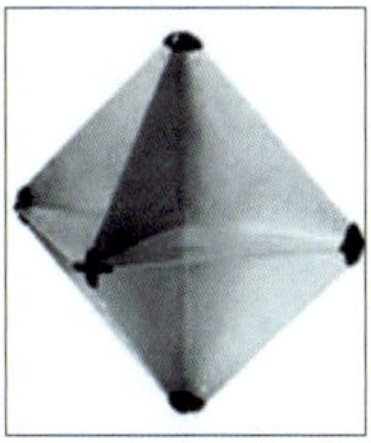

Der Oktaeder-Reflektor (auch: Trichter-Reflektor) baut auf das umgekehrte Prinzip seiner „Kollegen" auf: wenige Spiegel mit großer Rückstrahlfläche. Bei einer Kantenlänge von mindestens 30 cm beträgt die Rückstrahlfläche etwa 37 m^2. Bei richtiger Montage lässt sich damit ein brauchbares Echo ab etwa 6 sm erzeugen. Das gilt auch für die wenig verbreiteten Kugel-Reflektoren mit einem Mindestradius der Viertelkreisflächen von 22 cm.

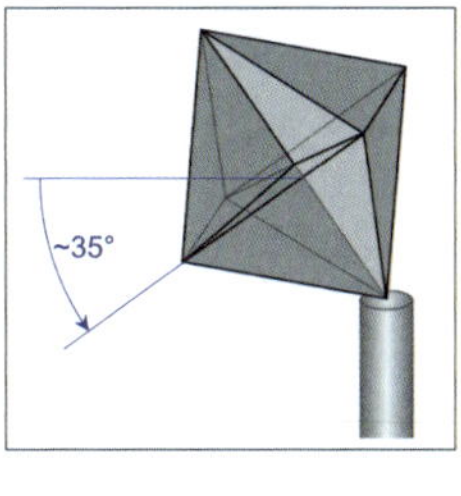

Für die optimale Radar-Sichtbarkeit ist neben der Reflektor-Bauart auch die Montage ein wesentliches Kriterium. Für alle Reflektoren gilt, je höher desto wirksamer, deshalb sollten sie sich bei Segelyachten im Masttopp befinden. Da der Oktaeder-Reflektor eine vergleichsweise geringe Anzahl von Spiegeln aufweist, kommt seiner Ausrichtung entscheidende Bedeutung bei. Damit es auch bei der gewünschten Ausrichtung bleibt, muss der Reflektor fix montiert sein. Die optimale Wirkung wird bei Segelyachten mit Aluminium-Rigg in der „***Yachtstellung***“ (Neigung etwa 35°) erzielt, bei der je ein Trichter *(Corner)* exakt nach voraus und achteraus ausgerichtet wird. In dieser Stellung ist die Rückstrahlleistung nach vorn und achteraus optimiert. Die geringere Wirkung zu den Seiten hin wird durch die höhere Rückstrahlwirkung des Riggs in diese Richtung etwa ausgeglichen sein. Für Motoryachten bietet sich als optimale Lösung die „***Sechserstellung***“ an – ein Trichter zeigt nach oben –, bei der die Rückstrahlwirkung in alle Richtungen gleich ist. Ein gelegentliches Vorheißen an der Flaggenleine in der sogenannten „***Viererstellung***“ – mit den Spitzen oben und unten – hat keinen Sinn. Die Rückstrahlwirkung wird so um 50 % oder mehr reduziert.

❒ *Aktive Radarreflektoren (Transponder)*

Obwohl aktive Radarreflektoren praktisch alle nach dem gleichen Grundprinzip arbeiten – der Empfang eines Radarsignals löst die Aussendung eines eigenen Signals aus –, dienen sie völlig unterschiedlichen Einsatzzwecken.

Echoverstärker
Sogenannte ***Radarsignal-Reflexionsverstärker (Radar Target Enhanger, RTE)*** werden auf Schiffen eingesetzt, um deren Radar-Sichtbarkeit zu erhöhen. Sie weisen gegenüber den passiven Radarreflektoren den Vorteil auf, dass sie das ankommende Signal elektronisch verstärken und auf der gleichen Frequenz zurücksenden. Beim Empfang eines Signals schalten die Geräte aus dem energiesparenden Standby-Modus in den Sendemodus. Die gesendeten Signale entsprechen einer Rückstrahlfläche von bis zu 80 m^2 und sind deutlich stabiler als bei passiven Reflektoren. Die Abstrahlleistung ist je nach Hersteller rundum gleichmäßig oder nach voraus und achteraus stärker als zu den Seiten hin. Gewicht und Abmessungen entsprechen etwa Röhren-Reflektoren. Echoverstärker sind deutlich wirksamer als Reflektoren, benötigen allerdings auch eine Energieversorgung und sind um ein Vielfaches teurer.

Radar-Antwortbake
Tonnen oder Leuchtfeuer können mit Radar-Antwortbaken ***(Radio Beacon)*** ausgerüstet sein. Der Empfänger der Bake sucht periodisch die Radarfrequenzen im X-Band (3 cm) und/oder im S-Band (10 cm) ab. Solange der Impuls eines Schiffsradars empfangen wird, sendet die Bake auf der gleichen Frequenz Impulsgruppen aus – das ***Racon-Signal***. Am Bildschirm des Radargeräts werden diese Signale als Morsekennung (meist ein Buchstabe, z. B. – – • für den Buchstaben G) dargestellt. Sie sind in der Regel radial (in der gleichen Peilung) nach außen versetzt. Die Kennung des Racon-Signals und die Wellenlänge (3 /10 cm) sind in der Seekarte angegeben.

Racon-Signale erlauben einerseits eine eindeutige Identifizierung des Schifffahrtszeichens, andererseits geben sie ein Echo hoher Intensität ab, was die Genauigkeit von Peilung und Abstandsmessung erhöht.

SART (Search and Rescue Radar Transponder)
sind batteriebetriebene, meist schwimmfähige Bojen, die bei Aktivierung ein entsprechendes Signal im X-Band (3 cm) aussenden. Sie werden im Seenotfall aktiviert und beantworten eingehende Radarimpulse mit einer Folge von zwölf eigenen Impulsen.

Am Bildschirm des Radargeräts erscheint eine Kette von zwölf Echos (als Punkt oder dünner Strich), die eine radial verlaufende Linie bilden. Diese Peillinie erlaubt eine exakte Zielfahrt zum SART-Sender. Bei einer Annäherung ab einer Seemeile verändert sich die Darstellung in Abstandsringe um den Sender.

8.7.11 Radareinsatz gemäß KVR

Die Kollisionsverhütungsregeln *(KVR)* verlangen ausdrücklich, dass *„jedes Fahrzeug mit allen zur Verfügung stehenden Mitteln entsprechend den gegebenen Umständen und Bedingungen feststellen muss, ob die Möglichkeit der Gefahr eines Zusammenstoßes besteht. Im Zweifelsfall ist diese Möglichkeit anzunehmen." (Regel 7a)* Das ist in der Praxis nicht immer leicht umzusetzen. Zunächst kann eine Kollisionsgefahr mit dem relativ einfachen Prinzip der stehenden Peilung – bei klarem Wetter mittels Peilkompass, bei unsichtigem Wetter mittels Radarpeilung – erkannt werden. Um aber ein wirksames Ausweichmanöver oder *„Manöver zur Vermeidung des Nahbereichs"* fahren zu können, sind mehr Informationen vom möglichen Kollisionsgegner hilfreich, z. B. relativer und wahrer Kurs bzw. Fahrt des Gegners, seine dichteste Annäherung an unseren Kurs und deren Zeitpunkt.

Deshalb fordern die Kollisionsverhütungsregeln *(KVR)* in Regel 7b darüber hinaus: *„Um eine frühzeitige Warnung vor der Möglichkeit der Gefahr eines Zusammenstoßes zu erhalten, muss eine vorhandene und betriebsfähige Radaranlage gehörig gebraucht werden und zwar einschließlich der Anwendung der großen Entfernungsbereiche, des Plottens oder eines gleichwertigen systematischen Verfahrens zur Überwachung georteter Objekte."* In *Regel 19 (Verhalten von Fahrzeugen bei verminderter Sicht)* wird unter *19d* außerdem verlangt: *„Ein Fahrzeug, das ein anderes Fahrzeug lediglich mit Radar ortet, muss ermitteln, ob sich eine Nahbereichslage entwickelt und/oder die Möglichkeit der Gefahr eines Zusammenstoßes besteht."*

Daraus ergibt sich für den Skipper auch die rechtliche Verpflichtung (nicht nur in seiner Verantwortung Crew und Schiff gegenüber), ein vorhandenes und betriebsfähiges Radar entsprechend einzusetzen. Für die Praxis bedeutet dies: Lässt sich für einen potenziellen Gegner keine stehende Peilung ermitteln (keine direkte Kollisionsgefahr), ist durch Plotten festzustellen, ob sich eine Nahbereichslage entwickelt.

Computergestützte Systeme zur Kollisionsverhütung wie *ARPA (Automatic Radar Plotting Aid)* oder die kleinere Variante *MARPA (Mini Automatic Radar Plotting Aid)* sind auf Yachten, auch wegen der hohen Anschaffungskosten, kaum vorzufinden. Unabhängig davon kann das Gerät auch einmal funktionsunfähig werden und der Skipper oder Wachhabende muss auf die zeichnerische Auswertung durch Plotten zurückgreifen. Dabei werden in der nautischen Praxis zwei Verfahren angewendet: das Trueplot-Verfahren am Plotting-Sheet und das Relativplot-Verfahren auf der Koppelspinne.

8.7.12 Plotverfahren

❒ ***Trueplot***

Beim Trueplot-Verfahren werden die eigene Bewegung – wahrer Kurs und Fahrt – sowie die Ortungswerte der beobachteten Gegner auf neutralem Papier gezeichnet. Als Nordrichtung wird die Richtung senkrecht nach oben festgelegt. Es wird ein beliebiger Zeichenmaßstab gewählt und ein geeigneter Ausgangspunkt als eigene Position festgelegt. Von dieser Position aus wird die Ortung der(s) Gegner(s) maßstabs- und winkelgetreu eingezeichnet. Im Ausgangspunkt wird der eigene, wahre Kurs eingezeichnet und die entsprechende Koppel-Position im gewählten Plottintervall (z. B.: 6 min = 1/10 Stunde) eingetragen. Die Gegnerortungen werden von der eigenen Position ausgehend nach Abstand und Peilung eingezeichnet. Durch Verbinden der Gegnerortungen werden dessen Kurs(e) und Fahrt gefunden.

Kurs und Fahrt der gegnerischen Fahrzeuge sind ohne großen Zeichenaufwand rasch zu ermitteln, und die Vorfahrtsverhältnisse sind klar; ein Ausweichmanöver kann leicht geplant werden.

Die Entwicklung einer Nahbereichslage bzw. deren Vermeidung und der kleinste Passierabstand *(CPA – closest point of approach)* sowie die Dauer bis zum Erreichen *(TCPA – time of closest point of approach)* werden mittels Wegedreieck ermittelt.

❒ ***Das Wegedreieck***

wird aus den absoluten Bewegungswerten des Eigenschiffs und des Gegners einerseits und der Relativbewegung des Gegners andererseits gebildet. Im Wegedreieck wird der in einer bestimmten Zeiteinheit zurückgelegte Weg (= Vektor) gezeichnet. Darstellung und Bezeichnungen sind genormt und sollten aus Gründen der Übersichtlichkeit und zur Vermeidung von Ablesefehlern auch in der nautischen Praxis verwendet werden.

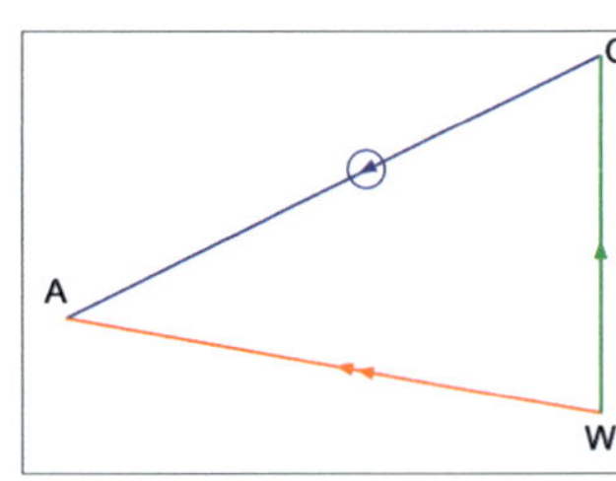

Grüner Vektor (Mittelpfeil):
absolute (wahre) Bewegung des eigenen Schiffs von W nach O in einem bestimmten Zeitraum

Roter Vektor (zwei Mittelpfeile):
absolute (wahre) Bewegung des Gegners von W nach A in einem bestimmten Zeitraum

Blauer Vektor (Mittelpfeil in Kreis):
relative Bewegung eines Radarziels von O nach A in einem bestimmten Zeitraum

Eckpunkte O (*original position* = Ausgangsposition), A (*arrived position* = Ankunftsposition) und W (*way of own ship* = eigene Position) des Bewegungsdreiecks werden in der nautischen Praxis nicht bezeichnet. Als Beobachtungsintervall eignet sich ein Zeitraum von 6 min = 1/10 Stunde; das erleichtert die Ermittlung der Fahrt.

In der nautischen Praxis hat sich das Relativplot-Verfahren durchgesetzt, daher wird hier auf eine detailliertere Betrachtung des Trueplot-Verfahrens verzichtet.

❒ *Relativplot*

Beim Relativplot-Verfahren wird in einer *Koppelspinne* (ähnlich dem Radarmonitor) gearbeitet. Die Koppelspinne ist ein polares Koordinatensystem mit zehn (zwölf) konzentrischen Kreisen zur Darstellung von Distanzen und Geschwindigkeiten und radialen Strahlen für Peilungen und Kurse. Den Mittelpunkt stellt unser eigenes Schiff (A) dar und dieser ist stets ortsfest. Der Abstand der konzentrischen Kreise beträgt üblicherweise 1 Seemeile, kann aber grundsätzlich beliebig gewählt werden (z. B. 100 m, 1 km). Aus Gründen der Genauigkeit wird beim Zeichnen ein möglichst großer Maßstab gewählt, z. B. 1:2 oder 1:3.

Wie am Radarmonitor wird auch in der Koppelspinne entweder im *vorausorientierten (Head up)*, *kursstabilisierten (Course up)* oder im *nordstabilisierten (North up)* Relativplot gearbeitet. In der vorausorientierten Darstellung sind alle Werte Relativwerte, bezogen auf recht voraus. Der Vorausstrich wird senkrecht nach oben gezeichnet, alle Kurse sind auf den eigenen Kurs bezogen, alle Peilungen sind Schiffsseitenpeilungen. In der kursstabilisierten Darstellung sind alle Werte Relativwerte, bezogen auf den Sollkurs voraus. Der Vorausstrich wird senkrecht nach oben gezeichnet, alle Kurse sind auf den eingestellten Sollkurs bezogen und alle Peilungen sind Schiffsseitenpeilungen. In der nordstabilisierten Darstellung ist senkrecht nach oben rechtweisend Nord, der Vorausstrich ist die Richtung des rechtweisenden Kurses, alle Kurse und Peilungen beziehen sich auf rechtweisend Nord. Kurs- und nordstabilisierte Darstellung sind nur möglich, wenn das Radargerät mit einem Kursgeber gekoppelt ist; dann wäre es auch nicht sinnvoll, im vorausorientierten Relativplot zu arbeiten.

Das Relativplot-Verfahren ist am einfachsten anhand eines Beispiels erklärt:

Gegnerkurs und -fahrt
Die Lösung wird im vorausorientierten Relativplot erarbeitet.

Beispiel 1: *Segelyacht (A) läuft unter Maschine Kurs 260° mit 8,0 kn Fahrt. Head up.*

Fahrzeug B	*Ortung um 1900 in Seitenpeilung SP 048°, Abstand 6,3 sm*
	Ortung um 1906 in Seitenpeilung SP 048°, Abstand 5,1 sm
Fahrzeug C	*Ortung um 1900 in Seitenpeilung SP 347°, Abstand 4,0 sm*
	Ortung um 1906 in Seitenpeilung SP 347°, Abstand 4,0 sm

Beurteilung der Situation: *Besteht die Gefahr einer Kollision?*
Entwickelt sich eine Nahbereichslage?
Wie lauten Kurs und Fahrt der gegnerischen Fahrzeuge B und C?

Zuerst werden die Ortungen der Fahrzeuge B und C eingezeichnet. Im vorausorientierten Relativplot können Seitenpeilungen direkt vom Vorausstrich aus abtragen werden.

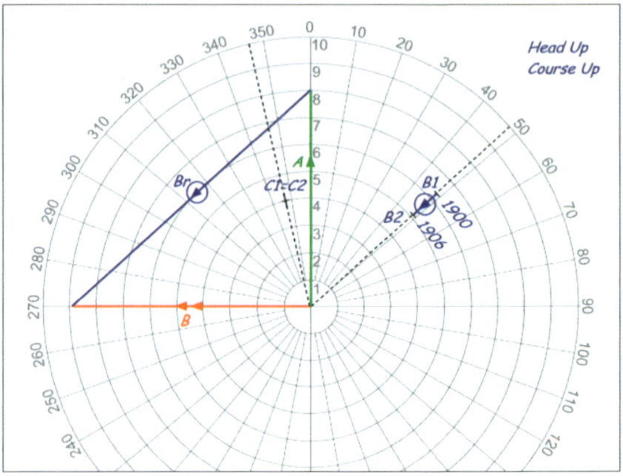

Für Fahrzeug C erkennt man, dass sich Peilung und Abstand nicht ändern. C ist ein Mitläufer auf gleichem Kurs, mit gleicher Fahrt wie wir. Es stellt für uns keine Gefahr dar.

Für Fahrzeug B stellen wir ebenfalls eine stehende Peilung fest, aber mit abnehmender Distanz – es besteht Kollisionsgefahr, B hat Vorrang und wir sind ausweichpflichtig.

Zur Ermittlung der Absolutbewegung Fahrzeug B wird das Wegedreieck als Stundendreieck gezeichnet: Eigenschiffvektor senkrecht nach oben auftragen (Fahrt 8,0 kn, Maßstab 1 : 1). In den Endpunkt des Vektors wird der Relativvektor Br (für eine Stunde) gezeichnet. Die dritte Seite des Wegedreiecks ergibt die Absolutbewegung *Fahrzeug B: Fahrt 8,8 kn*, wahrer Kurs 90° nach Bb von unserem *Kurs* aus gesehen, also 260° – 090° = *170°*.

Gegenüber Fahrzeug B ist ein Ausweichmanöver zu planen: Eine Bb-Kursänderung würde uns nicht vom Gegner wegführen, daher entscheiden wir uns für eine deutliche Stb-Kursänderung, die optisch und am Radarmonitor des Fahrzeugs B als solche auch eindeutig erkennbar ist. Fahrzeug B wird als Kurshalter seinen Kurs beibehalten, was wir auch laufend überprüfen. Ist Fahrzeug B bis auf 3 sm herangekommen, drehen wir 30° über die stehende Peilung hinaus nach Steuerbord auf Ausweichkurs 338° (260° + 48° + 30°). Nach weiterer Annäherung wird dann langsam wieder nach Backbord auf das Heck des Fahrzeug B angedreht, bis wir wieder auf unserem alten Kurs sind. Bei schlechter Sicht muss mit dem Andrehen gewartet werden, bis das Fahrzeug B sicher am Heck passiert werden kann (SP 270°).

Passierabstand

<u>Beispiel 2:</u> Segelyacht (A) läuft unter Maschine Kurs 355° mit 5,0 kn Fahrt. North up.

Fahrzeug B	*Ortung um 1430, rwP 055°, Abstand 7,0 sm*
	Ortung um 1436, rwP 052°, Abstand 5,0 sm

Beurteilung der Situation: <u>Besteht die Gefahr einer Kollision?</u>
<u>Entwickelt sich eine Nahbereichslage?</u>
<u>Wie lauten CPA und TCPA des gegnerischen Fahrzeugs B?</u>
<u>Wie lautet ggf. ein geeigneter Ausweichkurs? Mindestabstand 1,5 sm</u>

Peilung auf Fahrzeug B ändert sich – keine direkte Kollisionsgefahr.

Beurteilung der Situation bezüglich Nahbereichslage: Zeichnen des gewählten Nahbereichs von 1,5 sm, Eintragen der Ortungen des Gegnerfahrzeugs B, Verbindungslinie ist die Relativbewegung Br, Verlängern der Linie in Richtung Mittelpunkt – der Mindestabstand von 1,5 sm wird unterschritten, es entwickelt sich also eine Nahbereichslage. Den Passierabstand (90°-Distanz) messen wir heraus: *CPA = 0,9 sm/327°*, *TCPA 15 min*! Da der CPA kleiner als der gewählte Nahbereich ist, muss ein Ausweichmanöver geplant werden.

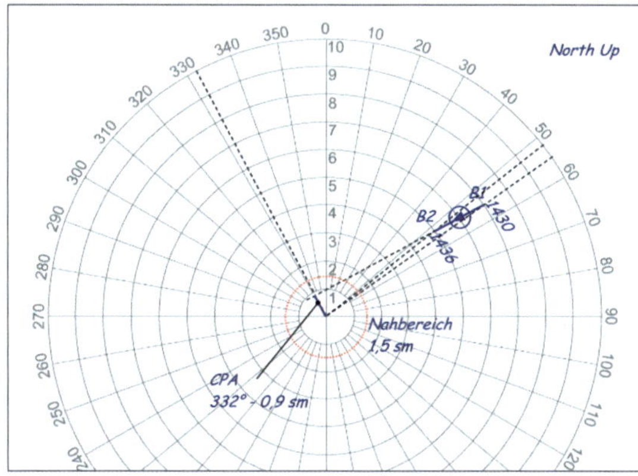

Ausweichmanöver

Gegnerkurs und -fahrt ermitteln wir mithilfe des Stundendreiecks (hier gezeichnet für eine halbe Stunde). Ergebnis Fahrzeug B: wahrer *Kurs 251°,* absolute *Fahrt 18,5 kn.*

Der Gegner soll sich zum Zeitpunkt der Kursänderung nicht näher als auf 2,0 sm genähert haben. Der Zeitpunkt der Kursänderung beträgt daher 1445, und die Gegnerposition wird bis zu diesem Zeitpunkt vorausgekoppelt. Vom Koppelort des Gegners um 1445 (geplante Kursänderung) ausgehend zeichnen wir eine Tangente an den Nahbereichskreis (= neue Relativbewegung): Der neue Relativkurs Br beträgt 259°. Wir verschieben den Ausweich-Relativkurs in den Endpunkt des alten Relativkurses. Jetzt nehmen wir den Eigenschiffs-Vektor in den Zirkel und zeichnen einen Kreisbogen um den Mittelpunkt. Mögliche Ausweichkurse: 109°/5,0 kn rechtsherum über 169°/2,5 kn bis 239°/5,0 kn.

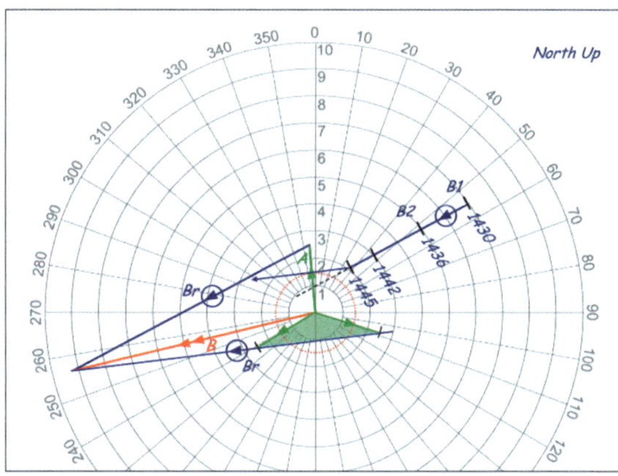

Gemäß den Regeln der KVR gehen wir über Stb-Bug auf *175°* (Gegenkurs) und nehmen die Fahrt kurzfristig auf 2,5 kn zurück. Nachdem das gegnerische Fahrzeug in 350° peilt, gehen wir über Bb-Bug auf den Ausgangskurs und 5,0 kn Fahrt zurück. Nach der Kursänderung muss die Relativbewegung des Gegners aufmerksam beobachtet werden, auf die Winkeländerung der Relativbewegung, den *Echoknick* ist während des gesamten Ausweichmanövers zu achten.

❐ *Bewertung von Ausweichmanövern*

In der Praxis ergibt sich immer eine ganze Bandbreite von Ausweichmanövern mittels Kurs- und/oder Fahrtänderung. Im Folgenden sollen die möglichen Ausweichmanöver hinsichtlich ihrer Auswirkungen bewertet und die Entscheidungskriterien für die Auswahl eines geeigneten Ausweichmanövers erarbeitet werden.

Beispiel 3: Yacht (A) läuft unter Maschine einen rechtweisenden Kurs rwK 058°, Fahrt 6,5 kn. Der Radarmonitor ist auf nordstabilisierte Darstellung eingestellt. Folgende Radarkontakte werden ausgemacht:

Fahrzeug B	*Ortung um 0240, rwP 110°, Abstand 7,0 sm*
	Ortung um 0246, rwP 109°, Abstand 6,0 sm
	Ortung um 0252, rwP 108°, Abstand 5,0 sm

Beurteilung der Situation: Wie lauten CPA und TCPA, Kurs und Fahrt des gegnerischen Fahrzeugs?
Wie lautet ein geeigneter Ausweichkurs, bei dem wir das Heck des Gegners mit einem Sicherheitsabstand von 1,5 sm passieren?

Gegnerortungen einzeichnen, Ortungspunkte verbinden. Relativkurs *Br 295°*. Verlängerung der Relativbewegung: *CPA = 0,6 sm/025°, TCPA = 30 min* ab letzter Ortung – keine direkte Kollisionsgefahr, aber Unterschreitung des Nahbereichs.

Gegnerkurs und -fahrt mithilfe des Stundendreiecks ermitteln: wahrer *Kurs 335°*, absolute *Fahrt 8,5 kn*.

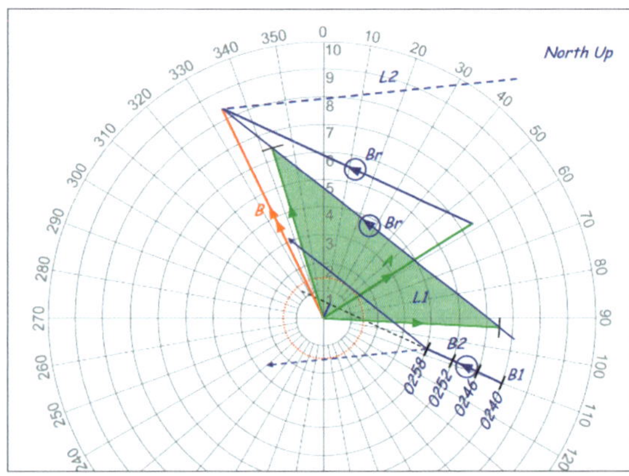

Zeitpunkt Kursänderung wird auf 0258 festgelegt, Position des Gegners für diesen Zeitpunkt vorauskoppeln, Sicherheitsabstand 1,5 sm eintragen, Tangente an den Nahbereichskreis zeichnen – neue Relativbewegung: neuer Relativkurs *Br 308°*. Mögliche *Ausweichkurse:* von *092° – 6,5 kn* linksherum über *038° – 3,6 kn* bis *343° – 6,5 kn*.
Theoretisch gibt es eine zweite Lösung L2 unter Berücksichtigung des Sicherheitsabstands: Der Relativkurs Br 264° wäre aber nur mit einer deutlichen Fahrterhöhung erreichbar und würde uns außerdem am Bug des Gegnerfahrzeugs vorbeiführen.

Festlegungen der KVR

Die KVR schreibt für klare Sichtverhältnisse nicht vor, nach welcher Seite ein Ausweichmanöver gefahren werden muss. Im Allgemeinen wird bei kreuzenden Kursen von Maschinenfahrzeugen eine Kursänderung des Ausweichpflichtigen nach Steuerbord die Regel sein.

Regel 8 der KVR schreibt sinngemäß vor, dass jede Kurs- und/oder Fahrtänderung so groß sein muss, dass sie ein anderes Fahrzeug sicher erkennen kann. Das Manöver muss zu einem sicheren Passierabstand führen, und die Wirksamkeit muss sorgfältig überprüft werden, bis das andere Fahrzeug endgültig vorbei und klar ist.

In Regel 19d der KVR wird bei verminderter Sicht sinngemäß gefordert, dass ein Ausweichmanöver mit einer Kursänderung nach Bb gegenüber einem Fahrzeug vorlicher als querab, außer beim Überholen, nach Möglichkeit zu vermeiden ist. Eine Kursänderung auf ein Fahrzeug querab oder achterlicher als querab ist nach Möglichkeit ebenfalls zu vermeiden. In der Praxis: Gegenüber Fahrzeugen, die sich im 1. Quadranten (SP 0°–90°) auf Nahbereichskurs nähern, ist ein Stb-Manöver zur Vermeidung des Nahbereichs zu fahren. Im 2. und 3. Quadranten (SP 90° – 180° und 180°–270°) sind Ausweichmanöver vom Gegner weg zu fahren. Das heißt, im 2. Quadranten wird ein Bb-Manöver und im 3. Quadranten ein Stb-Manöver gefahren. Im 4. Quadranten (SP 270°–360°) kann die „empfohlene" Stb-Kursänderung problematisch sein.

Auswirkung einer Kursänderung
Über die Richtung, in die eine Kursänderung durchzuführen ist, finden wir in der KVR zumindest für bestimmte Sichtverhältnisse mehr oder weniger restriktive Anweisungen. Über den Wert einer Kurs- und/oder Fahrtänderung wird in der KVR nichts ausgesagt, nur dass diese so groß sein muss, dass sie ein anderes Fahrzeug sicher erkennen kann. Als Richtwert für eine am Radar erkennbare Kursänderung gelten in der nautischen Praxis rund 20°.

Die eigene Kursänderung wird vom Gegner als Änderung des Winkels des Relativkurses wahrgenommen. Diesen Winkelunterschied bezeichnet man als *Echoknick δ*, er ist abhängig vom Verhältnis der Eigenfahrt zur Gegnerfahrt.

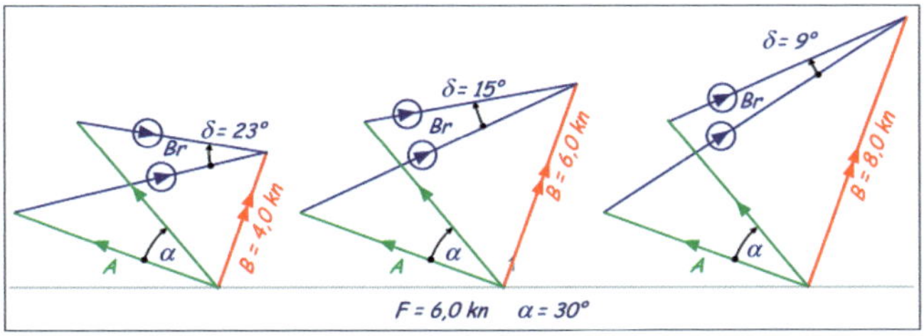

Eine Kursänderung von 30° ist für den Gegner bei gleicher Geschwindigkeit als Echoknick von 15° sichtbar, also mit dem halben Wert der Kursänderung. Bei einer Fahrt des Gegners um 1/3 größer als die eigene Fahrt beträgt der Echoknick nurmehr 9°. Ist die Gegnerfahrt um 1/3 geringer als die Eigenfahrt, ist der Echoknick 23°.

Handelsschiffe sind heute mit Geschwindigkeiten bis zu 18 kn und mehr unterwegs, während die Fahrt einer Segelyacht (auch unter Maschine) etwa 6 kn beträgt. Für diese Verhältnisse beträgt der Echoknick bei einer Kursänderung der Segelyacht um 30° nurmehr 3°, also 1/10 der Kursänderung. In der Praxis muss die Kursänderung eines Sportbootes gegenüber einem Handelsschiff (insbesondere nachts und bei verminderter Sicht) mindestens 60°–90° betragen.

Auswirkungen einer Fahrtänderung

Die Auswirkung einer Fahrtänderung auf den Relativkurs hängt vom Kursunterschied Eigenkurs zu Relativkurs ab. Je mehr sich der Kursunterschied 180° bzw. 0° nähert, desto geringer ist die Auswirkung einer Fahrtänderung. Bei 90° Kursunterschied ist die Auswirkung einer Fahrtänderung am größten.

Zusammenfassung

- Bei kreuzenden Kursen von Maschinenfahrzeugen ist eine Kursänderung des Ausweichpflichtigen nach Stb die Regel.
- Kurs- und/oder Fahrtänderung müssen für das andere Fahrzeug sicher erkennbar sein (mindestens 20° Änderung der Relativbewegung).
- Bei schlechter Sicht ist bei Annäherung aus dem 1. Quadranten ein Ausweichmanöver nach Stb zu fahren, bei Annäherung aus dem 2. bzw. 3. Quadranten ein Ausweichmanöver vom Gegner weg, Bb-Manöver im 2. Quadranten, Stb-Manöver im 3. Quadranten. Bei Annäherung aus dem 4. Quadranten kann das empfohlene Ausweichmanöver nach Steuerbord kritisch sein.
- Bei Schiffen mit gleicher Fahrt wirkt sich eine Kursänderung auf die Relativbewegung mit der Hälfte der absoluten Kursänderung aus. Je größer die Eigenfahrt im Vergleich zur Fahrt des Gegners ist, desto stärker wirkt sich die eigene Kursänderung auf die Relativbewegung aus, wie sie vom Gegner wahrgenommen wird (um mehr als die Hälfte). Je größer die Fahrt des Gegners im Vergleich zur Eigenfahrt, desto weniger wirkt sich die eigene Kursänderung auf die Relativbewegung aus (um weniger als die Hälfte).
- Kursänderungen wirken sich bei einer schnellen Gegnerannäherung von querab wenig aus, sinnvoller ist eine Fahrtreduzierung.
- Fahrtänderungen wirken sich auf den Relativkurs umso weniger aus, je mehr sich der Kursunterschied Eigenkurs/Gegnerrelativkurs 180° bzw. 0° nähert. Bei Annäherung auf (fast) Gegenkurs ist eine Kursänderung vorzuziehen. Die größte Auswirkung haben Fahrtänderungen bei Gegnerannäherung von querab.

❐ *Bezeichnungen, Abkürzungen*

Die verwendeten Abkürzungen und Bezeichnungen sind der DIN 13312 entnommen und wurden um die für Radar-Plotverfahren zusätzlich erforderlichen Abkürzungen und Bezeichnungen ergänzt.

Abkürzung	*Bezeichnung*	*Abkürzung*	*Bezeichnung*
Head up	Vorausorientiert(e Anzeige)	Course up	Kursstabilisiert(e Anzeige)
North up	Nordstabilisiert(e Anzeige)	A	Bezeichnung der Anzeige des eigenen Schiffs
B, C, …	Bezeichnung der Anzeigen der anderen Objekte (Gegner)	KA	Kurs des eigenen Schiffs
KB, KC, ...	Gegnerkurse	KBr, KCr, ...	Kurse der relativen Bewegung
CPA	Kleinster Passierabstand *(closest point of approach)*	TCPA	Zeitspanne bis zum Erreichen des kleinsten Passierabstands *(time to closest point of approach)*
vA	Geschwindigkeit des eigenen Schiffs	vB, vC, …	Geschwindigkeit der anderen Schiffe
α *(alpha)*	Kursänderung des eigenen Schiffs	δ *(delta)*	Echoknick; Winkeldifferenz alter/neuer Relativkurs
	Eigene Bewegung (A)	A	*Arrived Position;* letzte Ortung, die für die Auswertung verwendet wird
	Gegnerbewegung (B, C ...)	O	*Original Position;* erste Ortung, die für die Auswertung verwendet wird
	relative Bewegung (B, C ...)	W	*Way of own ship;* Anfangspunkt des Eigenschiffvektors
1230; 30	Uhrzeiten 4-stellig ohne Punkt; für wiederkehrende Ortungen kann die Angabe der Stunde entfallen.		

8.8 GEZEITEN

8.8.1 Grundlagen

Als Gezeiten werden die regelmäßig wechselnden Wasserstände der Meere bezeichnet. Verursacht werden sie von Gravitations- und Fliehkräften: der Anziehungskraft des Mondes (und der Sonne) sowie die Fliehkraft des Systems Erde/Mond, das gemeinsam die Sonne umkreist.

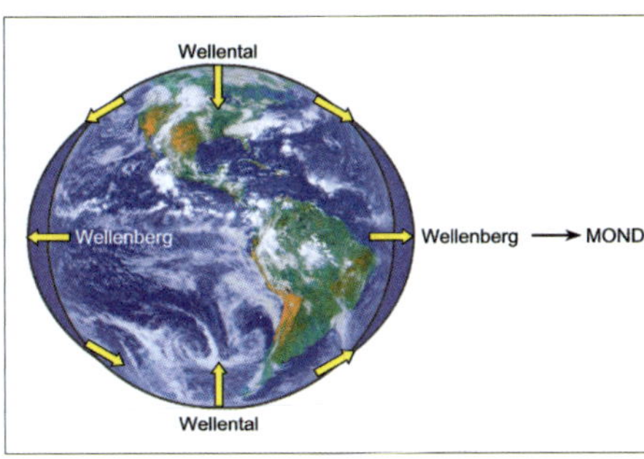

Die Anziehungskraft des Mondes wirkt auf die Wassermassen der Erde in Richtung des Mondes. Sie nimmt mit dem Abstand zum Mond ab, ist daher auf der dem Mond abgewandten Seite der Erde kleiner als auf der dem Mond zugewandten Seite. Dem entgegen wirkt die Fliehkraft des Systems Erde/Mond, da der gemeinsame Schwerpunkt Erde/Mond, aufgrund der deutlich größeren Masse der Erde, noch innerhalb der Erde liegt (auf etwa ¾ des Erdradius Richtung Mond). Die resultierenden Kräfte führen auf der dem Mond zugewandten UND auf der dem Mond abgewandten Seite zu einem „Wasserberg" (auf der abgewandten Seite etwas niedriger). Im rechten Winkel zur Achse Erde/Mond fließt das Wasser ab. An dieser Wasserscheide entsteht also ein „Wassertal". Diese Wellen umkreisen den Erdball während eines Mondtages (24 h 50 min) einmal. Es entsteht also alle 12 h 25 min (etwa zweimal am Tag) ein hoher Wasserstand (Hochwasser, HW) und dazwischen, jeweils 6 h 12 min später, ein niedriger Wasserstand (Niedrigwasser NW) – dies ist der Verlauf der (modellhaften) halbtägigen Tide.

Die Höhen des Hoch- und Niedrigwassers verändern sich im Laufe eines (Mond-) Monats (ca. 28 ½ Tage). Die Ursache ist durch die Konstellation der Gestirne Sonne, Erde und Mond begründet. Stehen die Gestirne in einer Reihe *(in Konjunktion bzw. Opposition)*, sind die Gezeitenunterschiede am größten. Diesen Zeitraum nennt man *Springzeit*; es treten die höchsten Hochwasser und die niedrigsten Niedrigwasser auf. Die Springzeit dauert insgesamt 4 Tage (2 Tage vor bis 2 Tage nach Vollmond bzw. Neumond). Stehen Sonne und Mond im rechten Winkel zur Erde *(Quadratur)*, sind die Gezeitenunterschiede am geringsten – es ist *Nippzeit*; es treten die niedrigsten Hochwasser und die höchsten Niedrigwasser auf. Die Nippzeit dauert ebenfalls 4 Tage (2 Tage vor bis 2 Tage nach Halbmond, *1. Viertel, letztes Viertel)*. Die Zeit dazwischen (jeweils 3 Tage) nennt man *Mittzeit*.

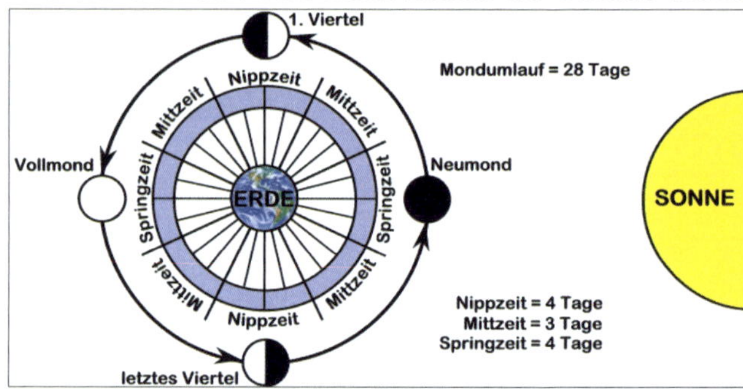

Die Gezeiten wirken sich an den Küsten der Ozeane, in Randmeeren und an Flussmündungen größerer Flüsse unterschiedlich aus. Durch die Trägheit der Wassermassen und Eigenschwingungen von Gewässerteilen kommt es zu Abweichungen von diesem Schema (siehe *8.8.3 Anomalien*).

8.8.2 Auswirkungen

Die Gezeiten bewirken zeitlich und örtlich unterschiedliche Wasserbewegungen. Diese drücken sich in vertikaler Richtung durch das Steigen und Fallen des Wasserstands aus, sowie in horizontaler Richtung als Gezeitenströme. Üblicherweise haben wir bei Flut einlaufendes Wasser und bei Ebbe auslaufendes Wasser.

Der Zeitraum einer Gezeit (Tide) umfasst die Zeit von einem Niedrigwasser bis zum nächsten Hochwasser (Steigdauer, durchschnittlich 6 Stunden) und vom Hochwasser bis zum nächsten Niedrigwasser (Falldauer, durchschnittlich 6 ¼ Stunden). Eine Tide dauert also durchschnittlich 12 ¼ Stunden – bei halbtägiger Gezeit.

In Europa können die Höhenunterschiede zwischen Hoch- und Niedrigwasser bis zu 14,5 m betragen (Avonmouth/Port of Bristol, GB). In der Ostsee spielen Gezeiten praktisch keine Rolle. Im Mittelmeer nehmen die Gezeitenerscheinungen Richtung Osten ab, in Gibraltar kann der Unterschied zwischen Hoch- und Niedrigwasser etwa 1 m betragen, in Griechenland und der Türkei lediglich einige Zentimeter bis 0,5 m und in der Nordadria bis zu 1,3 m.

Die sich verändernden Wasserstände führen zu Gezeitenströmen, die bis 10 kn (örtlich sogar mehr) erreichen (Orkneys). Angaben über Gezeitenströme in Gezeitenatlanten.

8.8.3 Anomalien

Durch die Trägheit der Wassermassen und Eigenschwingungen von Gewässerteilen ändert sich der Gezeitenverlauf bis zur *eintägigen Gezeit*, bei der Hochwasser und Niedrigwasser nur mehr einmal am Tag auftreten. In Europa kommen diese nicht vor. Außerdem gibt es noch *gemischte Gezeiten*, wo sich Hoch- und Niedrigwasser in ihren Zeiten und Höhen drastisch unterscheiden.

An manchen Orten kommt es zu deutlichen Abweichungen vom (im Idealfall) sinusförmigen Verlauf der Gezeitenkurven: Steig- und Falldauer an einem Ort können unterschiedlich lang sein. In Portsmouth gibt es während einer Tide z. B. zwei Hochwasser. Abweichungen von den tabellierten, langjährigen Werten können durch folgende Einflüsse verursacht werden:

- *Starker Wind* in Richtung des Flutstroms kann übermäßig hohe Hochwasser verursachen; in Springzeiten bis zur Sturmflut. Starker Wind gegen den Flutstrom kann ein übermäßig niedriges Hochwasser ergeben.
- *Lange Anlaufstrecken (Fetch)* erhöhen Wasserstand und Strömung.
- *Luftdruckschwankungen* beeinflussen die Gezeitenwasserstände; pro 1 hPa kann sich der Wasserstand um 1 cm verändern.

Vor allem im Bereich von Inseln treten auch Strömungen entgegen der Hauptstromrichtung auf. In manchen Flussmündungen (China, Südamerika) können sich gefährliche Wellen bilden, die bis zu 4 m hoch stromaufwärts laufen. Weitere Gezeitenerscheinungen sind Verwirbelungen und Strudel, Stromschnellen und brechende Wellen.

8.8.4 Begriffe

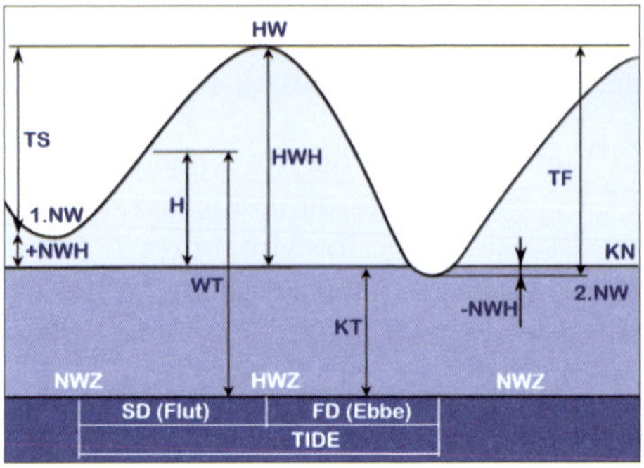

HW	*Hochwasser = höchster Stand der Tide*
NW	*Niedrigwasser = niedrigster Stand der Tide*
HWZ	*Hochwasserzeit = Zeitpunkt des HW*
NWZ	*Niedrigwasserzeit – Zeitpunkt des NW*
NWH	*Niedrigwasserhöhe = Höhe des NW bezogen auf KN*
HWH	*Hochwasserhöhe = Höhe des HW bezogen auf KN*
SD	*Steigdauer = Zeitraum zwischen NWZ und HWZ (Flut)*
FD	*Falldauer = Zeitraum zwischen HWZ und NWZ (Ebbe)*
TS	*Tidenstieg = Höhenunterschied zwischen nacheinander auftretenden NW und HW*
TF	*Tidenfall = Höhenunterschied zwischen nacheinander auftretenden HW und NW*
TH	*Tidenhub = (TS + TF) : 2*
KN	*Kartennull = Bezugsebene in den Seekarten*
KT	*Kartentiefe = WT bezogen auf KN*
H	*Höhe der Gezeit bezogen auf Kartennull (kann auch negativ sein; die Stelle fällt dann trocken)*
WT	*Wassertiefe zu einem bestimmten Zeitpunkt WT = KT + H*

8.8.5 Springverspätung

Als Springverspätung wird der Zeitunterschied zwischen Voll-/Neumond und dem tatsächlichen Eintritt der Auswirkungen auf die Gezeitenhöhen – höchste Hochwasser, niedrigste Niedrigwasser – am jeweiligen Ort bezeichnet. Entsprechend der Springverspätung verschieben sich auch die anderen Perioden *(Mittzeit, Nippzeit)*.

Die Größe der Springverspätung ist abhängig von der geografischen Lage und der Art des Küstenverlaufs des jeweiligen Meeresteils (offener Ozean, Randmeere wie Mittelmeer oder Ostsee). Die Springverspätung ist bei der Berechnung von Anschlussorten zu berücksichtigen. Für Bezugsorte sind die tatsächlichen Zeiten des Hoch- und Niedrigwassers angegeben.

8.8.6 Gezeitenkurve

Gezeitenkurven sind die grafische Darstellung der Gezeiten über einen längeren Zeitraum. Man unterscheidet zwischen der „normalen" halbtägigen Gezeit und der durch die Trägheit der Wassermassen und Eigenschwingungen von Gewässerteilen entstehenden eintägigen Gezeit.

***Halbtägige Gezeit**:* Hochwasser und Niedrigwasser treten zweimal am Tag auf.

***Eintägige Gezeit**:* Hochwasser und Niedrigwasser treten einmal am Tag auf.

8.8.7 *Tidenkurve*

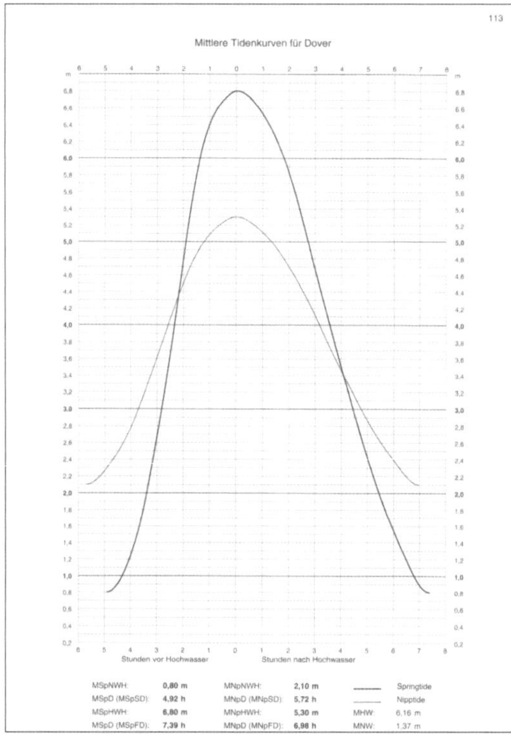

Eine Tidenkurve stellt den Verlauf einer mittleren Spring- bzw. Nipptide an einem bestimmten Bezugsort dar.

Für Bezugsorte sind die Tidenkurven in den Gezeitentafeln dargestellt.

Mithilfe der Tidenkurven ist die Höhe der Gezeit zu einem bestimmten Zeitpunkt bestimmbar. Umgekehrt kann auch der Zeitpunkt des Eintretens einer bestimmten Höhe der Gezeit ermittelt werden.

8.8.8 *Gezeitenströme*

Der durch das Fallen des Wasserstandes fließende Strom heißt *Ebbstrom*, der durch das Steigen des Wasserstandes fließende Strom heißt *Flutstrom*. Der Ebbstrom beginnt während der Ebbe zu laufen und kann nach Eintreten des Niedrigwassers noch anhalten. Entsprechend beginnt der Flutstrom während der Flut zu laufen und kann über den Zeitpunkt des Hochwassers hinaus anhalten. Während des Übergangs von Ebbstrom auf Flutstrom (oder umgekehrt) – zur Zeit des Hochwassers bzw. Niedrigwassers – hält der Strom kurze Zeit an.

Das kurzzeitige Anhalten des Gezeitenstroms während des Übergangs vom Ansteigen zum Fallen des Wasserstandes (oder umgekehrt) wird als *Kentern des Stroms* bezeichnet, es herrscht *Stillwasser*. Speziell im Bereich von Flussmündungen spricht man dabei vom *Stauwasser*.

In Buchten oder zwischen ufernahen Hindernissen kann eine Gegenströmung entstehen, sogenannte *Neerströme*. (Gezeiten-)Ströme können durch Kaps, Verengungen, Durchfahrten und Kanäle massiv verstärkt werden. Angaben zu den Gezeitenströmen finden sich in *Gezeitenstrom-Atlanten*.

Durch das ständige Fallen und Steigen des Wasserstandes entstehen nicht unbedeutende *Strömungen*, die in der Navigation zu berücksichtigen sind. Ein besonders niedriger Wasserstand, das *Springniedrigwassser*, tritt in der Springzeit auf und kann sogar (etwas) unter dem Kartennull liegen, d.h. der Wasserstand ist geringer als in der Seekarte eingezeichnet. Längerer Windeinfluss verstärkt die Gezeiten (z.B. Nordadria).

8.8.9 Ermittlung der Gezeitenwasserstände

Durch den Einfluss der Gezeiten verändert sich die Wassertiefe der Meere, was in der nautischen Praxis vor allem in Küstennähe interessant ist. Der sich verändernde Wasserstand ist sowohl beim *Ankern* (Kettenlänge) als auch beim *Festmachen* (Länge der Festmacher, Anordnung der Fender) zu beachten; ebenso beim Ein- und Ausfahren in bzw. aus Häfen.

Tidenkalender

Tidenkalender werden für ein bestimmtes Seegebiet jährlich herausgegeben. Die Gezeitenwerte stimmen für den Bezugsort genau. Zeitangaben erfolgen in gesetzlicher Zeit GZ (z. B. MEZ); ggf. wird also auch die Sommerzeit verwendet.

Für die tatsächliche Wassertiefe muss der Unterschied zwischen dem Bezugsniveau des Gezeitenkalenders und der Bezugsebene des Kartennulls berücksichtigt werden.

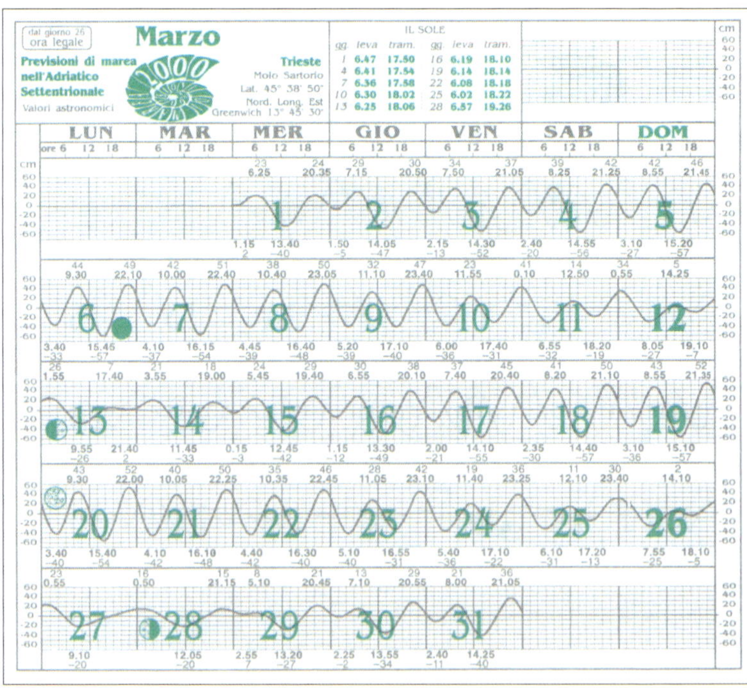

Für einige Anschlussorte ist die Differenz zeitlich und der Höhe nach angegeben. Im abgebildeten Tidenkalender für *Triest, 2000* z. B. Pola 30 min „Verfrühung“ *(Anticipi)* und 70 % der Tidenhöhe Triest oder Grado porto 25 min Verspätung *(Ritardi)* und 90 % Tidenhöhe Triest.

Windeinfluss und der Luftdruck beeinflussen die Höhe der Gezeit, die dann von den Angaben in den Gezeitenunterlagen abweichen kann; für die Bucht von Triest können diese Einflüsse eine Änderung bis zu 50 cm zur berechneten Höhe der Gezeit betragen. Angaben dazu in Seehandbüchern und Wetterberichten (Sturmflutwarnung).

Vom BSH erscheint jährlich der *Gezeitenkalender* für die *Deutsche Bucht und deren Flussgebiete*. Es werden keine Gezeitenhöhen oder Tidenkurven angegeben, sondern mittlere Tidenhübe entsprechend den Gezeitenverhältnissen. Für die Küstenfahrt sind diese Angaben jedenfalls ausreichend.

ZWÖLFTELREGEL

Die Gezeitenkurven vieler Bezugsorte zeigen einen annähernd sinusförmigen Verlauf. Eine solche Kurve kann auch rechnerisch dargestellt werden. Der Tidenstieg TS bzw. Tidenfall TF wird in Abhängigkeit der Steig- bzw. Falldauer SD/FD jeweils in Zwölftel des gesamten TS bzw. TF angegeben.

1. Stunde ⇨ $^{1}/_{12}$ TS/TF
2. Stunde ⇨ $^{2}/_{12}$ TS/TF
3. Stunde ⇨ $^{3}/_{12}$ TS/TF
4. Stunde ⇨ $^{3}/_{12}$ TS/TF
5. Stunde ⇨ $^{2}/_{12}$ TS/TF
6. Stunde ⇨ $^{1}/_{12}$ TS/TF

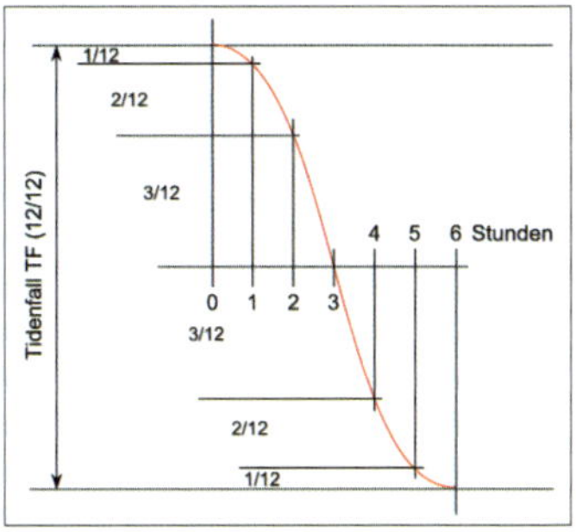

Anmerkung: Für Gezeitenkurven, die erheblich vom modellhaften sinusförmigen Verlauf abweichen, kann die Zwölftelregel nicht angewendet werden.

GEZEITENTAFELN

Für die genaue Vorausberechnung der Hoch- und Niedrigwasserhöhen und -zeiten werden Gezeitentafeln verwendet, die von nationalen hydrografischen Instituten herausgebracht werden. Ihr Aufbau ist ähnlich, der genaue Gebrauch wird in den Tafeln jeweils mit Beispielen erklärt. Die vorausberechneten Werte können vor allem durch Windeinfluss im Einzelfall stark von der Realität abweichen. Angaben dazu finden sich in Seehandbüchern und Wetterberichten (Sturmflutwarnung).

Für ausgewählte Bezugsorte sind die HW/NW-Höhen und -Zeiten für ein Jahr voraus berechnet sowie die Tidenkurven dargestellt. Für eine Vielzahl von Anschlussorten werden die Gezeitenunterschiede angegeben, sowohl zeitlich als auch höhenmäßig. Für alle anderen Orte sind die Werte von nahe gelegenen Bezugs- bzw. Anschlussorten zu interpolieren.

Die britischen Gezeitentafeln ***Admirality Tide Tables ATT*** bieten praktisch eine weltweite Abdeckung aller Seegebiete. Die Tafeln für die Bezugsorte (*Standard Ports*) sind gleich den deutschen Gezeitentafeln. Die Zeit- und Höhenunterschiede für Anschlussorte (*Secondary Ports*) müssen interpoliert werden, die Springverspätung ist bei der jeweiligen Tidenkurve angegeben und in den Tabellen eingerechnet, die Gezeitenkurven sind als prozentuelle Werte *(Factor)* dargestellt, die Gezeitenhöhen können mit der angeschlossenen Matrix ermittelt werden. Die Mondphasen sind durch Symbole gekennzeichnet (○ = Vollmond, ● = Neumond).

In *Reed's Almanac* sind zusätzlich zu den Gezeiten die Strömungsverhältnisse im Kanal und um die britischen Inseln stündlich, bezogen auf das HW in Dover, angegeben.

Französische Gezeitentafeln *(**Annuaire**)* geben für Bezugsorte *(Ports principaux)* die Zeiten und Höhen für HW *(PM)* und NW *(BM)* an. Für Anschlussorte gelten die gleichen Korrekturen wie in den deutschen Gezeitentafeln, die Gezeitenverhältnisse sind in den Tafeln der Koeffizienten zu ersehen.

Die Ergebnisse weichen wegen inhaltlicher und methodischer Unterschiede von den Gezeitentafeln des BSH ab.

DEUTSCHE GEZEITENTAFELN

Die *Gezeitentafeln des BSH* werden jährlich für die europäischen Gewässer herausgegeben. Auf den ersten Seiten finden sich die *Erläuterungen und Begriffsbestimmungen aus der Gezeitenkunde* sowie eine Anleitung zum *Gebrauch der Gezeitentafeln mit Beispielen*. Im *Teil I* sind die *ausführlichen Vorausberechnungen für die europäischen Bezugsorte (Hoch- und Niedrigwasserhöhen und -zeiten sowie die mittleren Tidenkurven)* dargestellt. Im *Teil II* befinden sich die *Gezeitenunterschiede für die europäischen Anschlussorte und* im Teil III die *Hilfs-Tafeln.*

Für Bezugsorte können die gesuchten Werte direkt aus dem *Teil 1* entnommen werden (der Bezugsort für das gesamte Mittelmeer ist Gibraltar). Für Anschlussorte finden wir die Gezeitenunterschiede (zum dazugehörigen Bezugsort) im *Teil 2.*

Aus den Gezeitentafeln können für den betrachteten Ort folgende Werte entnommen bzw. ermittelt werden:

- Die *Gezeitenverhältnisse (Mondphase)* zu einem bestimmten Zeitpunkt.
- Die *Zeiten* der höchsten bzw. niedrigsten Wasserstände; die *größte bzw. niedrigste Höhe der Gezeit.*
- Die *Zeiten*, zu denen eine *bestimmte Höhe der Gezeit* eintritt.
- Die *Höhe der Gezeit zu einer bestimmten Zeit.*

Springverspätung

In den aktuellen deutschen Gezeitentafeln sind die Mondperioden in der *Tafel 2 „Spring(S)-, Mitt(M)- und Nipp(N)-Zeiten"* vorausberechnet. Die Springverspätung ist bereits berücksichtigt, und so kann die jeweilige Mondphase ohne Korrekturen ermittelt werden. Mit der *Tafel 1 „Monddurchgänge durch den Nullmeridian"* und der *Tafel 3 „Mondphasen"* können die Werte der *Tafel 2* selbst berechnet werden.

Tidenkurve
In den deutschen Gezeitentafeln sind für alle Bezugsorte die Spring- und Nipptidenkurve mit ihren absoluten *(durchschnittlichen)* Werten abgebildet. Der Verlauf der Tidenkurve während der Mittzeit ist linear zu interpolieren.

Bestimmung der Mondphase (Alter der Gezeit)
Aus der *Tafel 2 (Teil III, Hilfs-Tafeln)* wird die Mondphase *(das Alter der Gezeit)* – Spring-, Mitt- oder Nippzeit – ermittelt; die Springverspätung ist in *Tafel 2* bereits berücksichtigt.

Bestimmung der Hoch- und Niedrigwasserzeiten und -höhen
Im *Teil II, Gezeitenunterschiede* finden wir den gewünschten Anschlussort und stellen den zugehörigen Bezugsort fest. Das Alter der Gezeit *(die Mondphase)* bestimmen wir für das fragliche Datum mithilfe der Tafel 2.

Aus dem Kalendarium des Bezugsortes im *Teil I* werden die Hoch- und Niedrigwasserhöhen und -zeiten des entsprechenden Tages herausgesucht. Dabei ist zu bedenken, dass sich bei großen Zeitunterschieden zwischen Anschlussort und Bezugsort ein spätes Hoch- oder Niedrigwasser des Vortages am Bezugsort erst am nächsten Tag am Anschlussort auswirken kann. Dann werden die Zeit- und Höhenunterschiede der Gezeit am Anschlussort aus *Teil II f*ür die vorher ermittelte Mondphase notiert. Bei Mittzeit werden die Werte für Spring- und Nippzeit gemittelt.

Sind die mittleren Zeitunterschiede wegen halbmonatlicher Ungleichheit zu verbessern, wird dies im *Teil II* mit einer Buchstabe-Zahl-Kombination (hinter dem mittleren Zeitunterschied) angezeigt. Der Buchstabe verweist auf die entsprechende Zeile im oberen Teil der Tafel 5, in die mit der vorausberechneten Hoch- bzw. Niedrigwasserzeit des Bezugsortes einzugehen ist. Die Zahl bezeichnet die Zeile im unteren Teil der Tafel 5, aus deren Spalte unter der vorausberechneten Hoch- bzw. Niedrigwasserzeit die Verbesserung des Zeitunterschiedes wegen halbmonatlicher Ungleichheit zu entnehmen ist. In der Praxis genügt es, mit der vollen oder halben Stunde der Hoch- bzw. Niedrigwasserzeit des Bezugsortes einzugehen.

Anmerkung: Kartennull für die vorausberechneten Hoch- und Niedrigwasserhöhen deutscher Bezugsorte bezieht sich ab 2005 etwa auf das Niveau des örtlichen, niedrigstmöglichen Gezeitenwasserstandes (Lowest Astronomical Tide, LAT). Davor war KN in der deutschen Nordsee und den angrenzenden von Gezeiten beeinflussten Revieren etwa gleich dem mittleren Springniedrigwasser (MSpNW). Der LAT liegt etwa 0,3 bis 0,6 m unter dem MSpNW. Bei der Verwendung von Seekarten mit KN = MSpNW reicht es aus, die Kartentiefe KT um einen halben Meter zu verringern oder die Höhe der Gezeit um einen halben Meter zu reduzieren, um die vorhandene Wassertiefe zu erhalten (WT = KT + H).

Bestimmung der Tidenkurve für einen Anschlussort

Im Teil I der Gezeitentafeln finden wir die mittleren Tidenkurven des zu unserem Anschlussort gehörigen Bezugsortes. Die Hochwasserhöhe wird über 0 *(Null)* der Zeitachse eingetragen. Die Niedrigwasserhöhen werden um die Steigdauer bzw. Falldauer *(Zeitdifferenz zur HWZ)* versetzt über der Zeitachse eingetragen. Die Tidenkurve wird nun in Annäherung an die Form der Tidenkurve des Bezugsortes frei gezeichnet. Viele Tidenkurven sind sinusförmig. Das erkennt man daran, dass die Verbindungslinie zwischen HW und NW die Kurve in ihrem Wendepunkt, genau auf der Hälfte der Verbindungslinie, schneidet. Ist dies der Fall, wird die Verbindungslinie als Konstruktionshilfe gezeichnet.

Bestimmung der Höhe der Gezeit zu einem bestimmten Zeitpunkt

Auch hier verwenden wir die mittleren Tidenkurven des zu unserem Anschlussort gehörigen Bezugsortes, die wir im Teil I der Gezeitentafeln finden. Die gewünschten Zeitpunkte sind zunächst als Zeitunterschiede *ZU* zur Hochwasserzeit *HWZ* auszurechnen. Mit den entsprechenden Werten der Zeitunterschiede geht man auf der Zeitachse in das Diagramm ein. Die Höhen der Gezeit sind dann auf der Höhenachse abzulesen.

Anmerkung: Windeinfluss und der Luftdruck beeinflussen die Höhe der Gezeit, die dann von den Angaben in den Gezeitenunterlagen abweichen kann (z. B. für die Bucht von Triest können diese Einflüsse eine Änderung bis zu 50 cm zur berechneten Höhe der Gezeit betragen). Angaben dazu finden sich in Seehandbüchern und Wetterberichten (Sturmflutwarnung).

Praktische Gezeitenaufgaben

Die Höhe der Gezeit ist immer auf Kartennull bezogen. Die Ermittlung dieser Höhe ist daher nur der erste Schritt. Entscheidend ist die aus Kartentiefe und Höhe der Gezeit resultierende Wassertiefe entsprechend nachfolgenden Zusammenhängen.

TG	*Tiefgang des Schiffs*
H_S	*Höhe des Schiffs über der Wasserlinie*
T_{EL}	*Tiefe des Echolotgebers unter der Wasserlinie*
EL	*gelotete Wassertiefe*
WT	*Wassertiefe*
KT	*Kartentiefe*
KN	*Kartennull*
H_D	*Höhe einer Durchfahrt (z. B. bezogen auf KN)*
SA	*Sicherheitsabstand*
H	*Höhe der Gezeit*

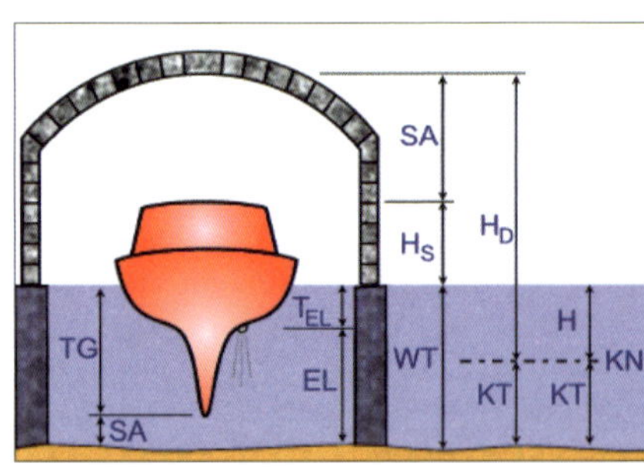

$$\boldsymbol{H + KT = WT = EL + T_{EL} = TG + SA}$$
$$\boldsymbol{WT = H_D + KT - H_S - SA}$$

9 SEESPRECHFUNK

Neben anderen Funkdiensten ist für den Skipper der Seesprechfunk mit **UKW** (Ultrakurzwelle), GW (Grenzwelle) oder KW (Kurzwelle) maßgeblich.

In den meisten Segelrevieren gehört zumindest ein UKW-Funkgerät zur Ausrüstungspflicht, auch für die Sportschifffahrt. Jede Funkanlage bedarf einer nationalen Genehmigung. Für den Betrieb des Funkgeräts ist eine entsprechende Berechtigung erforderlich – das Funkerzeugnis. Die Bewilligung für das Funkgerät und das Funkerzeugnis sind am Schiff mitzuführen.

9.1 ALLGEMEINES

9.1.1 Funkerregeln

Erst hören, dann sprechen.
Kanal ist frei, wenn bei ausgeschalteter Rauschsperre nur ein Rauschen zu hören ist.

Kein Funkgespräch ohne eigenen Stationsnamen.

Keine unnötigen Funkgespräche.

9.1.2 Rangfolge von Funkgesprächen

- **Seenotverkehr *(Distress)*** – eingeleitet mit *„Mayday“*, Abwicklung auf UKW-Kanal 16 (GW 2182 kHz), wenn Gefahr für Crew UND Schiff besteht
- **Dringlichkeitsverkehr *(Urgency)*** – eingeleitet mit *„Pan Pan“*, Ankündigung auf UKW-Kanal 16 (GW 2182 kHz), Abwicklung auf Arbeitskanal, bei Gefahr für Crew ODER Schiff
- **Sicherheitsverkehr *(Safety)*** – eingeleitet mit *„Sécurité“*, Ankündigung auf UKW-Kanal 16 (GW 2182 kHz), Abwicklung auf Arbeitskanal, Gefahr für die Schifffahrt
- Sendungen für die Navigation und Erfordernisse der Seefahrt
- Staatsfunktelegramme (-gespräche) *Etat Priorité*
- Funkdienstliche Meldungen
- Übrige Sendungen

9.1.3 Abkürzungen in Funkgesprächen

Können sich Funker nicht in einer gemeinsamen Sprache verständigen, werden sogenannte Q-Gruppen angewendet. Aus der Aussage oder der Antwort wird eine Frage durch Anhängen von RQ (*Request*).

Q-Gruppen		
	Aussage / Antwort	***Frage** (Q-Gruppe + RQ)*
QRA	Der Name des Schiffs/ der Funkstelle ist …	Wie ist der Name des Schiffs/der Funkstelle?
QRC	Die Verrechnungsstelle ist … *(Radio Company)*	Wie heißt Ihre Verrechnungsstelle?
QRD	Ich fahre nach … und komme von …	Wohin fahren Sie und woher kommen Sie?
QRJ	Ich habe … Funkgesprächs-Anmeldungen vorliegen	Wie viele Funkgesprächs-Anmeldungen haben Sie?
QRM	Ihre Aussendung wird gestört	Wird meine Aussendung gestört?
QSA	Ihre Aussendung ist 1 (kaum), 2 (schwach), 3 (ziemlich gut), 4 (gut), 5 (sehr gut) hörbar	Wie ist die Lautstärke meiner Aussendung?
QSJ	Die Gebühr beträgt … einschließlich meiner Inlandsgebühr	Wie hoch ist die Gebühr nach … einschließlich Inlandsgebühr?
QSL	Ich bestätige den Empfang	Können Sie mir eine Empfangsbestätigung geben?
QSS	Ich werde die Arbeitsfrequenz … benutzen	Welche Arbeitsfrequenz werden Sie benutzen?
QSY	Gehen Sie zum Senden auf … kHz	Soll ich zum Senden auf eine andere Frequenz gehen?
QTC	Ich habe … Telegramme für Sie	Wie viele Telegramme haben Sie?
QTE	Ich peile Sie rechtweisend …° um … Uhr	Wie peilen Sie mich rechtweisend?
QTH	Mein Standort ist …	Wie ist Ihr Standort?
QTO	Ich bin aus dem Hafen … ausgelaufen	Sind Sie aus dem Hafen ausgelaufen?
QTP	Ich laufe in den Hafen … ein	Sind Sie im Begriff, in den Hafen einzulaufen?
RQ	Wird der Q-Gruppe nachgestellt und macht aus ihr eine Frage.	

Die Tabelle enthält einige Beispiele aus einer Vielzahl der verwendeten Q-Gruppen, die in ganzen Büchern zusammengestellt sind. Die Anwendung ist für Funkamateure nicht unproblematisch, da man damit rechnen muss, die Antwort ebenfalls als Q-Gruppe zu erhalten, die man dann auch verstehen muss.

9.1.4 INTERCO

Speziell für die Seefahrt zusammengestellt wurde der *International Code of Signals* INTERCO. Die wichtigsten nautischen Situationen werden dabei in Buchstabengruppen ausgedrückt. Die Verwendung des International Codes of Signals muss mit *„INTERCO“* eingeleitet werden.

INTERCO-Gruppen bestehen aus zwei Buchstaben und eventuell einer angehängten Ziffer zur Unterscheidung. Medizinische Kürzel zur Verständigung mit Funkärzten bestehen aus drei Buchstaben, immer mit *„M“* beginnend und eventuell angehängten Ziffern zur Unterscheidung.

INTERCO		
AE	Ich muss mein Schiff verlassen	I am abandoning my vessel
AN	Ich benötige einen Arzt	I need a doctor
CB	Ich benötige sofortige Hilfe	I require immediate assistance
CB 6	… Feuer im Schiff	… I am on fire
CP	Ich komme Ihnen zu Hilfe	I am coming to give you assistance
CQ	an alle	general call to all stations
DE	hier ist	this is
DX	Ich sinke	I am sinking
ED	Ihre Notzeichen wurden verstanden	Your distresss signals are understood
EL	Wiederholen Sie Ihre Notposition	repeat your distress position
GW	Mann über Bord	Man over board
HW	Ich bin mit einem Überwasserfahrzeug zusammengestoßen	I was in collision with a vessel
JF	Ich bin aufgelaufen in Position …	I am aground in position …
JH	Ich bin auf Grund, aber nicht in Gefahr	I am aground; I am not in danger
JW	Ich bin leckgeschlagen …	I have sprung a leak
KM	Ich kann Sie in Schlepp nehmen	I can take you in tow
NC	Ich bin in Seenot und brauche unverzüglich Hilfe	I am in distress and require immediate assistance
NX	nautische Warnnachrichten	Navigational Warnings
PP	Halten Sie sich gut frei von mir	keep well clear of me
PP 5	… passieren Sie nicht an meiner Backbordseite	… don't pass on my port side
TR	Reisebericht	Travel Report
WX	Wetterbericht	Weather Information
0000Z	0000 UTC *(Uhrzeit)*	0000 Z
ZL	Ihr Signal wurde empfangen, aber nicht verstanden	Your signal has been received, but not understood

9.1.5 Buchstabieralphabet

A	**Alfa**	**N**	**November**	**1**	**Nadazero**
B	**Bravo**	**O**	**Oscar**	**2**	**Bissotwo**
C	**Charlie**	**P**	**Papa**	**3**	**Terrathree**
D	**Delta**	**Q**	**Quebec**	**4**	**Kartefour**
E	**Echo**	**R**	**Romeo**	**5**	**Pantafive**
F	**Foxtrott**	**S**	**Sierra**	**6**	**Soxisix**
G	**Golf**	**T**	**Tango**	**7**	**Setteseven**
H	**Hotel**	**U**	**Uniform**	**8**	**Ottoeight**
I	**India**	**V**	**Victor**	**9**	**Novenine**
J	**Juliett**	**W**	**Whiskey**	**.**	**Stop**
K	**Kilo**	**X**	**X-ray**		
L	**Lima**	**Y**	**Yankee**		
M	**Mike**	**Z**	**Zulu**		

9.2 UKW-FUNKGERÄT

Die Ultrakurzwelle umfasst den Frequenzbereich von 156 bis 172 MHz und wird in Europa in 57 Kanäle *(Channel, CH),* 1 bis 28 und 60 bis 88, unterteilt. Die Kanäle 75 und 76 sind Schutzkanäle für den Kanal 16 (156,8 MHz) und dürfen nur unter bestimmten Umständen verwendet werden, der Kanal 70 darf für den Sprechfunk nicht verwendet werden. Im Sendebetrieb leisten UKW-Funkgeräte 1 oder 25 W.

- **Ein/Aus-Schalter**
- **Kanalwähler** *(Channel Selector)* als Drehknopf oder Tastatur
- **Kanal 16-Taste** für den Anruf- und Notkanal
- **Lautstärkeregler** *(Volume)*
- **Rauschsperre** *(Squelch, Muting)* zur Verringerung der Empfangsempfindlichkeit *(bei ausgeschalteter Rauschsperre muss das Funkgerät rauschen)*
- **Zweikanal-Überwachung** *(Dual Channel Watch)* mit Anzeige – neben dem eingestellten Kanal wird auch Kanal 16 überwacht. Durch Abnehmen des Handapparates wird die Zweikanalüberwachung vorübergehend aufgehoben.

In den Handapparat ist der Lautsprecher eingebaut und die **Sprechtaste PTT** *(Push to transmit),* die während des Sprechens gedrückt werden muss; zum Hören loslassen. Ist ein **Selektivrufdecoder** eingebaut, kann das Gerät direkt gerufen werden (alle auf dem eingestellten Kanal abgewickelten Gespräche werden gehört).

Jedes bewilligte Funkgerät hat ein Rufzeichen, das sich aus dem Landeskennzeichen (Deutschland DAA – DRZ, Österreich OEA – OEZ, Kroatien 9AA – 9AZ) und einer individuellen Kennung zusammensetzt. Für Schiffe, die nicht ins Schifffahrtsregister eingetragen sind, besteht das Rufzeichen aus zwei Buchstaben und vier Ziffern.

Über Vermittlung einer Küstenfunkstelle (KüFuSt) kann mit dem Landnetz telefoniert oder telegrafiert werden, wenn die Station einen Verrechnungscode **AAIC** *(Accounting Authority Identification Code)* hat.

Beinahe alle UKW-Funkgeräte auf Yachten arbeiten im **Simplex**-Verfahren (Wechselsprechen), d. h., es wird auf der gleichen Frequenz gesendet und empfangen. Somit kann nicht gleichzeitig gesendet und empfangen werden. Küstenfunkstellen arbeiten im **Duplex**-Verfahren mit mehreren Sendern und Empfängern, können also gleichzeitig senden und empfangen.

Der **Schiff-zu-Schiff-Verkehr** *(Inter Ship)* wird vorzugsweise auf den Kanälen 6/8/9/10/13/15/17/67/69/70/72/73/77 (simplex) abgewickelt, der Funkverkehr mit **Hafenstellen** *(Port)* auf den Kanälen 9/10/11/12/13/14/15/17/68/69/71/73/74 (simplex) sowie 1/2/3/4/5/7/18/19/20/21/22/60/61/62/63/64/65/66/78/79/80/81/82/84 (duplex) und der öffentliche **Funkverkehr** *(Public)* auf den Duplex-Kanälen 1/2/3/4/5/23/24/25/26/27/28/60/61/62/63/64/65/66/78/81/82/83/84/85/86/87/88.

9.3 STANDARD-FUNKGESPRÄCHE

9.3.1 Funkverkehrsregeln

- **Arbeitskanal** (oder UKW-Kanal 16 / GW 2182 kHz als Anrufkanal) einstellen.
- **Küstenfunkstellen** werden immer mit dem Zusatz „.... Radio“ angesprochen. Hören, ob der Kanal frei ist; eventuell Rauschsperre kurz abschalten – bei nur Rauschen ist der Kanal frei (Anruf bei KüFuSt).
- Sendetaste drücken und sprechen.
- Wird der Erstanruf nicht gehört, erfolgt der Zweitanruf nach 3 min (KüFuSt).
- Rufzeichen werden anhand des Buchstabieralphabets *(9.1.5)* buchstabiert.
- Zeitangaben erfolgen in UTC (= MEZ – 1 h = MESZ – 2 h).
- Für die Vermittlung eines Telefongesprächs (Telegramms) ist der Verrechnungscode AAIC und die Verrechnungsstelle (für die Telekom Austria ist dies AU 01) anzugeben.
- Bei längeren Gesprächen werden vor Abschluss noch einmal der Schiffsname und das Rufzeichen wiederholt.
- Ein Funkgespräch auf Simplex-Kanälen wird mit *over* an den Funkpartner übergeben und mit *out* beendet (nicht auf Duplex-Kanälen).
- Wird in einem Funkgespräch eine Positionsangabe nach dem Internationalen Signalbuch angegeben, ist vor die Positionsangabe das Wort „INTERCO“ zu setzen (Position 45°37’N 014°21’E: *Interco Lima 4537 November, Golf 01421 Echo*).

9.3.2 Anruf bei einer Küstenfunkstelle

Anruf bei einer Küstenfunkstelle zur Vermittlung eines Telefongesprächs:

Rijeka Radio/Rijeka Radio/Rijeka Radio	***Rijeka Radio/Rijeka Radio/Rijeka Radio***
Hier ist Archi/Archi/Archi,	***this is Archi/Archi/Archi***
(Rufzeichen) ***DE 26 03***	*(call sign)* ***DE 26 03***
Bitte ein Gespräch	***I have a telephone call***
Over	***Over***

Die KüFuSt wird sich nun vergewissern, ob der Schiffsname und das Rufzeichen korrekt verstanden wurden und sich dies eventuell wiederholen lassen:

Archi	***Archi***
Guten Morgen. Bitte wiederholen Sie	***good morning, please say again***
den Schiffsnamen und das Rufzeichen	***the ship’s name and the call sign***

Das Schiff antwortet:

Der Schiffsname ist ARCHI und das Rufzeichen lautet DE 26 03 Over	***The name of the ship is ARCHI and the call sign is DE 26 03 Over***

Nun beginnt die eigentliche Gesprächsvermittlung:

Welches Gespräch wünschen Sie?	***What call do you want?*** *(oder* ***Go ahead)***

Nun müssen Vorwahl, Rufnummer und Abrechnungskennung angegeben werden:

Ich möchte bitte Traun, Austria, Vorwahl Austria 72 29 Rufnummer 6 64 44 Meine Verrechnungsstelle ist AU 01, Verrechnungscode DX 35 Over	***I have a telephone call to Traun, Austria, area code 72 29 phone Number 6 64 44 my radio company is AU 01, AAIC is DX 35 Over***

Die KüFuSt verbindet nun mit der angegebenen Rufnummer; eventuell meldet sich die KüFuSt vorher noch einmal:

Einen Augenblick bitte …	***Standby on channel …*** *(duplex)*

Wenn die Verbindung hergestellt ist, antwortet die KüFuSt:

Archi, Ihr Gespräch nach Traun	***Archi, your telephone call to Traun***

Nach dem Gespräch meldet sich die KüFuSt wieder:

Archi Das waren 7 Minuten Gute Wache und auf Wiederhören	***Archi this was a 7 minute call good watch and goodbye***

Das Schiff antwortet und beendet das Gespräch:

Danke gleichfalls und Ende	***Thank you and same to you***

Ist der Arbeitskanal der KüFuSt nicht bekannt, wird diese auf Kanal 16 angerufen:

Rijeka Radio/Rijeka Radio/Rijeka Radio Hier ist Archi/Archi/Archi, *(Rufzeichen)* ***DE 26 03 Was ist Ihr Arbeitskanal? Over***	***Rijeka Radio/Rijeka Radio/Rijeka Radio this is Archi/ Archi/Archi*** *(call sign)* ***DE 26 03 which is your working channel? Over***

Die KüFuSt wird den Arbeitskanal bekannt geben; nach dem Umschalten auf den Arbeitskanal wird das Gespräch dann wie oben geführt!

Eine Besonderheit im Funkverkehr stellt der **Sammelanruf *(Traffic List)*,** Abkürzung **T**ango **L**ima, dar. Dieser wird zu festgesetzten Zeiten von einer KüFuSt ausgesendet (Ankündigung auf Kanal 16 bzw. 2182 kHz, Durchführung auf Arbeitskanal). Der Inhalt ist eine Liste von Schiffen, für die eine Nachricht oder Information vorliegt.

Eine weitere Besonderheit ist der **Reisebericht *(Travel Report)*,** Abkürzung **T**ango **R**omeo. Dieser kann aus Sicherheitsgründen von Schiffen auf längeren Törns an eine KüFuSt gesendet werden, damit man ggf. weiß, wo ein Schiff zu suchen ist. Der Reisebericht sollte in jedem Fall die voraussichtliche Ankunftszeit **ETA** *(Estimated Time of Arrival)* enthalten.

9.3.3 Schiff-zu-Schiff-Verkehr

Der Anruf erfolgt auf Kanal 16 (bzw. 2182 kHz):

Slip Away/Slip Away/Slip Away,	***Slip Away/Slip Away/Slip Away,***
(Rufzeichen) ***AW 16 26***	*(call sign)* ***AW 16 26***
Hier ist Archi/Archi/Archi,	***this is Archi/Archi/Archi,***
(Rufzeichen) ***DE 26 03***	*(call sign)* ***DE 26 03***
Kanal 72	***channel seven-two***
Over	***Over***

Die *Slip Away* bestätigt der *Archi* den Anruf:

Archi, DE 26 03	***Archi, DE 26 03***
Hier ist Slip Away AW 16 26	***this is Slip Away AW 16 26***
Gehe auf Kanal 72	***changing to channel seven-two***
Over	***Over***

Beide Funkstellen schalten auf Kanal 72 um und führen das Gespräch!

Falls die *Slip Away* nicht antwortet, versucht es *Archi* Minuten später erneut:

Slip Away/Slip Away/Slip Away,	***Slip Away/Slip Away/Slip Away,***
(Rufzeichen) ***AW 16 26***	*(call sign)* ***AW 16 26***
Hier ist Archi/Archi/Archi,	***this is Archi/Archi/Archi,***
(Rufzeichen) ***DE 26 03***	*(call sign)* ***DE 26 03***
Hören Sie mich?	***do you read me?***
Over	***Over***

Die *Slip Away* antwortet nun:

Archi, DE 26 03	***Archi, call sign DE 26 03***
Hier ist Slip Away AW 16 26	***this is Slip Away AW 16 26***
Ich höre Sie deutlich	***I read you good***
Over	***Over***

Würde die *Slip Away* nicht hören, wer sie gerufen hat, so fragt sie:

Hier ist Slip Away, AW 16 26	***this is Slip Away, AW 16 26***
Von wem werde ich angerufen?	***which station is calling?***
Over	***Over***

Wird ein unbekanntes Schiff angerufen, muss dieses genau beschrieben werden, und das rufende Schiff muss seine Position in Bezug auf das gerufene Schiff angeben:

Schiff mit weißem Rumpf und	***vessel with white hall and***
schwarzem Schornstein, Kurs SüdOst/	***black funnel, course southeast/***
Schiff mit ... *(3x)*	***vessel with ...*** *(3x)*
Hier ist Archi/ Archi/ Archi,	***this is Archi/ Archi/ Archi,***
(Rufzeichen) ***DE 26 03***	*(call sign)* ***DE 26 03***
die Segelyacht 1 Meile vor Ihnen	***the sailing yacht 1 mile in front of you***
Kollisionsgefahr	***risk of collision***
Werden Sie sich freihalten?	***will you keep clear?***
Over	***Over***

Das gerufene Schiff antwortet:

Archi	***Archi***
Hier ist Joshuah, JXDE	***this is Joshuah, JXDE***
Ich sehe Sie recht voraus	***I see you dead ahead***
Ich werde ausweichen	***I give way***
Gute Reise	***have a good sail***
Over	***Over***

Ein unbekannter Frachter, nördlich Tonne DW68 wird angerufen, Kanal 16:

Frachtschiff nördlich der Tonne DW68/	***cargo vessel north of buoy DW68/***
Frachtschiff ... *(3x)*	***cargo vessel ...*** *(3x)*
Hier ist Sanuk/Sanuk/Sanuk	***this is Sanuk/Sanuk/Sanuk***
(Rufzeichen) ***AZ 90 03***	*(call sign)* ***AZ 90 03***
die Segelyacht 2 Meilen	***the sailing yacht 2 miles***
an querab	***abeam of you***
Kanal 72	***channel seven-two***
Over	***Over***

Der Frachter antwortet umgehend:

AZ 90 03	***AZ 90 03***
Hier ist Freedom/Freedom,	***this is freedom/freedom,***
(Rufzeichen) ***FAKT***	*(call sign)* ***FAKT***
Benutzen Sie bitte Kanal 06	***please change to channel zero-six***
Over	***Over***

Beide Funkstellen schalten nun auf Kanal 06 um, *Sanuk* antwortet:

Freedom hier ist AZ 90 03	***Freedom this is AZ 90 03***
Wie ist mein Schiff auf Ihrem Radarschirm zu sehen?	***how can you locate my ship on your radar screen?***
Over	***Over***

Der Frachter antwortet:

Das Echo ist schwach	***the echo is poor***
Over	***Over***

9.3.4 Anruf bei einem Hafen (z. B. auf Kanal 18):

Marmaris Port/ ... *(3x)*	***Marmaris port/ ...*** *(3x),*
Hier ist Sanuk/Sanuk/Sanuk	***this is Sanuk/Sanuk/Sanuk***
(Rufzeichen) ***AZ 90 03***	*(call sign)* ***AZ 90 03***
Ich benötige einen Liegeplatz	***I require a berth***
Länge über alles: 13 Meter	***length overall one-three meters***
Tiefgang: 2,5 Meter	***draught two point five meters***
Over	***Over***

9.3.5 Sicherheitsverkehr

Sicherheitsmeldungen werden durch ***Sécurité/Sécurité/Sécurité*** eingeleitet, auf Kanal 16 bzw. 2182 kHz angekündigt und auf einem Arbeitskanal durchgeführt.

Ankündigung auf Kanal 16 (bzw. 2182 kHz):

Sécurité/Sécurité/Sécurité	***Sécurité/Sécurité/Sécurité***
An alle Funkstellen/ ... *(3x)*	***all ships/ all ships/ all ships***
Hier ist Archi/Archi/Archi,	***this is Archi/Archi/Archi***
(Rufzeichen) ***DE 26 03***	*(call sign)* ***DE 26 03***
Ich schalte um auf Kanal 08	***change to channel zero-eight***
Over	***Over***

Die Durchsage der Sicherheitsmeldung erfolgt nun auf Kanal 08:

Sécurité/Sécurité/Sécurité	***Sécurité/Sécurité/Sécurité***
An alle Funkstellen/ ... *(3x)*	***all ships/ all ships/ all ships***
Hier ist Archi/Archi/Archi,	***this is Archi/Archi/Archi***
(Rufzeichen) ***DE 26 03***	*(call sign)* ***DE 26 03***
Ein treibender Container gesichtet auf 44°16'N 012°47'E	***a drifting container sighted in position 44°16'N 012°47'E***
Gefahr für die Schifffahrt	***danger for navigation***
Ich schalte zurück auf Kanal 16	***back to channel one-six***
Over	***Over***

Kurze Sicherheitsmeldungen dürfen auf Kanal 16 bzw. 2182 kHz auch verbreitet werden, wenn es wichtig ist, dass alle Schiffe in Reichweite die Meldung erhalten.

❒ ***Folgende Sicherheitsmeldung darf auch auf Kanal 16 abgegeben werden:***

Sécurité/Sécurité/Sécurité	***Sécurité/Sécurité/Sécurité***
An alle Funkstellen/ ... *(3x)*	***all ships/ all ships/ all ships***
Hier ist Archi/Archi/Archi,	***this is Archi/Archi/Archi***
(Rufzeichen) ***DE 26 03***	*(call sign)* ***DE 26 03***
Segelyacht ohne Radaranlage in dichtem Nebel auf Position 44°16'N 012°47'E	***sailing yacht without radar in dense fog in position 44°16'N 012°47'E***
Kurs 056°, Fahrt 5 Knoten	***course 056°, speed 5 knots***
Fahren Sie vorsichtig	***navigate with caution***
Over	***Over***

❒ ***Sicherheitsmeldung an eine KüFuSt (Verfahren beachten):***

Sécurité/Sécurité/Sécurité	***Sécurité/Sécurité/Sécurité***
Rijeka Radio/Rijeka Radio/Rijeka Radio	***Rijeka Radio/Rijeka Radio/Rijeka Radio***
Hier ist Archi/Archi/Archi,	***this is Archi/Archi/Archi***
(Rufzeichen) ***DE 26 03***	*(call sign)* ***DE 26 03***
Ich habe eine Sicherheitsmeldung	***I have a safety message***
Over	***Over***

Die KüFuSt antwortet:

Archi, DE 26 03	***Archi, DE 26 03***
Ich bin empfangsbereit	***I am ready to receive***
Bitte Ihre Sicherheitsmeldung	***proceed with message***

Archi gibt nun die Sicherheitsmeldung durch:

Tonne 4 ist verlöscht auf 44°16'N 012°47'E	***buoy four is unlit on position 44°16'N 012°47'E***
Over	***Over***

9.3.6 Dringlichkeitsverkehr

Eine Dringlichkeitsmeldung ist berechtigt bei Gefahr für Mannschaft ODER Schiff. Sie wird durch ***Pan Pan/Pan Pan/Pan Pan*** eingeleitet und einmalig auf Kanal 16 bzw. 2182 kHz abgegeben. Eine längere Meldung oder eine Anfrage um ärztlichen Ratschlag *(Medico Call)* wird auf Kanal 16 bzw. 2182 kHz nur angekündigt und auf einem Arbeitskanal durchgeführt. Ein Dringlichkeitsruf darf auch in Notrufpausen angekündigt werden.

Pan Pan/Pan Pan/Pan Pan	***Pan Pan/Pan Pan/Pan Pan***
An alle Funkstellen/ ... *(3x)*	***all ships/ all ships/ all ships***
Hier ist Archi/Archi/Archi,	***this is Archi/Archi/Archi***
(Rufzeichen) ***DE 26 03***	*(call sign)* ***DE 26 03***
13 Meter langes Motorschiff,	***13 meter motor cruiser,***
3 Meilen nördlich Tonne 07	***3 miles north from buoy 07***
Maschine ist ausgefallen,	***engine broken down,***
Schiff treibt auf die Küste zu,	***vessel is drifting towards shore,***
Schlepphilfe dringend erbeten	***tug assistance urgently requested***
Arbeitskanal 72	***working channel seven-two***
Over	***Over***

Beide Funkstellen schalten auf Kanal 72 um; der Funkverkehr wird fortgeführt:

Pan Pan/Pan Pan/Pan Pan	***Pan Pan/Pan Pan/Pan Pan***
Archi DE 26 03	***Archi DE 26 03***
Hier ist Slip Away AW 16 26	***this is Slip Away AW 16 26***
Meine Position ist:	***My position is:***
8 Meilen nordöstlich Tonne 07	***8 miles northeast from buoy 07***
Ich komme Ihnen zu Hilfe	***I am coming to your assistance***
Ankunftszeit in 15 Minuten	***time enroute one-five minutes***
Zünden Sie eine weiße Rakete	***please fire a white rocket***
Ich nehme eine Peilung	***I take a bearing***
Ankunftszeit: 1524 UTC	***time of arrival: 1524 Z***
Over	***Over***

❒ ***Dringende Bitte um funkärztliche Beratung:***

Pan Pan/Pan Pan/Pan Pan	***Pan Pan/Pan Pan/Pan Pan***
Rijeka Radio/Rijeka Radio/Rijeka Radio	***Rijeka Radio/Rijeka Radio/Rijeka Radio***
Hier ist Archi/Archi/Archi,	***this is Archi/Archi/Archi***
(Rufzeichen) ***DE 26 03***	*(call sign)* ***DE 26 03***
Erbitte dringende funkärztliche Beratung	***request urgently radiomedical assistance***
Over	***Over***

▸ *Formblatt bzw. Druckvorlage für die eigentliche funkärztliche Beratung (unbedingt vorher ausfüllen)!*

❒ ***Dringlichkeitsmeldung während eines Notverkehrs:***

Nur in besonderen Fällen, wenn der Notverkehr nicht gestört wird – kurz halten:

Pan Pan, hier ist Archi	***Pan Pan, this is Archi***
Kanal 06	***channel zero-six***
Over	***Over***

9.3.7 Notverkehr

Der Notverkehr wird komplett auf Kanal 16 bzw. 2182 kHz abgewickelt, wenn ernste und unmittelbare Gefahr für Schiff UND Mannschaft besteht und sofortige Hilfe benötigt wird. Der Notanruf wird durch ***Mayday/Mayday/Mayday*** eingeleitet. Auf GW wird dem Notanruf das Telefonie-Alarmzeichen 30 bis 60 s vorangesetzt und am Ende der Notmeldung vor dem Schiffsnamen und dem Rufzeichen der Träger gesendet, damit unsere Position gepeilt werden kann.

Jeder Schiffsführer, der auf See davon Kenntnis erhält, dass sich Menschen in Seenot befinden, ist verpflichtet, ihnen schnellstmöglich zu Hilfe zu kommen und wenn möglich ihnen das auch mitzuteilen.

Schiffe müssen in Kenntnis eines Notverkehrs diesen so lange beobachten, bis sicher ist, dass fremde Hilfe geleistet wird und die eigene Hilfeleistung nicht (mehr) erforderlich ist.

Jede Leitfunkstelle (meist eine KüFuSt) ist in einem Notfall weisungsberechtigt; ihren Anweisungen ist Folge zu leisten.

Der Notverkehr ist im Nahbereich auf UKW-Kanal 16 abzuwickeln (Teilnahme von Handsprechfunkgeräten).

Notrufe haben unbedingten Vorrang vor jedem anderen Funkverkehr, müssen vom Schiffsführer angeordnet werden und dürfen notfalls auch von Personen ohne Funkerzeugnis gesendet werden.

Allgemeiner Aufbau von Notanruf und Notmeldung	
Mayday/Mayday/Mayday	Seefunknotzeichen 3x
Hier ist …/…/…, …	Schiffsname 3x, Rufzeichen 1x
Mayday, …, …	Mayday, Schiffsname, Rufzeichen
Notposition …N, …E	Notposition
Ich wiederhole	wenn möglich in Ziffern
…°…' Nord, …°…' Ost	wiederholen, langsam sprechen
Notfallzeit … UTC	Notfallzeit
wiederhole …-…-…-…	wenn möglich in Ziffern wiederholen
....	genaue Beschreibung des Nofalls
....	Angaben über die Crew
....	Rettungsinsel verfügbar?
	(Peilzeichen nur auf GW 2182 kHz)
…/…	Schiffsname/Rufzeichen (je 1x)
Over	Over

❐ *Abgabe einer Notmeldung auf Kanal 16:*

Mayday/Mayday/Mayday	***Mayday/Mayday/Mayday***
Hier ist Archi/Archi/Archi	***this is Archi/Archi/Archi***
(Rufzeichen) ***DE 26 03***	*(call sign)* ***DE 26 03***
Mayday Archi, DE 26 03	***Mayday Archi, DE 26 03***
Notposition	***distress position***
44 Grad 08 Minuten Nord	***44 degrees 08 minutes north***
007 Grad 43 Minuten Ost	***007 degrees 43 minutes east***
Ich wiederhole	***I repeat***
vier-vier null-acht Nord	***four-four zero-eight north***
null-null-sieben vier-drei Ost	***zero-zero-seven four-three east***
Notfallzeit 1200 UTC	***distress time 1200 Z***
Ich wiederhole eins-zwei null-null	***I repeat one-two zero-zero***
schwerer Wassereinbruch, Schiff sinkt	***severe flooding, vessel is sinking***
4 Mann an Bord	***4 persons on board***
keine Verletzten	***no persons injured***
Rettungsinsel nicht verfügbar	***life raft not available***
Archi, DE 26 03	***Archi, DE 26 03***
Over	***Over***

❐ ***Bestätigung einer Notmeldung auf Kanal 16:***

Mayday	***Mayday***
Archi/Archi/Archi	***Archi/Archi/Archi***
Hier ist Slip Away/ *... (3x)*	***this is Slip Away/*** *... (3x)*
AW 16 26	***AW 16 26***
Erhalten Mayday	***received Mayday***
Over	***Over***

❐ ***Notmeldung weiterverbreiten:***

Mayday Relay/ *... (3x)*	***Mayday Relay/*** *... (3x)*
Hier ist Slip Away/Slip Away/Slip Away,	***this is Slip Away/Slip Away/Slip Away,***
(Rufzeichen) ***AW 16 26***	*(call sign)* ***AW 16 26***
Ich buchstabiere Slip Away Sierra ...	***I spell the ship's name sierra ....***
Ich habe eine Notmeldung um 1200 UTC auf UKW-Kanal 16 empfangen	***I received a distress message at 1200 Z on channel 16***
Mayday Archi, DE 26 03	***Mayday Archi, DE 26 03***
Notposition	***distress position***
44 Grad 08 Minuten Nord	***44 degrees 08 minutes north***
007 Grad 43 Minuten Ost	***007 degrees 43 minutes east***
Ich wiederhole	***I repeat***
vier-vier null-acht Nord	***four-four zero-eight north***
null-null-sieben vier-drei Ost	***zero-zero-seven four-three east***

Notfallzeit 1200 UTC	***distress time 1200 Z***
Ich wiederhole eins-zwei null-null	***I repeat one-two zero-zero***
schwerer Wassereinbruch, Schiff sinkt	***severe flooding, vessel is sinking***
4 Mann an Bord	***4 persons on board***
keine Verletzten	***no persons injured***
Rettungsinsel nicht verfügbar	***life raft not available***
Ende der Notmeldung	***End of distress message***
Over	***Over***

❒ ***Anderes Beispiel der Verbreitung einer Notmeldung:***

Mayday Relay/ *... (3x)*	***Mayday Relay/*** *... (3x)*
Hier ist Slip Away/Slip Away/Slip Away,	***this is Slip Away/Slip Away/Slip Away,***
(Rufzeichen) ***AW 16 26***	*(call sign)* ***AW 16 26***
Ich beobachtete um 1530 UTC auf	***I observe at 1530 Z in***
Position 3 Meilen westlich der Tonne 18	***position 3 miles west of buoy 18***
ein Motorboot mit blauem Rumpf	***a motor vessel with blue hull***
kieloben treibend	***adrift bottom up***
Over	***Over***

❒ ***Der Havarist oder die Leitfunkstelle auferlegen völlige Funkstille:***

Stören andere Schiffe den Notverkehr, auferlegt der Havarist (oder die Leitfunkstelle) die Funkstille wie folgt:

An alle Funkstellen	***to all ships***
Silence Mayday	***Silence Mayday***

❒ ***Notverkehr beenden:***

Mayday Mayday	***Mayday Mayday***
An alle Funkstellen/ *... (3x)*	***all stations/*** *... (3x)*
Hier ist Rijeka Radio/ *... (3x)*	***this is Rijeka Radio/*** *... (3x)*
1620 UTC Archi, AW 16 26	***1620 Z Archi AW 16 26***
Silence fini	***silence fini***

Ist vor Beendigung des Notverkehrs die Funkstille nicht mehr erforderlich, sendet die Leitfunkstelle nach obigem Schema:

Prudence	***Prudence***

9.4 *SEEFUNKSYSTEM GMDSS*

Das **GMDSS** *(**G**lobal **M**aritime **D**istress and **S**afety **S**ystem)* vereinheitlicht weltweit Systeme und Frequenzen. Es ist in erster Linie ein System zur schnellen und effizienten Alarmierung in Not-, Dringlichkeits- und Sicherheitsfällen. Wichtige nautische Informationen (Warnungen, Wetterberichte usw.) können nun „schriftlich" und weltweit der Schifffahrt zur Verfügung gestellt werden.

Nach mehrjährigem Parallelbetrieb musste am 01.02.1999 die Berufsschifffahrt auf GMDSS umgestellt haben. Die Hörwachpflicht wurde nach einer Übergangsfrist bis 01.02.2005 verlängert; damit sinken die Chancen, dass ein Notruf auf Kanal 16 bzw. 2182 kHz auch gehört wird, beträchtlich.

Eine wesentliche Komponente des GMDSS ist der **DSC** *(**D**igital **S**elective **C**alling)*. Mithilfe des DSC sendet der jeweilige Sender durch Aktivierung der entsprechenden Tasten selbsttätig Notrufe (keine Empfangsprobleme, keine unverständlichen Notrufe). Die Art des Notfalls kann eingegeben werden. Positionsangaben werden bei angeschlossenem GPS-Empfänger automatisch übertragen. Ein DSC-Gerät reagiert auf Seenot-, Dringlichkeits- oder Sicherheitsrufe oder wenn der Ruf die **MMSI** *(**M**aritime **M**obile **S**ervice **I**dentification)* des Empfängers enthält. Die MMSI – sie besteht aus neun Ziffern – ist die individuelle Kennung des Gerätes.

Im GMDSS sind vier Seegebiete (Zonen) mit entsprechender Ausrüstungspflicht definiert: A1 – von der zuständigen Verwaltung festgelegtes Gebiet innerhalb der Sprechfunkreichweite von Küstenfunkstellen, die ununterbrochen für DSC-Alarmierung auf UKW zur Verfügung steht; A2 – Gebiete außerhalb A1, die mit GW und DSC für die Notfallversorgung permanent versorgt sind (ca. 200 sm); A3 – Gebiete zwischen 70°N und 70°S außerhalb A1 und A2, die mit Inmarsat versorgt sind; A4 – Gebiete, die nicht mit Inmarsat versorgt sind (Polkappen).

Die Alarmierung erfolgt bei DSC auf dem Kanal 70 (bei UKW), der damit die Rolle des Kanals 16 im Sprechfunk übernimmt. Kanal 70 darf ausschließlich für DSC verwendet werden. Nach dem Aufbau der Verbindung wird der Funkverkehr weiterhin nach den Sprechfunkregeln abgewickelt.

9.4.1 *Systemkomponenten*

Das GMDSS wird in ein terrestrisches und ein Raumsegment gegliedert. Zum terrestrischen Segment gehören UKW mit DSC, GW/KW mit DSC, NAVTEX und SART. Das Raumsegment decken INMARSAT- und COSPAS/SARSAT-Satelliten ab.

- **DSC** *(**D**igital **S**elective **C**alling)* ist das automatische Alarmierungs- und Anrufverfahren *(siehe oben)*. Je nach Verwendungszweck gibt es bei UKW-Funkgeräten drei DSC-Klassen: ***A*** (alle Funktionen ohne Einschränkung), ***D*** (eingeschränkte Funktionen) bzw. ***F*** (nur Not-, Dringlichkeits- und Sicherheitsfunktionen, aktiv und passiv).

- **SART** *(**S**earch **A**nd **R**escue **T**ransponder)* sind Radartransponder, die charakteristische Signale aussenden (X-Band, 9 GHz), wenn sie von einem Radarsignal getroffen werden. Bei einer Entfernung vom SART von weniger als 0,2 sm erscheinen zwölf Vollkreise am Radarmonitor, bei etwa 1 sm ein Kreissegment und bei mehr als 2 sm eine Linie aus zwölf Punkten in Richtung des SART. Ein SART wird manuell oder automatisch (durch Wasserkontakt) ausgelöst.
- **EPIRB**s *(**E**mergency **P**osition **I**ndicating **R**adio **B**eacon)* sind positionsgebende Seenotfunkbaken, also Bojen, die bei manueller oder automatischer Auslösung durch Wasserkontakt auf 121,5 bzw. 406 MHz (COSPAS/SARSAT-System) Notsignale aussenden.

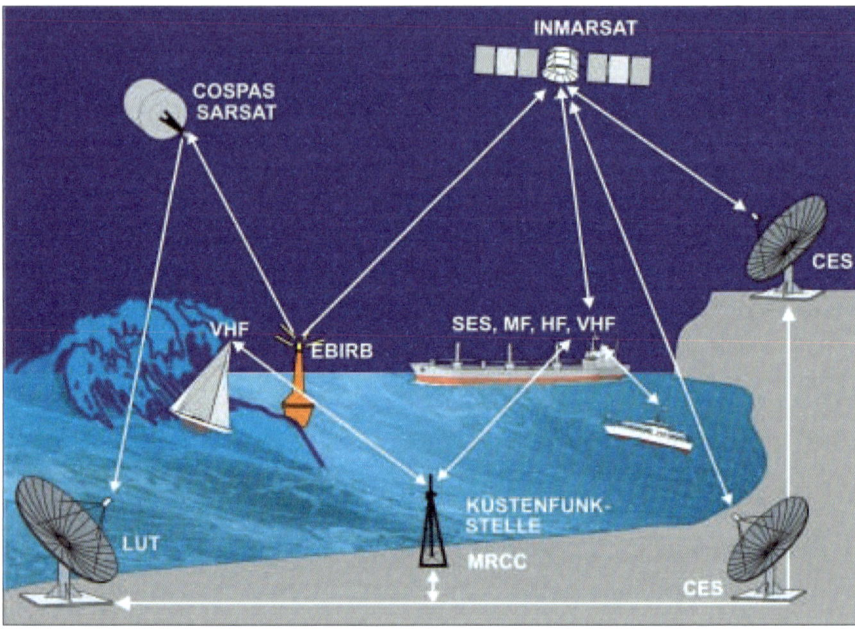

- **COSPAS/SARSAT** arbeitet mit polumlaufenden Satelliten und deckt die gesamte Erde ab. Die Positionsbestimmung kann weniger genau und die Alarmierungszeit etwas länger sein als bei der 2006 außer Betrieb gesetzten INMARSAT-EPIRB.

  Die ältere Version der COSPAS-SARSAT-EPIRBs arbeitet auf der Flugfunknotfrequenz 121,5 MHz. Die Unterstützung des COSPAS/SARSAT-Systems für die Frequenz wurde am 1. Februar 2009 eingestellt. Die Frequenz 121,5 MHz dient nur noch zur Ortung durch Flugzeuge.

  Die neuere Version arbeitet sowohl auf 406 MHz wie auf 121,5 MHz und überträgt auch die Schiffsdaten. Die Positionsbestimmung ist in 90 % der Fälle genauer als 5 km. Die Alarmierungszeit beträgt im Durchschnitt weniger als zwei Stunden, im ungünstigsten Fall bis zu sechs Stunden.

9.4.2 Auswirkungen des GMDSS

- Das bisherige offene Sprachanrufverfahren entfällt mit dem DSC (sowohl für UKW als auch für GW und KW).
- Die Hörwache auf Kanal 16 entfällt. Der DSC-Controller überwacht den UKW-Kanal 70 und kündigt alle Anrufe für das betreffende Schiff (sowie einen Ruf an alle Schiffe) optisch und akustisch an.
- Der DSC-Controller kann das Funkgerät so steuern, dass nur mehr der Hörer abzunehmen ist, der Arbeitskanal wird automatisch eingestellt.
- Die automatische Aussendung eines Notrufs mit dem DSC-Controller erfolgt über eine Alarmtaste.
- Für die Teilnahme am GMDSS und Bedienung des DSC ist ein entsprechendes Funkerzeugnis erforderlich.
- Küstenfunkstellen senden Warn- und Sicherheitsmeldungen sowie Wetterberichte im GMDSS in Küstennähe im UKW-Sprechfunk, über NAVTEX bis zu einer Entfernung von etwa 400 sm und weltweit über Inmarsat.

9.4.3 UKW-Funkverkehr mit DSC-Controller

❒ ***Empfang einer Meldung:***

- Jede Meldung wird optisch und akustisch angezeigt.
- Eine Empfangsbestätigung (wenn nötig) sendet der DSC-Controller automatisch.
- Der vom Anrufer vorgeschlagene Arbeitskanal kann vom Funkgerät automatisch eingestellt werden.
- Ohne Einstellungen kann die Meldung gehört werden. Zur Beantwortung wird lediglich der Hörer abgenommen.
- Der DSC-Controller zeigt Kategorie, Rang, Ruftyp, Kanal und die MMSI der rufenden Funkstelle an.

❒ ***Senden einer Meldung:***

- DSC-Controller einstellen
- eingestellten DSC-Ruf senden
- alle am Funkverkehr beteiligten Funkgeräte können automatisch auf den im DSC-Controller enthaltenen Arbeitskanal eingestellt werden
- Hörer abnehmen und wie bisher senden (eigene MMSI hinzufügen)

STANDARDMENÜ			**NOTFALLMENÜ**	
1. Kategorie			undesignated distress	Notfall ohne genauere Angabe
Routine	Shipmaster		fire	Feuer an Bord
Sicherheit	Dringlichkeit		sinking	Schiff sinkt
Not			grounding	Strandung
2. Betriebsart			flooding	Wassereinbruch
Sprechfunk	Fax	Datenübertragung	collision	Kollision
3. Ruftyp			listing in	Schlagseite mit
MMSI:			danger of capsizing	Kentergefahr
an alle Funkstellen			abandoning ship	Schiff wird verlassen
Notalarm-Verbreitung			disabled and adrift	manövrierunfähig treibend
Kanal (wenn nicht Alarm)			ALARM	

Funkgerät IC-M 601 der Firma Icom

9.4.4 DSC-Notalarm

Jeder empfangene DSC-Notalarm wird automatisch gespeichert; gleichzeitig werden alle Funkgeräte auf Kanal 16 eingestellt.

Durch Betätigen der Alarmtaste wird automatisch ein DSC-Notalarm mit folgenden Daten gesendet:

- **MMSI** des Notfallgerätes
- **Notfallzeit** in UTC
- zuletzt eingegebene **Position** oder aktuelle Position, wenn ein GPS-Empfänger angeschlossen ist
- **undesignated distress** (Notfall ohne genauere Angabe)

9.4.5 DSC-Schiff-zu-Schiff-Verkehr

- DSC-Controller einstellen unter **Standardmenü – Routine/Sprechfunk**/MMSI **333 178 094**/Kanal **73**
- eingegebenen Ruf senden
- DSC-Empfangsbestätigung abwarten
- beide Funkgeräte werden automatisch auf Kanal 73 eingestellt (bei Steuerung durch den DSC-Controller)
- Hörer abnehmen, Schiff wie folgt anrufen:

333 178 094	***333 178 094***
Hier ist 212 212 724	***this is 212 212 724***
Ich rufe Sie an wegen …	***I call you for …***

Statt der MMSI können auch Schiffsname und Rufzeichen durchgesagt werden.

Erhält die rufende Funkstelle keine Empfangsbestätigung, darf der nächste Ruf frühestens nach 5 Minuten erfolgen, jeder weitere Versuch nach jeweils 15 Minuten.

9.4.6 DSC-Anmeldung eines Telefongesprächs

- DSC-Controller einstellen unter **Standardmenü – Routine/Sprechfunk**/MMSI **003 331 780**/kein Arbeitskanal möglich; dieser wird von der KüFuSt mit der Empfangsbestätigung übermittelt
- eingegebenen Ruf senden
- DSC-Empfangsbestätigung der KüFuSt abwarten (der Arbeitskanal wird von der KüFuSt eingestellt)
- Hörer abnehmen, Küstenfunkstelle wie folgt anrufen:

Rijeka Radio	***Rijeka Radio***
Hier ist 212 212 724	***this is 212 212 724***
Archi/Archi/Archi, DE 26 03	***Archi/Archi/Archi, DE 26 03***
Bitte ein Gespräch	***I have a telephone call***
Over	***Over***

9.4.7 DSC-Sicherheitsmeldung (an alle Funkstellen)

- DSC-Controller einstellen unter **Standardmenü – Sicherheit/Sprechfunk/An alle FuSt**/Kanal **16** auswählen
- eingegebenen Sicherheitsruf senden
- alle Funkgeräte werden automatisch auf Kanal 16 eingestellt
- Hörer abnehmen, Sicherheitsmeldung wie folgt abgeben:

Sécurité/Sécurité/Sécurité	***Sécurité/Sécurité/Sécurité***
***An alle Funkstellen/** … (3x)*	***all ships/all ships/all ships***

Archi, DE 26 03	***Archi, DE 26 03***
Ein treibendes Netz 300 m lang	***a net adrift length 300 meters***
gesichtet auf Position 45°17'N	***sighted in position 45°17'N***
009°43'E	***009°43'E***
Gefahr für die Schifffahrt	***danger for navigation***
Over	***Over***

9.4.8 DSC-Sicherheitsmeldung (an eine Küstenfunkstelle)

- DSC-Controller einstellen unter **Standardmenü – Sicherheit/Sprechfunk**/MMSI **003 331 780**/kein Arbeitskanal möglich; dieser wird von der KüFuSt mit der Empfangsbestätigung übermittelt
- eingegebenen Sicherheitsruf senden
- DSC-Empfangsbestätigung der KüFuSt abwarten (der Arbeitskanal wird von der KüFuSt eingestellt)
- Hörer abnehmen, eigentliche Sicherheitsmeldung wie folgt abgeben:

Sécurité/Sécurité/Sécurité	***Sécurité/Sécurité/Sécurité***
Rijeka Radio/Rijeka Radio/Rijeka Radio	***Rijeka Radio/Rijeka Radio/Rijeka Radio***
Hier ist MMSI 212 212 724 *... (3x),*	***this is MMSI 212 212 724*** *... (3x)*
Archi, DE 26 03	***Archi, DE 26 03***
Ein treibendes Netz 300 m lang	***a net adrift length 300 meters***
gesichtet auf Position 45°17'N	***sighted in position 45°17'N***
009°43'E	***009°43'E***
Gefahr für die Schifffahrt	***danger for navigation***
Over	***Over***

9.4.9 DSC-Dringlichkeitsmeldung (an alle Funkstellen)

- DSC-Controller einstellen unter **Standardmenü – Dringlichkeit/Sprechfunk/An alle FuSt**/Kanal **16** auswählen
- eingegebenen Dringlichkeitsruf senden
- alle Funkgeräte werden automatisch auf Kanal 16 eingestellt
- Hörer abnehmen, eigentliche Sicherheitsmeldung wie folgt abgeben:

Pan Pan/Pan Pan/Pan Pan	***Pan Pan/Pan Pan/Pan Pan***
An alle Funkstellen/ *... (3x)*	***all ships/all ships/all ships***
Hier ist MMSI 212 212 724 *... (3x)*	***this is MMSI 212 212 724*** *... (3x)*
Archi, DE 26 03	***Archi, DE 26 03***
Position 45°17'N 009°43'E	***position 45°17'N 009°43'E***
Maschine ist ausgefallen	***engine broken down***
Erbitte dringend Schlepphilfe	***tug assistance urgently requested***
Over	***Over***

9.4.10 Empfang einer DSC-Meldung

Not-, Sicherheits- und Dringlichkeitsmeldungen werden mit einem typischen Signalton angekündigt. Im Display des DSC-Contollers werden die **MMSI** der sendenden Funkstelle, der **Arbeitskanal** sowie die Meldungen **all ships** und **urgency** bzw. **safety** angezeigt. Der Arbeitskanal ist automatisch eingestellt. Die Meldung muss gehört und sollte notiert werden. Eine Dringlichkeits- oder Sicherheitsmeldung an **all ships** darf über DSC nicht bestätigt werden (sollte eine Bestätigung verlangt werden, dann nur im Sprechfunk).

9.4.11 DSC-Widerruf einer Dringlichkeitsmeldung

Eine DSC-Dringlichkeitsmeldung, die andere Funkstellen zu bestimmten Maßnahmen veranlasst, muss wie folgt widerrufen werden, wenn sie nicht mehr nötig ist:

- **Sprechfunk/An alle FuSt**/Kanal **16** auswählen
- eingegebenen Dringlichkeitsruf senden
- alle Funkgeräte werden automatisch auf Kanal 16 eingestellt
- Hörer abnehmen, Meldung wie folgt abgeben:

An alle Funkstellen/ ... *(3x)*	***all ships/all ships/all ships***
Hier ist MMSI 212 212 724,	***this is MMSI 212 212 724***
Archi, DE 26 03	***Archi, DE 26 03***
Die Dringlichkeitsmeldung von	***urgency message of***
1720 UTC ist aufgehoben	***1720 Z is cancelled***
Over	***Over***

9.4.12 DSC-Notalarm auslösen (auf UKW)

Das Drücken des Notalarm-Knopfes bewirkt die folgenden Einstellungen am DSC-Controller:

- **Standardmenü – Not/Sprechfunk/An alle FuSt/Kanal 16/Notfallmenü – undesignated distress**
- ALARM
- den Notalarm senden (Sendetaste drücken)

Wird der DSC-Notalarm empfangen, ertönt ein Alarmsignal, das Funkgerät wird automatisch auf Kanal 16 eingestellt, und am Display erscheint folgende Anzeige:

ship in distress: 212 212 724	***Schiff in Not: 212 212 724***
phone; simplex; channel 16	***Sprechfunk; simplex; Kanal 16***
undesignated distress	***Notfall „ohne genauere Angabe"***
call received: 03 jul 1999 15:58:14	***Ruf empfangen: 3. Juli 1999, 15:58:14***
distress position: 43-07 N; 008-13 E	***Notfallposition: 43-07 N; 008-13 E***
distress time: 15:58	***Notfallzeit: 15:58***

Vor dem Drücken der Sendetaste kann im Notfallmenü „undesignated distress" durch die tatsächliche Spezifikation des Notfalls ersetzt werden.

9.4.13 *Empfang eines DSC-Notalarms (auf UKW)*

- Der DSC-Controller sendet den Alarm automatisch alle 3 bis 5 min, bis der Alarm ausgeschaltet wird, der Alarm bestätigt wird (darf nur durch eine Küstenfunkstelle erfolgen) oder die Stromversorgung zusammenbricht.
- Schiffe müssen einen Notruf nur im Sprechfunk auf Kanal 16 bestätigen. In küstennahen Gebieten, mit sicherer Verbindung zu einer KüFuSt mit der Empfangsbestätigung warten, bis die KüFuSt den Empfang bestätigt hat.
- Die Leitfunkstelle ***OSC*** *(On Scene Commander)* wird von der Rettungsleitstelle ***RCC*** *(Rescue Coordination Centre)* bestimmt.
- Ist die im DSC-Notalarm übermittelte Notfallzeit (nahezu) gleich der Empfangszeit des Alarms, ist die Notfallposition von einem GPS-Empfänger oder wurde unmittelbar vorher manuell eingegeben. Weichen die beiden Zeiten voneinander ab, muss die Notfallposition nicht mit der aktuellen Position übereinstimmen.

❒ **Empfangsbestätigung eines DSC-Notalarms (Kanal 16):**

Mayday	***Mayday***
Archi/Archi/Archi	***Archi/Archi/Archi***
Hier ist Slip Away/ *... (3x)*	***this is Slip Away/*** *... (3x)*
AW 16 26	***AW 16 26***
Erhalten Mayday	***received Mayday***
Over	***Over***

Der Havarist wird mit seinem Namen und Rufzeichen angerufen; das bestätigende Schiff nennt seinen Namen und sein Rufzeichen.

9.4.14 *DSC-Notalarmmeldung weiterverbreiten*

- Die Weiterverbreitung eines DSC-Notalarms erfolgt ausnahmslos über Sprechfunk ohne Verwendung des DSC; sie kann an alle Funkstellen oder an eine bestimmte Funkstelle, meist eine KüFuSt, gerichtet sein und enthält alle Daten des Notalarms.
- Die Weiterverbreitung eines fremden Notfalles muss von einem Schiff dann vorgenommen werden, wenn das in Not befindliche Schiff keinen Notalarm aussenden kann oder das nicht in Not befindliche Schiff der Meinung ist, dass zusätzliche Hilfe nötig ist.

❒ **Funkstille auferlegen:**

Nur der Havarist oder die Leitfunkstelle *OSC* dürfen mit **Silence Mayday** eine Funkstille auferlegen!

❒ **Notverkehr beenden:**

Die Beendigung der Funkstille wird mit **Silence fini** bekannt gegeben!

9.4.15 DSC-Fehlalarm (auf UKW)

Probeweises Aussenden eines DSC-Notalarms ist strikt untersagt!

Wird ein DSC-Notalarm irrtümlich ausgelöst, hat die sendende Funkstelle unverzüglich und mit allen zur Verfügung stehenden Mitteln die Küstenfunkstellen und Rettungsleitstellen davon zu unterrichten und zusätzlich auf Kanal 16 folgende Meldung abzugeben:

***An alle Funkstellen/** ... (3x)*	***all ships/** ... (3x)*
***Hier ist MMSI 212 212 724** ... (3x)*	***this is MMSI 212 212 724** ... (3x)*
Sleepy, DE 26 03	***Sleepy, DE 26 03***
Widerruf meines Notalarms von	***cancel my distress alert of***
1200 UTC	***1200 Z***
Master Sleepy DE 26 03	***Master Sleepy DE 26 03***
MMSI 212 212 724	***MMSI 212 212 724***
Out	***Out***

9.5 NAVTEX

NAVTEX *(Navigational **Text** Messages)* ist ein international standardisiertes Funkfernschreibsystem für die Verbreitung von Navigationswarnungen, insbesondere von Seewarn- und Sicherheitsmeldungen. NAVTEX ist somit Bestandteil des GMDSS. Ausrüstungspflichtige Schiffe müssen daher mit NAVTEX-Empfängern ausgerüstet sein. Neben den sogenannten „Maritime Security Informations (MSI)" – nautische Warnnachrichten, Seenot-, Such- und Rettungsmeldungen, Seezeichenveränderungen, Lotseninformationen usw. – werden Wind- und Sturmwarnungen sowie von einigen Küstenfunkstellen auch Seewetterberichte gesendet.

Die Aussendung erfolgt international auf 518 kHz in englischer Sprache und national auf 490 kHz in der Landessprache. Die Reichweite der Sender beträgt unter normalen Bedingungen etwa 200 sm. Aufgrund der begrenzten Reichweite deckt ein Netz von Küstenfunkstellen jeweils ein bestimmtes Seegebiet ab. Weltweit decken insgesamt 16 „Navareas" praktisch die gesamte Erdoberfläche ab. Die Daten von unterschiedlichen Quellen werden von Koordinatoren gesammelt und in standardisierter Form den „zuständigen" Sendern zur Verbreitung übermittelt.

Jede NAVTEX-Meldung beginnt mit einer vierstelligen Codegruppe (hinter dem Startcode ZCZC): Der erste Buchstabe steht für die Sendestation, der zweite für die Art der Meldung, dahinter folgt eine zweistellige Nummerierung der Nachricht. Damit können unerwünschte Meldungen (z. B. durch Überreichweite) unterdrückt werden. Die Sendungen erfolgen in einem festgelegten Zeitraster, benachbarte Stationen senden zeitversetzt.

Der Sender Pinneberg des DWD verbreitet neben den NAVTEX-Aussendungen zwei RTTY-Programme auf 147,3 kHz Langwelle und auf den Kurzwellenfrequenzen 4.583, 7.646 und 10.100,8 kHz in Englisch sowie auf 11.039 und 14.467,3 kHz in Deutsch.

Details und Sendezeiten findet man unter www.dwd.de. Die Aussendungen beinhalten ausführliche See- und Küstenwetterberichte für die Nord- und Ostsee, das Mittelmeer, die Kanarischen Inseln und den Nordost-Atlantik mit einem Vorhersagezeitraum von bis zu fünf Tagen einschließlich aktueller Wetterwarnungen.

Für den Empfang von NAVTEX-Meldungen ist ein geeigneter Empfänger erforderlich. Dieser sollte beide NAVTEX-Frequenzen 518 kHz und 490 kHz unterstützen. Die Auswahl reicht von eigenständigen Empfangsgeräten mit integriertem Display und/oder Drucker bis zu NAVTEX-Antennen mit integrierter Empfangselektronik zum Anschluss an einen PC oder Laptop mit entsprechender Software. Eine weitere Variante stellen SSB-Empfänger mit entsprechenden Decodern dar.

Beispiele von NAVTEX-Meldungen:

131400 UTC SEP=	13. September, 14.00 Uhr UTC=
KIEL RADIO=	KIEL RADIO=
NAVIGATIONAL WARNING	Warnung für die Schifffahrt
KIEL HARBOUR	Kiel Hafen
PSN 52 13 N 003 02 E	Position 52°13'N 003°02'E
UPPER LEADING LIGHT	Oberes Richtfeuer
REPORTED UNLIT+	verlöscht gemeldet+

140844 UTC OCT=	14. Oktober 08.44 Uhr UTC=
NAV WARN 211/99=	Warnung für die Schifffahrt 211/99=
PSN 52 13 N 003 02 E	Position 52°13'N 003°02'E
ANSIS WATCH BUOY 3	Ansis Markierungsboje 3
REPORTED MISSING	vertrieben gemeldet
SHIPPING IS REQUESTED	die Schifffahrt wird gebeten,
TO REPORT SIGHTING TO	das Sichten zu melden an die
SCHELDT PILOTAGE+	Lotsenstation Scheldt+

NAVAREA TWO 180=	Schifffahrtsgebiet zwei 180=
SATNAV.GPS.	Satnav/GPS
SATELLITE QSA 7	der Satellit QSA 7
WILL BE UNUSUABLE	wird nicht verfügbar sein
BETWEEN 231430 UTC	zwischen 23. Juni, 14.30 Uhr UTC
AND 241200 UTC JUN	und 24. Juni 12.00 Uhr UTC
CANCEL THIS MESSAGE	lösche diese Meldung
AT 241300 UTC JUN+	am 24. Juni, 13.00 Uhr UTC+

140844 UTC OCT=	14. Oktober 08.44 Uhr UTC=
KIEL RADIO=	Kiel Radio=
INFORMATION TO SHIPPING	Schifffahrtsinformation
119/99	119/99
EMCO ROUTE EAST GRINDER	Emco Route Ost Grinder
PSN 52 13 N 003 02 E	Position 52°13'N 003°02'E
STARTING ON 15/10/99	ab dem 15. Oktober 99
WEATHER PERMITTING	soweit das Wetter es zulässt

AS LONG AS NECESSARY	so lange wie notwendig
WORKS WILL BE CONDUCTED	werden Arbeiten ausgeführt
IN ABOVE POS.	auf obiger Position
AT THE SUPPORTING PILE	an der tragenden Säule
ON THE END OF THE SAND BANK	am Ende der Sandbank
EAST GRINDER	Ost Grinder
THE TUGBOAT FREEDOM AND	der Schlepper Freedom und
THE STATIONARY WORK	die stationäre Arbeits-
PLATFORM VANELDER	plattform Vanelder
ARE LISTENING ON	hören auf den
VHF CHANNELS 10 AND 12	UKW-Kanälen 10 und 12
THE AREA	das Gebiet
CENTERED ON THE ABOVE POS	um die obige Position
AND A RADIUS OF 1 NM	in einem Umkreis von 1 Seemeile
IS PROHIBITED TO SHIPPING+	ist für die Schifffahrt gesperrt+

NORTH ATLANTIC. ICE=	Nordatlantik Eis=
ICEBERG REPORTED	Eisberg gemeldet
IN 49 14 N 049 14 W	auf Position 49°14'N 049°14'W
AT 301400 UTC SEP+	am 30. September, 14.00 Uhr UTC+

BAHAMAS=	Bahamas=
OLD BAHAMA CHANNEL=	Große Bahamabank=
60 FEET M/V GIANT	60-Fuß-Motorschiff Giant
BLUE HULL	blauer Rumpf
EIGHT PERSONS ON BOARD	acht Personen an Bord
AT ANCHOR ABOUT 50 MILES	vor Anker ungefähr 50 Seemeilen
WEST OF SILVA ISLAND	westlich der Insel Silva
VESSEL IS REPORTED	über das Schiff wird gemeldet
DISABLED AND	manövrierunfähig und
TAKING ON WATER	macht Wasser
MAYBE WITH ILL CREWMEMBERS	mit eventuell kranken Crewmitgliedern
VESSEL IN VICINITY REQUESTED	Schiffe in der Nähe werden gebeten
TO MAINTAIN SHARP LOOKOUT	genau Ausschau zu halten
AND ASSIST IF POSSIBLE	und Hilfe zu leisten, wenn möglich
REPORTS TO COAST GUARD	Meldungen an die Küstenwache
MIAMI+	Miami+

PUERTO RICO=	Puerto Rico=
GUNNERY EXERCISES 0900 UTC TO 1500 UTC	Schießübungen von 09.00 Uhr UTC bis 15.00 UTC
COMMENCING DAILY	täglich beginnend
15 THRU 30 AUG	vom 15. bis 30. August
IN AREA BOUNDED	im begrenzten Gebiet von
19 11 N 066 14 W	19°11'N 066°14'W
19 15 N 066 18 W	19°15'N 066°18'W
18 07 N 065 32 W+	18°07'N 065°32'W+

10 NOTFÄLLE, MEDIZIN

10.1 STARKWIND, STURM

Obwohl Segeln im Sturm oder bei Starkwind nicht grundsätzlich einen Notfall darstellt, kann daraus sehr rasch eine Notfall-Situation entstehen. Sämtliche Überlegungen dazu können jedoch nur theoretischer Natur sein, da das Verhalten einer Yacht im Sturm von sehr vielen Parametern des Schiffes selbst (Konstruktion, Größe, Verdrängung, Takelung usw.) und naturgemäß auch von den jeweiligen äußeren Umständen – Wellenhöhe, Wellenlänge, Windgeschwindigkeit, Dauer des Sturms usw. – abhängt.

10.1.1 Vorbereitung

Die erste und beste Vorbereitung besteht darin, eine Törnroute vor Ort anhand aller zur Verfügung stehenden Wetterberichte so zu planen, dass unser Schiff gar nicht in einen Sturm gerät. Allenfalls ist sogar auf das Auslaufen zu verzichten.

Ist dies nicht möglich oder zeigen sich auf See die ersten Anzeichen eines Sturms, sollte versucht werden einen Schutzhafen anzulaufen, sofern dieser rasch erreicht werden kann. Ansonsten müssen freier Seeraum und tiefes Wasser gewonnen werden, um die Gefahr von Legerwall zu vermeiden und den steilen, brechenden Grundseen vor der Küste zu entgehen.

Am Schiff selbst wird an und unter Deck aufgeklart: lose Gegenstände verstauen oder festbinden, Sicherung aller Luken und Backskistendeckel, Niedergang mit Steckschot verschließen, Seeventile überprüfen, Bilge lenzen, Rettungsinsel und Seenotsignale klarmachen, rechtzeitig warme Kleidung und Ölzeug anziehen, Rettungswesten und Lifebelts anlegen – eventuell Strecktau(e) zum Einpicken der Lifebelts scheren – sowie heiße Getränke (Tee, Kaffee) und kräftige Suppen in Thermobehälter abfüllen.

Da bei Schwerwetter meist auch sehr schlechte Sicht herrscht, ist eine Ortsbestimmung nach Landmarken fast nie möglich. Vom letzten beobachteten Ort aus (Eintragung in Seekarte und Logbuch samt Uhrzeit) ist deshalb laufend mitzukoppeln.

10.1.2 Dem Sturm ausweichen

Nördlich des Äquators ist aufgrund seiner Zugrichtung die rechte (östliche) Seite eines Sturmtiefs die gefährlichere. Bei der Bestimmung eines Fluchtkurses ist die Nähe zum Land (oder einer Insel) und die Lage von Untiefen zu beachten. Wird zusätzlich der Motor eingesetzt, ist zu berücksichtigen, dass viele Motoren bei Krängung von mehr als 20° über einen längeren Zeitraum hindurch Probleme mit der Ölschmierung bekommen und es dadurch zu einem irreparablen Motorschaden kommen kann.

- Ist die Windrichtung annähernd gleichbleibend und nimmt die Windstärke zu, während der Luftdruck beständig fällt, befindet man sich genau in der Zugrichtung des Sturmtiefs. – Ein Fluchtkurs, bei dem der Wind etwa 160° von Steuerbord einfällt, bringt unser Schiff auf die harmlosere Seite des Sturmzentrums und am schnellsten weg von diesem.

- Dreht der Wind immer mehr nach rechts, befindet man sich auf der gefährlicheren Seite der Zugbahn des Sturmtiefs. – Der optimale Fluchtkurs verläuft so, dass der Wind etwa 45° von Steuerbord einfällt.
- Ist der Wind rückdrehend (er dreht immer mehr nach links), befindet man sich auf der harmloseren Seite der Zugbahn des Sturmzentrums. – Der optimale Fluchtkurs verläuft so, dass der Wind etwa 130° von Steuerbord einfällt.

10.1.3 Den Sturm abwettern

Dass rechtzeitig (d. h., wenn man das erste Mal daran denkt) und ausreichend gerefft wird, sollte selbstverständlich sein. Bei Kursen am Wind und auf Halbwindkursen wird üblicherweise die wahre Windstärke durch die Zunahme der Krängung und der Luvgierigkeit bzw. heftiges Rollen des Schiffes und das Getöse der an der Bordwand brechenden Wellen erkannt. Auf Vorwindkursen bei mitlaufenden Wellen wird jedoch der richtige Zeitpunkt zum Reffen oft übersehen.

❐ *Gegenanlaufen*

Eine oftmals erfolgreiche Sturmtaktik für (leichtere) Kurzkieler ist das Segeln gegenan unter Sturmfock oder mit stark eingerollten Segeln bei Rollreffanlagen. Wesentlich dabei ist, so viel Fahrt (etwa 5 kn) zu machen, dass das Schiff immer Ruderwirkung hat. Man steuert generell einen Kurs von 60° bis 90° am Wind. Im Wellental wird nahezu quer zur See gesegelt, um Fahrt aufzunehmen. Rollt ein steiler Brecher heran, wird auf dessen Vorderseite bis fast an den Wind angeluvt und noch am Kamm wieder auf 60° bis 90° abgefallen. Ein zu frühes Anluven führt dazu, dass das Schiff den Wellenberg nicht hinaufkommt. Die Yacht wird rückwärts mitgerissen, was beinahe unweigerlich zum Ruderbruch führt, oder das Schiff schlägt quer und kentert beim nächsten Brecher. Auf dem Wellenkamm muss rasch wieder abgefallen werden, da sonst der Bug ins nächste Wellental hinabstürzt und die Fahrt abgestoppt wird oder sogar der Rumpf Schaden erleidet.

❐ *Beiliegen*

Mit (schweren) Langkielern wird das vorher beschriebene Aussegeln der See kaum gelingen. Für diese bietet sich das Beiliegen unter Segel *(siehe 4.6)* an. Die Abdrift kann bis zu 4 kn betragen. Die dadurch in Luv entstehende Verwirbelung der See „beruhigt“ die anlaufenden Brecher und die Besegelung wirkt dem Rollen des Schiffes entgegen. Das Ruder muss nicht laufend besetzt sein. Kurzkieler sind kaum beizuliegen.

❐ *Ablaufen*

Außer dem Beiliegen ist auch ein Ablaufen vor Wind und Wellen zunächst unter geringstmöglicher Segelfläche eine Alternative.

❒ *Lenzen vor Topp und Takel*

Wird beim Ablaufen unter Segel zu viel Fahrt gemacht, werden die Segel vollständig geborgen und vor dem Sturm abgelaufen – Lenzen vor Topp und Takel. Das Schiff muss dabei ständig mit dem Heck zu den anlaufenden Wellen gehalten werden, da es sonst querschlägt. Ist die so erzielte Fahrt noch zu hoch, werden über Heck eine oder mehrere lange Trossen ausgebracht, deren Tampen auf beiden Seiten des Achterschiffs belegt werden, sodass diese in Buchten nachgeschleppt werden. Neben der Fahrtverminderung wird dadurch vor allem auch ein Brechen der Wellen erreicht, bevor diese übers Heck einsteigen können. Zur Bedienung der Schlepptrosse(n) wird (werden) diese zusätzlich über eine Schotwinsch geführt. Die Trosse(n) ist (sind) bei den Durchführungen durch die Lippklampen gegen Schamfilen zu schützen. Kurzkieler eignen sich nicht zum Lenzen vor Topp und Takel, die Gefahr des Kenterns ist groß.

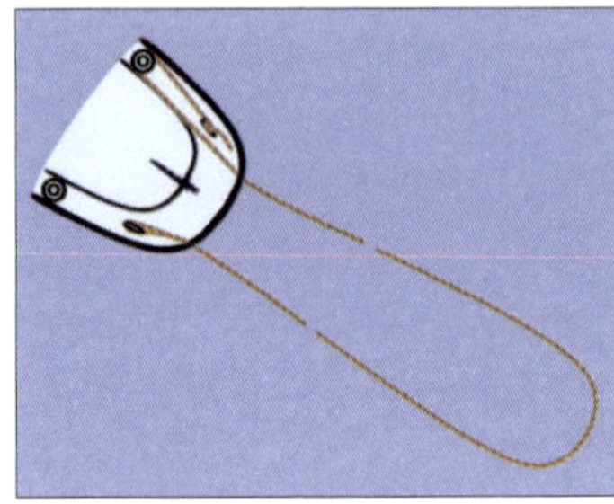

Das Ausbringen eines **Treibankers** (auch Seeanker) ist für Segelyachten nicht geeignet, kann sogar gefährlich werden und ist deshalb nicht zu empfehlen.

10.2 MOB-MANÖVER, MANN BERGEN

Zunächst einmal ist alles zu tun, um zu verhindern, dass jemand über Bord geht. Dazu gehört Ordnung an Deck, nachts die Kajüte oder das Cockpit möglichst nicht verlassen (wenn unbedingt erforderlich, dann angeleint), geeignetes (rutschfestes) Schuhwerk, Alkoholisierte bleiben unter Deck, Seekranke nicht an die Reling lassen. Als Schiffsführer muss uns bewusst sein, dass unbeabsichtigtes Überbordgehen in jedem Fall höchste Gefahr für den ins Wasser Gefallenen darstellt, auch bei relativ hohen Wassertemperaturen und günstigen Witterungsbedingungen. Allerdings passiert ein derartiges Unglück meist nur bei entsprechend schlechten Wetterbedingungen und nachts, was die Situation wesentlich dramatischer werden lässt.

Wird ein Überbordgegangener aus den Augen verloren oder sein Überbordgehen gar nicht bemerkt, sind die Chancen, ihn in der Nacht oder bei schlechtem Wetter und Seegang wieder zu finden, minimal. Hilfreich sind ein Nachtrettungslicht (Blitzboje), ein persönliches Blitzlicht des Crewmitglieds, die Lampe an der Schwimmweste, eine Markierungsstange mit Blitzlicht und die MOB-Taste des GPS.

10.2.1 Sofortmaßnahmen

Sollte trotz aller Vorsichtsmaßnahmen dennoch jemand über Bord gehen, ist das Wichtigste, Ruhe zu bewahren (auch für den im Wasser Befindlichen) und rasch zu reagieren. Die Sofortmaßnahmen sind umgehend einzuleiten, um sich nicht weiter als erforderlich vom Opfer zu entfernen.

- Durch den Ruf ***„Mensch über Bord“*** den Rest der Crew alarmieren.
- ***Rettungsring*** und ***Rettungsboje*** (wenn vorhanden) nachwerfen.
- Den Überbordgegangenen durch einen eigenen Mann ***beobachten*** lassen, der keine anderen Aufgaben wahrnimmt (wenn möglich).
- ***Kurs einprägen, Kurs ändern*** und ***Manöver einleiten.***
- ***Position festhalten*** (z. B. durch die MOB-Taste beim GPS-Empfänger).
- Falls sinnvoll, ***Bergungsmaßnahmen*** vorbereiten.

10.2.2 MOB-Manöver

❒ *Manöver unter Maschine*

Die sich drehende Schraube in Maschinenfahrt stellt eine erhebliche Verletzungsgefahr für den Überbordgegangenen dar. Deshalb Maschine sofort auf neutral stellen und gleichzeitig Ruder zum Opfer legen, allgemeine Sofortmaßnahmen einleiten, auf das Opfer zufahren und bergen. In der Nähe des Opfers Motor in den Leerlauf schalten.

❒ *Manöver unter Segel*

Je nach Kurs zum Wind bieten sich verschiedene Manöver an, wobei das Wichtigste ist, sich nicht zu weit vom Überbordgefallenen zu entfernen. Die Wahl des Manövers hängt auch vom Können der Mannschaft und der Anzahl der verfügbaren Mannschaftsmitglieder ab.

Als „klassische Manöver“ bieten sich für Kurse vorlicher als querab das **Beidrehen und Driften**, die **Halse** und die **Q-Wende** an. Für Kurse achterlicher als querab gilt: (anluven und) wenden.

Das Schiff wird durch einen **„Beinahe-Aufschießer“** (Windeinfallswinkel etwa 45°) beim Opfer zum Stehen gebracht. Praktisch ist der Beinahe-Aufschießer ein Auslaufen auf Amwindkurs mit losen Schoten. Unter Bedienung der Schoten bleibt das Schiff dabei beschränkt steuerfähig.

Beidrehen und Driften:

Wenn der Rudergänger auf einem Amwindkurs rasch reagiert und sofort hart Luv-Ruder legt, steht das Vorsegel back und das Schiff driftet auf den Überbordgegangenen zu; dort alle Schoten lose. Nachteil dieses Manövers: Driftweg kann nicht kontrolliert werden.

MOB-Manöver mit Halse:

Auf Amwindkurs ist Halsen das schnellste (konventionelle) Manöver bei nicht zu starkem Wind: etwa drei Bootslängen weitersegeln, abfallen auf Halbwindkurs, Halse, anluven zum Beinahe-Aufschießer und Beinahe-Aufschießer durchführen.

MOB-Manöver mit Q-Wende

Die sogenannte Q-Wende kann von einem Ausgangskurs am Wind oder halber Wind gefahren werden und wird anstatt einer Halse gefahren, wenn die Halse zu riskant erscheint (bei starkem Wind, kleiner oder nicht so erfahrener Crew): auf Halbwindkurs bleiben oder sofort abfallen auf Kurs halber Wind, drei bis fünf Bootslängen weiterfahren, anluven auf Kurs am Wind und wenden, abfallen auf Kurs raumschots (queren des alten Kurses), anluven zum Beinahe-Aufschießer.

MOB-Manöver mit Quick-Stopp

Das Quick-Stopp-Manöver hat sich bei einem groß angelegten Versuch als sicherstes und schnellstes Manöver im Durchschnitt verschiedenster Bedingungen erwiesen, wenn es sofort eingeleitet wird. Es hat den Vorteil, dass man sich nicht weit vom Überbordgegangenen entfernt und das Manöver nötigenfalls auch allein gefahren werden kann. Das Manöver funktionierte auch noch bei Halbwind.

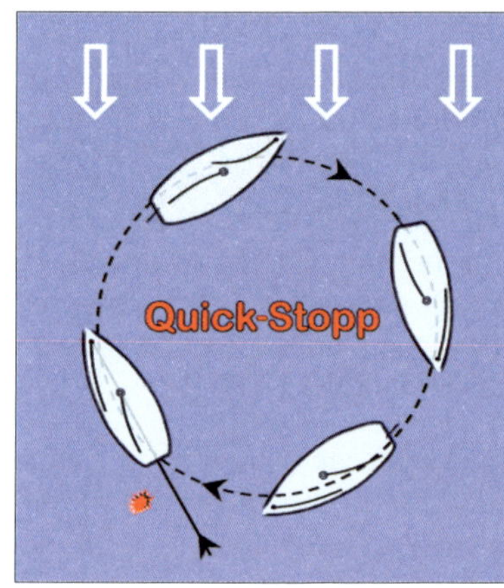

Beim Quick-Stopp-Manöver wird ein Vollkreis von 360° gefahren (ohne Veränderung der Schot- oder Segelstellung), der bei geringer Fahrt dicht an den Verunglückten heranführt.

- sofort über Stag gehen (Schiff mit dem Bug durch den Wind drehen), Vorsegel kommt back
- Ruderlage beibehalten, Heck geht durch den Wind
- vor dem Verunglückten Schoten los

Das Ziel jedes Mensch-über-Bord-Manövers ist das Zum-Stillstand-Bringen des Schiffs beim Überbordgefallenen. Gelingt dies nicht oder wird über den zu Rettenden hinausgefahren, darf keinesfalls unter Maschine achteraus auf ihn zugefahren werden, sondern muss erneut angefahren werden. Wurde das Schiff unter Motor an den Verunglückten herangebracht, ist die Maschine abzustellen. Der Leerlauf genügt wegen der Gefahr versehentlichen Einkuppelns nicht.

10.2.3 Person bergen

Das Bergen eines Überbordgefallenen ist meist noch schwieriger als das eigentliche MOB-Manöver. Die wichtigste Voraussetzung für ein sicheres Anbordnehmen ist, dass die Yacht wirklich keine Fahrt mehr macht. Leinen zum Festhalten bzw. Sichern sind sofort auszubringen und am Sicherheitsgurt oder der Rettungsweste zu befestigen. Als Alternative wird ein Palstek unter den Armen über Brust und Rücken gelegt. Ist der Überbordgefallene gesichert und eine Leinenverbindung zum Schiff hergestellt, beginnt das Anbordnehmen.

An welcher Stelle des Schiffs eine Person aufgenommen wird, hängt von den Konstruktionsmerkmalen des Schiffs ab. Ohne Hilfsmittel ist es jedenfalls kaum möglich, an Bord zu gelangen; bestenfalls über die nach unten geklappte (und beschwerte) **Heckleiter** oder eine seitlich ausgebrachte, starre **Rettungsleiter** (falls vorhanden). Eine Alternative sind allenfalls ausgebrachte Trittschlingen. Der Einstieg über das (in der See stampfende) Heck ist äußerst gefährlich.

1 Ist ein Anbordkommen so nicht möglich, wird eine fest am Want gefahrene **Rettungstalje** (wenn vorhanden) oder eine lose mitgeführte **Bergetalje** (auch die **Bullentalje**) eingesetzt. Der obere Doppelblock wird an ein Fall (Spifall) geschäkelt und etwa 2 m über Deck geholt, damit die Talje nicht zu den Blocks kommt, bevor der zu Bergende auf Deckshöhe ist. Am unteren Doppelblock wird der Bootsmannsstuhl (oder ein Bergegurt, wenn vorhanden) angesteckt, in den der Überbordgefallene einsteigen kann (alternativ ist auch ein doppelter Palstek denkbar).

2 Bewährt hat sich auch die Bergung mit der **Dirk als Bergeleine**, wenn diese außen am Mast läuft. Der Baum wird dabei so weit wie möglich angedirkt (Baumniederholer lösen) und die Dirk als Bergeleine verwendet. Der Baum wird mit der Großschot nach unten geholt und der Verunglückte damit an Deck gehievt. Achtung: In keiner Phase den Zug von der Dirk nehmen, da sonst der Baum herabfällt – notfalls von Hand sichern.

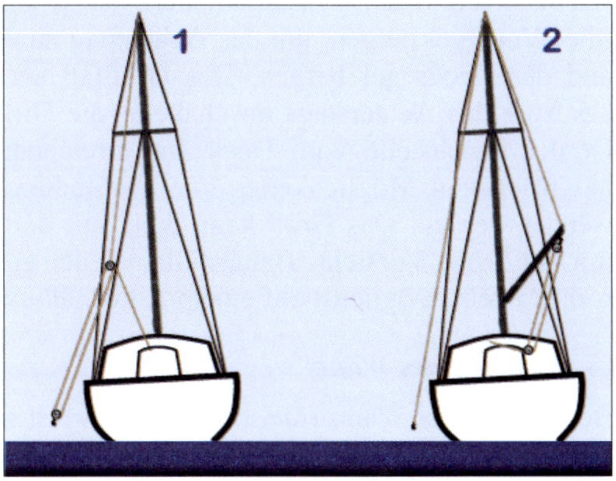

Eine Bergung mit der **Großschot als Bergeleine** ist zeitaufwendig (Fußblock lösen, Baum ausschwenken und mit Dirk und Bullenstander fixieren, Bergegurt oder Bootsmannsstuhl festmachen) und schwierig (meist nur über eine Winsch, wozu die Großschot umständlich umgelenkt werden muss).

Den Überbordgefallenen mit einem **Fall** zu bergen, ist durch die dabei zu überwindenden Kräfte auch über eine Winsch kaum möglich. Daneben gibt es noch die Möglichkeit der Bergung mittels **Großsegel oder Fock**, wobei diese Möglichkeiten aufwendig sind und das Erfassen des zu Bergenden schwierig ist.

Wenn der zu Rettende aus eigener Kraft nicht mehr in der Lage ist, sich selbst anzuleinen – und nur dann –, muss ein angeleinter Helfer ins Wasser.

10.3 SCHÄDEN AM SCHIFF

10.3.1 Bruch am stehenden Gut

❒ Bruch des Vorstags

Bei Bruch des Vorstags das Schiff sofort vor den Wind legen, um das Vorstag zu entlasten. Ist die Bruchstelle vom Deck aus erreichbar, wird an beiden Enden der Bruchstelle mit Seilklemmen je ein Auge gebildet und dazwischen eine Talje oder ein Ersatzdrahtwerk gesetzt oder ein Taljereep geschert. Ist die Bruchstelle außer Reichweite, muss ein Fall als Behelfsstag am Bugbeschlag angeschäkelt werden. Vorsichtig weitersegeln, möglichst auf einem Vorwindkurs.

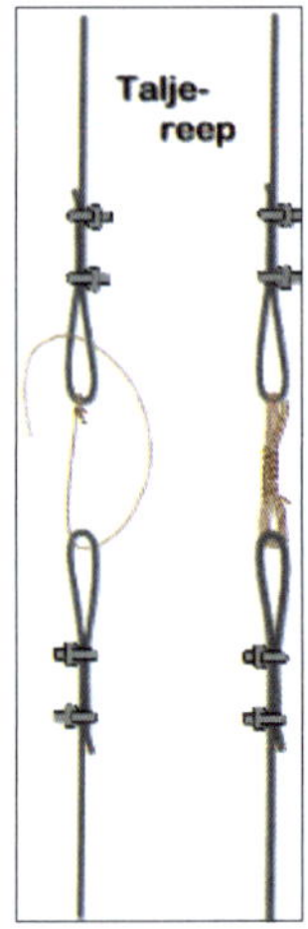

❒ Bruch des Achterstags

Bei Bruch des Achterstags das Schiff sofort an den Wind bringen, Großbaum mittschiffs, Baumniederholer so dicht als möglich und das (die) Vorsegel bergen, um das Achterstag zu entlasten. Baum andirken und das Großsegel bergen. Das Großfall als Behelfsstag am Decksbeschlag des Achterstags anschäkeln (die Dirk ist meist zu schwach). Ist die Bruchstelle vom Deck aus erreichbar, kann eine der vorher beschriebenen Möglichkeiten zur Verbindung der Bruchstellen angewendet werden. Das Groß kann dann mit dem Spifall (eventuell auch mit der Dirk; Vorsicht: Baum fällt) wieder gesetzt werden. Vorsichtig weitersegeln, möglichst auf einem Amwindkurs.

❒ Bruch eines Wants

Bei Bruch eines Wants (meist das Luvwant) ist sofort die Großschot zu fieren und zu wenden, um auf dem anderen Bug zu segeln. Behebung des Schadens sinngemäß wie oben.

10.3.2 Bruch am laufenden Gut

❒ gebrochenes Fall

Auf den meisten Schiffen ist ein Ersatzfall eingeschoren oder auch das Spifall als Ersatz zu verwenden. Zum Austausch eines gebrochenen Falls muss ein Crewmitglied mit dem Bootsmannsstuhl in den Masttopp, was zumindest bei schwerer See ein großes Risiko darstellt und deswegen auch darauf verzichtet werden sollte (weiterfahren unter Motor oder mit den verwendbaren Segeln). Ein im Mast geführtes Fall auszutauschen, ist unter Bordbedingungen schwierig und, wenn überhaupt, nur mithilfe einer beschwerten Führungsleine möglich.

❒ Schotbruch

Bei einem Bruch der **Großschot** selbst, eines Großschotbeschlags oder Blocks geht man sofort auf einen Kurs raumschots, damit der Baum nach Lee schwingen kann. Fall und Dirk werden dann so weit gefiert, bis der Baum an der Reling aufliegt und fixiert werden kann. Anschließend kann die Großschot (oder der Beschlag) gefahrlos repariert, gekürzt oder ausgetauscht werden.

Eine gebrochene **Fockschot** bedeutet zunächst keine Gefahr, da die Fock dadurch nur ausweht. Die Fock wird geborgen und die Schot gegen eine neue ausgetauscht oder gekürzt, wenn die verbleibende Länge ausreichend erscheint. Werden die Tampen der gebrochenen Schot wieder verbunden, ist darauf zu achten, dass die hergestellte Verbindung jedenfalls vor dem Umlenkblock der Fockschot an der Leitschiene platziert ist, da die Fock ansonsten nicht zur Gänze gefiert werden kann und ein Bergen des Segels (wenn überhaupt) nur gegen den Wind möglich ist.

10.3.3 Bruch des Masts

Meist bricht ein Mast im oberen Drittel als Folge eines Wanten- oder Stagbruchs. Der abgebrochene Teil ist, wenn möglich, sofort an Deck zu holen oder festzuzurren; um weitere Schäden zu verhindern, wird dann vom stehenden Gut getrennt und laufendes Gut ausgeschoren. Knickt der Mast nur ab, ist er ggf. abzusägen. Geht der abgebrochene Teil über Bord, besteht größte Gefahr des Leckschlagens durch an den Rumpf schlagende Teile. Können die abgebrochenen Riggteile nicht gesichert oder an Deck genommen werden, sind diese zu kappen (Segel bergen und abschlagen, Fallen und Kabel – vorher Sicherungen ausschalten – kappen, Wantenspanner von den Püttings abschrauben). Keinesfalls den Motor starten, bevor alle Teile des stehenden und laufenden Guts geborgen oder versunken sind.

Kann der nächste Hafen nicht unter Motor erreicht werden, ist ein **Notmast** zu riggen. Wenn der Mast oberhalb der Saling geknickt oder gebrochen ist, kann am verbleibenden, gut abgestagten Rest ein kleineres oder sogar das gereffte Großsegel gesetzt werden. Als Verlängerung eines zu kurzen Baumstumpfs kann der Spibaum oder Großbaum gelascht werden.

10.3.4 Bruch des Baums

Meist hilft nur, den Großbaum festzubinden und das Großsegel ohne Baum zu fahren. Dabei wird das Großsegel vom Baum abschlagen und die Großschot am Schothorn eingepickt. Bei einem Bindereff ist es manchmal möglich, den Spibaum als Ersatz für den Großbaum zu verwenden, wenn durch Reffen des Großsegels die Länge des Unterlieks an die Länge des Spibaums angeglichen wird. Das gereffte Groß wird dann mittels Marlschlag durch die Reffgattchen an den Spibaum angereiht und die Schot an der Baumnock angeschlagen. Bei Bruch des **Lümmelbeschlags** kann versucht werden, Baum und Mast mit Leinen zu verbinden. Bei allen Reparaturversuchen ist darauf zu achten, dass nicht auch noch der Mast beschädigt wird.

10.3.5 Bruch des Ruders

Auch **ohne Ruder** lässt sich ein Langkieler auf Amwindkurs bis Halbwindkurs mit gut getrimmten Segeln halbwegs steuern. Anluven durch Dichternehmen des Großsegels und Auffieren der Fock; abfallen durch Fieren des Großsegels und Dichterholen (oder Stehenlassen) der Fock. Schiffe mit zwei Masten (Ketsch, Yawl) lassen sich mit unterschiedlichen Kombinationen der Segel und Segelstellung auf fast allen Kursen zum Wind steuern.

Eine **gebrochene Pinne** kann durch Laschen von geeigneten Holz- oder Metallteilen meist ersetzt werden, wenn keine Ersatzpinne an Bord ist. Hat der Ruderschaft als Verbindung zur Pinne einen Vierkant, lässt sich eine Schraubzwinge, ein Gabel- oder Ringschlüssel oder eine Armaturenzange aufsetzen. Bricht bei einer radgesteuerten Yacht ein **Seilzug** und lässt sich dieser nicht reparieren oder ersetzen, wird die dafür vorgesehene **Notpinne** auf den Ruderschaft aufgesetzt.

Bricht der **Ruderschaft**, lässt sich das Ruderblatt durch zwei Steuerleinen, direkt am Ruderblatt oder mittels starker Schlauchklemmen am Schaft angebracht, steuern. Für einen günstigen Zugwinkel der Steuerleinen muss deren Umlenkung so weit wie möglich von der Schiffsmitte entfernt an Steuerbord/Backbord erfolgen.

❒ *Heck-Notruder*

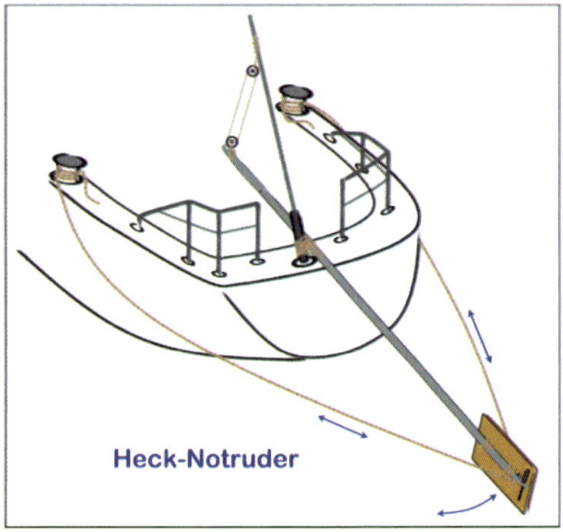

Geht das Ruderblatt z. B. durch einen gebrochenen Ruderschaft verloren, muss ein **Notruder** angebracht werden. An den Spibaum wird z. B. mit kräftigen Schlauchklemmen ein Brett (Bodenbrett, Cockpittisch o. Ä.) gelascht. Die Verdrehung des Brettes wird mit einem durch den Nockbeschlag gesteckten Schraubendreher oder -schlüssel verhindert. Der Spibaum wird am Decksbeschlag des Achterstags mittels Leinenverbindung drehbar fixiert und über das Heck ausgebracht. Zur Überwindung der Steuerkräfte müssen Steuerleinen angebracht werden. Das Aufschwimmen der Konstruktion verhindert man am besten durch eine am Achterstag mittels Stopperstek befestigte Talje.

❒ *Seiten-Notruder*

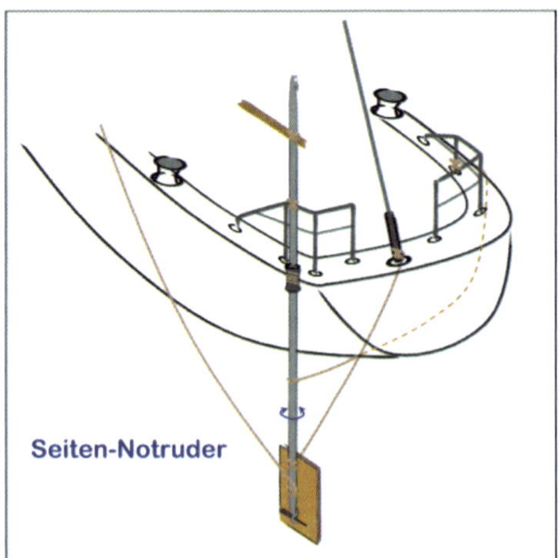

Neben dieser Art eines **Heckruders** hat sich auch ein **Seitenruder** bewährt: Der Spibaum dient wieder als Ruderschaft und wird seitlich am Achterschiff an Fußreling und Heckkorb drehbar fixiert. Eine Ummantelung des Spibaums schützt die Bordwand. Ein Brett wird wie oben beschrieben als Ruderblatt angebracht, wobei eine ausreichende Ruderwirkung nur erzielt werden kann, wenn das Brett nicht mittig am Spibaum fixiert wird. Nur etwa ein Viertel des Ruderblatts darf vor dem Ruderschaft sitzen.

Die Konstruktion wird mit einer „Vorleine“ und einer „Brustleine“ an der Fußreling gesichert. Das Aufschwimmen verhindert eine unter dem Schiffsrumpf auf die andere Seite geführte Leine (auf Propeller und Skeg achten). Ein am oberen Ende des Spibaums angelaschtes Querholz kann als Pinne dienen.

10.3.6 Schraube unklar

Kommt die Schraube durch eine eingefangene Leine, Kunststofffolien o. Ä. unklar, ist jedenfalls sofort die Maschine zu stoppen. Eventuell vor Anker gehen oder am nahen Steg festmachen. Als Ersatz für den Schiffsmotor kann auch der Außenborder des Beibootes an die Badeleiter ans Heck gelascht werden (gegen das Aufkippen beim Einschalten des Motors einen Fender zwischen den Motor und den Heckspiegel klemmen). Nachdem mittels Tauchgang festgestellt wurde, was sich in der Schraube verfangen hat, kann der Propeller klariert werden. Dünne Kunststoffleinen und Folien o. Ä. verschmelzen durch die Reibungswärme meist mit der Welle oder dem Propeller und müssen mit einem scharfen Messer mühsam abgelöst werden. Meist hat sich die eingefangene Leine (sehr beliebt sind die Sorgeleinen von ausgebrachten Murings) derart an Welle und Propeller festgezurrt, dass ein Abwickeln der Leine nicht möglich ist und nur das stückchenweise Herunterschneiden hilft.

10.4 FEUER AN BORD

Kleinere Brände lassen sich im Anfangsstadium mit einer Feuerlöschdecke (wenn vorhanden) oder einer nassen Wolldecke (keine Kunstfaser) ersticken. Bei größeren Bränden ggf. Motor abstellen und Kraftstoffleitungen schließen, Stromkreise vom Bordnetz trennen, das Schiff auf einen Kurs bringen, der die Rauchschwaden nicht über Deck treibt (ggf. beidrehen, um den Fahrtwind zu verhindern), alle Öffnungen schließen, um die Sauerstoffzufuhr zu unterbinden, sich dem Brandherd möglichst kriechend nähern (unten sind weniger Rauch und Flammen), den Brand mittels Feuerlöscher mit dem Wind (nie gegen den Wind) bekämpfen, indem möglichst nahe am Brandherd der Strahl in die Glut gerichtet wird und nicht in die Flammen, Kleidung triefend nass machen (als Atemschutz dient ein nasses Tuch vor Mund und Nase, Türen und Schoten nur spaltweise öffnen).

Angebrannter Schaumstoff muss über Bord geworfen werden, da er kaum vollständig zu löschen ist. Brennender glasfaserverstärkter Kunststoff (GFK-Schale des Rumpfs) ist am Anfang mit dem Feuerlöscher zu bekämpfen (mit viel Wasser kühlen, damit sich das Harz wieder verfestigt). Brennen Kunststoffe und hat bereits starke Rauchentwicklung eingesetzt, darf die Kajüte nicht mehr betreten werden (giftige Dämpfe). Wird mit Wasser gelöscht, muss die Bilgepumpe in Betrieb gesetzt werden.

Hat die Kleidung eines Menschen Feuer gefangen, wird mit Wasser gelöscht, niemals mit dem Feuerlöscher. Eine Feuerlöschdecke oder eine nasse Wolldecke wird vom Kopf her über den (liegenden) Brennenden gestülpt, um den Retter und das Gesicht des Brennenden zu schützen. Die Decke muss für mindestens eine Minute fest an den

Brennenden gepresst werden, um die Sauerstoffzufuhr zu unterbinden. Notfalls muss über Bord gegangen werden (Rettungsschwimmkörper mit Leine).

Ist ein Brand unter Deck nicht vollständig zu löschen und besteht keine Explosionsgefahr, kann meist an Deck auf die (hoffentlich) alarmierte Hilfe gewartet werden, bevor die Crew in die (vorbereitete) Rettungsinsel oder das Beiboot geht und das Schiff aufgibt.

10.5 FESTKOMMEN AUF GRUND

Bei **Amwindkursen** genügt oft ein Auffieren des Großsegels und Backsetzen des Vorsegels, um den Bug nach Lee und achteraus von der Untiefe abzubringen. Bei **Kursen raumer Wind** bis **halber Wind** kann eine sofortige Halse das Schiff freibringen. Wenn nicht, sind sofort die Schoten zu fieren (bei stärkerem Wind Segel bergen); durch Krängung den Tiefgang verringern (gelingt nicht bei Kimmkielern) und mit Maschine achteraus versuchen freizukommen.

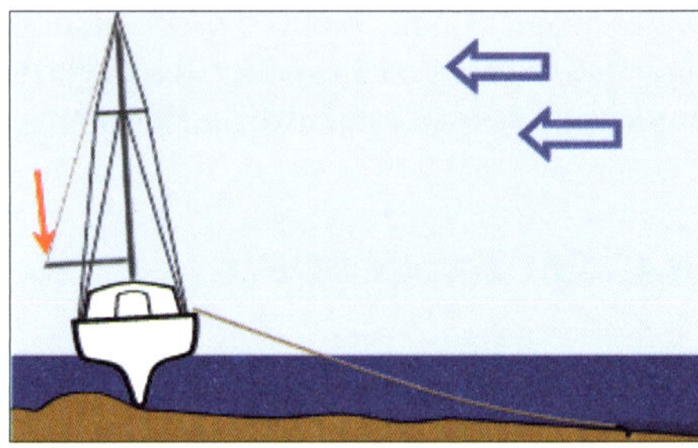

Bei **auflandigem Wind** sind sofort die Segel zu bergen und der Anker auszubringen. Durch Krängung nach Lee den Tiefgang verringern. Maschine achteraus. Warpanker mit dem Beiboot ausbringen und versuchen, das Schiff in Schräglage abzubringen.

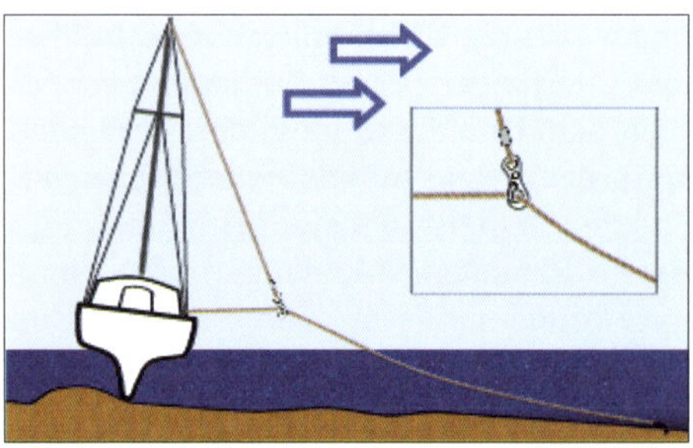

Bei **ablandigem Wind** Tiefgang durch Krängung verringern und abtreiben lassen. Warpanker mit dem Beiboot ausbringen. Die Trosse des Warpankers wird durch das Spifall geschäkelt, um das Schiff zu krängen. Über den Warpanker und mit Motorunterstützung wird dann versucht, das Schiff seitwärts nach Lee abzubringen.

Ist man als **Grundsitzer** auf fremde Hilfe angewiesen, wird die Schlepptrosse zur Beibehaltung der Krängung mit einem Palstek um den Mast gelegt und bis unter die Wanten vorgeheißt. Bei an Deck stehenden Masten ist die Gefahr, dass der Mast bricht, sehr groß. Vorsichtig anschleppen. Die Schlepptrosse keinesfalls an das Spifall anstecken. Das Abbringen wird durch Dichtholen des ausgebrachten Warpankers unterstützt.

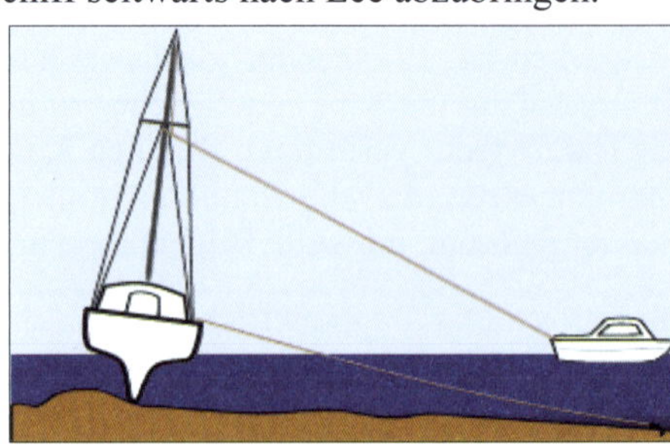

10.5.1 Schlepphilfe anfordern

Schlepphilfe sollte nur im Notfall angefordert werden:

Flaggensignal **„Z“**  oder als akustisches Morsesignal **„Z“** ▬ ▬ ● ●

Die Höhe des Schlepplohnes ist unbedingt vorher zu vereinbaren, da sonst ein Anspruch auf Bergelohn entstehen kann, der bis zur Höhe des Schiffswertes geht. Den Unterschied zwischen Schlepphilfe und Bergung kann die eigene Aktivität ausmachen. Darum kein Crewmitglied des Schleppers an Bord lassen, möglichst die eigene Schleppleine verwenden, ggf. zum Verlängern der fremden Schleppleine, jedenfalls aber am eigenen Schiff selbst bedienen.

10.5.2 Freischleppen von Legerwall

Diese Situation ist auch für den Schlepper nicht ungefährlich. Am besten manövriert sich der Bergende in Luv an den Grundsitzer heran und sichert sein Schiff durch Ausbringen des Ankers (besonders bei schwach motorisierten Schiffen). An der Ankertrosse lässt er sich näher herantreiben und eine Holeleine mit Schwimmkörper (Fender, Boje o. Ä.) zum Grundsitzer treiben, an die der Havarist seine Schleppleine ansteckt. Aufpassen, dass die Holeleine nicht in die Schraube kommt. Beim Anschleppen wird der Anker aufgeholt, was eine zusätzliche Hilfe ist. Ausreichend motorisierte Schiffe fahren das Manöver ohne Anker, das Schiff mit Motorkraft im Wind haltend.

10.5.3 Anbringen einer Schleppleine

Die Schleppleine ist wegen der auftretenden Kräfte immer an mehreren Punkten des Schiffes zu befestigen, wobei der letzte Befestigungspunkt (Ende der Schleppleine) als Sicherung dient. An diesem wird auch ein Knoten gesteckt. Über alle anderen Befestigungspunkte werden nur Törns gelegt, welche die Reibung erhöhen. Zur Lastverteilung wird die Schleppleine auf beiden Schiffen als Hahnepot gefahren und über die Bugklampen, die Genuawinschen und die Heckklampen geführt.

Beim abgeschleppten Schiff darf die Schleppleine nicht um das Heck herumgeführt werden, wegen der Gefahr für den Rudergänger beim Bruch der Trosse. Beim Havaristen besteht auch die Möglichkeit, die Hahnepot auf den Bugklampen zu belegen (alternativ auf der Ankerwinsch) und dann am Mast zu sichern. Ein an Deck stehender Mast sollte als Befestigungspunkt nicht verwendet werden.

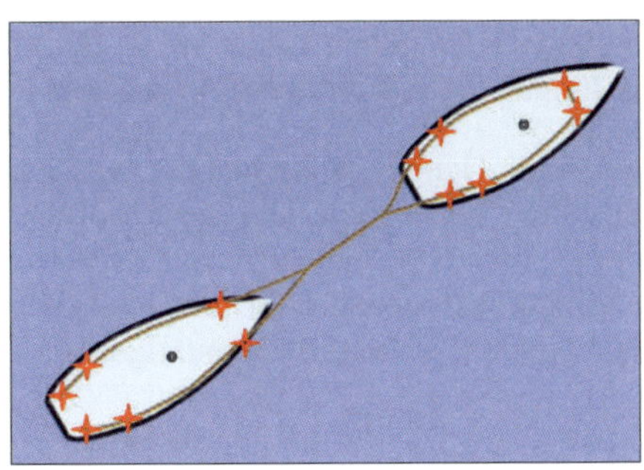

Die Stahltrosse eines (professionellen) Schleppers oder Großschiffs wird wie links dargestellt verlängert, wenn sie kein Auge aufweist.

Ist eine akustische Verständigung zwischen Schlepper und Geschlepptem nicht möglich, gelten folgende Handzeichen:

- ***Alles klar, anschleppen**:* waagerechte, kreisende Bewegung der über den Kopf erhobenen Hand
- ***Langsamer schleppen**:* gleichzeitige Auf- und Niederbewegungen der vor dem Körper ausgestreckten Arme, Handrücken nach oben
- ***Ende der Schleppfahrt (Trosse lösen)**:* gleichzeitiges, seitliches Bewegen der Ellenbogen mit waagerechten Unterarmen
- ***Stopp!**:* ausgestreckte Arme über dem Kopf seitlich schwenken

10.5.4 Hilfeleistung, Bergung

Der Unterschied zwischen **Hilfeleistung** und **Bergung** hat gravierende rechtliche (und finanzielle) Auswirkungen. Der Hilfelohn ist frei zu vereinbaren, tunlichst vor Erbringung der Hilfeleistung. Eine Bergung und damit ein rechtlicher Anspruch auf Bergelohn liegen vor, wenn Schiffsführung und Crew die Verfügungsgewalt über das Schiff aufgegeben oder verloren haben. Der Bergelohn kann bis zur Höhe des Schiffswertes betragen; mitunter sogar mehr, wenn bei der Bergung Schaden am bergenden Schiff entstanden ist. Es besteht allerdings auch der rechtliche Grundsatz, dass ein Bergelohn nur bei erfolgreicher Bergung zusteht. Weiter besteht auch kein Anspruch auf Bergelohn, wenn die Notlage erst durch schuldhaftes Verhalten des Retters herbeigeführt wurde oder wenn der Vertrag durch arglistige Täuschung oder Ausnutzung einer Notlage zustande gekommen ist.

Das An-Bord-kommen-lassen zum Anbringen der Schleppleine oder zur Steuerung des Schiffes sowie die Verwendung einer Schleppleine des Helfers kann den Ausschlag für eine nachträgliche Beurteilung als Bergung geben. Selbstverständlich ist auch kein Notsignal zu geben (außer man befindet sich tatsächlich in Seenot). Auch einzelne Hilfeleistungen außer dem Abschleppen können als Bergung ausgelegt werden.

Bei aller Dankbarkeit über die Hilfsbereitschaft eines Fremden, auch in einer ernsten Situation, sollte nicht vergessen werden klarzustellen, dass man nicht in Seenot ist, sondern „nur“ Hilfe benötigt. Sämtliche Vorgänge rund um die Havarie selbst – Wetterbedingungen, genauer Ort und Zeit, Hergang usw. – sind im Logbuch festzuhalten und von einem Crewmitglied bestätigen zu lassen.

Unter Yachtschiffern ist es durchaus üblich, auch ohne Bergelohn zu helfen. Andererseits ist aber auch die Höhe eines Bergelohns verständlich, wenn man bedenkt, dass sich ein Retter durch seinen Einsatz meist selbst in größte Gefahr begibt.

10.6 LECKBEKÄMPFUNG

Kleinere undichte Stellen im Rumpf – wie Leckagen an den Rumpfdurchführungen oder durch undicht angebrachte Decksbeschläge – stellen keine unmittelbare Gefahr dar, sind aber laufend zu kontrollieren.

Tritt durch Havarie mit einem treibenden Gegenstand ein Leck nahe der Wasserlinie auf, ist durch entsprechenden Trimm (Gewichtstrimm oder geeigneten Amwindkurs) das Leck über Wasser zu bringen oder zumindest näher an die Wasserlinie, um die eintretende Wassermenge zu reduzieren.

Ein schnelles Auffinden des Lecks ist entscheidend, nötigenfalls müssen sogar Teile der Schiffseinrichtung herausgeschlagen werden. Eine provisorische Abdichtung des Lecks von außen, z. B. durch ein **Lecksegel,** gelingt meist nicht. Je nach Größe des Lecks werden Stopfen aus Holz, Kork oder Kunststoff, Schaumstoffpolster- oder Kissen in die Öffnung gepresst und entsprechend abgespreizt. Mit einer Tischplatte, dem Steckschot oder Bodenbrettern wird bei größeren Lecks der Anpressdruck verteilt. Eine mittels CO_2-Patrone aufblasbare Rettungsweste erweist ebenfalls gute Dienste. Der Yacht-Zubehörhandel bietet elastische **Leckscheiben** verschiedener Größen und **Leckschirme** an, die von innen durch das Leck gesteckt werden und mit einer Leine nach innen gesichert werden.

Es wird mit Bordmitteln nicht gelingen, ein Leck so abzudichten, dass kein Wasser mehr in das Schiff eindringt. Der Wassereinbruch sollte aber so einzudämmen sein, dass ihn die Bilgepumpe ausgleichen kann.

10.7 AUFGABE DES SCHIFFS

Ist ein am Schiff entstandener Schaden durch Kollision, Grundberührung oder auch Feuer so groß, dass das Schiff nicht über Wasser gehalten werden kann, muss der Skipper sein Schiff aufgeben, um die Crew zu retten (keine leichte Entscheidung). Bereits wenn sich abzeichnet, dass die Crew das Schiff wird verlassen müssen, ist ein Dringlichkeitsruf (Pan Pan) abzusetzen *(siehe 9.3.6)*. Erst wenn das Schiff endgültig aufgegeben wird, ist der Notruf (Mayday) zu senden *(siehe 9.3.7)*.

10.7.1 Abbergen von Schiffbrüchigen

Die Männer der Rettungsdienste sind für derartige Situationen ausgebildet, weshalb ihren Anweisungen Folge zu leisten ist. Trotzdem liegt die Verantwortung und Entscheidungsgewalt rechtlich beim Skipper.

Das Abbergen durch einen **Rettungskreuzer** erfolgt über dessen Beiboot oder nach Herstellen einer Leinenverbindung auch über zu Wasser gelassene Kletternetze.

Während in den meisten Küstengewässern organisierte Rettungsdienste Hilfe leisten, ist man auf hoher See zumeist auf die Hilfe der **Großschifffahrt** angewiesen. Das

Abbergen von Schiffbrüchigen erfolgt über ein Fallreep oder Enternetze, wenn das Großschiff im Luv des Havaristen längsseits gegangen ist und so Lee für diesen macht. Trotzdem wird bei entsprechendem Seegang die Yacht stark auf- und abgehen. Das Überspringen muss am höchsten Punkt der Aufwärtsbewegung erfolgen. Der Skipper legt die Reihenfolge fest, in der die Crew aufentert. Die Übernahme muss schnell erfolgen, da eine kleinere Yacht in bewegter See längsseits eines Großschiffs innerhalb kürzester Zeit zerschmettert werden kann. Wenn möglich werden die Abzubergenden von Bord des Retters aus mit einer Leine gesichert.

Ein **SAR-Hubschrauber** eines Seenotrettungsdienstes fliegt einen Havaristen von achtern an und bleibt stets an Backbord (Bergeluke an Steuerbord). Das Bergeseil wird mit Rettungsgurt und Fangleine herabgelassen. Die Rotorblätter erzeugen einen abwärts gerichteten Luftstrahl von bis zu 60 kn, beim Erfassen der Bergeleine kann ein harmloser elektrischer Schlag ausgelöst werden. Die Sicht ist durch fliegende Gischt stark eingeschränkt, der Lärm macht eine Verständigung unmöglich. Anweisungen werden über Kanal 16 erteilt (Funkgerät besetzen). Das Anhieven erfolgt schlagartig mit voller Geschwindigkeit, um vom Rigg freizukommen. Das Abbergen von Bord eines (Segel-)Schiffs ist stets riskant. Die Bergung erfolgt vom Heck aus, wozu Großbaum und Achterstag (am Baum festbinden) abgeschlagen werden. Keinesfalls darf die Bergeleine an Bord befestigt werden. Möglicherweise erhält die Crew von der Rettungsmannschaft die Anweisung, ins Beiboot oder in die Rettungsinsel überzusteigen, und wird von dort geborgen. Eventuell wird sich ein Retter in einer Winschhose oder zur Bergung eines Verletzten aus dem Wasser mit einem Rettungskorb abseilen.

10.7.2 Aussteigen in Beiboot oder Rettungsinsel

Wie zahlreiche Unglücksfälle in der Vergangenheit bewiesen haben, ist ein noch schwimmendes Schiff – auch wenn es kieloben treibt – meist sicherer als ein Beiboot oder eine Rettungsinsel. Immer wieder sind in die Rettungsinsel Ausgestiegene ertrunken, während Tage nach dem Unwetter das Schiff treibend und nahezu ohne Beschädigungen geborgen wurde. Die Entscheidung des Skippers, das Schiff aufzugeben und in die Rettungsinsel oder das Beiboot auszusteigen, ist daher keine leichte und darf keinesfalls zu früh oder in Panik getroffen werden. Erst wenn eindeutig zu erkennen ist, dass die Yacht in Kürze sinken wird, sollte diese Entscheidung fallen.

10.8 MEDIZIN AN BORD

Der Skipper trägt nicht nur die Verantwortung für die Seetüchtigkeit und die Sicherheitseinrichtungen des Schiffs (*siehe 1.3*), sondern er muss auch in der Lage sein, Erste Hilfe zu leisten. Zum Erwerb eines Segelführerscheins müssen entsprechende Kenntnisse nachgewiesen werden, die in etwa den Anforderungen zum Erwerb eines Kfz-Führerscheins entsprechen. Dem für seine Crew verantwortlichen Skipper ist dringend anzuraten, sich weitergehende Kenntnisse anzueignen, wie sie in Kursen nationaler Segelverbände speziell für die Umstände auf See angeboten werden.

Nicht nur zur Erste-Hilfe-Leistung ist der Skipper verpflichtet, sondern darüber hinaus auch dazu, bei lebensbedrohlichen Zuständen einen Verunglückten oder Erkrankten unmittelbar ärztlicher Behandlung zuzuführen (nächster Hafen, Seenotkreuzer, SAR-Hubschrauber o. Ä.).

10.8.1 Grundkenntnisse in Erster Hilfe

Ein falsch verstandenes Manöver führt zumeist „nur“ zu einem materiellen Schaden am Schiff, der (fast) immer behoben werden kann. Wer aber in der Behandlung eines Verletzten oder Kranken einen Fehler begeht, der schädigt die Gesundheit oder gefährdet sogar das Leben einer ihm (als Skipper) anvertrauten Person.

Erste Hilfe ist nicht in der Theorie zu erlernen, sondern nur durch Praxis, wie sie in eingangs erwähnten Lehrgängen angeboten wird. Dieses Kapitel ist daher nur als Anregung für den verantwortungsvollen Skipper gedacht, ob er in den aufgezeigten Situationen tatsächlich sachgerechte Hilfe leisten könnte. Wenn nicht, empfiehlt sich auch im eigenen Interesse dringend eine Auffrischung dieser Kenntnisse. In allen Fällen sollte er funkärztliche Hilfe in Anspruch nehmen *(siehe 9.3.6)*.

- **Wiederbelebung** bei Atemstillstand durch Atemspende (allenfalls Entfernung eines Fremdkörpers aus dem Rachenraum) oder bei Herzstillstand durch Herzmassage; bei gleichzeitigem Atem- und Herzstillstand Herz-Lungen-Wiederbelebung
- **Seitenlagerung** bei Bewusstlosen
- **Schockbehandlung**
- **Lebensbedrohliche Blutungen** durch Abdrücken, Druckverband oder Abbinden stillen; Verbände (Bindenverband, Dreiecktuchverband, Schlauchverband, Pflasterwundverband) anlegen; Blutungen in der Brust- oder Bauchhöhle; Nasenbluten
- **Knochenbrüche** – Armbrüche, Beinbrüche, Rippenbruch, Wirbelsäulenbrüche
- **Verrenkungen, Verstauchungen**
- **Zerrungen, Quetschungen, Prellungen**
- **Bewusstlosigkeit, Ohnmacht** – Schädel-Hirnverletzungen, Schädelbasisbruch, Gehirnerschütterung
- **Hitzeerkrankungen** – Hitzeerschöpfung, Hitzschlag, Sonnenstich
- **Verbrennungen, Verbrühungen**
- **Verätzungen, Vergiftungen**
- **Elektrounfälle**
- **Bergung, Transport eines Verletzten** – Rautek-Rettungsgriff

10.8.2 Seekrankheit

Seekrankheit, nicht bloß Übelkeit, ist eine ernst zu nehmende Erkrankung, die den Betroffenen unfähig zu irgendwelchen Aktivitäten oder Tätigkeiten an Bord macht. Es gibt keine wirksamen Medikamente, die nicht auch Nebenwirkungen haben. Die meisten angebotenen Medikamente sollen den Ausbruch der Seekrankheit verhindern oder wenigstens mildern und sind daher vor dem Auftreten der ersten Anzeichen anzuwenden. Aktivität an Bord, z. B. Rudergehen, wirkt der Seekrankheit entgegen, ebenso ein Platz im Cockpit mit Blick auf den Horizont. Unter Deck ist der geeignetste Platz für einen Erkrankten der Kajütboden.

10.8.3 Akute Erkrankungen

- **Herzschmerzen** – Schweißausbruch, Atemnot, Kollaps und Schock deuten manchmal auf einen Herzinfarkt hin.
- **Leibschmerzen** – eine sichere Diagnose ist an Bord nicht möglich.
- **Ohrenschmerzen** werden meist durch Entzündungen hervorgerufen.
- **Augenerkrankungen** durch Entzündungen. Fremdkörper im Auge.
- **Magen-Darm-Infektionen** – oftmals genügt die ausschließliche Einnahme von ungesüßtem Tee und Zwieback über einen Zeitraum von 24 Stunden, allenfalls zusätzlich Kohletabletten.
- **Zahnschmerzen** – Entzündungen und Schwellungen mit Antibiotika behandeln.
- **Verletzungen durch Meerestiere** – die Berührung von Quallen führt meist zu schmerzenden, aber an sich harmlosen Ausschlägen (stärkere Reaktionen lösen Feuerquallen aus). Wesentlich gefährlicher sind die in wärmeren Meeresgebieten vorkommenden Nesseltiere, z. B. die Portugiesische Galeere. Weberfisch, Petermännchen, Adriafisch und Drachenkopf verursachen schmerzhafte, aber ungefährliche Stiche. Gefährlicher sind Steinfisch und Teufelsfisch.

10.8.4 Ertrinken

Ertrunkene können auch nach fünf bis zehn Minuten unter Wasser erfolgreich wiederbelebt werden. Die Sicherung eines Ertrinkenden durch Zuwerfen einer Leine, eines Rettungsrings oder sonstigen Schwimmkörpers hat Vorrang.

Bei der Annäherung an einen in Panik um sich Schlagenden ist Vorsicht geboten. Nötigenfalls von hinten nähern, bei den Haaren oder an den Armen, dicht unterhalb der Schultern fassen und den Oberkörper durch einen Kniestoß in den Rücken hochdrücken. Die Umklammerung des Ertrinkenden (auch mit Gewalt) lösen, eventuell die Nase zudrücken. Hat sich der zu Rettende beruhigt oder ist bewusstlos (geworden), wird er auf den Rücken gedreht und mit beiden Händen unter den Achseln oder an den Kinnbacken gehalten. Jedenfalls so, dass sein Gesicht über Wasser bleibt. Nach der Bergung des zumeist Erschöpften ist dieser ohne Verzug unter Deck zu bringen und die nassen Kleider sind durch trockene Decken zu ersetzen, um eine weitere Auskühlung zu verhindern. Alkohol bewirkt keine Belebung des Kreislaufes, sondern führt häufig zu einem Kollaps oder zum Kreislaufzusammenbruch. Gegebenenfalls Atemspende und Herzmassage zur Wiederherstellung der Lebensfunktionen. Wasser kann ohne Absaugegerät nicht aus den Atemwegen entfernt werden.

10.8.5 Unterkühlung

Unterkühlung von Überbordgegangenen wird sehr oft unterschätzt. Die theoretischen Überlebenszeiten betragen bei Wassertemperaturen unter 4 °C weniger als eine Stunde, 4–10 °C weniger als drei Stunden, 10–15 °C weniger als sechs Stunden, 15–20 °C weniger als zwölf Stunden. Die Werte können je nach körperlicher Konstitution und unterschiedlichen Begleitumständen stark nach oben und unten abweichen. Auch in relativ warmem Wasser kühlt der Körper durch Wärmeentzug aus. Die Muskeln verlieren rasch an Kraft, weshalb Überbordgefallene aus eigener Kraft kaum an Bord gelangen können.

Verhalten im Wasser

- wärmende Kleidung und Schuhe anbehalten (ein beträchtlicher Wärmeverlust erfolgt über den Kopf, weshalb eine wärmende Kopfbedeckung wesentlich ist)
- keine unnötigen Schwimmbewegungen (fördern die Unterkühlung, kosten Kraft)
- zusammengekauerte Stellung einnehmen (Embryohaltung)

Unterkühlte sind rasch und vorsichtig in möglichst horizontaler Lage zu bergen (und zu transportieren) und vor weiterer Abkühlung zu schützen. Körperbewegungen vermeiden.

Erste Hilfe

- Schutz vor weiterer Auskühlung (Decken, Wärmefolie, Kleidungsstücke etc.)
- Vermeiden aktiver und/oder passiver Bewegung (nie selbst bewegen lassen, nicht massieren oder abreiben)
- Anfordern eines SAR-Rettungshubschraubers
- bei vorhandenem Bewusstsein: heiße, ungezuckerte Getränke (keinesfalls Alkohol, keine Medikamente) verabreichen
- bei fehlendem Bewusstsein: Atmung und Kreislauf beobachten
- bei Atem-/Herzstillstand: kombinierte Wiederbelebung mit verminderter Frequenz

Strengstens untersagt bei unterkühlt Geborgenen sind aufwärmende Gymnastik, Frottieren oder Warmreiben des Körpers, heißes Abduschen, Alkohol und Nikotin. Einem Bewusstlosen darf nicht zu trinken gegeben werden.

10.8.6 Bordapotheke

Die Bordapotheke gehört zur gesetzlich vorgeschriebenen Pflichtausrüstung eines Schiffs. In der Praxis entsprechen diese schiffsgebundenen Bordapotheken meist nicht den Anforderungen und haben höchstens Alibifunktion.

Allgemeine Hinweise:

Die Bordapotheke muss stets sauber und in Ordnung gehalten werden, aufbewahrt in einem verschließbaren, dichten Behälter. Sie sollte nur wärmebeständiges Material enthalten. Ampullen (kühl lagern) und Suchtgiftmedikamente müssen getrennt und versperrt aufbewahrt werden. Alle Medikamente in der Originalverpackung belassen (Gebrauchsanleitung, Dosierung) und einmal jährlich von einem Arzt kontrollieren lassen. Eine inhaltliche Kontrolle sollte vor jedem Törnantritt erfolgen, nach dem Törn werden die verbrauchten Medikamente ersetzt. Verpackungen ohne Ablaufdatum werden mit dem Kaufdatum versehen. Der Bordapotheke sollte eine vollständige Inhaltsliste samt Kopien in englischer Sprache (für den Zoll) beiliegen. Kinder an Bord benötigen eigene, kindergerechte Medikamente.

Inhalt:

Der definitive Inhalt der Bordapotheke richtet sich nach der Dauer eines Törns, dem Fahrtbereich, der Anzahl und dem Alter der Crewmitglieder und deren Gesundheitszustand und sollte gemeinsam mit einem einschlägig erfahrenen Arzt eingerichtet werden. Dieser Arzt sollte für eine Kontaktaufnahme (Telefonnummer auf der Inhaltsliste verzeichnen) während des Törns eine Bestandsliste in Händen haben.

Die nachfolgende Aufstellung ist eine Art Checkliste für eine Bordapotheke:

Augen	Bindehautreizung, Augenschmerzen, eitrige Augen
Rachen, Nase, Ohren	Gehörgangsekzem, -entzündung, Schnupfen, Rachenkatarrh, Zahnfleischentzündung/Mundfäule, grippaler Infekt/Heiserkeit/Mandelentzündung
Atemwege	Hustenlösung, Hustendämpfung, Asthma
Herz-Kreislauf	Herzanfall, niedriger/hoher Blutdruck, Entwässerung
Verdauungsorgane	Sodbrennen, Völlegefühl, Gastritis/Geschwür, Übelkeit/Erbrechen, Durchfall mit/ohne Fieber, massiver Durchfall, Verstopfung, Bauchkrämpfe, Nahrungsmittelvergiftung, Wurmbefall
Blase, Niere	Harnwegsentzündung
Schmerzmittel	mäßige/schwere/extreme Schmerzen, Lokalanästhesie
Schlaf, Beruhigung	Schlafstörungen, milde/starke Erregung
Allergie	juckender Ausschlag, leichte/schwere Allergie, allergischer Schock
Seekrankheit	Vorbeugung, schwere Seekrankheit
Antibiotika, Chemotherapeutika	bakterielle Infektion, Antibiotikum bei Penicillinallergie, Malariaverdacht

Hautkrankheiten	Juckreiz/Insektenstiche/Verbrennungen/Sonnenbrand, Fieberblasen, Ekzem, Wundinfektion, Abszess/Furunkel, Hautpilz
verschiedene Medikamente	Fieber allgemein, Schwellungen allgemein, Prellungen/ Zerrungen/Blutergüsse, ältere Schwellungen/Rheuma, örtliches Betäubungsmittel gegen schmerzhafte Karies, entzündungshemmende Bäder, Hämorrhoiden, Gebärmutterblutungen, Hautdesinfektion vor Injektionen und Operationen, Mittel für provisorischen Zahnverschluss
Verbandsmaterial, Instrumente	
Naturheilmittel	als Ergänzung
Inhaltsliste	mit laufender Nummer, Menge, Medikament nach Krankheit oder Verletzung, Telefonnummer des Arztes zu Hause

Die laufende Kontrolle und Aktualisierung der Bordapotheke stellt einen erheblichen, wenn auch erforderlichen, Aufwand dar und ist auch finanziell nicht zu unterschätzen. Eine optimale Alternative stellen leihweise zur Verfügung gestellte Bordapotheken von Verbänden oder Vereinen dar. Der Inhalt wird laufend ergänzt bzw. erneuert und ist den Anforderungen auf See angepasst. Die Leihgebühr ist gering.

Gebrauch der Bordapotheke:

Niemals im Dunkeln Medikamente entnehmen (Verwechslungsgefahr), Gebrauchsanweisung aufmerksam lesen, vor Verabreichung eines Medikamentes den Patienten über Unverträglichkeit oder Allergien befragen, beim Auftreten von Nebenwirkungen Medikament sofort absetzen.

11 ANHANG

11.1 KARTENEINTRAGUNGEN

<table>
<tr><td>Kartenkurs
Kurslinie beschriftet mit dem KaK und dem MgK in runder Klammer</td><td>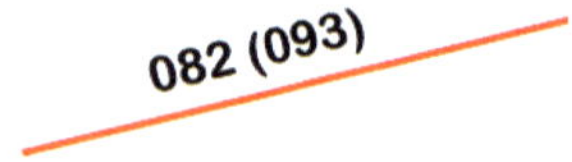
</td></tr>
<tr><td>Standlinie (Peilung), zum Zeitpunkt der Beobachtung
Peillinie mit Pfeil in Richtung des Peilobjekts, beschriftet mit rwP</td><td>
</td></tr>
<tr><td>Standlinie (Peilung), versegelte Peilung
Peillinie mit Doppelpfeil in Richtung des Peilobjekts, beschriftet mit rwP</td><td>
</td></tr>
<tr><td>Koppelort O_K
Querstrich zur Kurslinie, beschriftet mit der Uhrzeit (4-stellig) und der Logge (in eckiger Klammer)</td><td>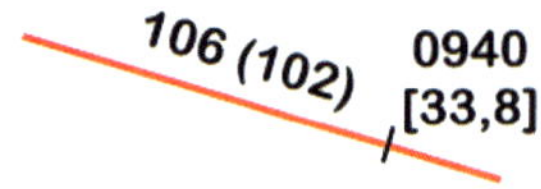
</td></tr>
<tr><td>beobachteter Ort O_b
Kreis um den Schnittpunkt der Standlinien, beschriftet mit der Uhrzeit (4-stellig) und der Logge (in eckiger Klammer)</td><td>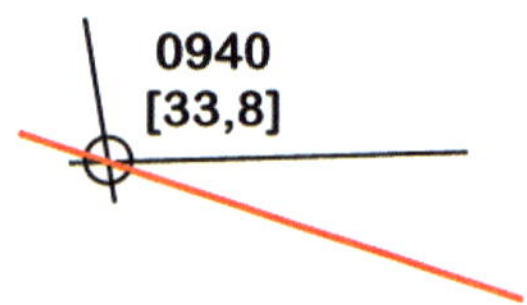
</td></tr>
</table>

11.2 NAUTISCHE MASSEINHEITEN

1 Seemeile (sm) = 1,852 km = 1852 m

1 Kabellänge (kbl) = 1/10 Seemeile (sm) = 185,2 m

1 Fuß (ft) = 0,3048 m

1 Faden (fm) = 6 ft

1 Faden (fm) ≈ 1,83 m ≈ 1/100 kbl

1 Zoll (in) = 2,54 cm

1 Knoten (kn) = 1 Seemeile pro Stunde = 1 (sm/h)

11.3 ABKÜRZUNGSVERZEICHNIS

Abkürzung	Erklärung	Abkürzung	Erklärung
O_b	beobachteter Ort (früher auch wahrer Ort O_w)	O_K	Koppelort (früher auch gegisster Ort O_g)
O_L	Loggeort	T	Zeit (Zeitpunkt, Zeitspanne)
F FdW FüG	Fahrt (kn) Fahrt durchs Wasser (kn) Fahrt über Grund (kn)	D DdW DüG	Distanz (sm) Distanz durchs Wasser (sm) Distanz über Grund (sm)
KdW KüG	Kurs durchs Wasser Kurs über Grund	MgK	Magnetkompasskurs (Steuerkurs)
mwK rwK	missweisender Kurs rechtweisender Kurs	Abl	Magnetkompassablenkung
Mw	Missweisung	BW BS	Beschickung für Wind Beschickung für Strom
MgP	Magnetkompasspeilung	mwP rwP	missweisende Peilung rechtweisende Peilung
SP RaSP	(Schiffs)Seitenpeilung Radarseitenpeilung	sm	Seemeile
kbl	Kabellänge	kn	Knoten (sm/h)
Bft	Beaufort	H	Höhe, allgemein (m)
H_f	Feuerhöhe (m)	A_h	Augeshöhe
E_P	Entfernung zu einem Peilobjekt (sm)	n	Höhenwinkel (Winkelminuten)
E_K	Kimmentfernung	A_{FK}	Abstand Feuer in der Kimm (sm)
LWL	Länge Wasserlinie (m)	Lüa	Länge über alles
Stb	Steuerbord	Bb	Backbord
Astronavigation			
Alle Abkürzungen der Gezeitenkunde sind unter 8.8.4 zu finden.			

11.4 ABKÜRZUNGEN UND BEGRIFFE IN SEEKARTEN

Ausgewählte Abkürzungen und Begriffe in Seekarten: deutsch, kroatisch, englisch

ABKÜRZUNGEN		SKRACENICE		ABBREVIATIONS	
Leuchtfeuer		**Svjetla**		**Lights**	
w.	weiß	B	Bijela	W	White
r.	rot	C; Crv	Crvena	R	Red
gn.	grün	Z; Zel	Zelena	G	Green
F.	Festfeuer	B; C; Z	Stalno	F	Fixed
Ubr.	Unterbrochenes Feuer	Pk	Prekidi	Oc	Occulting
Glt.	Gleichtaktfeuer	Izo	Izofazno	Iso	Isophase
Blz.	Blitzfeuer	Bl	Bljeskovi	Fl	Flashing
Blk.	Blink	DBl	Dugi bljeskovi	LFl.	Long-flashing
Fkl.	Funkelfeuer	K	Kratki bljeskovi	Q	Quick
Fkl.unt.	Unterbrochenes Funkelfeuer	KPk	Kratki bljeskovi na prekide	IQ	Interrupted quick

SFkl.	*Schnelles Funkelfeuer*	*VK*	*Vrlo kratki bljeskovi*	*VQ*	*Very quick*
SFkl.unt.	*Unterbrochenes schnelles Funkelfeuer*	*VKPk*	*Vrlo kratki bljeskovi na prekide*	*IVQ*	*Interrupted very quick*
...(...)	*Feuer mit Gruppen*	*...(...)*	*Bljeskovi u grupi*	*...(...)*	*Group – .....*
Mo.(A)	*Morsefeuer A*	*Mo (A)*	*Morseovi znakovi A*	*Mo (A)*	*Morse Code (A)*
F.Blz.Mi.	*Mischfeuer z. B. Festfeuer und Blitze*	*Sj*	*Stalno svjetlo sa sjajem*	*FFl.*	*Fixed and flashing*
Wchs.w.r.	*Wechselfeuer weiß rot*	*BC Pm*	*Promjenjivo svjetlo*	*Al.WR*	*Alternating white red*
(ztwl.)	*zeitweilig*	*(pri)*	*Prjvremeno*	*(temp)*	*Temporary*
(skr.)	*Senkrecht angeordnet*	*Vert*	*vertikalan*	*(vert)*	*Vertically disposed*
(wgr.)	*Horizontal angeordnet*	*Hor*	*horizontalan*	*(hor)*	*Horizontally disposed*
Grundbezeichnungen		***Vrste morskog dna***		***Types of Seabed***	
Sd.	*Sand*	*P; p*	*Pijesak*	*S*	*Sand*
Sk.	*Schlick*	*M; m*	*Mulj*	*M*	*Mud*
T.	*Ton*		*Glina*	*Cy*	*Clay*
St.	*Steine*	*K; k*	*Kamenje*	*St*	*Stones*
kl.St.	*Kleine Steine*		*Manje valutice*	*P*	*Pebbles*
gß.St.	*Große Steine*		*Veće valutice*	*Cb*	*Cobbles*
Fls.	*Felsen*	*Gr*	*Stijena, greben*	*R*	*Rock*
K.	*Kies*	*S; s*	*Šljunak*	*G*	*Gravel*
Sch.	*Schill*	*Šk, šk*	*Školjke*	*Sh*	*Shells*
Kor.	*Korallen*	*Kor; kor*	*Koralj*	*Co*	*Coral*
Grs.	*Seegras*	*T, t*	*Morska trava*	*Wd*	*Weed*
übrige Abkürzungen		***Ostale Skracenice***		***Other Abbreviations***	
K.	*Kap*	*Rt*	*Rt*		*Cape*
Hk.	*Huk*		*Rt*		*Point*
Klp.	*Klippe*	*Hr*	*Hrid*		*Rock*
Hfn.	*Hafen*	*L*	*Luka*		*Harbour*
I.;	*Insel; kleine Insel*	*O;O^{i}*	*Otok; Otočić*		*Island; Islet*
Fischfanggebiet				*Fishing area*	
Gefährliches Gebiet				*Danger area*	
Außer Kraft		*Van snage*		*Annulment*	
Ankern verboten		*Zabranjeno sidrenje*		*Anchoring prohibited*	
Fischen verboten		*Zabranjeno ribarenje*		*Fishing prohibited*	
Militärisches Sperrgebiet		*Vojno zabranjeno područje, pristup zabranjen*		*Military restricted area, entry prohibited*	

11.5 SEEFAHRTSVOKABULAR

Der internationale Funkverkehr, NAVTEX, Wetterberichte usw. werden zumeist in englischer Sprache abgewickelt. Schiffspapiere, Formulare, Betriebsanleitungen, Gerätebeschreibungen usw. sind ebenfalls oftmals in Englisch verfasst. Im Folgenden daher eine Auswahl an Vokabeln, Ausdrücken und Redewendungen für die Seefahrt.

11.5.1 Deutsch – Englisch

A

abschalten / stilllegen	switch off / shut down
Absicht, Zweck	intention
Abstand	distance
Abstand, Zwischenraum	interval
Abstand einnehmen / halten von	to keep (hold) well lear of ...
abstimmen (Sender); Abstimmung	to tune; tuning
abwarten / erwarten	to await / to expect
Abweichung (Kompass)	deviation
Achse	axis
Achtel (Bedeckungsgrad Wolken)	octa
Achtung / Aufmerksamkeit	attention
(ab)ändern / verändern / Änderung	to alter / to change / change
ärztliche Hilfe	medical help / medical assistance
Alarmdienst	alerting service
alarmieren	to alert
Anfang, Beginn	beginning
anfordern, erbitten	to request
angeben, anraten, mitteilen	to advise
Anker	anchor
Ankunft	arrival
annähernd, ungefähr	approximately
Anordnung, Anweisung, Richtung	direction
Antenne	aerial
Antennenturm (Mast)	radio mast
Antrag, Bitte; auf Antrag	request; on request
Antwort	answer, reply, response
Anweisung	instruction; to instruct, to advise
Anzahl, Zahl	number
Arbeitsfrequenz	working frequency
Arzt	doctor, physican
auffällige (Landmarken)	prominent (landmarks)
aufheben, streichen, annulieren	to cancel
aufpassen, achten auf, beobachten	to watch (of)
auf der Strecke / unterwegs nach ...	en route to ...
Ausfall, Panne, Versagen	failure, breakdown
ausfindig machen / finden	to locate / to find
Ausgangspunkt	point of depature, point of origin
ausgefallen, außer Betrieb	inoperative, out of operation
ausgefallener, abgestellter Motor	dead engine
ausgerüstet, versehen mit ...	equiped with ...
Ausrüstung, Gerät	equipment
ausschauen, Ausschau halten nach ...	to look for, to watch out for ...
außerordentlich, äußerst, höchst	extreme, extremely
aussteigen (lassen), von Bord gehen	to disembark
ausstrahlen, senden (Funk)	to broadcast
Ausstrahlung, Aussendung	transmission
automatisches Peilgerät / Radiokompass	automatic direction finder / radio compass

B

Backbordseite	port
beabsichtigen; was beabsichtigen Sie?	to intend; what are your intentions?
beantworten	to answer
bedeckt	overcast
befolgen (eine Anweisung)	to follow (instruction)
begrenzt, beschränkt	limited
Begrenzung, Grenze	limit
beibehalten, einhalten	to maintain
beistehen, helfen; Beistand, Hilfe	to assist; assistance
Benachrichtigung; Unterrichtung	information; notification advice
benötigen	to need, to require
beobachten; Beobachtung	to observe; observation
Berechtigung, Erlaubnis	licence
Bergungsdienst	crash rescue (service)
Bergungsfahrzeug, Rettungsfahrzeug	rescue vehicle
berichten; Bericht	to report; report
Besatzung(smitglied)	(member of) crew
beschädigen; Beschädigung	to damage; damage
beständig	settled
bestätigen; Bestätigung	to confirm; confirmation
Bestimmung, Vorschrift; Regel	regulation; rule
betriebsbereit	ready, operative
bevorzugen, vorziehen	to prefer
Bezirk, Gebiet, Bereich	area, region
Bezugspeilung, Funkseitenpeilung	relative bearing
Bitte, Wunsch; Wunsch vorgemerkt	request; request noted
bleiben, verbleiben; übrig bleiben	to remain; maintain
bleiben Sie auf Empfang (Frequenz)	stand by (on frequency)
bleiben Sie auf dieser Frequenz	remain on this frequency
Blindsendung, Blindübermittlung	blind transmission, transmitting blind
blinken; Blinken	to blink, to flash; blinking
Blitz	lightning
Bö; Böenspitzen bis ...	gust, squall; gusting up to ...
böig	gusty, turbulent
Bordbuch	log book
Brandwarnung	fire warning
brechen; unterbrechen	to break; to interrupt
brennender Motor	engine on fire
buchstabieren	to spell
Buchstabieralphabet	spelling alphabet

D

Dienst, Betrieb	service
draußen	outside
Drehfeuer	rotating beacon
dringend	urgent
Dringlichkeitsmeldung; -zeichen	urgency message; urgency signal
Druck; Luftdruck	pressure; air pressure
dunkel; Dunkelheit	dark; darkness
Dunst	mist, haze

E

eben, soeben	just (now)
Echoanzeige (Radar)	blip
einmal; noch einmal	once; once more
einschalten	to switch on
Eintragung(szeichen)	registration (mark)
einverstanden (Sprechgruppen)	wilco, affirmative
Eis; eisfrei	Ice; clear of ice
elektrisch(es System)	electric (system)
Empfängerausfall	receiver failure
empfangen; Empfänger; Empfang	to receive; receiver; reception
entstellt, verzerrt (Funk)	distorted (distortion)
erbitten, ersuchen	to request
erkennen, identifizieren	to identify (identification)
Erlaubnis, Genehmigung; Bewilligung	permission; licence
Erstanruf, erster Anruf	initial call (up)
erwarten; abwarten	to await; to expect
explodieren; Explosion	to explode; explosion

F

fähig sein; in der Lage sein	to be able; to be in a position
falsch, verkehrt	wrong, false, negative
Fehler; Irrtum	mistake; error
Fels, Stein	rock
Fernmeldewesen, Fernmeldeverkehr	communications
Feuer; Feuer fangen	fire; to catch fire
Feuerwehr	fire brigade
Flosse	fin
Flüssigkeitsdruckanlage	hydraulic system
Frequenz; Frequenzabstand, Frequenzbereich	frequency; frequency band
Frequenzkanal; -wechsel	frequency channel; frequency change
Funker	radio operator
Funkfeuer; Funknavigation, Funkortung	radio beacon; radio navigation
Funkpeilgerät	radio direction finder
Funkpeilung	radio bearing
Funkrufzeichen	radio call sign
Funkstelle	radio station
Funkstille	radio silence
Fuß (Maßeinheit)	foot; feet (Mz)

G

Gebiet, Bezirk, Bereich	area, region
gefährlich	dangerous, hazardous
gefährliche Begegnung; Fastzusammenstoß	near miss; near collision
gefährliche Wetterbedingungen	hazardous weather conditions
Gefahr	danger, hazard
Gegen- bzw. Wechselfunksprechgerät	two-way radio
Gegenverkehr	opposite (direction) traffic
geleiten, begleiten	to escort
genau	exact(ly), precise(ly), accurate(ly)
Generator	generator
geografische Breite; geografische Länge	latitude; longitude

Gerät, Ausrüstung	equipment
geschätzt, voraussichtlich	estimated
Geschwindigkeit	velocity
gestört	disturbed
Gewitter	thunderstorm
Gewitterwarnung	storm warning
gleichbleibend (Luftdruck)	steady
Grenze, Landesgrenze	border, boundary
Grund, Boden, Erde	ground
H	
Hagel	hail
halbstündlich	half-hourly
halten Sie, bleiben Sie stehen	hold position
Handbuch	manual
Hauptfrequenz	primary frequency
Hauptschalter	main switch
Heck; Hecklicht	stern; stern light, rear light
hier; hier ist (Funk)	here; this is
Hilfe	help, assistance
Höchstfahrdauer (in Bezug auf Kraftstoff)	endurance
Höchstgeschwindigkeit	maximum speed, top speed
hören, horchen; hören, verstehen	to listen; to read
bleiben Sie hörbereit	maintain listening watch
Horizont; horizontal, waagerecht	horizon; horizontal
I	
infolge, wegen	due to, because of
Irrtum, Fehler, Versehen	error
J	
ja (auch: Genehmigung erteilt)	affirmative (Sprechgruppe), ye
jeden Augenblick	any second, any moment
jederzeit	any time
K	
Kabel	cable
Karte (Landkarte)	map
keine wesentliche Änderung	no significant change
Kiloherz	kilocycles (kHz)
klar, deutlich, hell	clear
knapp an Treibstoff	short (low) of fuel
Kompassablenkung (horizontal)	deviation
Kompassfehler; Kompasskurs	compass error; compass course
kopieren, mitschreiben	to copy
korrekt	correct
Kraftstoff, Treibstoff	fuel (gas, gasoline)
Kraftstoffanlage; Kraftstoffbehälter	fuel system; fuel tank
Kraftstoffknappheit, -mangel	fuel shortage
Kraftstoffleitung; Kraftstoffverbrauch	fuel pipe; fuel consumption
Küste; Küstenlinie	coast, shore; shoreline

L

Länge, geografische	length, longitude
Lage, Situation	situation
leck, undicht sein	to leak
Leck, undichte Stelle	leak
letzte Wettermeldung	latest weather report, latest Met-Report
Leuchtfeuer, Funkfeuer	radio beacon
Leuchtkugel	flare
Lichtsignal	light signal
Logbuch	diary
Luke	hatch

M

Magnetkompass	magnetic compass
manövrierunfähiges Schiff	immobilized (disabled) ship
markanter Punkt im Gelände	prominent landmark
Megahertz	megacycle(s) (MHz)
Mehrfachanruf	multiple call
Mikrophon; Mikrophontaste	microphone (mike); mike button
mindest, Mindestwert	minimum
missweisend (magnetisch)	magnetic
missweisender Kurs	magnetic course
missweisender Kurs über Grund	magnetic track
missweisende Peilung, Richtung	magnetic bearing
mitschreiben	to copy
Mitte, in der Mitte	center, middle; in the middle, centered
mitteilen	to inform
mittel (Seegang, Sicht)	moderate
mittlere Greenwichzeit (MGZ)	Greenwich Meantime (GMT)
Modulation	modulation
Morsealphabet	morse code
Motor, brennender; rauchender	engine on fire; engine trailing smoke
Motorausfall	engine failure, power failure
Motor ausgefallen/außer Betrieb	engine inoperative
Motor läuft wieder	engine is running again
Motorstörung	engine trouble

N

Nachricht; Nachricht übermitteln	message, news; to deliver a message
Navigationslichter	navigation lights
Nebel	fog
negativ, nein	negative
negativ (Genehmigung nicht erteilt)	unable to approve
nicht imstande, unfähig sein	to be unable (to)
nicht weniger als, mindestens ...	not less than ...
Nord; nördlich; nordwärts	north; northern; northbound
Notausrüstung	emergency equipment
Notfall, Notlage	emergency
Notfrequenz	emergency frequency, distress frequency
Notmeldung; Notruf	distress message; distress call
Notsignal (MAYDAY)	distress signal (MAYDAY)
Notstrom(versorgung)	emergency (secondary) power (supply)

Notverfahren	emergency procedure
Notverkehr	distress traffic
Notzeichen	emergency signal

O

Orientierung verlieren, sich verirren	to loose orientation
Orientierungsverlust	loss of orientation
Ort(schaft), Platz	place, location
Ortsmissweisung (Ablenkung, magn.)	(magnetic) varation
Ortszeit	local time
Ost; östlich; ostwärts	east; eastern; easterly, eastbound

P

Panne	breakdown
peilen, Peilwesen	direction finding
Peilung, Richtung einhalten	bearing; steer
Positionslicht(-leuchte, -lampe)	position light
positiv (Genehmigung erteilt)	affirmative
Propeller	propeller
prüfen; überprüfen, untersuchen	to check; to verify

R

Radarecho	radar echo
Radiokompass	radio compass; automatic direction finder
rechtweisend; -er Kurs über Grund	true; true track
rechtweisende Peilung, Richtung	true bearing
rechtsdrehend (Wind)	veering
Regel, Vorschrift, Bestimmung	rule, regulation
Regen; Regenschauer; Regenbö	rain; rain shower; rain squall
Reichweite (eines Funkfeuers)	range, coverage
Rettungsboot	life boat
Rettungs (Bergungs-)fahrzeug	crash (rescue) vehicle
Rettungsmannschaft	rescue crew
richtig; das ist richtig	correct; that is correct
Richtung, Anordnung, Anweisung	direction
Rückkehr	return
rückdrehend (Wind)	backing
rufen	to call, to contact
Rufen Sie … auf … (Frequenz)	contact … on …
Rufzeichen	call sign, identification
Rundfunksender	broadcasting station

S

sagen, reden	to say
Sammelanruf	traffic list
Schaden	damage
schätzen, einschätzen	to estimate
schalten; Schalter	to switch; switch
schauen; aussehen	to look; look like
Scheinwerfer	spot light; search light
Schiff	ship
Schlauchboot	(rubber) dinghy (boat)
schreibbereit	ready to copy

schwer, stark; heftig, schlimm	heavy; severe
schwierig; Schwierigkeit	difficult; difficulty, trouble
Schwierigkeiten im Fernmeldeverkehr	communication (radio) difficulties
Schwimmweste	life jacket, life vest
schwinden; Schwund	to fade out; fading
Seemeile	nautical mile
sehen; sah; gesehen	to see; saw; seen
Sekunde	second
senden, übermitteln; Sendung	to transmit; transmission
Sender; Senderausfall	transmitter; transmitter failure
Sicht	visibility
sprechen; sprach; gesprochen	to speek; spoke; spoken
sprechen Sie langsam(er)	speak slowly(er)
Sprechfunk(wesen)	radio telephony
Stärke, Intensität; Kraft	intensity; power
Standort; Standortmeldung	position; position report
Standortpeilung, Funkbezugspunkt	fix
Standort ungefähr	approximate position
Start; starten	departure; to depart
Station	station
steigen	to rise
steuerbord	starbord
still, ruhig	calm
Stimme	voice
stören (Funkwesen)	to block out, to interfere
Störung, Schwierigkeit, Mühe	trouble
Strecke, Route	route
auf Strecke (unterwegs) nach …	en route to …
Streckenwettervorhersage	en route weather (forecast)
Stromausfall	power failure
Stromversorgung	power supply
Stunde; stündlich	hour; hourly
Sturm; Sturmwarnung	gale, storm; gale (storm) warning
Sturz (Temperatur, Luftdruck)	drop
suchen	to search, to look for; to try to locate
Such- und Rettungsdienst	search and rescue (SAR)
Suchaktion	search mission (action)
Suchbereich (-gebiet)	search area
Suchscheinwerfer	searchlight
Süden; südlich; südwärts	south; southerly, southern; southbound

T

Tag; heute	day; today
tanken	to (re)fuel; refuelling
tasten, morsen	to key
Tastverkehr, (Morse)tastung	keying
Telefon(anruf)	telephon (call)
Telegramm	telegramm
Temperatur	temperature
Trägerwelle	carrier wave
treiben; treibend	to drift; drifting

Treibstoff, Kraftstoff	fuel
Treibstoff wird knapp	running out of fuel (gasoline)
Treibstoffmangel	fuel shortage

U

übermitteln, weitergeben	to relay
Übermittlung, Sendung	transmission
Übermittlung von Notverkehr	mayday relais
überprüfen	to check
überprüfen Sie (Sprechgruppe)	verify
Ultrakurzwelle (UKW)	very high frequency (VHF)
umkehren; Umkehr, Rückkehr	to return; return
unbegrenzt, unbeschränkt	unlimited
unbekannt	unknown
undicht (leck) sein	to leak
Unfall	accident
Unfallort	scene of accident, scene of crash
unverständlich	unreadable
unwohl; krank; Unwohlsein	sick; ill; sickness

V

Verbindung; Sichtverbindung	contact; visual contact
verboten, gesperrt; Sperrgebiet	prohibited; prohibited area
verkehrt, falsch	wrong
verlangen, erbitten	to request
verletzen; verletzt	to injure; injured
Verlust der Steuerbarkeit	loss of control
Versehen, Irrtum, Fehler	error
Verspätung; -verursachen	delay; to cause delay
verständlich; Verständlichkeit	readable; readability
verstanden (Sprechgruppe)	roger
verstehen, hören; hörend	to read; reading (Funkwesen)
Wie verstehen Sie mich?	how do you read me?
verzerrt (Funkempfang)	garbled, disorted
Viertel	quarter
vollständiges Rufzeichen	full (complete) sign call
Vorhersage; Wettervorhersage	forecast; weather forecast
Vorrecht; Vorrang	priority
Vorschrift	regulation, rule
vorsichtig; Vorsicht, Sorge	carefull; care
Vorsicht (Achtung)	caution

W

Wachfrequenz	guard frequency
Waldbrand	forest fire
warnen (vor)	to warn (of)
warten (sendebereit sein)	stand by
warten auf	to wait for; to stand by for
wechseln, ändern	to change
Wechselsprechfunkgerät	two-way radio equipment
wegen, auf Grund von	due to, because of
weit; wie weit	far; how far
weiter, zusätzlich, ferner	further

weitere Anweisung	further instruction
weitergeben, übermitteln	to relay
Wellenlänge	wave length
Westen; westlich	west; westerly; western
Wetterbedingungen (-verhältnisse)	weather conditions
Wetterbericht (-meldung)	weather report; meteorological report
Wettervorhersage	weather forecast
wichtig; wesentlich	important; significant
wieder	again
wiederholen; Wiederholung	to repeat; repetition, say again
wiederholen Sie alles nach (vor, zwischen) ...	say again all after (before, between) …
Wie verstehen Sie mich?	how do you read me?
Wind; Drehen des Windes	wind; shifting of the wind
Windstille	calm
Wolke; tiefe Wolken	cloud; low clouds
Wrack; Wrackteile	wreckage

Z

zählen	to count
Zahl, Anzahl, Nummer	number
Zeichen, Signal	signal
zeigen, vorweisen	to show
Zeit, Uhrzeit	time
Zeitvergleich	time check
Zeitzeichen	time signal
Zielort, Bestimmungsort	destination
Zoll	customs
Zusammenstoß	collision
Zweiter, zweite, zweitens	second

11.5.2 Englisch – Deutsch

A

abandoning ship	Schiff wird verlassen
abbreviate; abbreviation	abkürzen; Abkürzung
abeam (AMB)	querab
aboard	an Bord
to go aboard	an Bord gehen
to be on board	an Bord sein
on board ship	an Bord eines Schiffes sein
(to) accept	annehmen, akzeptieren
accident	Unfall
accomodation	Unterkunft
action; by action	Wirkung, Handlung; zufällig
(to) advise	anraten, mitteilen, melden, (an-) durchgeben
until further advice	bis weitere Meldung erfolgt
aerial, antenna	Antenne
affirmative	ja, Erlaubnis erteilt
ahead; go ahead	voraus; fahren Sie voraus
(to) alert (alarm)	alarmieren

alert phase	Alarmstufe
all after (before, between) …	alles nach (vor, zwischen) …
altering (course)	(den Kurs) beibehalten
anchor	Anker
at anchor; anchoring	vor Anker liegen; vor Anker liegend
anchorage	Ankerplatz
anchor is dragging	Anker hält nicht
anchoring is prohibited	Ankern verboten
heave up anchor	ankerauf gehen
(to) answer	antworten
(to) approach	(an)nähern
approaches	Ansteuerung
approximately	ungefähr
approximate position	ungefähre Position
arrival; (to) arrive	Ankunft; ankommen, eintreffen
as soon as possible	so bald als möglich
ashore	an der Küste, in Richtung Küste
(to) assist (help)	helfen, beistehen, unterstützen
assistance, help	Hilfe, Beistand, Unterstützung
– immediatly needed	sofortige Hilfe benötigt
– no longer required	Hilfe nicht länger erforderlich
What assistance is required?	Welche Art von Hilfe wird benötigt?
I am coming to your assistance	Ich komme Ihnen zu Hilfe
radiomedical assistance requested	funkärztliche Hilfe erbeten
tug assistance	Schlepphilfe
attention	Achtung, Aufmerksamkeit
automatic direction finder (ADF)	Radiokompass, automatisches Peilgerät

B

back	zurück, hinten, rückwärts; Rücken
backing	rückdrehend (Wind)
bad, poor	schlecht (Steigerung: worse, worst)
barge	Lastkahn
basin	Hafenbecken
beacon	Funkfeuer, Leuchtfeuer
beam	Strahl, Leitstrahl, Richtstrahl
radio-beam	Funkleitstrahl
bearing	Peilung, Richtung
true bearing	rechtweisende Peilung
because of, due to	wegen
before	(be)vor, vorher, eher (zeitlich)
berth	Abstand
wide berth of … requested	weiter (großer) Abstand von … erbeten
big	groß, mächtig, stark
black	schwarz
blast	Explosion
blip (radar)	Echoanzeige
(to) block out	aussperren, stören
you were blocked out	Ihre Aussendung wurde gestört
border	(Landes)grenze
bottom up	kieloben

boundary	Grenze, Begrenzung, Rand
breaker	Brecher
breakers, surf	Brandung
breakwater	Wellenbrecher
bridge	Brücke
bascule bridge	Klappbrücke
bridge will not open	(die) Brücke öffnet sich nicht
broadcast(ing station)	Rundfunk(sender)
buoy	Tonne
fairway buoy; whistle buoy	Fahrwassertonne; Heultonne
barrel buoy; pillar buoy	Fasstonne; Bakentonne
buoy with topmark	Tonne mit Toppzeichen
(to) burn	brennen

C

(to) call	rufen, anrufen
calling in point	Meldestelle
call sign; radio call sign	Rufzeichen; Funkrufzeichen
cancellation	Aufhebung, Streichung, Annulierung
cannot	kann nicht
care; careful	Vorsicht, Sorge; vorsichtig
cargo (amerik.: freight)	Fracht
cargo vessel	Frachtschiff
carrier (wave)	Träger(welle)
caution	Vorsicht, Achtung, Warnung
navigate with caution	fahren Sie vorsichtig
to change (to another frequency)	wechseln (zu einer anderen Frequenz)
change	Wechsel, Änderung
channel	Kanal
chart	Plan, Karte
cloud; cloudy	Wolke; bewölkt
(to) close	schließen
area is closed for navigation	Gebiet für die Schifffahrt gesperrt
coast, shore	Küste
collision, hazard	Zusammenstoß
(to) command	befehl(ig)en
vessel not under command	manövrierunfähiges Schiff
communication(s)	Fernmeldeverkehr, Nachrichtenverbindung
radio failure	Ausfall der Funkverbindung
company	Gesellschaft
compass (course)	Kompass(kurs)
condition(s)	Zustand
(to) confirm	bestätigen
(to) contact	Verbindung aufnehmen
radio contact	Funkverbindung
container ship	Containerschiff
(to) continue	fortsetzen, fortfahren
continous (listening watch)	ständig(e Hörbereitschaft)
(to) copy	abschreiben, mitschreiben
ready to copy	schreibbereit
correct; that is …	richtig; das ist …

correction	Berichtigung
course	(Soll)kurs
course line	Zugbahn
crash	Unfall, Bruch machen
critical	gefährlich, bedenklich, kritisch
customs	Zoll
cyclone	Sturmtief

D

daily; day; today	täglich; Tag; heute
damage	Schaden, Beschädigung
danger	Gefahr
– of capsizing	Kentergefahr
– for navigation	Gefahr für die Schifffahrt
dangerous	gefährlich
dark; darkness	dunkel, finster; Dunkelheit
dead	tot
dead engine	abgestellter (ausgefallener) Motor
degrees	Grad (Positionsangabe)
depression	Tiefdruckgebiet
complex depression	Tiefdrucksystem
rear of depression	Rückseite des Tiefs
depth (at a jetty)	Tiefe an einem Anleger
destination	Bestimmungsort, Zielort
deterioration	Verschlechterung
diary	Logbuch
difficult; difficulty	schwierig; Schwierigkeit
direction	Richtung, Anweisung
direction finder	Funkpeilgerät, Peiler
disabled (immobilised ship)	bewegungsunfähig (-es Schiff)
(to) disregard	nicht beachten, streichen
distorted	entstellt, verzerrt (Funkempfang)
distortion	Störung, Verzerrung (Funk)
distress	Not(fall)
– alert	Seenotalarm
– call	Notruf
– communications	Notfallfunkverkehr
– frequency	Notfrequenz
– message	Notmeldung
– phase	Alarm (Not-)stufe
– signal	Notsignal (= MAYDAY)
– traffic	Notverkehr (Funk)
undesignated distress	Notfall ohne genaue Angabe
disturbance; to disturb	Störung; stören
(to) dive; diving works	tauchen; Taucharbeiten
dockyard	Werft
doctor	Arzt
(to) drift; adrift	abtreiben, treiben; treibend
draught, draft	Tiefgang
maximum permitted draught	maximal zulässiger Tiefgang
air draught	Höhe über dem Wasser

drilling rig, oil rig	Bohrinsel
drizzle	Nieselregen, Sprühregen
drop	Sturz (Temperatur, Luftdruck)

E

east; easterly; eastern	Ost, östliche Länge; östlich
electricity	Elektrizität
electric system	elektrische Anlage
emergency	Notlage, Notfall
– equipment	Notausrüstung
– frequency	Notfrequenz
– message	Notmeldung
– signal	Notsignal (= MAYDAY)
– situation	Notlage
– transmitter	Notsender
emission	Ausstrahlung, Aussendung
engine; engine failure	Motor; Motorschaden
– inoperative	Motor ausgefallen/außer Betrieb
– on fire	brennender Motor
– trouble	Motorstörung
entrance, gateway	Einfahrt
en route	auf Strecke, unterwegs
– navigation	Streckennavigation
equipment	Ausrüstung
equipped with …	ausgerüstet mit …
error, mistake	Irrtum, Fehler, Versehen
(to) estimate	schätzen
estimated time of arrival	voraussichtliche Ankunftszeit (ETA)
estimated time of departure	voraussichtliche Abfahrtszeit (ETD)
exhausted	erschöpft
extinguished, unlit	verlöscht

F

(to) fade out	schwächer (leiser) werden, schwinden (Funk)
fading	Schwund (Funk)
failure	Ausfall, Panne, Versagen
fairway, channel	Fahrwasser, Durchfahrt
far; far away	weit, fern; weit weg (entfernt)
ferry	Fähre
(to) find	finden, antreffen
fire	Feuer, Brand
– brigade (– crew)	Feuerwehr
– extinguisher	Feuerlöscher
– firing danger area	militärisches Übungsgebiet
first; (at) first	Erster, Erste, Erstes; erstens (zuerst)
flare	Leuchtkugel
flashing green (red, white) light signal	grünes (rotes, weißes) Blinklichtzeichen
	Blitzzeichen
flash light	Blitzfeuer
flat, shoal	Flach, Untiefe, flach
flooding	Wassereinbruch
fog, mist	Nebel

– at dawn	Frühnebel
– development	Nebelbildung
– in patches	stellenweise Nebel
fog bank (ahead)	Nebelbank (voraus)
foot (Mz.: feet)	Fuß (Füße), auch Maßeinheit
forecast (weather –)	(Wetter-)Vorhersage
forest (fire)	Wald(brand)
foul	gefährlich, unrein
fracture	Bruch
freighter, freight vessel	Frachter
frequency	Frequenz
– band	Frequenzband
– change	Frequenzwechsel
primary –	Hauptfrequenz
secondary –	Neben(Zweit)frequenz
(to) fuel; refuel	tanken; auftanken
– consumption	Kraftstoffverbrauch
– exhausted	Kraftstoff(vorrat) erschöpft
– on board	Kraftstoffvorrat
– shortage	Kraftstoffknappheit
to be short of – (low on –)	Kraftstoffmangel haben
further	weiter, zusätzlich, ferner

G

gale	Sturm, stürmischer Wind (8 Bft)
– warning	Sturmwarnung
severe gale	Sturm (9 Bft)
storm	schwerer Sturm (10 Bft)
violent storm	orkanartiger Sturm (11 Bft)
hurricane	Orkan (12 Bft)
generator	Generator
give me a call	rufen Sie mich (Funk)
go ahead	fahren Sie fort (Sprechgruppe)
good, well	gut, günstig, in Ordnung
Greenwich Mean Time (GMT)	mittlere Greenwichzeit
ground	Boden, Grund, Erdboden
– speed	Fahrt über Grund
– grounding	Grundberührung, Strandung
to go aground	auf Grund laufen
gunnery exercises	Schießübungen
gust; gusty	Bö; böig
gustiness	Böigkeit

H

hail; to hail	Hagel, Graupel; hageln
harbour	Hafen
– due	Hafengebühr
hatch	Luke
hazard	Gefahr, Wagnis
haze; hazy	(trockener) Dunst; dunstig
heading	Steuerkurs, Istkurs
heading towards fishing gear	zufahren auf das Fanggeschirr

magnetic heading	missweisender Steuerkurs
(to) hear	hören
heavy, strong	schwer, stark, enorm
– sea	schwere See
help, assistance	Hilfe
high, anticyclone	hoch, Hochdruckgebiet
ridge, wedge of high pressure	Hochdruckkeil
on the high seas	auf hoher See
hold	Laderaum
horizon	Horizont
horse power	Pferdestärke (PS)
hospital aircraft	Sanitätsfluggerät
hour; hourly	Stunde; stündlich
how; how far; how many; how much	wie; wie weit; wie viele; wie viel
hull	Rumpf

I

ice; icing	Eis; Vereisung
illness, sickness	Krankheit
immediate(ly)	sofort, unverzüglich
imminent	unmittelbar
risk of collision imminent	eine Kollision steht unmittelbar bevor
important	wichtig
(to) inform; information	benachrichtigen; Information
(to) injure(d)	verletzen (verletzt)
seriously injured person	schwer verletzte Person
in sight	sichtbar, in Sicht
instruction	Anweisung, Einweisung
(to) intend	beabsichtigen, vorhaben
intended track	beabsichtigter Kurs über Grund
intention	Absicht, Zweck
What are your intentions?	Was beabsichtigen Sie?
interference	Einmischung, Interferenz
(to) interrupt	unterbrechen, abbrechen
isolated	einzeln, isoliert

J

just (now)	eben, soeben, gerade (jetzt)

K

keep well (clear) off …	sich (weit) entfernt halten von …
keep course and speed	Kurs und Geschwindigkeit beibehalten
knot(s)	Knoten (1 sm/h)

L

lack; – of fuel	Mangel; Kraftstoffmangel
land	Festland, Land
late	spät
not later than …	nicht später als …, nicht nach …
latest weather	letzte Wettermeldung (-beobachtung)
latitude	geografische Breite
leak	Leck, undicht sein
– below the waterline	Leck unterhalb der Wasserlinie
levee	Damm

licence	Ausweis, Erlaubnis
life; lifeboat	Leben; Rettungsboot
lifejacket, -vest	Rettungsweste; Schwimmweste
liferaft, survival raft	Rettungsinsel
light	Licht, Leuchtfeuer
lightbuoy, lighthouse, lightvessel	Leuchttonne, Leuchtturm, Feuerschiff
lightning	Blitz
limit	Grenze, Begrenzung
line squall	Böenwalze, Linienbö
link call	(Fern)gespräch
list, listing	Schlagseite
(to) list	Schlagseite haben
listen (to)	(zu)hören, horchen
listening watch	Hör(Empfangs-)bereitschaft
maintain listening watch	bleiben Sie hör(empfangs-)bereit
log book	Bordbuch
longitude	geografische Länge
(to) look (for)	schauen, blicken, sehen (nach; suchen)
(to) look out for ...	achten auf …
low	niedrig, tief, Tief

M

magnetic	magnetisch, missweisend
– bearing	missweisende Peilung (Richtung)
– compass	Magnetkompass
– course	missweisender Kurs, Magnetkompasskurs
– heading	missweisender Steuerkurs
– track	missweisender Kurs über Grund
(to) maintain	bleiben, beibehalten, einhalten
man overboard	Mann über Bord
many; much	viele; viel
map	(Land)karte
mark; unlit mark	Seezeichen; nicht befeuertes Seezeichen
mast	Mast
master	Kapitän
master (main) switch	Hauptschalter
mayday	Notrufzeichen
measuring works	Vermessungsarbeiten
mechanic	Mechaniker
medical	medizinisch, ärztlich
– assistance, – help	ärztliche Hilfe (Unterstützung)
message	Nachricht, Meldung, Botschaft
meteorological – (weather –)	Wetterbericht
meteorological (weather) conditions	Wetterbedingungen
– report	Wetterbericht
mile	Meile
nautical mile	Seemeile (1852 m)
statute mile	englische Meile (1609 m)
mileage	zurückgelegte Entfernung in Meilen
miles per hour (mph)	englische Meilen pro Stunde
military restricted area	militärisches Sperrgebiet

minute(s)	Minute(n) (Zeit und Bogenmaß)
moderate	mittel
mooring mast	Ankermast
(visitors) mooring	Festmachertonne (für Gäste)
mud	Schlamm, Schmutz, Dreck
muddy	schlammig, aufgeweicht

N

name; namely	Name; nämlich
nationality	Staatsangehörigkeit, Nationalität
nautical mile	Seemeile (1852 m)
navigation; navigator	Navigation, Ortung; Navigator
near (-by ...)	in der Nähe, nahe (bei …)
necessary	notwendig, erforderlich
(to) need	benötigen, brauchen
negative	nein, nicht richtig, Genehmigung nicht erteilt
north; northern	Nord, nördlich
(to) notice	merken, wahrnehmen
number	Zahl, Anzahl, Nummer, Menge

O

observation	Beobachtung
oil (-leak)	Schmierstoff, Öl (Ölleck)
once (-more)	einmal (noch einmal, nochmals)
operator	Halter
radio operator	Funker
outlook	Aussicht(en)
overcast	bedeckt

P

(to) pass a message	eine Nachricht übermitteln
(to) permit	erlauben, gestatten
person	Person
one person missing	eine Person vermisst
pier	Pier, Landungsbrücke
please	bitte
port	(Handels)hafen
position	Standort, Position
– doubtful	Position zweifelhaft
– light	Positionslicht (-leuchte, -lampe)
– report	Standortmeldung
possible	möglich
if possible	wenn möglich
precipitation	Niederschlag
pressure (air –)	(Luft-)Druck
primary frequency	Hauptfrequenz
(to) proceed	benutzen
I proceed by fairway	Ich benutze das Fahrwasser
helicopter is proceeding	Hubschrauber kommt
procedure	Verfahren
prohibited	verboten
propeller; propeller blade	Propeller; Propellerflügel

R

radio	Funk, Funkgerät
radio beacon, radio bearing	Funkfeuer; Funkpeilung
radio call sign	Funkrufzeichen
– communication (contact)	Funkverbindung
to be in radio contact with	in Funkkontakt stehen mit
– difficulties	Schwierigkeiten mit (dem), am Funkgerät
– interference	Funkstörung, -überlagerung
– mast	Antennenturm
– message	Funkspruch, Meldung
– operator	Funker
– silence	Funkstille
– station	Funkstelle
– telephony	Sprechfunkwesen
– troubles	Schwierigkeiten mit (dem), am Funkgerät
rain; (to)	Regen; (regnen)
rainfall	Regen
(to) reach	erreichen
(to) read (poor, good)	(schwach, gut) empfangen
readability; readable	Verständlichkeit; verständlich
ready	(betriebs)bereit, fertig
ready to copy; ready to receive	Schreibbereit; empfangsbereit sein
rear of …	Rückseite von …, hinten
(to) receive	empfangen, erhalten
receiver; receiver failure	Empfänger; Empfängerausfall
(to) recommend	empfehlen
recommended track	empfohlener Kurs
(to) refuel	auftanken
(to) repeat	wiederholen
report; (to)	Meldung, Bericht; melden
reporting point	Meldestelle
(to) request	erbitten, ersuchen, verlangen
rescue crew; rescue vehicle	Rettungsmannschaft; Rettungsfahrzeug
(to) restrict	beschränken, einschränken
– restricted area	Gebiet mit (Schifffahrts)beschränkungen
return; (to)	zurück; (kehren)
right of way vessel	Schiff mit Wegerecht
rock	Felsen, Stein
– awash	umspülter Felsen
– with covers and uncovers	Fels trockenfallend
dangerous underwater rock	gefährliche Unterwasserklippe
rocket	Rakete
roger	verstanden (Sprechgruppe)
route	Weg, Strecke, Route
rudder	Ruder

S

safe	sicher
safety; safety message	Sicherheit; Sicherheitsmeldung
salvage	Bergung
say again	wiederholen Sie (Sprechgruppe)

scene of accident (- crash)	Unfallort
search and rescue (SAR)	Such- und Rettungsdienst
search area	Suchgebiet, Suchbereich
second	Sekunde, zweite, zweiter
secondary frequency	Zweitfrequenz, Ausweichfrequenz
(to) select	auswählen
(to) send	senden, schicken
– a life boat	schicken Sie ein Rettungsboot
settled	beständig
shallow water (ahead)	Untiefe (voraus)
sharp	scharf
to keep a sharp lookout	scharf Ausguck halten
ship, boat	Schiff
transitting shipping	durchgehende Schifffahrt
shipwrecked mariner (person)	Schiffbrüchiger
short of fuel	knapp an Treibstoff
shower	(Regen)schauer, Dusche
showery	Schauerwetter
sick(ness)	krank, übel; Krankheit, Übelkeit
sinking	Schiff sinkt
sight; to sight	Sicht; sichten
signal	Zeichen, Signal
slow(ly)	langsam
– down, reduce speed	fahren Sie langsamer
smoke; smoke stack	Rauch; Schornstein, Kamin
(to) speak, spoke, spoken	sprechen (reden), sprach, gesprochen
speed	Geschwindigkeit, Tempo
cruising speed	Reisegeschwindigkeit
(to) spell; spelling alphabet	buchstabieren; Buchstabieralphabet
spot light	Scheinwerfer
stand by	warten Sie (Sprechgruppe)
– for …	warten Sie auf …
– on frequency (channel)	warten Sie auf Frequenz (Kanal)
steady	unveränderlich, dauerhaft
storm	Sturm
– warning	Sturm (Gewitter)warnung
– will decrease	Sturm wird abnehmen
tropical storm, vortex	Wirbelsturm
strait	Meerenge, Straße
submerged	unter Wasser
– obstacle	Hindernis unter Wasser
superstructures	Aufbauten
swell	Dünung, Schwell

T

tank; fuel tanl	Behälter, Tank; Kraftstoffbehälter
tanker	Tanker
telephone; -call	Fernsprecher; Telefonanruf
thunderstorm; thundery	Gewitter; gewittrig
tidal datum, chart datum	Kartennull, Gezeitennull
tow	Schleppanhang, Schlepptrosse

(to) tow	schleppen
traffic	Verkehr
– separation sheme (TSS)	Verkehrstrennungsgebiet (VTG)
inshore traffic zone	Küstenverkehrszone
traffic list (TL)	Sammelanruf
transmission	Übertragung, Sendung, Übermittlung
transmitter; to transmit	Sender; senden
– failure	Senderstörung
travel report (TR)	Reisebericht
trouble	Störung, Schwierigkeit, Mühe
trough	Trog, Tiefausläufer
tug	Schlepper
two way radio (-equipment)	Gegen- bzw. Wechselsprechfunkanlage

U

ultra high frequency (UHF)	ultrahohe Frequenz (300 – 3000 MHz)
underway	in Fahrt
unlit	unbeleuchtet
unreadable	unhörbar, nicht verständlich
unsafe	unsicher, nicht sicher, nicht benutzbar
(to) use	benutzen, verwenden, gebrauchen
– caution against	vorsichtig sein, achten Sie auf
Universal Time Coordinated (UTC)	Normalzeit (früher GMT)
urgent	dringend, dringlich
– traffic	Dringlichkeitsverkehr
end of urgency traffic	Ende des Dringlichkeitsverkehrs

V

variation	Ortsmissweisung
variable, cyclonic	umlaufend
veering	rechtsdrehend
velocity	Geschwindigkeit
(to) verify	überprüfen
very	sehr
– high frequency (VHF)	Ultrakurzwelle (UKW, 30 – 300 MHz)
vertical clearance	Durchfahrtshöhe
vessel	Schiff
– vessel crossing	Schiff, das den Kurs kreuzt
– vessel inward	Schiff, das von See kommt
– vessel leaving	Schiff, das seinen Liegeplatz verlässt
– vessel outward	Schiff, das Richtung See ausläuft
– vessel turning	Schiff, das den Kurs deutlich ändert
visibility	Sicht
– good	gute Sicht (> 5 sm)
– moderate	mäßige Sicht (2–5 sm)
– poor	schlechte Sicht, diesig
(in) vicinity of ...	in der Nähe von …

W

(to) warn (of)	warnen (vor)
warning	Warnung
(to) watch	aufpassen, beobachten, achten auf
water	Wasser

way through the water	Fahrt durchs Wasser
weather (WX)	Wetter
– conditions	Wetterbedingungen
– report	Wetterbericht, Wettermeldung
– warning	Wetterwarnung
general synopsis, inference	allgemeine Wetterlage
west; westerly, western (W)	Westen; westlich; westwärts
wind	Wind
– direction and speed	Windrichtung und -stärke
increasing; decreasing	zunehmender Wind; abnehmender Wind
onshore; offshore	auflandiger Wind; ablandiger Wind
wire	Draht, Kabel
(to) work	arbeiten (auch: funktionieren)
radio is working (again)	Funkgerät arbeitet (wieder)
working frequency	Arbeitsfrequenz
wreck	Wrack
submerged wreck	unter Wasser befindliches Wrack
Y	
yacht; overdue yacht	Yacht; überfällige Yacht
Z	
zero-time (Z-time)	mittlere Greenwich Zeit (MGZ)
zero	Null

11.6 KOMMANDOSPRACHE

Für eine eindeutige Verständigung zwischen Skipper und Crew ist eine einheitliche Sprache an Bord hilfreich. Kommandos werden immer laut und deutlich gegeben, ohne zu schreien. Das oder die Crewmitglied(er), welchem(n) das Kommando gilt, ist (sind) eindeutig anzusprechen. Bei einer eingespielten Crew wird es nicht immer erforderlich sein, einzelne Kommandos zu einem Manöver zu geben. Auf jedes Kommando, dessen korrekte Ausführung der Skipper nicht ohne weiteres erkennen kann, erfolgt eine entsprechende Rückmeldung des/der ausführenden Crewmitglieds(er).

Die folgende Aufstellung orientiert sich an den Richtlinien des DSV, adaptiert für Fahrtenyachten. Kommandos zur Segelbedienung bei Rolleinrichtungen sind abzuwandeln. Im Bordalltag werden die Kommandos den Erfordernissen angepasst.

MANÖVER	*KOMMANDO*	*RÜCKMELDUNG*
Segelbedienung		
Segelsetzen	Fock/Großsegel/Alle Segel klar zum Setzen!	Fock/Großsegel/Alle Segel ist/sind klar zum Setzen!
	Heiß Fock/Großsegel/die Segel!	
Segelbergen	Fock/Großsegel/Alle Segel klar zum Bergen!	Fock/Großsegel/Alle Segel ist/sind klar zum Bergen!
	Klar bei Fockfall/Großfall!	Fockfall/Großfall ist klar!

Dirken	Klar bei Dirk!	Dirk ist klar!
	Andirken/Abdirken!	
	Hol nieder Fock/Großsegel!	
Anluven	Hol an die Schoten/Großschot/Fockschot!	
	Neuer Kurs: Am Wind/Halber Wind!	
	Fest die Schot/Schoten!	
Abfallen	Fier auf die Schoten/ Großschot/Fockschot!	
	Neuer Kurs: Am Wind/Halber Wind!	
	Fest die Schot/Schoten!	
	Fock an Backbord/Steuerbord!	
Aufschießen	Klar zum Aufschießen!	Schoten sind klar!
	Schoten los!	
Segelmanöver		
Wenden	Hol an die Schoten!	
	Klar zum Wenden!	Fock ist klar!
	Ree!	
	Über die Fock!	
	Neuer Kurs ...	
Halsen	Klar zum Halsen! (Fier auf die Schoten!)	Fockschot/Großschot ist klar!
	Hol dicht Großschot!	
	Rund achtern!	
	Über vorn!	
	Fier auf Großschot!	
	Hol an die Schoten!	
	Neuer Kurs ...	
Schiften	Klar zum Schiften des/der Großsegels/Fock!	Großschot/Fockschot ist klar!
	Hol dicht Großschot/Fockschot!	
	Über Großsegel/Fock!	
	Neuer Kurs ...	
	Fier auf Großschot/Fockschot!	
Reffen	Klar zum Reffen!	
	Klar bei Großfall!	Großfall ist klar!
	Lose auf Großfall!	Ist klar zum Reffen!
	Reffen bis … Reffkausch!	Ist gerefft!
	Dicht Großfall!	
Ruderführung		
	Backbord-/Steuerbordruder!	Backbord-/Steuerbordruder!
	Ruder hart backbord/steuerbord!	Ruder hart backbord/steuerbord!
	Komm auf!	Aufkommen!
	Ruder mitschiffs!	Ruder mitschiffs!
	Recht so!	Recht so, Kurs …!
	(Neuer) Kurs eins acht drei!	Kurs eins acht drei! Eins acht drei liegen an!
	Nach Backbord/Steuerbord auf eins acht drei gehen!	Nach Backbord/Steuerbord auf eins acht drei gehen! Eins acht drei liegen an!

Anlegen		
am Steg	Klar zum Anlegen an Backbord/Steuerbord/ mit dem Heck/Bug!	
	Klar bei Vor-/Achterleine/Vor-/ Achterspring/Heckleine/Bugleine!	…leine/…spring ist klar!
	Vor-/Achterleine/Vor-/Achterspring/ Vor-/Heckleine an Land!	
	Vor-/Achterleine/Vor-/Achterspring/ Vor/-Heckleine langsam festhalten!	
	Boot so festmachen!	Boot so festmachen!
An der Boje	Klar zum An-die-Boje-gehen! *(weitere Kommandos etwa wie oben)*	Abstand … m! Mehr backbord/steuerbord! Boje ist gefasst! Boje ist fest!
Ablegen		
vom Steg	Klar zum Ablegen!	
	Klar bei Vor-/Achterleine (Heckleine/Muringleine)!	…Leine ist klar!
	Klar bei Vor-/Achterspring!	Vor-/Achterspring ist klar!
	Los die …leine/…spring!	…leine/…spring ist los!
	Alle Leinen los und ein!	Alles ist los und ein!
Von der Boje	Klar zum Loswerfen!	Ist klar zum Loswerfen!
	Klar bei Vorleine!	Vorleine ist klar!
	Los die Vorleine und ein!	Vorleine ist los /… ist ein!

Ankermanöver		
Ankern	Klarmachen zum Ankern!	Anker ist klar!
	Wassertiefe ... m!	
	Klar zum Ankern!	Anker ist klar zum Fallen!
	Aus der Kette! – Fallen Anker!	
	Wie zeigt die Kette?	Kette zeigt voraus/achteraus/auf und nieder!
	Stecken auf ... m!	... m sind aus! – Anker trägt!
	Belegen!	
Anker lichten	Klar zum Ankerlichten!	Ist klar zum Ankerlichten!
	Kurzstag holen!	Ist kurzstag!
	Anker lichten!	Auf und nieder Anker ist los! Anker ist aus dem Wasser! Anker ist klar/unklar!
Boje/Mensch-über-Bord-Manöver		
	Boje/Mann über Bord!	
	Boje/Mann fischen an Steuerbord/Backbord!	Boje/Mann ist gefischt!

11.7 NAUTISCHE BEGRIFFE

A

abbringen	ein auf Grund gelaufenes Schiff wieder flottmachen
abfallen	nach Lee wegdrehen; Gegensatz: *anluven*
ablandig	der Wind, der vom Land her weht; Gegensatz: *auflandig*
Ablenkung	auch *Deviation,* die durch Eisenteile am Schiff verursachte Ablenkung der Kompassnadel von der magnetischen Nordrichtung
abreiten	einen Sturm vor Treibanker oder Anker *abwettern*
abschlagen	ein Segel vom *Baum* oder *Vorstag* losmachen
Absegeln	Beenden der Segelsaison im Herbst; Gegensatz: *Ansegeln*
absetzen	den Kurs auf der Seekarte eintragen oder ein Schiff vom Steg wegdrehen
abtakeln	*stehendes* u. *laufendes Gut* vom Schiff (nicht *Segelbergen*) entfernen
Abdrift	seitliches Versetzen des Schiffs durch Windeinfluss (nicht durch Strom)
abwettern	Maßnahmen, um Sturm gut zu überstehen
achteraus	entspricht „rückwärts, hinten"; Gegensatz: *voraus*
Achterdeck	das *Deck* im hinteren (achteren) Teil des Schiffs
Achterholer	eine Leine, mit der etwas nach hinten (achtern) geholt wird; z. B. der Spibaum (mit der Luvschot beim Spinnaker)
Achterliek	die hintere (achtere) Kante eines Segels
achterlich	von hinten
achtern	hinten; bezieht sich auf den hinteren (achteren) Teil des Schiffs
Achterschiff	der hintere (achtere) Teil des Schiffs; Gegensatz: *Vorschiff*
Achterstag	Mastabspannung vom *Masttopp* nach achtern, meist ein Drahtende
Ahoi	mit „Ahoi" wird ein Schiff angerufen; kein Gruß
Altersklasse	nicht mehr gebaute, technisch überholte nationale Bootsklasse
andirken	die Dirk so durchsetzen, dass der Baum nicht mehr vom Segel getragen wird; Gegensatz: *abdirken*
Ankergeschirr	gesamtes Ankerzubehör
Ankerspill	Winde zum Hochhieven des Ankers
anliegen	ein direktes Ziel ansteuern oder Halten eines bestimmten Kompasskurs
anluven	höher zum Wind hindrehen; Gegensatz: *abfallen*
anreihen	ein Segel mit einer *Reihleine* an Mast, Baum oder Gaffel befestigen (heute nicht mehr üblich)
anschäkeln	etwas mittels *Schäkel* befestigen
anschlagen	ein Segel z. B. am Großbaum befestigen; Gegensatz: *abschlagen*
Ansegeln	erstes Segeln zu Beginn der Segelsaison; Gegensatz: *Absegeln*
anstecken	etwas verbinden, z. B. zwei *Leinen*
Antifouling	bewuchshemmende Spezialfarbe für den Unterwasseranstrich
Antizyklone	Hochdruckgebiet
aufbrisen	der Wind verstärkt sich
auffieren	*Schot* etwas *Lose geben*; Gegensatz: *dichtholen*
auffrischen	Wind nimmt zu
auflandig	Wind, der zum Land hin weht; Gegensatz: *ablandig*
aufriggen	*auftakeln*
aufschießen	ein Schiff zum Abstoppen in den Wind drehen oder eine Leine in Buchten zusammenlegen
auftakeln	den Mast setzen und das *stehende* und *laufende Gut* anbringen; Gegensatz: *abtakeln*
auftuchen	ein Segel zusammenlegen

auf und nieder	entspricht „senkrecht“, z. B. Anker auf und nieder (= *kurzstag*)
Augbolzen	Schraubbolzen mit einem *Auge* (Ring)
Auge	Ring, Loch, Öse
Ausgleicher	klassenlose Yacht, die in Regatten eine Vergütung (Ausgleich) erhält/gibt
ausklarieren	ein Schiff vor dem Auslaufen bei der Zoll- bzw. Hafenbehörde abfertigen
ausreffen	die gereffte (verkleinerte) Segelfläche wieder vergrößern
außenbords	außerhalb des Bootes
Ausreiten	das Außenbordsetzen, um die *Krängung* eines Schiffes zu verkleinern
Ausschießen	plötzliches Drehen des Windes im Uhrzeigersinn (auf der Nordhalbkugel)

B

Babystag	zusätzliches (kürzeres) *Vorstag*
back	entspricht „entgegengesetzt“, z. B. *Genua* back (gegen den Wind) halten
Backbord	linke Seite des Schiffs, Richtung *Bug* gesehen; Farbe: Rot; Gegensatz: *Steuerbord*
Backbordbug	die Segel stehen auf der Backbordseite
Backdecker	Kreuzeryacht mit bis zum Bug reichenden Kajütaufbau
Backskiste	verschließbarer Stauraum im Cockpitbereich
Backstag	*trimmbares Stag* schräg nach achtern
Backstagsbrise	Wind, der schräg von hinten weht (*raumschots*)
Bake	ein an Land oder im flachen Wasser aufgestelltes Seezeichen
Balanceruder	Ruderblatt, bei dem ein Teil vor der Drehachse liegt
Balkweger	längsseits an den oberen Enden der *Spanten* verlaufender Balken, auf dem die Decksbalken ruhen
Ballast	ein Gewicht zur Regulierung der Stabilität oder des *Trimms*
Bändsel	ein dünnes Stück Tauwerk
Barberholer	*Fockschot-Beiholer*
Bark	Dreimastsegelschiff mit zwei voll getakelten (= mit Rahsegeln versehenen) Masten und einem *Besanmast*, der ein *Schratsegel* trägt
Barograf	Barometer, das die Luftdruckveränderungen aufzeichnet
Baum	eine *Spiere* (Rundholz), an dem das *Unterliek* eines Segels befestigt ist
Baumnock	hinteres (achteres) Ende des *Baumes*
Baumstütze	eine Stütze, auf der der *Baum* aufliegt, wenn das Segel geborgen ist/wird
Beaufort-Skala	eine Skala der Windstärken
Beiboot	kleines, zum Schiff gehörendes Kleinboot
beidrehen	ein Schiff mit back gehaltener Fock so an den Wind stellen, dass kaum noch Fahrt gemacht wird
Beiliegen	entspricht dem *Beidrehen* bzw. ist der Zustand nach dem *Beidrehen*
Beisegel	zusätzliches Segel, z. B. *Spinnaker*
bekneifen	ein Ende so belegen, dass es sich festzurrt
belegen	eine Leine festmachen
Belegklemme	Klemme, in der eine Leine belegt werden kann
Belegnagel	ein Bolzen für ein Loch in der *Nagelbank*, zum *Belegen* einer Leine
bergen	ein Segel herunternehmen oder etwas in Sicherheit bringen
Besanmast	auf Schiffen mit mehreren Masten, der achterlichste Mast, z. B. auf *Ketsch*
Besansegel	das Segel, das am *Besanmast* angeschlagen ist
Beschickung	die erforderliche Korrektur bei einer Kursberechnung bzw. einer *Peilung*
Beschlag	Bau- bzw. Zubehörteile wie *Klampen*, *Augen*, Bolzen, *Blöcke* usw.
Besteck-versetzung	Abweichung des *wahren Ortes* durch Strom, *Abdrift* und Ungenauigkeiten
Betonnung	Kennzeichnung eines *Fahrwassers* durch (schwimmende) Seezeichen

Bilge	tiefster Raum im Schiff, an dem sich Wasser, Öl und Schmutz sammeln
Bindereff	*Reffeinrichtung* mithilfe von *Reffbändseln*
binnen	entspricht „innen“, z. B. Binnensee
Block	eine oder mehrere Rollen in einem Gehäuse zur Führung von Leinen
Bö	plötzlicher, heftiger Windstoß
Bodenwrange	unterer Querverband im Schiffsrumpf
Boje	verankerter Schwimmkörper zum Festmachen oder als Kennzeichnung
Bojenstein	Stein- oder Betonklotz, an dem mittels Leine (Kette) die *Boje* befestigt ist
Bootsmannsstuhl	Sitzbrett zum In-den-*Masttopp*-Heißen für Arbeiten an der *Takelage*
Brasse	Leine zum horizontalen Schwenken einer *Rahe*
Brechen	das Reißen von *Tauwerk* und Ketten oder das Bersten von Wellen
Brecher	sich überschlagende Welle
Brigg	altes Segelschiff mit zwei *Masten*, beide mit *Rahsegeln* voll getakelt
Brise	leichter bis mittlerer Wind
Bucht	zurückspringender Küstenbereich oder Schleife in einem *Tau*
Bug	vorderer Teil des Schiffs; Gegensatz: *Heck*
Bugspriet	Verstärkung des *Vorderstevens* als Abstützung des *Klüverbaumes*
Bullauge	dicht schließendes Seitenfenster im Schiff
Bullentalje	auch Bullenstander; Leine oder *Talje* zur Sicherung des *Baumes* auf *Vorwindkurs*
bunkern	Treibstoff, Brennstoff, aber auch Lebensmittel an Bord nehmen

C

Cat	auch Kat; *Takelungsart* bei Booten ohne *Vorsegel* (nur *Großsegel*)
Cockpit	auch *Plicht*; Sitzraum für die *Crew* an *Deck*
Crew	Mannschaft eines Schiffs (Besatzung)
Cunningham	*Vorliek* des *Großsegels*
Cunningham Hole	Vorrichtung zum Strecken des *Vorlieks* beim *Großsegel*
Curry-Klemme	Klemmvorrichtung für Leinen mittels zweier, drehbarer Backen

D

Dalben	Reihe von Pfählen, z. B. zum *Festmachen*
Davit	Aufhängevorrichtung bzw. drehbarer Kran für Rettungs- oder *Beiboote*
Deck	oberer Abschluss eines Schiffs
Deviation	auch *Ablenkung;* die durch Eisenteile am Schiff verursachte Ablenkung der Kompassnadel von der magnetischen Nordrichtung
Diamantrigg	*Takelung* eines (hohen) Mastes mit *Toppwanten*, durch *Saling* abgestützt
Diamonds	den *Salingen* ähnliche Spreizen am *Mast*
dichtholen	ein Ende bzw. eine *Schot* näher heranholen; Gegensatz: *fieren*
Dingi	kleinste Art eines Beibootes (Bedienung durch eine Person)
dippen	Gruß unter Schiffen: die *Flagge* auf halbe Höhe *niederholen* und wieder *vorheißen*
Dirk	eine Leine von der *Baumnock* zum *Masttopp* zum Halten des *Baumes*
Division	Klasseneinteilung der *Katamarane* (vier Divisionen)
Dollbord	oberer Rand eines (Ruder)Bootes, in dem die *Dollen* für die *Riemen* stecken
Dolle	Gabel, in der die *Riemen* beim *Pullen* liegen
Draggen	kleiner, vierarmiger Anker
Drahtvorlauf	Drahttauwerk an einem *Fall*
Dreieckskurs	durch drei *Bojen* markierte Bahn für Regatten
Drifter	Flauten-*Genua*
Ducht	Sitzbank in einem Boot
Dümpeln	unregelmäßiges Schaukeln eines Schiffs bei *Flaute*

Dünung	einem Wind oder Sturm nachlaufende Wellen
Durchsetzen	das *Steifholen* einer Leine
dwars	quer, *querab*, von der Seite
Dweidel	ein Wischer zum Saubermachen an einem langen Stiel

E

Ebbe	das Ablaufen des Wassers und Sinken des Wasserspiegels durch die *Gezeit;* Gegensatz: *Flut*
Eigner	Eigentümer eines Schiffs
Einhandboot	ein Segelboot, das von einem Mann bedient wird
Einfallen	Durchsetzen eines Endes durch Ziehen quer zur Zugrichtung der Leine, wobei dessen *Tampen* mit der anderen Hand (über eine *Klampe*) festgehalten wird oder ein Segel steht nicht mehr voll, es fällt ein oder der Wind füllt das Segel
Einheitsklassen	Boote, die innerhalb ihrer Klasse völlig gleich gebaut werden; Gegensatz: *Konstruktionsklassen*
einscheren	eine Schot durch einen Block ziehen
Eintypklasse	frühere Werftklasse
Ende	seemännischer Ausdruck für eine Leine; die Endstücke eines Endes heißen *Tampen*
Etmal	zurückgelegte Strecke zwischen zwei aufeinanderfolgenden Mittagen

F

Faden	englisches nautisches Längenmaß für Tiefenangaben (1 Faden = 6 Fuß = 1,83 m)
Fahrwasser	besonders markierte Wasserfläche (für Schiffe mit größerem Tiefgang)
Fall	*Enden*, mit denen etwas *geheißt* oder *gefiert* werden kann (z. B. Großfall)
Fallwind	von steilen Küsten oder Bergen einfallender Wind
Fender	Polster zum Schutz der Bordwand, z. B. beim *Anlegen*
festmachen	entspricht „befestigen“; z. B. ein Schiff am Steg mit Leinen vertäuen
Festmacher	stärkeres Tauwerk zum *Festmachen*
Feudel	Putzlappen, Wischtuch
Feuer	Lichtquelle eines *Leuchtturms*
fieren	ein Ende Lose geben; Gegensatz: *dichtholen* oder *heißen*
Flagge	rechteckige *Fahne*
Flaggengala	festlicher Flaggenschmuck eines Schiffes zu besonderen Anlässen
Flaggenparade	das feierliche *Setzen* und *Bergen* der Nationalflagge (morgens/abends)
Flaggenstock	Rundholz, an dem eine *Flagge* gefahren wird
Flaggleine	dünne Leine zum *Setzen* einer *Flagge*
Flaute	Windstille bzw. nur sehr schwache Luftbewegung
flexibles Rigg	biegsamer *Mast* mit regulierbarem *Achterstag*
Flieger	oberstes *Vorsegel*
Flunke	ein Arm des Ankers
Flut	das Auflaufen des Wassers und Steigen des Wasserspiegels durch die *Gezeit;* Gegensatz: *Ebbe*
Fock	*Vorsegel*; bei mehreren Vorsegeln ist die Fock das achterlichste
Fockroller	Vorrichtung zum Ein- bzw. Ausrollen der Fock
Fockschot	Leine zum Bedienen der Fock
Formstabilität	Stabilität eines Schiffs durch die Form des Bootskörpers
Freibord	Höhe der Bordwand über der Wasserlinie
freikreuzen	bei *auflandigen* Wind von der Küste wegkreuzen
Fuß	in der Schifffahrt verwendetes englisches Längenmaß (1 Fuß = 30,5 cm)

G

Gaffel *Spiere*, an dem das Oberliek eines Gaffelsegels festgemacht ist

Gatt auch Gat; Heckart eines Schiffes, z. B. *Spitzgatt* oder ein kleines Loch z. B. in der Bordwand als Wasserabfluss oder Gattchen im Segel (eingesäumte Löcher z. B. zum *Reffen*)

Gelcoat Deckschicht bei GFK-Schiffen

Genua großes, über den *Mast* reichendes *Vorsegel*

Gieren ständiges Ausscheren des Bootes aus dem Kurs, z. B. *luvgierig*

gissen entspricht „schätzen“; gegisster Ort = geschätzter Standort; Gegensatz: *wahrer Ort*

Gösch kleine, am Vorschiff gesetzte Landesflagge

Gräting Gitter, Rost, Gitterfußboden; z. B. Netz zwischen den Rümpfen eines *Katamarans*

Großbaum siehe *Baum*

Großschot Leine zum Bedienen des *Großsegels*

Großsegel auch Groß; das am (Groß-)*Mast* gesetzte Segel

Grummet ringförmiger Tauwerkstropp

Grundsee steile, brechende, den Grund berührende See

Gut *Tauwerk* der *Takelage*; stehendes Gut: *Wanten* und *Stage*; laufendes Gut: *Fallen*, *Schoten*, *Backstagen*

H

Hahnepot auch Hahnenfuß; ein in zwei oder mehr Abzweige auslaufendes Ende zur Kraftverteilung

Hals das vordere, untere Ende eines Segels (zwischen *Vorliek* und *Unterliek*)

Halsen Kursänderung eines Schiffs mit dem Heck durch den Wind; Gegensatz: *Wenden*

hart so weit wie möglich, z. B. hart am Wind segeln, Ruder hart stb/bb legen

Hauptsegel Grundbesegelung ohne *Beisegel*

Havarie durch Kollision, Grundberührung oder Sturm entstandener Schaden

Heck der achterste Teil des Schiffs; Gegensatz: *Bug*

heißen (ein Segel) hochziehen, Gegensatz: *fieren*

Helling Schiffsbauplatz mit einer zum Wasser hin geneigten Fläche

Hochtakelung der Segelkopf reicht bis zum *Masttopp*, eine *Gaffel* entfällt

Holebug der Schlag beim Kreuzen, bei dem man Höhe (Weg gegen *Luv*) gewinnt; Gegensatz: *Streckbug*

holen entspricht „ziehen“; Gegensatz: *fieren*

Holepunkt die Stelle an *Deck*, an der die (Fock-)*Schot* umgelenkt wird für die optimale Zugrichtung

Huk Küstenvorsprung, Ecke einer Küstenlinie

Hundekoje eine enge, neben dem *Niedergang* eingebaute Schlafgelegenheit

Hundsfott unteres *Auge* an einem *Block*

Hüsing dünnes, gedrehtes Tauwerk aus drei geteerten Garnen

I

Innenklüver mittleres von drei *Vorsegeln* eines klassischen *Kutters*

internationale Klassen international verbreitete und von der *IYRU* anerkannte Bootsklassen; Gegensatz: *nationale Klassen*

IYRU internationaler Wettsegelverband, „International Yacht Racing Union“

J

Jakobsleiter	Strickleiter
Jolle	kenterbares aber unsinkbares *Schwertboot*
Jollenkreuzer	*Schwertboot* mit *Kajüte*
Jolltau	einfache Umlenkung eines *Taues* über einen *Block*
Jumpstag	an der Vorderseite des *Mastes* angebrachte Abstützung, über Jumpstagspreizen geführt

K

Kabbelwellen	unregelmäßige, durcheinanderlaufende Wellen
Kabelgarn	aus einzelnen Fasern gedrehter Faden, als Grundelement des *Tauwerks*
Kabellänge	auch Kabel; altes, nautisches Längenmaß (1 Kabel = 1/10 Seemeile = 185,2 m)
kalfatern	Ritzen und Fugen im Bootskörper abdichten
kappen	ein Ende durchschneiden oder durchschlagen
Kardeel	ein geschlagenes Tauwerk besteht aus mehreren Kardeelen, z. B. drei-kardeelig
Kardinalsystem	System der Richtungsbezeichnung bei der *Fahrwasserbetonnung*
Kartennull	Bezugsebene für die Tiefenangaben in Seekarten
Karweel	Bauweise bei Holzbooten, bei der die *Planken* so gesetzt sind, dass eine glatte Außenhaut entsteht
Kat	Abkürzung für *Katamaran* oder siehe *Cat*
Katamaran	Doppelrumpfboot
Kausch	Metall- oder Kunststoffverstärkung in einem *Auge*, z. B. *Reffkausch*
Keep	tiefe Rille z. B. im *Mast* zur Führung des *Vorlieks* eines Segels oder der Zwischenraum zwischen *Kardeelen* einer Leine
Kennung	Kennzeichnung eines *Leuchtfeuers* durch Art und Anzahl der Lichterscheinungen und deren *Wiederkehr*
Kentern	Umkippen eines Bootes oder Umkehr des Stroms beim Wechsel von Ebbe und Flut
Ketsch	Yacht mit zwei *Masten*, bei der der kleinere, achtere *Mast* innerhalb der *Konstruktionswasserlinie* steht
Kiel	der untere Längsbalken eines Schiffs
Kielboot	auch Kielyacht; Schiff mit fest eingebauter Kielflosse mit *Ballast*
Kielschwein	auf dem *Kiel* liegende Verstärkung
Kielschwerter	Yachttyp mit kürzerem *Ballastkiel* und zusätzlichem *Schwert*
killen	entspricht „flattern", z. B. ein Segel killt
Kimm	der sichtbare Horizont auf See oder die stärkste Krümmung auf jeder Seite des Schiffsquerschnittes
Kink	ungewollter *Rundtörn* in einem *Tauwerk*
Klampe	*Beschlag* zum *Festmachen* bzw. *Belegen* von *Tauwerk*
Klappläufer	kleinste, echte *Talje*; Kräfteverhältnis 2:1
klarieren	etwas in Ordnung bringen bzw. *klarmachen* oder ein Schiff beim Ein- bzw. Auslaufen behörden- und zollmäßig abfertigen
Klau	gabelförmiger *Beschlag*, mit dem die *Gaffel* am *Mast* liegt oder die Ecke des Gaffelsegels an der Klau
Klinker	Bauweise bei Holzboden, bei der die *Planken* dachziegelartig übereinanderliegen
Klüse	Loch im *Deck* bzw. *Beschlag* zur Durchführung von Leinen oder der Ankerkette
Klüver	*Vorsegel*, das vor der *Fock* gefahren wird
Klüverbaum	über den *Vorsteven* hinausragende *Spiere* zur Befestigung des *Klüvers*
Knickspant	eckige Bauweise der Spanten

Knoten — Abk.: kn; Seemeile pro Stunde
Koker — Gehäuse, Hülle, in der etwas Drehendes gelagert ist, z. B. Ruderkoker, Mastkoker
Kombüse — Küche des Schiffs
kompensieren — entspricht „korrigieren“, z. B. den Einfluss der Eisenmassen am Schiff auf den Kompass durch Anbringen von Gegenmagneten ausgleichen
Komposit-bauweise — Schiffsbau aus verschiedenen Materialien
Konstruktions-klassen — Yachtklassen, bei denen der Erbauer innerhalb einer Formel bzw. der Grenzwerte gewisse, freie Möglichkeiten für Formen und Abmessungen hat; Gegensatz: *Einheitsklassen*
Konstruktions-wasserlinie — vom Konstrukteur errechnete Schwimmlinie eines Schiffs
Kopf — die oberste Ecke eines Segels (zwischen *Vorliek* und *Achterliek*)
koppeln — einen Schiffsort bestimmen durch aufeinanderfolgendes Eintragen der zurückgelegten Distanzen auf einer Kurslinie
Krängung — seitliche Neigung des Schiffs
kreuzen — auf Zick-Zack-Kurs am Wind einen Kurs „gegen“ den Wind segeln
Kreuzer — eine für Fahrtensegeln gebaute Yacht; Gegensatz: Rennyacht
Krimpen — Linksdrehen des Windes (auf der Nordhalbkugel)
kurzstag — Einholen der Ankerkette, sodass der Anker gerade noch hält
Kutter — Yacht mit Kuttertakelung (ein Großsegel, zwei bis drei Vorsegel) oder zum *Pullen* und Segeln geeignetes Boot der Marine

L

längsseits — längsseits gehen, an einem anderen Schiff oder Steg der Länge nach …
Lateralplan — die unter Wasser befindliche Fläche des Längsschnittes eine Schiffs
Lateralsystem — System der Seitenbezeichnungen der Fahrwasserbetonnung
Lattentasche — schmale, am Segel aufgenähte Taschen zur Aufnahme der *Segellatten*
Leck — Loch im Schiffskörper
Lee — die dem Wind abgewandte Seite; Gegensatz: *Luv*
leegierig — Tendenz des Schiffs, vom Wind wegzudrehen (= *abfallen*); Gegensatz: *luvgierig*
Legerwall — auf Legerwall liegen = gefährliche Lage eines Schiffs vor der Küste bei *auflandigem* Wind
lehnig — biegsam, weich, geschmeidig (bei Tauwerk)
leichtern — den *Tiefgang* eines Schiffs durch Entladen verringern
Leitöse — *Öse* zum Führen einer Leine
lenzen — etwas leerpumpen
Liek — Segelkante (*Vorliek*, *Unterliek*, *Achterliek*)
Lippe — oben offene Öse
Log — auch Logge; Messeinrichtung für die zurückgelegte Distanz oder die Geschwindigkeit bzw. die Distanz selbst
Logbuch — Schiffstagebuch
loggen — die Schiffsgeschwindigkeit messen
Lot — Tiefenmessgerät
Lümmellager — auch Lümmelbeschlag; Verbindungsgelenk zwischen Baum und Mast
Luv — dem Wind zugewandte Seite; Gegensatz: *Lee*
luvgierig — Tendenz des Schiffs, in den Wind zu drehen (= *anluven*); Gegensatz: *leegierig*
Loxodrome — geradlinige Verbindung zweier Orte (Kurslinie) auf der Seekarte, die alle Meridiane im selben Winkel schneidet

M

Marina	Yachthafen mit Versorgungsmöglichkeiten
marlen	mit einer dünnen Leine (Marlleine) etwas durch Marlschläge anreihen, z. B. das *Großsegel*
Marlspieker	Metalldorn an einem Segelmesser, z. B. zum *Spleißen*
Mastkontroller	*Beschlag* am Mast in Deckshöhe zur Beeinflussung der Mastbiegung
Mastspur	*Beschlag* oder Vertiefung zum Einsetzen des Mastfußes
Meridian	halber Großkreis bzw. Längenkreis der Erde
Missweisung	auch *Variation*; Winkel zwischen magnetisch und geografisch Nord
Mittelgrund	*Untiefe*, welche ein *Fahrwasser* in zwei Fahrwasser aufspaltet
mittschiffs	die Mitte des Schiffs, sowohl in Längsrichtung wie auch quer
Mole	ein den Hafen schützender Damm
Muring	im Hafengrund verankerte *Trosse* zum *Festmachen*
Musing	Sicherung eines offenen Hakens mit einem *Bändsel*

N

Nagelbank	Lochbrett oder -leiste zur Aufnahme der *Belegnägel*
nationale Klasssen	nur im Herstellerland anerkannnte Bootsklassen; Gegensatz: *internationale Klassen*
Neerstrom	Gegen- oder Rückstrom
Niedergang	Treppe am Schiff, die in die *Kajüte* führt
Niedrigwasser	niedrigster Wasserstand in einer *Tide*
Nock	das Ende einer *Spiere* an Bord (außer beim *Mast*: *Masttopp*)

O

Oberliek	obere Kante eines viereckigen Segels
Oberwant	auch *Toppwant*; oberstes, über die *Saling* geführtes *Want*
Ölzeug	Anzug aus wasserdichtem Material
olympische Klassen	Bootsklassen für die olympischen Regatten, aus den *internationalen Klassen*
olympischer Kurs	durch drei *Bojen* markierte Bahn, die Kreuzstrecken, Raumwind- und Vorwindstrecken enthält (wie *Dreieckskurs*)
ösen	ein Boot mit einer Wasserschaufel (*Ösfass) lenzen*

P

Pall	Sperrklinke auf dem Zahnrad einer Winde (Winsch)
Pallholz	Stapelholz zum Abstützen einer Yacht auf dem Trockenen
Pantry	Kochecke auf Yachten, sonst Anrichte
Pardun	Verstagung des Mastes nach der Seite, achterlich der Wanten
Part	Teil einer Leine (lose und feste Part)
Patentreff	*Reffeinrichtung*, bei der das Großsegel zum *Reffen* um den *Baum* gewickelt wird
Peilung	das Bestimmen der Richtung, in der sich ein Objekt befindet
Persening	Schutzplane für Schiffe
picken	entspricht „einhaken“
Piek	Ecke, Spitze z. B. das obere Ende einer *Gaffel*
Pier	*Steg*, *Mole*, Damm
Pinne	als *Ruderpinne* ein Hebel zum Betätigen des Ruders, als Kompasspinne das Auflager für die Kompassrose
Planke	Außenteil des Bootsrumpfes
Plicht	auch: *Cockpit*; Sitzraum im achteren Teil eines Schiffs, wo Ruder und Segel bedient werden können

Poller	Pfosten, Pfahl oder eine Art von Klampe als Festmachevorrichtung für Leinen
Preventer	*Stag* zum Loswerfen (*Backstag*)
Pricke	stangen- bzw. bäumchenartiges Seezeichen, vor allem in *Wattgewässern*
Priel	schmaler Wasserlauf an *Tidengewässern*
Profilstag	System zum Einführen in eine *Keep* des *Vorsegels* am *Vorstag*
pullen	seemännisch für rudern
Pütting	*Beschlag* zur Wantenbefestigung an *Deck*
Pütz	Eimer, Kübel

Q

querab	auch: *dwars*; auf der Seite, etwa in rechtem Winkel zur Schiffsachse
Querkraft	quer zur Schiffslängsachse wirkende Kraft (Ursache für Krängung und Abdrift)

R

Rah	*Spiere*, an die das *Rahsegel* mit dem *Oberliek* angeschlagen ist
Rahsegel	Segel, das an einer *Rah* gefahren wird
rank	entspricht „nicht stabil"; wenig Stabilität, krängt leicht
Raumen	Drehen des Windes, der dabei mehr *achterlich* einfällt; Gegensatz: *schralen*
raumer Wind	Windeinfall zwischen Amwindkurs und *Vorwindkurs*
raumschots	Kurs bei *raumem Wind*
recht	richtig, direkt, genau
rechtweisender Kurs	auch Kartenkurs; der Winkel zwischen rechtweisend (geografisch) Nord und der Kielrichtung des Schiffs
Reck	Ausdehung von Tauwerk oder Segeltuch durch Belastung
Ree (Rhe)	Ausführungskommando zum *Wenden*
Reede	offener Ankerplatz vor einem Hafen
Reep	eine abgelängte Leine für einen bestimmten Zweck, z. B. *Schmerreep*
reffen	die Segelfläche verkleinern
Regatta	Serie von Segelwettfahrten
Reihleine	Leine zum *Anreihen* eines Segels am *Mast*
Reitbalken	quer über das *Cockpit* von *Jollen* verlaufender Balken
Reling	Geländer bei einem Schiff
Riemen	seemännischer Ausdruck für Ruder
Rigg	entspricht „*Takelage*"
Roring	Ring am Anker zur Befestigung der Ankerkette oder *Trosse*
Roving	Glasseidenstrang zur Verstärkung beim GFK-Bootsbau
Ruder	Einrichtung am *Heck* eines Schiffs zum Steuern
Rudergänger	auch *Steuermann*; die Person, die das Ruder bedient
Ruderhacke	auch Ruderträger; hinterstes Kielende oder unterstes Lager des Ruderschaftes oder der unter der Schraube sitzende Träger
runden	um etwas herumfahren
Rundsel	halbkreisförmige Öffnung im *Dollbord* eines Ruderbootes zur Aufnahme des *Riemens*
Rundtörn	das Herumwickeln einer Leine um 360°

S

Saling	quer zum *Mast* angebrachte Abstützung der *Wanten*
Schäkel	Metallbügel mit Schraub- oder Steckbolzen zum Verbinden von Teilen
schamfilen	scheuern bzw. reiben

Schandeck	äußerste *Planke* der Decksplanken
Schanzkleid	feste Bordwandverlängerung rund um das *Deck*
Schärenkreuzer	langes Boot mit hoher Takelage, schnelle Kreuzeryacht, entstanden für den Einsatz im Schärengebiet
scheinbarer Wind	der auf einem Schiff wahrgenommene Wind, resultierend aus *wahrem Wind* und Fahrtwind
scheren	ein Ende durch einen *Block* oder *Öse* führen
Scheuerleiste	an der Bordwand angebrachte Leiste zum Schutz der Außenhaut
schiften	ein Segel auf die andere Seite, den anderen Bug bringen
Schlag	zwischen zwei *Wenden* beim Kreuzen zurückgelegte Strecke oder die zum nächsten Zwischenziel zurückgelegte Strecke
Schoner	Segelschiff mit mindestens zwei *Masten* (achterlicher Mast höher als vorderer)
Schot	*Ende* zur Segelbedienung
Schothorn	achteres unteres Ende des Segels, in dem die *Schot* angreift
Schotring	offener Ring am *Baum*, an dem der *Block* der Großschottalje *angeschäkelt* ist
Schott	wasserdichte Trennwand im Bootskörper, quer- oder längsverlaufend
Schralen	Drehen des Windes, sodass er *vorlicher* einfällt; Gegensatz: *raumen*
Schratsegel	Segel, dessen *Vorliek* in der Schiffsmitte steht; Gegensatz: *Rahsegel*
schricken	die *Schot* etwas *fieren*
Schwell	kleine Wellen oder *Dünung* durch andere Schiffe hervorgerufen oder nach Windeinfluss
Schwert	aufholbare Platte zur Verringerung der *Abdrift*, z. B. bei *Jollen*
Schwertboot	kleineres, formstabiles, unsinkbares, aber kenterbares Segelschiff mit einem *Schwert* anstatt einem *Kiel*
Schwertfall	ein *Ende* zur Bedienung des *Schwertes*
Schwojen	Hin-und-Her-Pendeln eines Schiffs vor Anker oder an der *Boje*
Seemeile	Abk.: sm; nautisches Längenmaß (1 sm = 1,852 km)
Selbstlenzer	ein Ventil, das in geöffnetem Zustand während der Fahrt Wasser aus dem Cockpit abströmen lässt
Senkruder	im Schaft in Längsrichtung beweglich gelagertes *Ruder*
Sextant	Winkelmessgerät
Sichtweite	Entfernung, in der ein *Leuchtfeuer* oder die *Kimm* sichtbar ist
Skeg	Leitfläche vor einem freistehenden *Ruder*
Slip	zum Wasser hin schräge Fläche an Land oder zum Zu-Wasser-lassen eines Bootes
Slipstek	einfacher, schleifenartiger Knoten, der mit einem Ruck an seinem losen Tampen gelöst wird
Slup	engl.: sloop; Takelungsart mit einem *Vorsegel* und einem *Großsegel*
Sorgleine	Sicherungsleine
Spake	Hebel am Umfang des Steuerrades angeordnet, zum besseren Drehen
Spant	Quer- oder Längsrippe des Bootskörpers
Spiegel	Abschlussplatte am *Heck* des Schiffs
Spiere	jede Art einer etwa runden Stange (Rundholz), außer dem *Mast*
Spill	*Winsch* oder *Winde* zur Bedienung von Leinen oder Ketten
Spinnaker	leichtes, ballonartiges *Beisegel* für Kurse bei raumen oder achterlichen Winden
Spinnakerbaum	*Spiere* (*Baum*), mit dem der *Spinnaker* gefahren wird
spleißen	*Tauwerk* verflechten

Spring	*Festmacherleinen* vom *Bug* (Vorspring) oder Heck (Achterspring) zu einem achterlich bzw. weiter vorne liegenden *Poller* an Land oder Leine von der Ankerkette zum *Heck* des Schiffs, um das Schiff in den Wind zu legen
Sprung	Verlauf des *Decks* in der Seitenansicht
Stabilität	Fähigkeit des Bootes, sich nach *Krängung* wieder aufzurichten; durch die Rumpfform (*Formstabilität*) und/oder durch den *Ballastkiel* (Gewichtsstabilität)
Stag	Drahttauwerk, das den *Mast* länsgschiffs abstützt (*Vorstag*, *Achterstag*)
Stander	kleine *Flagge*, im *Topp* des *Mastes* gefahren, z. B. Clubstander
Standerschein	Ausweis, der eine Yacht zum Führen eines bestimmten *Standers* berechtigt
StarCut	flacherer Halbwindspinnaker mit strahlenförmigem Schnitt von den drei Ecken
stecken	entspricht „nachgeben, verlängern"; z. B. Ankerkette stecken
Steert	ein kurzes Stück *Tauwerk*, für einen bestimmten Zweck an mehreren Stellen eingespleißt
stehendes Gut	(meist) Drahttauwerk, das den *Mast* festhält (= *Wanten* und *Stage*)
steif	große Anfangsstabilität bei einem Schiff, Gegensatz: *rank* oder starker (steifer) Wind oder ein steifes (wenig weiches) *Ende*, Gegensatz: *lehnig*
Stek	seemännischer Knoten
Stenge	obere Verlängerung des Mastes zur Anbringung eines *Toppsegels*
Steuerbord	rechte Seite des Schiffs, Richtung *Bug* gesehen; Farbe: Grün; Gegensatz: *Backbord*
Steuerbordbug	die Segel stehen auf der Steuerbordseite
Steven	vordere und achtere Begrenzung des Schiffsrumpfes (*Vordersteven*, *Achtersteven*)
Streckbug	der Schlag beim Kreuzen, bei dem weniger Höhe (Weg gegen *Luv*) gewonnen wird; Gegensatz: *Holebug*
streichen	*niederholen* oder *rückwärts pullen* mit einem Ruderboot
Strich	alte Einteilung auf einer Kompassrose (1 Strich = 11,25° = 1/32 von 360°)
Stringer	Versteifung des Bootskörpers in Längsrichtung
Stropp	kurzes *Ende*
Süll	senkrechte, aufgesetzte Leiste zum Schutz gegen anlaufendes Wasser

T

Takelage	Sammelbegriff für alles *stehende* und *laufende Gut*
Takling	verstärkter *Tampen* eines *Taues,* um *Aufspleißen* bzw. Ausfransen zu verhindern
Talje	Flaschenzugsystem aus mindestens zwei Rollen, in die ein *Ende* eingeschoren ist
Tallboy	schmales, hohes *Beisegel*
Tampen	das Ende eines Taues
Terminal	Endbeschlag an einem Drahttauwerk
terrestrische Navigation	Orts- und Kursbestimmung über Landmarken oder im Wasser befindliche Marken, deren geografische Position bekannt ist
Tide	auch *Gezeit*; Änderung des Wasserstandes durch den Einfluss des Mondes
Tonne	schwimmendes Seezeichen oder Gewichtsmaß (1 t = 1000 kg) oder Raummaß (1 Registertonne = 2,83 cbm)
Tonneryacht	auf einen vorgegebenen Rennwert (= Rating) zugeschnittene Yacht
Topp	oberes Ende, z. B. *Masttopp*
Toppnant	ein Tau, das vom *Mast* zur *Nock* einer *Rah* oder des *Baumes* läuft (= *Dirk*), beim *Spinnaker* der *Aufholer* für den *Spibaum* am Mast

Toppsegel	ein über dem *Gaffelsegel* zwischen *Topp* und *Gaffel* gesetztes *Beisegel*
Topp und Takel	ein Segelschiff *lenzt* vor Topp und Takel, wenn es ohne gesetzte Segel vor dem Sturm *abläuft*
Törn	ungewollte Verdrehung im Tauwerk oder Herumwickeln einer Leine oder Segelreise (Seetörn)
Totholz	Aufklotzung zwischen Kiel, Achtersteven und Ballastkiel, vergrößert den Lateralplan
Tragweite	Entfernung, in der nachts das Licht eines *Leuchtfeuers* gerade noch wahrgenommen werden kann, abhängig von Sicht und Lichtstärke
Trailer	Bootsanhänger
Trapez	Einrichtung zum Außerbordshängen des Vorschoters in *Luv* zur Verringerung der *Krängung* (vorwiegend auf Rennjollen)
Traveller	quer zum Schiff verlaufende Schiene (meist im *Cockpit*), in der der Fußblock der *Großschot* verschoben werden kann
Treibanker	(meist) trichterförmiger Sack aus Segeltuch an einer starken Leine, der die Geschwindigkeit des Schiffs bei Sturm auf die Wellengeschwindigkeit abbremst
Treiber	das *Besansegel* (achterliches Segel) einer *Yawl* am Treibermast
Trimaran	Dreirumpfboot
trimmen	etwas in die richtige Form oder Lage bringen (Segel trimmen, aber auch eine Mannschaft trimmen, trainieren, einüben)
Trosse	dickes Tau, z. B. Ankertrosse, Schlepptrosse
Trysegel	kleines, dreieckiges Segel aus schwerem Tuch, bei Sturm anstelle des *Großsegels*

U

Überhang	der über die Wasserlinie hinausragende Teil des Rumpfes
überlappen	bei einer Regatta der Zustand beim Überholen, wenn ein Schiff (noch) nicht klar *achteraus* liegt, oder eine Bauweise, bei der die Planken teilweise übereinanderliegen (dachziegelartig)
Überläufer	wenn sich ein *Törn* einer Leine auf einer *Winsch* über andere gelegt hat und diese (ungewollt) bekneift
über Stag gehen	andere Ausdrucksweise für *wenden*
übertakelt	wenn die *Takelage* eines Bootes im Verhältnis zur *Stabilität* des Bootskörpers zu groß ist (zu große Segelflächen)
Unterliek	die untere Kante eines Segels
Unterliekstrecker	Streckvorrichtung für das *Unterliek*, meist eine Leine
Untiefe	wenig tiefe (= flache) Stelle im Wasser

V

Variation	siehe *Missweisung*
verholen	ein Schiff mittels Leinen an einen anderen Platz (z. B. am Steg) bringen
verkatten	zwei Anker an derselben *Trosse* (Kette) hintereinander ausbringen
Verklicker	Windrichtungsanzeige oder Drehvorrichtung des *Standers* im *Masttopp*
vermuren	zwei Anker an zwei *Trossen* (Ketten) nebeneinander oder entgegengesetzt (stromauf und stromab in *Tidengewässern*) ausbringen
vertäuen	etwas mit Tauen festmachen, z. B. ein Schiff
vertörnt	verdreht
Violinblock	*Doppelblock* mit zwei hintereinanderliegenden Rollen unterschiedlicher Größe
Vollzeug	gesamte Segelfläche (= *ungerefft*) ausgebracht

Vorliek	vordere Kante des Segels
Vorschiff	vorderer Teil des Schiffs; Gegensatz: *Achterschiff*
Vorsegel	das Segel, welches vor dem *Großsegel* an einem *Stag* gesetzt ist
Vorsteven	vordere Begrenzung des Schiffs am *Bug*
W	
wahrer Wind	der tatsächlich herrschende Wind, ohne Einfluss des Fahrtwindes
Wahrschau	Warnruf, der so viel wie Vorsicht bedeutet
Wanten	Drahttaue, die den *Mast* seitlich abstützen, als Teil des *stehenden Gutes*
Wantenspanner	Spannvorrichtung zum Spannen der *Wanten*
warpen	verholen eines Schiffs mithilfe eines (kleinen) Warpankers
Wasserpass	Farbstreifen an der Bordwand, wo Überwasser- und Unterwasseranstrich zusammentreffen
Wegerung	innere Bordwandauskleidung
Wenden	Kursänderung durch Drehung des Bootes mit dem *Bug* durch den Wind; Gegensatz: *Halsen*
Wieling	Schutzwulst, z. B. als Schutz des Beibootes gegen *Schamfilen*
Windsee	der durch den Wind hervorgerufene Wellengang
wriggen	das Beiboot durch nur einen *Riemen* über das *Heck* antreiben
Winsch	Winde, siehe *Spill*
Wuhling	Durcheinander im Tauwerk
Y	
Yacht	allgemeine Bezeichnung eines Sportbootes; im Speziellen ein *Kielboot* im Gegensatz zur *Jolle*
Yardstick-system	ein System von Messzahlen zum Regattasegeln verschiedener Bootsklassen untereinander
Yawl	Zweimaster, bei dem der kleinere, achterliche *Treibermast* außerhalb der *Konstruktionswasserlinie* steht
Z	
Zeising	kurzes *Bändsel* oder Band aus Segeltuch
zu Blocks holen	eine *Talje* so zusammenziehen, dass die Blöcke aneinanderliegen oder ein Segel (eine *Flagge*) bis zum Anschlag am oberen *Block heißen*
zurren	entspricht „festbinden“
Zyklone	Tiefdruckgebiet, Gegensatz; *Antizyklone*

11.8 NAUTISCHE LITERATUR

SEEKARTEN	
KARTE 1 (INT 1)	Zeichen, Abkürzungen, Begriffe (BSH)
LEUCHTFEUERVERZEICHNIS (LFV)	Teil 1, Bd. 1 mittlere und östliche Ostsee Teil 1, Bd. 2 nördliche Ostsee Teil 2 westliche Ostsee und Ostseezufahrten Teil 3 östliche Nordsee (BSH)
LEUCHTFEUERVERZEICHNIS ADRIA/IONISCHES MEER	(Nautik Verlag)
HAFENHANDBÜCHER	
HAFENFÜHRER, TÖRNFÜHER	Private Herausgeber

HANDBUCH NAUTISCHER FUNKDIENST	(BSH 5000)
JACHTFUNKDIENST NORDSEE, OSTSEE UND ENGLISCHER KANAL (jährlich neu)	Funkverkehr, Funkortung, Wetterfunk (BSH 2155)
GEZEITENTAFELN (jährlich neu)	Gezeitenangaben – Europäische Gewässer (BSH 2115)
GEZEITENKALENDER (jährlich neu)	Hoch- und Niedrigwasserzeiten für die Deutsche Bucht und deren Flussgebiete (BSH 2117)
ATLAS der GEZEITENSTRÖME in der Deutschen Bucht	(BSH 2346, 2347, 2348)
ATLAS der GEZEITENSTRÖME für die Nordsee, den Kanal und die britischen Gewässer	(BSH 2345)
REEDS NAUTICAL ALMANAC	Gezeiten, Strömungsverhältnisse, Funkverkehr, Wetterfunk. Revier: von Skagen bis Gibraltar mit den Britischen Inseln
NAUTISCHES JAHRBUCH (jährlich)	Bildpunktkoordinaten der Gestirne (BSH 2175)

REGISTER

A

B

C

D

E

F

G

H

I

J

K

T

U

V

W

Y

Z